본업경소 하권 외
本業經疏 卷下 外

▌ 동국대학교 불교기록문화유산아카이브사업단(ABC)
▌ 본서는 문화체육관광부 지원으로 동국대학교 불교학술원에서 간행하였습니다.

한글본 한국불교전서 신라 22
본업경소 하권 외

2019년 11월 30일 초판 1쇄 인쇄
2019년 12월 10일 초판 1쇄 발행

지은이 원효
옮긴이 최원섭·이정희
펴낸이 윤성이
펴낸곳 동국대학교출판부

주소 04620 서울시 중구 필동로 1길 30
전화 02-2260-3483~4
팩스 02-2268-7851
Homepage http://dgpress.dongguk.edu
E-mail book@dongguk.edu
출판등록 제2-163(1973. 6. 28)
편집디자인 나라연
인쇄처 네오프린텍(주)

ⓒ 2019, 동국대학교(불교학술원)

ISBN 978-89-7801-970-5 93220

값 22,000원

이 책의 무단 전재나 복제 행위는 저작권법 제98조에 따라 처벌받게 됩니다.

한글본 한국불교전서 신라 22

본업경소 하권 本業經疏卷下
보살계본지범요기 菩薩戒本持犯要記
발심수행장 發心修行章
대승육정참회 大乘六情懺悔

원효元曉
최원섭·이정희 옮김

동국대학교출판부

차례

본업경소 하권 本業經疏 卷下

본업경소本業經疏 하권 해제 / 9
본업경소本業經疏 서문 / 25

(3. 현성학관품賢聖學觀品) 31
4. 석의품釋義品 77
5. 불모품佛母品 123
6. 인과품因果品 155
7. 대중수학품大衆受學品 214
8. 집산품集散品 242

발문 / 250

찾아보기 / 255

보살계본지범요기 菩薩戒本持犯要記

보살계본지범요기菩薩戒本持犯要記 해제 / 261

제1장 경중문輕重門 279
제2장 천심문淺深門 300
제3장 구경지범문究竟持犯門 305

발문 / 310

찾아보기 / 311

발심수행장發心修行章

발심수행장發心修行章 해제 / 315

발심수행장發心修行章 327

찾아보기 / 333

대승육정참회大乘六情懺悔

대승육정참회大乘六情懺悔 해제 / 337

대승육정참회大乘六情懺悔 353

찾아보기 / 361

본업경소 하권
| 本業經疏 卷下* |

석원효 지음 釋元曉** 撰
최원섭 옮김

* ㉾ 저본은 『續藏經』제1편 61투 3책에 실려 있는 『本業經疏』권하이다.
** ㉾ 저본에는 저자의 이름이 없어서 편찬자가 써 넣었다.

본업경소本業經疏 하권 해제

최 원 섭
위덕대학교 연구원

1. 개요

『본업경소本業經疏』는 요진姚秦의 축불념竺佛念이 번역한(376~378)『보살영락본업경菩薩瓔珞本業經』을 신라 원효元曉(617~686)가 주석한 문헌이다. 『보살영락본업경』은『보살영락경菩薩瓔珞經』,『본업경本業經』,『영락경瓔珞經』,『영락본업경瓔珞本業經』이라고도 한다.

『보살영락본업경』에서 영락瓔珞은 몸을 장식하는 보배 구슬을 가리키므로, 보살의 영락은 보살의 본업本業인 십주十住·십행十行·십회향十廻向·십지十地·무구지無垢地·묘각妙覺의 마음 경계를 나타낸 것이다.『보살영락본업경』은 이처럼 보살 42위位의 이름과 의미(名義), 수행(行業), 보살의 계율(菩薩戒) 등을 설하고 있다.

2. 저자

『본업경소』를 지은 원효의 일대기를 적은 「고선사서당화상비高仙寺誓幢和尙碑」가 전하기는 하나 일부가 파손된 채 몇 조각의 단편만 전하고 있다. 비문 이외에 부분적으로나마 생애를 알 수 있는 주요 자료는 『삼국유사三國遺事』 권4 「원효불기元曉不羈」, 『송고승전宋高僧傳』 권4 「당신라국황룡사원효전唐新羅國黃龍寺元曉傳」 「당신라국의상전唐新羅國義湘傳」, 『동사열전東師列傳』 권1 「원효국사전元曉國師傳」 등이 있고, 이 밖에 『종경록宗鏡錄』, 『임간록林間錄』, 『삼국유사』 권4 「의상전교義湘傳敎」와 「사복불언蛇福不言」 등에서도 단편적인 생애를 엿볼 수 있다.

이상의 자료를 종합해 보면, 원효는 진평왕 39년(대업大業 13년, 정축丁丑, 617)에 태어났다. 속성은 설薛씨이며, 조부는 잉피공仍皮公 또는 적대공赤大公, 아버지는 내말乃末의 관직을 지낸 담날談捺이다. 원효라는 이름은 스스로 부른 것으로 '불교를 처음으로 빛나게 하였다'는 뜻이고, 당시의 사람들은 그 고장의 말로 그를 '새벽(始旦)'이라고 불렀다고 한다.

원효의 출가 시기는 명확하지 않지만 "관채丱䂖의 나이에 법에 들어갔다."라는 『송고승전』의 기록에 따라 대략 15세 전후의 나이에 출가한 것으로 보인다. 일정하게 정해진 스승을 모시지는 않고 여러 스승들에게서 배웠다. 수많은 저술에서 다루고 있는 해박한 내용으로 보아 당시 중국에 유행하고 있던 여러 불교 사상을 다양한 경로를 통해서 배웠음도 알 수 있다. 젊은 시절에 당시의 고승 낭지朗智에게 『법화경』을 배웠으며, 여러 경전의 소를 지으면서는 혜공惠空에게 의심나는 것을 묻기도 했다. 또한 의상과 함께 보덕普德에게서 『열반경』과 『유마경』을 배웠다.

원효의 행적에서 중요한 사건 중의 하나가 의상義湘(625~702)과 함께 두 차례나 당唐나라로 유학을 떠나려고 했던 일이다. 현장玄奘의 신유식학新唯識學을 공부하려고 했던 원효는 중간에 유학하려는 마음을 그만두고 되돌아오게 된다. 이때 마음을 바꾼 계기가 된 것이 바로 원효의 깨달음이었다.

당나라로 가는 길에 갑자기 궂은비를 만나서 마침 길가의 토굴 사이에서 비바람을 피했다. 이튿날 아침에 보니 그곳은 오래된 무덤인데다 해골까지 옆에 있었다. 그러나 그날도 떠나지 못하고 하룻밤을 더 묵게 되었다. 전날은 편안히 잠을 잘 수 있었으나 이날은 무덤이라는 생각에 편히 잠을 이룰 수 없었다. 이때 원효는 "마음이 생하므로 갖가지 법이 생하고 마음이 멸하므로 토굴과 무덤이 둘이 아니다.(心生故種種法生。心滅故龕墳不二。)"(T50, 729a)라는 깨달음을 얻는다. 깨달음을 얻은 원효는 신라로 되돌아와 한동안 저술 활동에 골몰했던 것으로 보인다.

원효는 요석궁 공주와의 인연을 계기로 스스로 소성거사小性居士라고 칭하고, 이후 대중 교화 활동에도 상당한 힘을 기울였던 것으로 보인다. 원효는 무애박을 두드리고 『화엄경』에 근거한 "일체무애인一切無碍人 일도출생사一道出生死"라는 무애가를 부르며 무애무를 추면서 걸림 없이 교화하였다.

원효는 686년 3월 혈사穴寺에서 70세를 일기로 입적하였으며, 아들인 설총薛聰이 유해를 빻아서 소상을 만든 다음에 원효가 늘 주석하였던 분황사에 봉안하였다. 입적 후 100여 년이 지난 애장왕 대(800~808)에 손자 설중업薛仲業과 각간角干 김언승金彦昇(후대의 헌덕왕) 등이 중심이 되어 「고선사서당화상비」를 세웠으며, 1101년 8월에 고려의 숙종이 화쟁국사和諍國師라는 시호諡號를 내렸다.

3. 서지 사항

『본업경소』는 고려 의천義天(1055~1101)이 1090년에 편찬한 『신편제종교장총록新編諸宗教藏總錄』 권2에는 "『영락본업경소』 3권 원효 술"(T55, 1173b)이라고 기록되어 있고, 일본의 영초永超(1014~1096)가 1094년에 편찬한 『동역전등목록東域傳燈目錄』에는 "『본업영락경소』 2권 원효"(T55, 1152b)라고 기록되어 있다. 하지만 현존하는 『본업경소』는 서문과 하권만이 남아 있어서 정확한 권수는 알 수 없다.

『보살영락본업경』은 모두 8품으로 되어 있는데, 제1품부터 제3품까지가 상권이고, 제4품부터 제8품까지가 하권이다. 현재 남아 있는 『본업경소』 하권은 『보살영락본업경』 상권의 제3품 「현성학관품賢聖學觀品」의 후반부부터 시작하여 『보살영락본업경』 하권의 다섯 품을 차례로 주석하고 있다. 그러나 이것만으로는 『본업경소』의 정확한 권수를 판별하기 힘들다.

『본업경소』의 필사본은 우리나라에는 전하지 않고 하권만 일본 교토대학교 도서관이 소장하고 있다. 이것을 저본으로 『대일본속장경大日本續藏經』(1905~1912)에서 활자본으로 펴냈는데, 『대일본속장경』에서 교감을 하고 있다는 점에서 다른 필사본이 있을 것으로 예상되지만 저본이나 대조 판본을 밝히지 않아 사정은 알 수 없다. 『한국불교전서』는 『대일본속장경』에 수록된 『본업경소』 하권을 저본으로 하고, 서문은 『동문선東文選』 권83에 전하는 「본업경소 서」를 저본으로 하였다.

4. 구조와 내용

일반적으로 서문은 본문과 별도로 책머리에 붙이는 글이지만 『본업경소』의 서문은 성격이 다르다. 원효의 현존 저술 중에 주석서나 종요宗要는 거의 모두가 과문을 나누고 그 첫 번째 문에서 '술대의述大意'라고 하여 해당 문헌의 개요를 서술하고 있다. 『동문선』에 전하는 원효의 「본업경소서」가 사실은 실제 본문의 '대의문大意門'에 해당하는 글로, 원효가 『보살영락본업경』을 주석한 내용 중에 첫 번째에 해당하는 '술대의'인 셈이다. 따라서 현재 남아 있는 『본업경소』는 서문으로 전하는 '대의문'이 상권의 일부일 것이므로 상권의 일부와 하권 전체가 남아 있다고도 할 수 있다.

원효는 서문에서, '모양이 있음'에 집착하는 자와 '공하여 없음(空無)'에 막힌 자가 불도에 들 수 있게 하기 위해 두 권의 영락 법문을 설하였다고 하면서, 이를 통해 복과 지혜의 두 노를 갖추어 불법의 대해를 건너고, 지止와 관觀의 두 날개를 함께 움직여 법성의 허공에 높이 나는 일이 바로 보살의 본업의 대의라고 밝히고 있다.

"수행은 단계로 오르지만 덕은 완전히 갖추었고, 현상(事)은 넓고 넓으나 원리는 끝까지 파고들었다. 인과의 원류를 파고들고 범부와 성인의 처음과 끝을 궁구하였으며, 천 가지 삼라만상을 살피고 일미一味로 모두 통함을 밝혔다."라고 『보살영락본업경』에서 설하는 보살의 수행과 과덕果德을 찬탄한 다음에, "육성六性과 육인六忍으로 팔회八會(60권 『화엄경』)의 드넓은 요지를 종합하고, 삼관三觀과 삼제三諦로 육백六百(600부 『반야경』)의 현묘한 종지宗旨를 꿰뚫었으며, 이토二土와 이신二身으로 시방을 둘러싸시 널리 나타내고, 일도一道와 일과一果로 만덕을 포함하고 모두 융합하였다."라고 하여 화엄·정토·법화·열반의 다양한 사상이 『보살영락본업경』에 녹아 있음을 드러내었다.

『본업경소』가 온전히 남아 있지 않아서 전체 분과分科가 명확하게 드러나지는 않으나 『본업경소』의 다른 부분을 참조하여 『보살영락본업경』을 분과한 전체 내용을 우선 표시하면 다음과 같다.

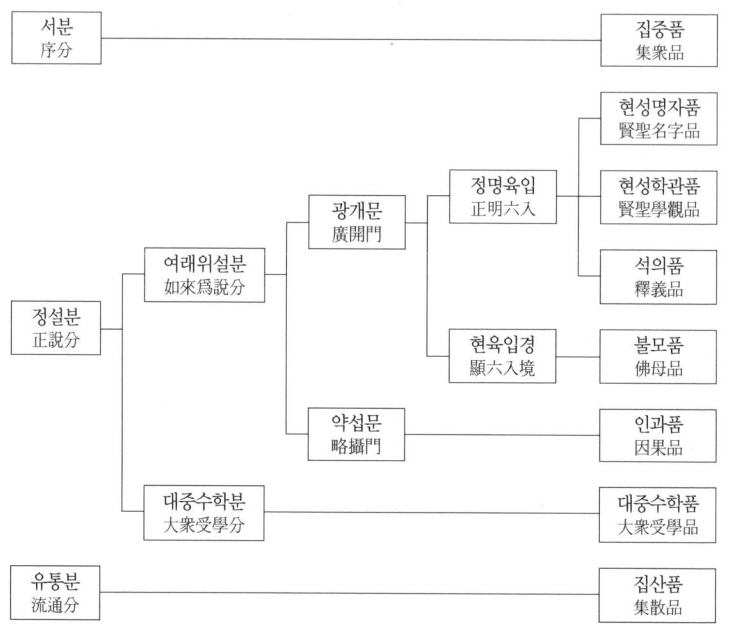

　현재 남아 있는 『본업경소』 하권은 「현성학관품」의 십지심十地心 끝부분에 대한 주석부터 시작하고 있다. 『보살영락본업경』은 묘각지심妙覺地心에 대한 설명에서 경수보살敬首菩薩이 과보果報와 신변神變의 두 가지 법신法身의 색상色相과 심상心相이 어떠한가를 묻게 한다. 그리고 이에 대한 대답으로, ① 출세계문出世界門, ② 세간과문世間果門, ③ 능치우문能治愚門, ④ 소치우문所治愚門, ⑤ 이생문二生門, ⑥ 이업문二業門의 여섯 문으로 나누어 주석하고 있다.

　① 출세계문에서는 출세간의 과과로서 초지初地에서부터 불지佛地에 이르기까지 먼저 실지법신實智法身, 그리고 일체중생의 선근이 이 실지법신의 감응으로 나타나는 무량한 응화법신應化法身이라는 이신二身이 있음을 말하고, 일체계국토신一切界國土身·일체중생신一切衆生身·일체불신一切佛身·일체보살신一切菩薩身 등이 모두 그 응화로 나타난 불가사의신이라 하였다.

또, 일체 현성이 사는 곳을 국토라 하는데, 여기서는 범부토凡夫土·보살토菩薩土·여래토如來土에 관해 언급하였다. 보살토는 초지의 성인이 사는 곳으로 실지토實智土와 변화정예變化淨穢의 두 가지 국토가 있다고 하고 있으며, 여래토는 중도제일법성의 국토로서 오직 부처만이 사는 곳이라 하였다.

② 세간과문에서는 십주·십행·십회향·십지의 각 지와 무구지無垢地·묘각妙覺의 과보, 그리고 교화처敎化處, 즉 그 장엄과 왕위와 권속과 수교처受敎處 등을 나열적으로 설명하고 있다. ③ 능치우문에서는 삼현보살三賢菩薩이 삼계三界와 업도業道의 거친 결과들을 극복하는 데 대하여 언급하고 있다. ④ 소치우문에서는 무명無明과, 이를 원인으로 생기는 열세 가지 번뇌, 즉 칠견七見과 육착六著에 관해 말하고 있다. ⑤ 이생문에서는 업생業生과 변화생變化生의 두 가지를, ⑥ 이업문에서는 혜업慧業과 공덕업功德業의 두 가지를 설명하고 있다.

「석의품」에 대해서는 "앞에 나온 이름과 의미를 풀이하여 모든 이름과 의미를 해석하므로 '석의품'이라고 하였다."라고 하면서, 먼저 삼현三賢, 즉 십주·십행·십회향의 의미를 풀이하고, 다음에 십지와 무구지와 묘각에 대해 설명하였다.

「불모품」에 대해서는 "'모母'는 생장의 뜻이니 삼세제불의 일체종지가 모두 이제중도二諦中道에 의지하여 생긴다. 여기에서는 이 의미를 나타내기 때문에 '불모품'이라고 하였다."라고 하면서, 이제중도가 일체 제불보살의 지모智母임을 밝히며 이제二諦와 팔부중도八不中道에 대하여 언급하였다. 이곳의 원문은 비교적 짧으나 원효의 주석은 상당히 길다. 이처럼 원효는 지나치게 간결한 원문에 설명을 보완하는데, 이런 부분들이 원효의 사상을 이해하는 데에 많은 도움이 된다. 이 품에서는 또 제불보살에게는 오직 돈각頓覺만이 있음을 밝히고, 그 돈각은 무이無二의 경지요 법성法性의 근원에 통달한 것이므로 일합상一合相이라고 하고 있다. 원효는 이 일합상을 일법계一法界라고 한다.

「인과품」에 대해서는 "여기에서 간략하게 인과 과의 두 가지 문을 세우니 육위六位의 행덕行德과 42현성을 모두 아우르기 때문이다. 연유가 인이 되고 일어남이 과가 되어 연유와 일어남이 서로 만나 통한 것이 인과이다. 여기에서 이런 의미를 나타내었기 때문에 '인과품'이라고 하였다." 라고 하면서, 삼세제불이 행하는 인因이 십반야바라밀十般若波羅蜜임을 밝히면서 이를 십지十智라고도 부르며, 이로부터 온갖 공덕행이 다 생겨난다고 하고, 칠재七財 · 사섭四攝 · 사변四辯 · 사의四依 · 십력十力 · 사무외四無畏 · 육통六通 · 삼명三明 등의 공덕이 생겨나며 갖가지 장애들이 없어진다고 하고 있다. 나아가 그러한 인으로부터 실현되는 과를 말하면서 체體로서의 과인 체과體果와 의義로서의 과인 의과義果를 설명하였다. 이 설명에 의하면 체과는 법성체法性體인데 두 가지 법신이니, 하나는 과극법신果極法身이고 다른 하나는 응화법신應化法身이라고 하고 이에 대해 설명하고 있다.

원효는 「현성명자품」부터 「불모품」까지를 『보살영락본업경』의 정설분正說分의 전반부라 하고, 「인과품」과 「대중수학품」을 정설분의 둘째 부분이라고 하면서, 전반부는 자세한 설명이고 뒷부분은 개략적인 설명이라고 하였다.

「대중수학품」에 대해서는 "'수受'는 계를 받는 것이고 '학學'은 배워서 행한다는 것이니, 한자리에서 일어나지 않고 십계十戒를 받고 이어서 육입六入을 배워 처음부터 끝까지 이른다. 여기에서 이런 의미를 나타내기 때문에 '수학품'이라고 하였다."라고 하면서 문수 · 보현 · 법혜法慧 · 공덕림功德林 · 금강당金剛幢 · 금강장金剛藏 · 선재동자善財童子 등 일곱 보살에게 정법계正法戒를 받는 것이야말로 모든 초발심 보살의 공부를 시작하는 근본임을 밝히고, 그 계의 의미와 내용, 그리고 그 계를 받는 수계受戒의 방법에 대하여 설명하고 있다. 원효의 윤리관의 기초가 여기에서 드러난다는 평가를 받는다.

『보살영락본업경』에서 말하는 정법계는 섭선법계攝善法戒·섭중생계攝衆生戒·섭률의계攝律儀戒, 즉 흔히 말하는 삼취정계三聚淨戒로서 삼수문三受門이라고도 한다. 이 계야말로 칠견과 육착 등 일체 대악大惡을 제거할 수 있는 정법명경正法明鏡이자 모든 계의 근본이라고 하였다. 특히, 세 가지 계의 내용에 대한 『보살영락본업경』의 설명은 특이하고 독창적이다. 즉, 섭선법계가 제일 먼저 열거되고 그 내용은 바로 팔만사천법문이라고 하였으며, 다음으로는 섭중생계를 들고 그 내용을 자비희사慈悲喜捨의 사무량심으로 화化하여 일체중생이 모두 다 안락을 얻게 하는 일이라 하였다. 마지막으로 섭률의계를 열거한다. 보통은 삼취정계에서 섭률의계를 제일 먼저 열거하지만 『보살영락본업경』은 이것을 끝에 두고 섭선법계를 제일 앞으로 제시하며, 섭률의계의 내용으로 십바라이十波羅夷를 들고 있다.

이 점에서 『보살영락본업경』이 『범망경』의 계를 전파하고 보급하는 역할을 하였다고 흔히 말하지만 『범망경』의 사십팔경계四十八輕戒는 한 마디도 언급하지 않고 팔만위의八萬威儀를 모두 경계로 설하고 있다. 또 보살계에는 수법受法은 있으나 사법捨法은 없으며 계를 범하였더라도 계를 잃지 않고 미래제를 다한다고 하여, 보살의 마음속 깊은 밑바닥에서 솟아오르는 정진행에서 나타나는 지계持戒의 힘은 소승률의 형식적인 계율 준수와는 근본적으로 다르다고 하였다. 그래서 "일체의 보살계는 마음을 체體로 한다. 그러므로 마음이 다하면 계도 다하게 되지만, 마음이 무궁무진하기 때문에 계도 무궁무진하다."라고 하고, "다만 말을 알아들으면 계를 잃지 않게 된다."라고 하였다. 이것을 십불가회계十不可悔戒 또는 십무진계十無盡戒라고 부르는데, 선법善法의 이해가 제일 중요하니 그 법의 올바른 이해 위에서 중생에게 이익을 준다는 큰 이상을 표방하고 그 스스로의 율의를 가다듬어야 한다는 의도가 숨어 있다고 할 수 있다.

또 「대중수학품」에서는 수계 절차에 따라 세 가지로 구분된다고 하면서, 제불보살의 앞에서 수계하는 것을 상품계上品戒라 하고, 제불보살이 멸도한 뒤 천 리 안에 먼저 수계한 보살이 있을 경우 그 보살을 법사로 삼고 그로부터 계를 받는 것을 중품계中品戒라 하며, 부처님 멸도 후 천 리 안에 법사가 없을 때 제불보살의 형상 앞에서 호궤합장胡跪合掌하고 혼자 맹세하고 수계하는 것을 하품계下品戒라 하였다.

또한, 수계 후의 학행學行에 대하여 백법관문百法觀門·천법명문千法明門 등을 수행함으로써 십주위에서 십행위로, 그리고 다시 십회향위·십지·무구지·묘각지로 들어가게 됨을 밝히고 있다. 이 품은 본문 자체가 이해하기 쉬워서인지 원효의 주석이 비교적 간략하다.

「집산품」에서는 육입법문六入法門을 들은 시방의 대중들이 각각 무상보리심을 발하고 그 본국으로 돌아가는 광경을 기술하고 있다.

5. 가치

원효의 『본업경소』는 국내에 경판이나 판본이 남아 있지는 않지만 원효의 보살 윤리에 관한 사상을 아는 데에 가장 기본적인 저술이다. 원효의 『금강삼매경론金剛三昧經論』에서 가장 많은 빈도로 인용되는 것은 물론 다른 현존 저서들에서도 자주 인용될 만큼 원효 스스로 중요하게 생각한 문헌이라 할 수 있다.

『본업경소』를 평가할 때 흔히 "『보살영락본업경』의 유일한 주석서"라고 말하였지만, 일본의 『동역전등목록東域傳燈目錄』에 "『본업영락경소』 2권 원효"라는 기록 바로 다음에 "동소同疏 2권 의적義寂"(T55, 1152b)이라고 하였기 때문에 유일한 주석서가 아니며, 돈황에서 출토된 문헌 중에 『보살영락본업경』 상권을 주석한 일부만 전하는 『본업영락경소本業瓔珞經疏』가 있으므로 현존하는 유일한 주석서도 아니다.

그럼에도 불구하고 원효의 『본업경소』는 완질본은 아니지만 현재까지 전하는 원효의 저술 가운데 낙질본으로는 가장 부피가 많을 뿐만 아니라, 전체 저술 가운데에서도 『금강삼매경론』과 『대승기신론소』에 이어 세 번째로 분량이 많은 문헌이다. 더욱이 『보살영락본업경』 자체로 보더라도 전체 8품 중에 제3품 끝부분부터 경전의 마지막 부분까지가 현존 『본업경소』 하권에 전하는 내용이며, 현재 전하는 서문도 사실은 본문의 '대의문'임을 고려한다면 『본업경소』는 단순한 낙질본 이상의 가치를 갖는다.

6. 참고 문헌

김영태, 「본업경소를 통해 본 원효의 신관信觀」, 『원효학연구』 제2집, 1997.

_____, 「원효의 본업경소 연구」, 『원효학연구』 제4집, 1999.

김태수, 「원효의 본업경소에 나타난 이제 중도설의 구조와 특성 : 불모품을 중심으로」, 『원불교사상과 종교문화』 제77집, 2018. 9.

동국대학교 불교문화연구소 편, 『한국불교찬술문헌총록』, 동국대학교 출판부, 1976.

이기영, 「원효의 보살계관(속續)」, 『불교학보』 제5집, 1967.

이만, 「원효의 보살영락본업경소를 통해 본 일도일과一道一果의 수행관」, 『원효학연구』 제3집, 1998.

이상민, 「돈황사본 본업영락경소(Stein no.2748)의 사상사적 위치 : 인용문헌의 상관관계를 중심으로」, 『불교학연구』 제56호, 2018. 3.

해주 외 역주, 『정선精選 원효』, 대한불교조계종 한국전통사상총서 간행위원회 출판부, 2009.

차례

본업경소本業經疏 하권 해제 / 9
일러두기 / 24
본업경소本業經疏 서문 / 25

(3. 현성학관품賢聖學觀品) 31
  (9) 십지품의 관법 중 제9 31
  (10) 십지품의 관법 중 제10 36
  (11) 무구지無垢地 39
  (12) 묘각지妙覺地 43
 2) 여러 부문으로 설명함 49
  (1) 질문 49
  (2) 답변 50
   ① 세계를 벗어나는 문 51
    ㄱ. 두 가지 몸 51
    ㄴ. 두 가지 국토 52
    ㄷ. 몸과 국토를 거듭 나타냄 52
   ② 세간의 결과인 문 55
   ③ 치유하는 문 59
    ㄱ. 개별적으로 밝힘 60
    ㄴ. 총체적으로 드러냄 64
   ④ 치유되는 어리석음의 문 65
    ㄱ. 원인인 어리석음 66
     ㄱ) 개별적으로 밝힘 66
     ㄴ) 총체적으로 맺음 68
    ㄴ. 결과인 어리석음 69
   ⑤ 두 가지 태어남의 문 71
    ㄱ. 개별적으로 밝힘 72

ㄱ) 업으로 태어남 72
ㄴ) 변화로 태어남 73
ㄴ. 총체적으로 맺음 74
⑥ 두 가지 업의 문 75
4. 석의품釋義品 77
1) 표방하여 물음 78
2) 설하기로 약속함 79
3) 총괄적으로 드러냄 79
4) 개별적으로 풀이함 80
(1) 앞의 셋, 삼현三賢 81
① 개별적으로 밝힘 82
ㄱ. 십주 82
ㄱ) 십주에 들어가는 방편 82
ㄴ) 십주의 모습 85
ㄴ. 십행 91
ㄱ) 총체적으로 밝힘 92
ㄴ) 개별적으로 밝힘 92
ㄷ. 십회향 94
ㄱ) 총괄적으로 밝힘 94
ㄴ) 개별적으로 밝힘 97
② 총결 100
(2) 뒤의 셋, 삼성三聖 101
① 총괄적으로 밝힘 101
② 개별적으로 풀이함 102
ㄱ. 십지 102
ㄱ) 제1 환희지歡喜地 102
ㄴ) 제2 이구지離垢地 104
ㄷ) 제3 명지明地 106
ㄹ) 제4 염지焰地 107
ㅁ) 제5 난승지難勝地 108
ㅂ) 제6 현전지現前地 111

ㅅ) 제7 원행지遠行地 111

　　　　ㅇ) 제8 부동지不動地 113

　　　　ㅈ) 제9 묘혜지妙慧地 114

　　　　ㅊ) 제10 법운지法雲地 115

　　　ㄴ. 무구지無垢地 117

　　　ㄷ. 묘각지妙覺地 120

5. 불모품佛母品 123

　1) 불모를 바로 밝힘 123

　　(1) 물음 123

　　(2) 대답 125

　　　① 지혜를 거론한 물음에 답함 126

　　　② 경계에 대한 물음에 답함 127

　　　　ㄱ. 개별적으로 이제를 해석함 127

　　　　ㄴ. 총괄적으로 팔불을 밝힘 131

　2) 여러 부문으로 설명함 135

　　(1) 질문 135

　　(2) 대답 136

　　　① 깨달음의 돈점에 답함 136

　　　② 끊는 것의 하나와 다름에 답함 140

　　　　ㄱ. 하나를 부정함 140

　　　　ㄴ. 다름을 인정함 143

　　　③ 닦을 때에 겁수의 멀고 가까움에 답함 150

　　　　ㄱ. 겁수의 많고 적음을 밝힘 152

　　　　ㄴ. 도를 닦을 때에 멀고 가까움을 나타냄 153

6. 인과품因果品 155

　1) 질문 155

　2) 대답 156

　　(1) 인에 대한 개별적인 대답 1 : 생기게 하는 근본을 밝힘 156

　　(2) 인에 대한 개별적인 대답 2 : 생겨나는 덕행을 드러냄 159

　　　① 생겨나는 덕행을 곧바로 밝힘 161

　　　② 비치는 경계를 보임 167

③ 제거되는 장애를 나타냄 ········ 170
　(3) 과에 대한 개별적인 대답 1 : 체體의 과를 드러냄 ········ 173
　　① 한 가지 체의 모습을 밝힘 ········ 173
　　② 두 가지 몸의 문을 나타냄 ········ 177
　(4) 과에 대한 개별적인 대답 2 : 의義의 과를 해석함 ········ 178
　　① 88종의 덕을 개별적으로 밝힘 1 : 십호 ········ 181
　　② 88종의 덕을 개별적으로 밝힘 2 : 십팔불공법 ········ 185
　　③ 88종의 덕을 개별적으로 밝힘 3 : 십력 ········ 189
　　④ 88종의 덕을 개별적으로 밝힘 4 : 사무량·사무외·육통·오안·오분법신 ········ 192
　　⑤ 88종의 덕을 개별적으로 밝힘 5 : 무죄삼업 ········ 193
　　⑥ 88종의 덕을 개별적으로 밝힘 6 : 삼보·멸제·해탈 ········ 194
　　⑦ 88종의 덕을 개별적으로 밝힘 7 : 영지 ········ 196
　　⑧ 88종의 덕을 개별적으로 밝힘 8 : 일승 ········ 198
　　⑨ 88종의 덕을 개별적으로 밝힘 9 : 금강보장 ········ 200
　　⑩ 88종의 덕을 개별적으로 밝힘 10 : 법신장·자성청정묘장 ········ 202
　　⑪ 88종의 덕을 개별적으로 밝힘 11 : 삼달·삼무위·일제·일도 ········ 203
　　⑫ 88종의 덕을 개별적으로 밝힘 12 : 독법 ········ 205
　(5) 과에 대한 개별적인 대답 3 : 체體와 의義의 두 과를 거듭 밝힘 ········ 208

7. 내중수학품大衆受學品 ········ 214
　1) 질문 ········ 214
　2) 대답 ········ 215
　　(1) 받음에 대하여 답함 ········ 217
　　(2) 배움에 대하여 답함 ········ 228

8. 집산품集散品 ········ 242
　1) 수지受持와 유통流通을 권함 ········ 242
　2) 유통의 방법 ········ 247

발문 / 250

찾아보기 / 255

일러두기

1 '한글본 한국불교전서'는 문화체육관광부의 지원을 받아 동국대학교 불교학술원에서 수행하고 있는 '불교기록문화유산아카이브(ABC)사업'의 결과물을 출간한 것이다.
2 이 책은 『한국불교전서』(동국대학교출판부 간행) 제1책에 수록된 『본업경소권하병서本業經疏卷下幷序』를 저본으로 번역하였다.
3 번역문에 이어 원문을 병기하고 간단한 표점 부호를 삽입하였다.
4 원문의 교감 사항은 번역문의 각주와 별도로 원문 아래 부분에 제시하였다.
   ⓦ은 『한국불교전서』 편찬자가 교감한 내용이다.
   ⓔ은 번역자가 교감한 내용이다.
5 약물은 다음과 같다.
   『 』: 서명
   「 」: 편명, 산문 작품
   T : 『대정신수대장경』

본업경소本業經疏 서문

석원효釋元曉

 이제二諦와 중도中道에는 도라고 할 만한 나루가 없고, 현묘하고 현묘한 법문에는 더욱 문이라고 할 만한 이치가 없다. 도라고 할 만한 것이 없으므로 마음으로 닦을 수 없고, 문이라고 할 만한 것이 없으므로 닦아서 들어갈 수 없다. 그러나 큰 바다에는 나루가 없지만 배를 띄워 건널 수 있고, 허공에는 사다리가 없지만 날개를 펴서 높이 날 수 있다.
 그러니 알아야 한다. 도 없는 도는 도 아님이 없으며, 문 없는 문은 문 아님이 없다. 문 아님이 없으므로 일마다 현묘함으로 들어가는 문이 되며, 도 아님이 없으므로 곳곳마다 근원으로 돌아가는 길이다. 근원으로 돌아가는 길은 매우 평평하지만 다닐 수 있는 사람이 없고, 현묘함으로 들어가는 문은 넓지만 들어갈 수 있는 사람이 없다. 진실로 세간의 학자들이 '있음'에 집착하고 '없음'에 막혀 있기 때문이다.
 '모양이 있음(有相)'에 집착하는 사람은 기대어 사는 위태로운 육신을 가지고서도 한없는 존재(法)의 모양으로 나아가기를 늘 그만두지 않아서 이름만 좇다가 길이길이 흘러 다닌다. '공하여 없음(空無)'에 막히는 사람은 앎이 없는 깜깜한 생각만 믿고는 앎이 생기는 가르침을 등지고 (깜깜한 생각에) 흐려지고 취해서 깨어나지 못하고 머리를 흔들면서 배우지 않는다.
 그러므로 여래께서 무연대비無緣大悲로 저 (있음에 집착하는 무리와 없음에 막힌 무리의) 두 부류가 불도에 들도록 이 두 권의 영락 법문을 설하셨다. (있음에 집착하여) 길이길이 흘러 다니는 사람은 멈추어 팔불八不[1]의 탄탄한 길에 노닐며 칠만七慢[2]의 높은 마음을 꺾게 하려는 것이고, (없음에 막혀) 흐려지고 취한 사람은 깨달아 육입六入[3]의 밝은 문을 배워 오주五住[4]의 어두운 진영을 조복하게 하려는 것이다.

이에 복과 지혜의 두 노를 갖추어 불법의 큰 바다를 건널 수 있고, 지止와 관觀의 두 날개를 함께 움직여 법성의 허공을 높이 날 수 있다는 것이 『본업경本業經』의 대의이다.

그 가르침은 글과 이치가 모두 정밀하여, 뜻은 지극히 오묘하면서 말에 숨겨져 있고, 문장은 매우 포괄적이면서 말은 상세하다. 수행은 단계로 오르지만 덕은 온전히 갖추었고, 현상(事)은 넓고 넓으나 원리(理)는 끝

---

1 팔불八不 : 불생不生·불멸不滅·불상不常·부단不斷·불일不一·불이不異·불래不來 불거不去의 여덟 가지 부정을 가리킨다. 『中論』(T30, 1b)에서는 부처님께서 이 팔불로써 모든 희론을 없앴다고 하였다.
2 칠만七慢 : 번뇌의 마음 작용인 '만慢'을 일곱 가지로 분류한 것이다. 『阿毘達磨俱舍論』(T29, 101a) 등에 따르면 보통 ① 만慢(자기보다 못한 이에 대하여 우월감을 품고 높은 체하는 것), ② 과만過慢(자격이 같은 이에 대하여 우월감을 품고 높은 체하는 것), ③ 만과만慢過慢(자기보다 나은 이에 대하여 우월감을 품고 높은 체하는 것), ④ 아만我慢(자기의 능력을 믿고 다른 이를 업신여기는 것), ⑤ 증상만增上慢(자신을 가치 이상으로 보는 것), ⑥ 비만卑慢(겸손하면서도 일종의 자만심을 가지는 것), ⑦ 사만邪慢(덕 없는 이가 스스로 덕 있는 줄로 잘못 알고 삼보三寶를 업신여기며 높은 체하는 것) 등의 일곱 가지를 든다.
3 육입六入 : 보살이 십주十住·십행十行·십회향十廻向·십지十地·무구지無垢地·묘각지妙覺地의 여섯 계위에 들어가는 것을 말한다. 『菩薩瓔珞本業經』「大衆受學品」(T24, 1021b~1022b)에서는 보살이 닦아야 할 명관법명觀法이 육입의 차례라고 하면서, 십주에 들어가서 백법관문百法觀門을 수행하고, 십행에서 천법명문千法明門을 수행하고, 십회향에서 만법명문萬法明門을 수행하고, 십지에서 일조지一照智를 관하는 가운데 백만 아승기의 공덕문에 들어가고, 무구지에서 오주지五住地를 수행하여 묘각지에 흘러든다고 하였다.
4 오주五住 : 오주지번뇌五住地煩惱를 말한다. 『菩薩瓔珞本業經』「大衆修學品」(T24, 1021c~1022a)에서는 ① 생득주지生得住地(중생이기 때문에 애초에 제일의제를 등지고 일으키는 번뇌), ② 욕계주지欲界住地(욕계에서 일으키는 번뇌), ③ 색계주지色界住地(색계에서 일으키는 번뇌), ④ 무색계주지無色界住地(무색계에서 일으키는 마음의 번뇌), ⑤ 무명주지無明住地(시작도 없이 선천적으로 얻는 번뇌) 등 다섯 가지를 든다.

까지 파고들었다. 인과因果의 원류를 파고들고 범부와 성인의 처음과 끝을 궁구하였으며, 천 가지 삼라만상을 살피고 일미一味로 모두 통함을 밝혔다.

이에 육성六性[5]과 육인六忍[6]으로 팔회八會(60권 『화엄경』)의 드넓은 요지를 종합하고, 삼관三觀[7]과 삼제三諦[8]로 육백(600부 『반야경』)의 현묘한 종지를 꿰뚫었으며, 이토二土[9]와 이신二身[10]으로 시방을 둘러싸서 널리 나타내고, 일도一道와 일과一果로 만덕을 포함하고 모두 융합하였다. 그런 후에 살운薩云[11]의 보배 수레를 타고 삼계의 옛집으로 돌아와서 보살의 본행을

---

5 육성六性 : 『菩薩瓔珞本業經』「賢聖學觀品」(T24, 1012bc)에서 보살의 수행 계위를 여섯 가지 종성으로 구분한 것이다. ① 습종성習種性 – 공관空觀을 연습하여 견혹見惑과 사혹思惑을 깨뜨리는 십주의 보살. ② 성종성性種性 – 공에 머물지 않고 가성假性을 분별하는 십행의 보살. ③ 도종성道種性 – 중도관中道觀을 닦아 온갖 불법을 통달하는 십회향의 보살. ④ 성종성聖種性 – 중도관에 의하여 무명의 한 부분을 깨뜨리고 성위聖位에 들어가는 십지의 보살. ⑤ 등각성等覺性 – 무구지의 금강혜당金剛慧幢보살. ⑥ 묘각성妙覺性 – 묘각지의 일체지지一切智地.

6 육인六忍 : 『菩薩瓔珞本業經』「賢聖學觀品」(T24, 1012b)에서 보살의 수행 계위를 여섯 가지 법인法忍으로 구분한 것이다. ① 신인信忍 – 십주에서 공관을 닦아 일체법이 공적하다고 믿어 인가함. ② 법인法忍 – 십행에서 가관假觀을 닦아 일체법이 가假라고 인가함. ③ 수인修忍 – 십회향에서 중관中觀을 닦아 일체법의 중도 이치를 인가함. ④ 정인正忍 – 십지에서 무명혹無明惑을 깨뜨리고 중도의 이치를 인가함. ⑤ 무구인無垢忍 – 무구지에서 무명 번뇌의 습기를 끊고 무구한 자성청정심에서 인가함. ⑥ 일체지인一切智忍 – 묘각지에서 일체 번뇌를 끊고 중도실상中道實相의 이치를 인가함.

7 삼관三觀 : 『菩薩瓔珞本業經』「賢聖學觀品」(T24, 1014b)에서는 이제관二諦觀·평등관平等觀·중도제일의제관中道第一義諦觀의 셋을 든다.

8 삼제三諦 : 『菩薩瓔珞本業經』「佛母品」(T24, 1018b)에서는 유제有諦·무제無諦·중도제일의제中道第一義諦의 세 가지를 들고, 이 세 가지가 모든 불보살의 지혜의 어머니라고 설한다.

9 이토二土 : 보통 정토淨土와 예토穢土, 보토報土와 화토化土, 또는 보토報土와 응토應土 등으로 나누는데, 『菩薩瓔珞本業經』「賢聖學觀品」(T24, 1015c~1016a)에서는 정보토正報土와 의보토依報土, 실지토實智土와 변화정예토變化淨穢土의 두 가지를 설한다.

10 이신二身 : 부처님의 몸을 두 가지로 구분한 것이다. 『菩薩瓔珞本業經』「賢聖學觀品」(T24, 1015c)에서는 법성신法性身과 응화법신應化法身으로 나누어 설한다.

11 살운薩云 : ⓢ sarvajña. 살운살薩云으로 표기하기도 한다. 일체지一切智라 번역한다. 불과佛果에서 일체법을 증득하는 지혜이다.

열어 6중의 영락[12]을 보였으므로 『보살영락본업경菩薩瓔珞本業經』이라고 한다.

本業經疏序[1)]

釋元曉[2)]

原夫二諦中道。乃無可道之津。重玄法門。逾無可門之理。無可道故不可以有心行。無可門故不可以有行入。然以大海無津。汎舟楫而能渡。虛空無梯。翻羽翼而高翔。是知無道之道。斯無不道。無門之門。則無非門。無非門故事事皆爲入玄之門。無不道故處處咸是歸源之路。歸源之路甚夷而無人能行。入玄之門泰然而無人能入。良由世間學者。着有滯無故也。着有相者。將有待之危亡。趣無限之法相。數數而無已。逐名而長流。滯空無者。恃莫知之盲意。背生解之敎門。悟醉而無醒。搖首而不學。是故如來無緣大悲。爲彼二類。令入佛道。說此兩卷瓔珞法門。欲使長流者止。遊八不之坦路。摧六[3)]慢之高心。悟醉者悟。學六入之明門。伏五住之闇陣。於是備架福智兩檝。能渡乎佛法大海。雙運止觀二翼。高翔乎法性虛空。斯爲本業之大意也。其爲敎也。文理俱精。旨極妙而辭逸。文甚括而語詳。行階階而德備。事洋洋而理窮。窮因果之源流。究凡聖之始終。照千條之森羅。明一味之洪通。尒乃六性六忍。綜八會之廣要。三觀三諦。貫六百之玄宗。二十二身。帶十方而普現。一道一果。含萬德而都融。然後乘薩云之寶乘。還三界之故宅。開菩薩之本行。示六重之瓔珞。故言菩薩瓔珞本業經也。

---

1) ㉮ 저본은 『東文選』 권83에 실린 서문이다. 2) ㉯ 저본인 『東文選』에는 '釋元曉'라는 저자 표기가 없다. 3) ㉯ 저본인 『東文選』에는 '六'이 '七'로 되어 있다. 글의 구성 면에서도 팔불, 칠만, 육입, 오주의 차례로 이어지는 것이 옳을 것으로 보인다.

12 6중의 영락 : 『菩薩瓔珞本業經』「賢聖學觀品」(T24, 1012c~1013a)에서는 보살의 본업 영락인 십주·십행·십회향·십지·무구지·묘각지를 각각 동보영락銅寶瓔珞·은보영락銀寶瓔珞·금보영락金寶瓔珞·유리보영락琉璃寶瓔珞·마니보영락摩尼寶瓔珞·수정영락水精瓔珞으로 상징하여 표현하였다.

본업경소 하권
本業經疏 卷下

석원효 지음 釋元曉 撰

(3. 현성학관품賢聖學觀品)[1]

(9) 십지심의 관법 중 제9

경 "불자여, 아홉째, 입법제지入法際智는 말하자면 40가지 변재辯才로 일체의 공덕행이 모두 성취되어 마음의 습기가 이미 소멸되었고 무명 역시 제거되었느니라. 일체의 불장佛藏과 일체의 변통장變通藏이 이미 일심一心에서 일시에 행해져 무량한 대천세계에서 부처의 모습을 하거나 중생의 모습을 하면서 무량한 중생을 교화하는 법이기 때문이니라."[2]

佛子。九入法際智。所謂四十辯才一切功德行皆成就。心習已滅無明亦除。一切佛藏一切變通藏已一心中一時行。無量大千世界中作佛形作衆生形。教化無量衆生法故。

소 "아홉째,[3] 입법제지入法際智는 말하자면 40가지 변재辯才로"는 모든

---

1 현재 전하는 『本業經疏』 권하는 『菩薩瓔珞本業經』 권상의 「賢聖學觀品」을 주석하는 내용으로 시작하고 있다.
2 『菩薩瓔珞本業經』 권상 「賢聖學觀品」(T24, 1015b).
3 「賢聖學觀品」(T24, 1013a~1015b)에서는 보살의 계위를 보살의 마음이라고 표현하면서 각 마음마다 열 가지 관법을 제시하고 있다.

	마음	관법
십주	발심주發心住	후집일체선근후집一切善根 즉 사홍서원四弘誓願
	치지심주治地心住	수습무량선행修習無量善行 즉 사념처관四念處觀
	수행심주修行心住	선습불도법善習佛道法 즉 관십일체입관十一切入
	생귀심주生貴心住	일체불전수법이행一切佛前受法而行 즉 팔승처八勝處
	방편심주方便心住	수제청백법修諸清白法 즉 팔대인각八大人覺
	정심주正心住	위제불소호爲諸佛所護 즉 팔해탈관八解脫觀
	불퇴심주不退心住	광정법廣正法 즉 육화경六和敬
	동진심주童眞心住	신희대법信喜大法 즉 삼공三空
	법왕자심주法王子心住	심주사등법心住四等法 즉 사제법四諦法으로 중생을 교화함
	관정심주灌頂心住	호구불공덕好求佛功德 즉 육념六念

십행	환희심행歡喜心行	위자득일체종지고爲自得一切種智故 즉 사정근四正勤
	요익심행饒益心行	위득자신유대력고爲得自身有大力故 즉 사여의족四如意足
	무진한심행無瞋恨心行	원무외구족고願無畏具足故 즉 오근五根
	무진심행無盡心行	구구족삼보고求具足三寶故 즉 오분법신五分法身
	이치란심행離癡亂心行	위화일체중생고爲化一切衆生故 즉 팔정도八正道
	선현심행善現心行	득대자비고得大慈悲故 즉 칠관七觀
	무착심행無著心行	위득사무애고爲得四無礙故 즉 오선근五善根
	존중심행尊重心行	입일체불국중행고入一切佛國中行故 즉 사화법四化法
	선법심행善法心行	위어일념중조일체법고爲於一念中照一切法故 즉 삼세십이인연三世十二因緣
	진실심행眞實心行	위자재전대법륜고爲自在轉大法輪故 즉 보살삼보菩薩三寶
십회향	구호일체중생이상회향심 救護一切衆生離相廻向心	이제정직二諦正直 즉 학습제일의제學習第一義諦
	불괴회향심不壞廻向心	심제일의지深第一義智 즉 오신통五神通
	등일체불회향심 等一切佛廻向心	순지순지淳至 즉 무생혜無生慧 중 사불괴정四不壞淨
	지일체처회향심 至一切處廻向心	양동불력량同佛力 즉 삼상三相
	무진공덕장회향심 無盡功德藏廻向心	선계량중생력善計量衆生力 즉 오음五陰
	수순평등선근회향심 隨順平等善根廻向心	불교화력佛敎化力 즉 십이입十二入
	수순등관일체중생회향심 隨順等觀一切衆生廻向心	취향무애지趣向無礙智 즉 십팔계十八界
	여상회향심如相廻向心	수순자연지隨順自然智 즉 인과因果
	무박해탈회향심 無縛解脫廻向心	능수불법승고能受佛法僧故 즉 이제공二諦空
	법계무량회향심 法界無量廻向心	이자재혜화일체중생以自在慧化一切衆生 즉 중도제일의제中道第一義諦
십지	사무량심四無量心	환희지주중도제일의제혜歡喜地住中道第一義諦慧 즉 이십환희심二十歡喜心과 십무진원十無盡願
	십선심十善心	금강해장법보金剛海藏法寶 즉 스스로 십선十善을 행하고 다른 이도 행하게 함
	명광심明光心	입여법삼매入如幻三昧 즉 십이문선十二門禪
	염혜심焰慧心	변행법보장遍行法寶藏 즉 신수심신身受心法·정진正進·여의족如意足·근根·역力·팔정八正·칠각七覺
	대승심大勝心	입법계지관入法界智觀 즉 십육제十六諦
	현전심現前心	달유법연고기지達有法緣故起智 즉 십이인연十二因緣과 십종조十種照
	무생심無生心	진과보무장애지盡果報無障礙智 즉 삼공지三空智로 삼계三界의 이습二習을 관찰함
	부사의심不思議心	부사의무공용관不思議無功用觀 즉 무상대혜방편대용無相大慧方便大用
	혜광심慧光心	입법제지入法際智 즉 사십변재四十辯才와 일체동덕행을 모두 성취
	수위심受位心	무애지관無礙智觀 즉 무량한 법운法雲에서 비가 내려 일체 중생에게 미침
무구지	입법계심入法界心	용복정입법광삼매용伏定入法光三昧
묘각지	적멸심寂滅心	

『本業經疏』에서 "아홉째"라고 한 것은 십지의 열 가지 관법 중에 '입법제지入法際智'부

변재를 써서 제법의 차별 경계에 오묘하게 들어가기 때문에 '입법제지'라고 하였다. '40가지 변재'라고 한 것은 사무애지四無礙智에 열 가지가 있기 때문이다.

예를 들면 『십지론十地論』에서 말하였다.

사무애지에 열 가지 차별이 있다. 첫째는 자상自相에 의지하는 것이고, 둘째는 동상同相에 의지하는 것이며, 셋째는 행상行相이고, 넷째는 설상說相이며, 다섯째는 지상智相이고, 여섯째는 무아만상無我慢相이며, 일곱째는 소승대승상小乘大乘相이고, 여덟째는 보살지상菩薩地相이며, 아홉째는 여래지상如來地相이고, 열째는 작주지상作住持相이다. 자상에 네 가지가 있다. 첫째는 생법자상生法自相이고, 둘째는 차별자상差別自相이며, 셋째는 상견고자상想堅固自相이고, 넷째는 피상차별자상彼想差別自相이다. 예를 들면 경에서, "이 보살은 법무애지法無礙智로써 모든 법의 자상을 알기 때문이고, 의무애지義無礙智로써 모든 법의 차별상을 알기 때문이며, 사무애지辭無礙智로써 모든 법을 온전하게 설할 줄 알기 때문이고, 낙설부애지樂說無礙智로써 모든 법이 차례에 맞게 끊어지지 않게 할 줄 알기 때문이니라."[4]라고 하였다. 동상에 네 가지가 있다. 첫째는 일체법동상一切法同相이고, 둘째는 일체유위동상一切有爲同相이며, 셋째는 일체법가명동상一切法假名同相이고, 넷째는 가명가명동상假名假名同相이다. 예를 들면 경에서, "또 법에 걸림 없는 지혜로써 모든 법에 체성體性이 없음을 알기 때문이고, 의미에 걸림 없는 지혜로써 모든 법의 생멸상을 알기 때문이며, 말에 걸림 없는 지혜로써 모든 법이 임시 이름임을 알아 끊임없이 임시 이름인 법을 설하기 때문이고, 설법으로

터 주석하고 있음을 나타낸다.
4 『十住經』 권4 「妙善地」(T10, 525b).

기쁘게 하는 데에 걸림 없는 지혜로써 임시 이름을 무너뜨리지 않으면서도 끝없는 법을 따라서 설하기 때문이니라."[5]라고 하였다.[6]

이어서 자세하게 설명하였다.[7]
다음으로 "일체의 공덕행이 모두 성취되어"라고 말한 것은, 이 40가지 변재의 문에 일체 공덕행이 포섭되지 않은 것이 없기 때문이다.

"마음의 습기가 이미 소멸되었고 무명 역시 제거되었느니라."라고 한 것은, 이 (제9)지를 심자재지心自在地라고 하니 집착하는 마음의 무거운 습기가 이미 끊어져 없어졌기 때문이고, 무명 안에 머물게 만드는 미혹한 마음은 공한 것이어서 역시 이미 제거되었기 때문이다.

"일체의 불장佛藏"은 모든 다라니로써 모든 부처님의 법장法藏을 얻는 것이다. 예를 들면 저 『(십지)경』에서, "제9 보살지는 모든 부처님의 법장을 얻는다고 하느니라. 대법사가 되어서 중의衆義의 다라니와 중법衆法의 다라니와……십 아승기의 백천 다라니문을 갖추느니라."[8]라고 하였기 때문이다.

"일체의 변통장變通藏"은 법명法明(진리에 대한 지혜)의 자재한 힘을 얻은 덕분에 시방에 두루 변화의 신통을 부리기 때문이다. 예를 들면 저 『(십지)경』에서, "이 보살은 불가설불가설 세계에 두루두루 다 있어서 (중생의) 마음과 근기와 신심에 따라 법명을 얻었기 때문에, 여래의 힘을 구하여 불사를 완성하고 일체중생을 위해 설법하여 주어 의지하게 하느니라."[9]라고 하였다.

---

5 『十住經』 권4 「妙善地」(T10, 525b).
6 『十地經論』 권11 「善慧地」(T26, 190bc).
7 『十地經論』(T26, 190c~192a)에서는 네 가지 걸림 없는 지혜와 연관지어 자상自相과 동상同相을 설명한 데 이어서 나머지 여덟 가지 구별을 설명한다.
8 『十住經』 권4 「妙善地」(T10, 525c~526a);『十地經論』 권11 「善慧地」(T26, 192a).

"무량한" 이후는 앞의 구절을 중복해서 표현한 것이다.

九入法際智所謂四十辨才者。以諸辨才。巧入諸法差別邊際。故言入法際智。四十辨才者。四無礙智有十種故。如十地論云。是四無礙智十種差別。一依自相。二依同相。三行相。四說相。五智相。六無我慢相。七小乘大乘相。八菩薩地相。九如來地相。十作住1)地2)相。自相者有四。一生法自相。二差別自相。三想堅固自相。四彼想差別自相。如經。是菩薩用法無礙智。知諸法自相故。以義無礙智。知諸法差別相故。以辭無礙智。知不壞說諸法故。以樂說無礙智。知諸法次第不斷故。同相者有四種。一者一切法同相。二者一切有爲同相。三者一切法假名同相。四者假名假名同相。如經。復次以法無礙智。知諸法無體性故。以義無礙智。知諸法生義3)相故。以辭無礙智。知諸法假名而不斷假名法說故。以隨4)說無礙智。隨假名不壞無邊法說故。乃至廣說。次言一切功德行皆成就者。此四十辨才門中。一切德行無不攝故。心習已滅無明亦除者。此地名爲心自在地。著心重習已斷滅故。作得住地無明之內。迷心空者亦已除故。一切佛藏者。以諸多羅尼。得諸佛法藏。如彼經言。第九菩薩地。名爲得諸佛法藏。能作大法師。得衆義多羅尼。衆法多羅尼。乃至滿足十阿僧祇百千多羅尼門故。一切變通藏者。以得法明自在力故。遍於十方作變作故。如彼經言。是菩薩於不可說不可說世界。遍滿其中。隨心隨根。隨信5)說法。得法明故。求如來力。滿足佛事。與一切衆生而作依止故。無量以下。重顯上句。6)

---

1) ㉠ '住' 앞에 어떤 판본에는 '十'이 있다. ㉡ 『十地經論』에 따르면 없는 것이 맞다.
2) ㉡ 『十地經論』에는 '地'가 '持'로 되어 있다.   3) ㉡ 『十地經論』에는 '義'가 '滅'로

---

9 『本業經疏』가 인용하고 있는 경전 구절과 일치하는 것은 『大正新脩大藏經』에 전하는 『十地經論』에서 "經曰"의 형태로 인용한 부분[『十地經論』 권11 「善慧地」(T26, 192c)]이다. 그러나 이 부분을 『大正新脩大藏經』에 전하는 『十住經』과 비교하면 내용은 상통하지만 문장은 차이가 많다. "不可說不可說。三千大千世界滿中衆生廣爲說法時。承佛神力。能爲衆生廣作佛事。倍復精勤。攝取如是智明。"[『十住經』 권4 「妙善地」(T10, 526b)].

되어 있다. 4) ㉯ '隨'는 어떤 판본에는 '樂'으로 되어 있다. ㉰ 『十地經論』에 따르면 '樂'이 맞다. 5) ㉰ 『十地經論』에 따르면 '信' 다음에 '爲衆生'이 누락되었다. 6) ㉰ 『韓國佛敎全書』에서는 "無量以下 重顯上句"를 줄을 바꾸어 편집하고 이어서 "十無礙智觀"을 붙여 놓았는데, 내용상 "無量以下 重顯上句"는 제9의 관법과 관련된 내용이고 "十無礙智觀"은 새롭게 제10의 관법을 설명하는 경문을 인용하는 부분이므로 떼어 내는 것이 옳을 것으로 보인다.

(10) 십지심의 관법 중 제10

경 "불자여, 열째, 무애지관無礙智觀은 말하자면 무량한 법운法雲에서 비가 내려 일체중생에게 미치고 두 가지 습기와 무명이 여기에서는 이미 사라져 대직위大職位를 받느니라. 신통 변화의 무량함은 말로 다 할 수 없고 부처님과 똑같이 형상이 없는 작용을 나타내기 때문이니라. 불자여, 이와 같이 일체 현인이 함께 이 문에 들어와 수행하여 깨달음을 이룬다. 불자여, 내가 먼저 제6천第六天(他化自在天)에서 십지를 설하여 천인을 교화한 적이 있는데, 지금은 간략하게 설명하므로 그대들은 배워서 실천하라."[10]

佛子。十無礙智觀。所謂無量法雲雨澍及一切衆生。二習無明今已盡滅受大職位。神變無量不可具說。現同如佛無相用故。佛子。如是一切賢人。同入此門修行成覺。佛子。吾先第六天說十地導化天人。今故略開。汝等受行。

소 "열째, 무애지관無礙智觀은 말하자면 무량한 법운法雲에서 비가 내려 일체중생에게 미치고"에서, 법운에는 간략하게 두 가지 뜻이 있다. 하나는 모든 부처님의 무량한 법우法雨를 받을 수 있다는 것이고, 다른 하나는 중생에게 무량한 법우를 내려 줄 수 있다는 것이다. 지금은 뒤의 뜻에

---

10 『菩薩瓔珞本業經』 권상 「賢聖學觀品」(T24, 1015b).

근거하여 법운을 표현하였다. 예를 들면 저『(십지)경』에서, "불자여, 이 법운지法雲地에 머무는 보살은 스스로 원력에 따라 대자비의 구름을 일으키고 대법大法의 천둥을 치느니라. 신통과 삼명三明과 무외無畏로 번갯불을 삼고 대지혜의 광명으로 거친 바람을 삼느니라. 대복덕大福德의 선근으로 두텁고 빽빽한 구름을 삼고 온갖 색신을 나타내어 색색의 구름을 삼느니라. 정법을 설하는 비로 모든 마구니를 무찌르고, 한 순간에 무량하고 무변한 백천만억 나유타 세계를 두루 뒤덮을 만큼 큰 감로 같은 선근의 법우를 내려 중생의 마음이 좋아하는 것을 따라서 무명에서 생겨나는 번뇌의 불꽃을 없애느니라. 그러므로 이 (제10)지를 법운이라고 한 것이니라."[11]라고 하였다.

"두 가지 습기와 무명이 여기에서는 이미 사라져"는 몸과 마음의 자재함이 이 (법운)지에서 더욱 늘어나 미세한 두 가지 습기가 이미 없어졌기 때문이고, 그 근본인 무명 역시 소멸했기 때문이다.

"대직위大職位를 받느니라."는 예를 들면 저『(십지)경』에서, "보살이 이와 같은 지혜를 따르고 수행하면 (부처의) 지위를 받는 자리로 들어갈 수 있느니라. 곧 보살이 더러움을 벗어나는 삼매를 얻어 앞에 나타나고……십 아승기 백천 삼매(를 얻어 앞에 나타나고) 최후의 삼매인 일체지의 지혜로 수승한 지위를 받는 삼매가 앞에 나타나면 커다란 보배 연꽃이 나타나는데, 둘레가 십 아승기 백천 삼천 대천세계만큼이니라."[12]라고 하고 이어서 자세하게 설명하였다.

"신통 변화의 무량함은 말로 다 할 수 없고 부처님과 똑같이 형상이 없는 작용을 나타내기 때문이니라."는 예를 들면 저『(십지)경』에서, "이 보살의 법운지에 머물면 어느 세계의 도솔천에서 물러나와 태로 들어가서

---

11 『十住經』권4「法雲地」(T10, 530ab);『十地經論』권12「法雲地」(T26, 197c).
12 『十住經』권4「法雲地」(T10, 528b);『十地經論』권12「法雲地」(T26, 194ab).

태에 머물고……대열반(을 보이는) 일체 불사에서 제도하는 중생을 따라서 지혜의 자재함을 얻으며,……백천 아승기 세계에서도"¹³라고 하고 이어서 자세하게 설명하였다.

"이와 같이" 이하는 두 번째 총괄적으로 맺은 것이다.『화엄경華嚴經』「십지품十地品」을 가리킨다.¹⁴

十無礙智觀。所謂無量法雲雨澍及一切衆生者。法雲之義。略有二種。一能受諸佛無量法雨。二能注衆生無量法雨。今約後義以顯雲義。如彼經言。佛子是菩薩住此法雲地。自從願力。起大慈雲。震大法雷音。通明無畏以爲電光。大智慧光以爲疾風。大福德善根以爲原密¹⁾雲。現種種色身爲障²⁾色雲。說正法雨。破諸魔怨。於一念間。無量無邊百千萬億那由他世界。皆亦遍覆。注³⁾大⁴⁾法甘露善根法雨。滅除衆生隨心所樂無明所超煩惱塵炎。是故此地名爲法雲故。二習無明今已盡滅者。色心自在此地轉增。微細二習已盡故。其本無明亦得滅故。受大職位者。如彼經言。菩薩隨順行如是智。得入受位地。卽得菩薩名。離垢三昧而現在前。乃至十阿僧祇百千三昧。最後三昧。名一切智智受勝位三昧。而現在前。卽有大寶蓮華王出。周圓如十阿僧祇百千三千大千世界。乃至廣說故。神通⁵⁾無量不可具說。現同如佛無相用故者。如彼經言。住此菩薩法雲地。於一切⁶⁾界中。從兜率天退。入胎住⁷⁾胎乃至大般⁸⁾涅槃。一切佛事。隨所度衆生。得智自在。乃至百千阿僧祇世界。乃至廣說故。如是以下第二總結。指華嚴經十地品也。⁹⁾

1) 원 '原密'은 어떤 판본에는 '厚察'로 되어 있다. 영『十地經論』에는 '原密'이 '厚密'로 되어 있고,『十住經』에는 '密'로 되어 있다. 2)『十地經論』에는 '障'이 '雜'으로 되어 있다. 3) 영『十地經論』에 따르면 '注'는 '澍'이다. 4) 원『十地經論』에 따르면

13 『十住經』권4「法雲地」(T10, 530b);『十地經論』권12「法雲地」(T26, 197c).
14 60권본『華嚴經』의「十地品」은 타화자재천他化自在天에서 설해지기 때문에『菩薩瓔珞本業經』의 "제6천에서 십지를 설하여 천인을 교화했다."라는 구절을 두고『華嚴經』「十地品」이라고 하고 있다.

'大'는 연자이다. 5) ㉥『菩薩瓔珞本業經』에는 '通'이 '變'으로 되어 있다. 6) ㉥『十地經論』에는 '切'가 '世'로 되어 있다. 7) ㉤ '住'는 어떤 판본에는 '出'로 되어 있다. ㉥『十地經論』에 따르면 '住'가 맞다. 8) ㉥『華嚴經』에 따르면 '般'은 연자이다. 9) ㉥『本業經疏』는 "指華嚴經十地品也"에 이어서 "無垢地中"을 붙여 놓았는데, 내용상 "指華嚴經十地品也"까지는 십지심과 관련된 내용이고, "無垢地中"부터는 새로운 계위를 설명하는 경문을 인용하는 부분이므로 떼어 내는 것이 옳을 것으로 보인다.

(11) 무구지無垢地

경 "불자여, 제41지심을 입법계심入法界心이라고 하느니라. 다음으로 그 마음이 닦을 법은 용복정勇伏定으로 법광삼매法光三昧에 들어가는 것이니라. 이 정에 들어가 열 가지 법을 닦느니라. 첫째는 부처님의 불가사의한 신통 변화를 배우고, 둘째는 보살의 권속을 모으고, 셋째는 앞서 닦은 법문을 거듭 닦고, 넷째는 일체 불국토를 따라 일체 부처님을 찾아 묻고, 다섯째는 무명의 부모와 헤어지고, 여섯째는 중현문重玄門에 들어가고, 일곱째는 부처님과 똑같이 일체의 형상을 나타내고, 여덟째는 두 가지 법신을 갖추고, 아홉째는 두 가지 습기가 없고, 열째는 중도제일의제의 산꼭대기에 오르는 것이니라.

그러므로 무구의 보살은 발심주부터 시작해서 지금 이 일지一地에 이르기까지 무량겁을 지나며 40심心의 무량한 공덕 법문을 닦느니라. 또 희지喜地(환희지)부터 두 가지 법신의 무량한 공덕을 수행하여 백천 겁을 지나며 법장이 비로소 가득해지고 상진삼매相盡三昧에 들어가 일체지의 지위를 성취하여 항상 부처님 행을 하기 때문이니라. 불자여, 내가 먼저 제3선第三禪에서 팔선八禪의 무리를 모아 일생보처一生補處보살이 불화삼매정佛華三昧定에 들어가는 것을 백만억 게송으로 설한 적이 있느니라. 이제 간략하게 한 게송의 뜻을 설하여 중생의 마음을 열었으니 그대들은 받아 지니라."[15]

---

15 『菩薩瓔珞本業經』 권상 「賢聖學觀品」(T24, 1015bc).

佛子。第四十一地心者。名入法界心。復次心所行法者。所謂勇伏定入法光
三昧。入此定中修行十法。一學佛不思議變通。二集菩薩眷屬。三重修先所
行法門。四順一切佛國問訊一切佛。五與無明父母別。六入重玄門。七現同
如佛現一切形相。八二種法身具足。九無有二習。十登中道第一義諦山頂。
是故無垢菩薩。從發心住來。至此一地。經無量劫修四十心無量功德法門。
復從喜地修行二種法身無量功德。經百千劫法藏始滿。入相盡三昧成就一
切智位。常行佛行故。佛子。吾先於第三禪中集八禪衆。說一生補處菩薩入
佛華三昧定百萬億偈。今以略說一偈之義開衆生心。汝等受持。

소 무구지의 문장에 세 가지 구분이 있다. 처음은 마음(心)이고, 다음은 닦음(行)이며, 나중은 바로 총결總結이다.

처음에 "입법계심入法界心이라고 하느니라."는 일법계一法界에 들어가는 첫 문이기 때문이며, 완전한 도의 방편이 되기 때문이다.

다음으로 닦음(行)을 밝히는 부분은 두 가지이다. 먼저는 (닦음의) 근거가 되는 정定을 나타내고, 다음은 (정을) 의지하여 닦음을 밝힌다. 처음에 "용복정勇伏定"이라고 한 것은 불지에서 끊어지는 장애를 굴복시킬 수 있기 때문이고, 이 정을 따라 법광삼매에 들어가면 법계의 산꼭대기에 올라 모든 법계를 비추기 때문이다.

다음으로 (정을) 의지하여 닦음을 전체적으로 나타내고 개별적으로 드러내었다. 앞에서 설한 세 가지 자리의 모습[16]에 배당하면, 이 중에 근거가 되는 정을 밝힌 부분은 백 겁의 자리이다. 저기 (『보살영락본업경』)에

---

[16] 『菩薩瓔珞本業經』 권상 「賢聖學觀品」의 앞 부분에서 등각성等覺性인 마니보영락摩尼寶瓔珞보살에 대하여 "정적정頂寂定에 머물러 대원력으로 수명이 백 겁을 머무는 동안 천 가지 삼매를 닦고", "또 수명이 천 겁을 머무는 동안 부처님의 위의를 배우고 상왕象王과 같이 바라보고 사자와 같이 걸으며", "다시 수명이 만 겁을 머무는 동안 성불을 화현하고 대적정大寂定에 들어간다."라고 하여 세 가지 겁으로 구분하여 설명하고 있다.(T24, 1012c~1013a)

서 "수명이 백 겁을 머무는 동안 천 삼매를 닦느니라."[17]라고 했기 때문이다. 개별적으로 열 가지 (닦음을) 밝힌 부분[18]에서 앞의 네 가지 법은 천 겁의 자리이다. 저기 (『보살영락본업경』)에서 "목숨이 천 겁을 머무는 동안 부처님의 위의를 배우고……신통으로 교화하는 법을 (닦느니라)."[19]라고 했기 때문이다. 뒤의 여섯 가지 법은 만 겁의 자리이다. 저기 (『보살영락본업경』)에서 "목숨이 만 겁을 머무는 동안 성불을 화현하고 대적정에 들어가 모든 부처님의 이제二諦의 경계 밖에 비유비무非有非無와 무심무색無心無色과 인과因果의 이습二習을 똑같이 깨달아 남음이 없으나, 예전 부처님과 동등한 것만 나타내어 다만 응신의 이름이 있느니라. 모든 색심을 나타내어 중생을 교화하고 항상 중도를 행하며 무위를 대단히 즐겨 생멸하는 것과는 다르니라."[20]라고 했기 때문이다.

이제 앞의 네 가지 가운데 세 번째 "앞서 닦은 법문을 거듭 닦고"는 그 앞의 두 가지 문[21]에서 부처님 덕을 우러러 닦을 때에 한꺼번에 이루기가 어렵기 때문에 거듭 닦는 것이다. 네 번째 "찾아 묻고"는 역시 부처님의 위의가 포섭하는 것을 배우기 위한 것이다. 다섯 번째 "무명의 부모와 헤어지고"는 불지에 이르지 못했기 때문에 지금 먼저 헤어지는 것이다. 이 자리는 아직 무명과 함께하기 때문이다. 여섯 번째 "중현문重玄門에 들어가고"는 공마저 공한 문을 중현이라고 하는데, 이 공마저 공한 문은 오직 부처님만 도달하는 것이고 지금은 조금 얻었기 때문에 "들어가고"라고 한 것이다. 일곱 번째 "부처님과 똑같이 일체의 형상을 나타내고"는 예전

---

17 『菩薩瓔珞本業經』 권상 「賢聖學觀品」(T24, 1012c).
18 『菩薩瓔珞本業經』에서 '용복정勇伏定'에 들어가 닦는 열 가지 법을 설명하는 부분(T24, 1015bc)을 가리킨다.
19 『菩薩瓔珞本業經』 권상 「賢聖學觀品」(T24, 1012c~1013a).
20 『菩薩瓔珞本業經』 권상 「賢聖學觀品」(T24, 1013a).
21 두 가지 문 : '용복정'에 들어가 닦는 열 가지 법 중에 첫째 부처님의 불가사의한 신통 변화를 배움과 둘째 보살의 권속을 모음의 두 가지 법을 가리킨다.

부처님과 동등한 것을 나타내고 모든 색심을 나타내기 때문이다. 여덟 번째 "두 가지 법신을 갖추고"는 인행因行에서도 (결과를) 갖출 수 있기 때문이다. 아홉 번째 "두 가지 습기가 없고"는 인과의 두 가지 습기가 남는 것이 없기 때문이다. 법집은 인이고 인집은 과인데, 이 두 가지 훈습이 모두 끊어졌기 때문이다. 이것은 최후의 일념에 근거해서 설명한 것인데 그 이전은 아직 남는 것이 있기 때문이다. 열 번째 "중도제일의제의 산꼭대기에 오르는 것이니라."는 이전의 네 가지 문으로 드러낸 중도가 이 자리에서 꼭대기에 도달할 수 있기 때문이다.

"그러므로" 이하는 세 번째인 총결이다. 여기에는 네 구절이 있는데, 첫째는 이전에 닦은 것을 들었고, 둘째는 현재의 공덕을 나타냈으며, 셋째는 앞에서 자세하게 설명해 보였고, 넷째는 지금의 간략한 설명으로 끝을 맺었다. 첫째에 두 가지가 있다. 먼저 40심心을 통틀어 거론하였고, 나중에 십지신十地身을 개별적으로 거론하였다. 40심 안의 제40이 바로 성위聖位이고 여기에 이신二身이 있기 때문이다. "백천 겁을 지나며" 이하는 현재의 공덕 역시 만 겁을 지난 것이지만 간략히 거론한 것뿐이다. 셋째 자세하게 설명해 보인 부분에서 "제3선第三禪"은 (현존하는)『화엄경』에서는 이 회會가 보이지 않으나 대본大本『화엄경』문장에는 있을 것이다. 넷째 간략한 설명이니 문장의 모습[22]을 알 수 있을 것이다.

無垢地中。文有三分。先心次行。後卽總結。初名入法界心者。入一法界之初門故。爲究竟道之方便故。次明行中有二。先顯所依定。後明能依行。初中言勇伏定者。能伏佛地所斷障故。從此定入法光三昧。登法界山頂。照諸法界故。次能依行。總標別顯。若依前說三地相配者。此中明所依定。在百劫位。彼言住壽百劫修千三昧故。別明十中。前之四法在千劫位。彼言住

---

[22]『菩薩瓔珞本業經』에서 "이제 간략하게 한 게송의 뜻을 설하여"라고 한 부분을 가리킨다.

壽千劫學佛威儀乃至神通化導之法故。後之六法。在萬劫位。彼言住壽萬
劫。化現成佛。入大寂定。等覺諸佛二諦界外非有非無無心無色因果二習。
無習[1]無有遺餘。現同古佛。但有應名。現諸色心。敎化衆生。常行中道。大
樂無爲。而生滅爲異故。今前四中第三重習[2]先所行法門者。謂前二門。仰
倚佛德。率成爲難。所以重習。第四問訊。亦爲學佛威儀所攝。五與無明父
母別者。不生[3]佛地故今先別。此位猶與無明俱故。六入重玄門者。謂空空
門名爲重玄。此空空門。唯佛所窮。今得少分。故名爲入。七現同如佛現一
切形相者。現同古佛。現諸色心故。八二種法身具足者。於因行中得具足
故。九無有二習者。因果二習無有餘故。法執爲因。人執爲果。此二熏習皆
斷故。是約最後一念而說。從此已前猶有餘故。十登中道第一義諦山頂者。
謂前四門。所顯中道。於此位中得到頂故。是故以下第二[4]總結。於中四句。
一擧先行。二顯今德。三示前廣說。四結今略說。初中有二。先通擧四十心。
後別擧十地身。四十心內之第四十。此是聖位。有二身故。經百千劫以下。
今德亦經萬劫。但略擧耳。第三示廣說中。第三禪者。華嚴經中。不現此會。
應在彼經大本文也。第四略說。文相可知。

1) ㉭ '無習'은 덧붙여진 글자로 생각된다. ㉠『菩薩瓔珞本業經』에 따르면 없는 것이
맞다. 2) ㉭ '習'은『菩薩瓔珞本業經』에는 '修'로 되어 있다. 3) ㉭ '生'은 어떤 판본
에는 '至'로 되어 있다. 4) ㉭ '二'는 '三'으로 생각된다.

(12) 묘각지妙覺地

경 "불자여, 제42지를 적멸심寂滅心이라고 하느니라. 묘각지는 항상 한
가지 모습에 머물고 제일의 무극無極이며 맑기가 허공과 같으니라. 일체종
지로 무생無生을 비추어 통달하시느니라. 유제有諦의 시작과 끝은 오직 부
처님만 완전히 궁구하시느니라. 중생의 근본에도 시작이 있고 끝이 있는데,
부처님은 이것도 모두 비추어 보시느니라. 일체 번뇌와 일체중생의 과보에
이르기까지를 일심으로 그 근원을 완전히 헤아리시느니라. 모든 불국토와

모든 부처의 인과와 모든 보살의 신통 변화 역시 한 생각 한 순간에 아시고는 불가사의에 머무시느니라. 이제의 바깥에 홀로 존재하시며 둘이 없느니라. 불자여, 내가 전에 이 나무 아래에서 법계해法界海를 설할 때 8만의 무구보살이 그 몸 그대로 부처가 되었으므로 이제 이 대중을 위하여 간략히 불과佛果의 행처行處를 펼치니 그대들은 받들어 배워야 할 것이니라."[23]

佛子。第四十二地名寂滅心。妙覺地常住一相。第一無極湛若虛空。一切種智照達無生。有諦始終。唯佛窮盡。衆生根本有始有終。佛亦照盡。乃至一切煩惱。一切衆生果報。佛一心念稱量盡原。一切佛國一切因果。一切佛菩薩神變。亦一念一時知。住不可思議。二諦之外。獨在無二。佛子。吾先在此樹下說法界海時。有八萬無垢菩薩現身得佛故。今爲此大衆略開佛果行處。汝應頂受。

소 묘각지에도 세 가지 구분이 있다. 우선은 마음(心)이요, 다음은 덕德이며, 셋째는 끝을 맺어 밝혔다.

처음에 "적멸심寂滅心"이라고 한 것은 적조寂照의 지혜이기 때문이다.

"묘각지" 이하는 둘째인 덕을 나타내는 부분인데, 간략하게 네 가지 덕을 들었다. 첫째, 항상한 덕(常德), 둘째, 지혜의 덕(智德), 셋째, 불가사의한 덕, 넷째, 홀로 있어서 둘이 없는 덕이다.

처음 (항상한 덕)에서 "묘각지"라고 한 것은 더러운 모든 티끌을 멀리 여의고 모든 무명의 수면睡眠도 벗어났기 때문이다. "항상 한 가지 모습에 머물고"는 모든 생멸을 떠나서 전후가 다름이 없기 때문이다. "제일의 무극無極"은 시작도 없고 끝도 없으며, 중中도 없고 극단도 없으며, 세로든 가로든 한계와 경계도 없기 때문이다. 이런 뜻에서 "맑기가 허공과 같다."

---

[23] 『菩薩瓔珞本業經』 권상 「賢聖學觀品」(T24, 1015c).

둘째 (지혜의 덕)에서 "일체종지"라고 한 것은 여래가 (세상을) 비추는 지혜를 총체적으로 거론했기 때문이다. 그 이하에서 개별적으로 드러내는데, 여기에 네 가지가 있다. 첫째, 이제의 문, 둘째, 시작과 끝의 문, 셋째, 더러워지는 인과의 문, 넷째, 청정의 인과의 문이다. 처음 (이제의 문)에서 "무생無生"은 무제無諦를 통달했기 때문이다. "유제有諦의 시작과 끝"은 유제를 비추기 때문인데, 시작이 없는 것이 시작이고 끝이 없는 것이 끝이니 (부처님께서) 끝까지 비추셨음을 나타내려고 시작과 끝을 임시로 설정하였기 때문이다. 둘째 (시작과 끝의 문)에서 "중생의 근본"이라고 한 것은 사주지四住地를 가리킨다.[24] "시작이 있고"는 여래장이 그 근본이 되기 때문이며, "끝이 있는데"는 두 가지 생사가 그 말단이 되기 때문인데, 나중에 문장이 있는 곳에서 다시 설명하겠다. 셋째 (더러워지는 인과의 문)과 넷째 (청정의 인과의 문)에서 "한 생각에 아신다"고 한 것은 여래는 실제로 전후 생각이 다를 것이 없지만 보살의 무상無常한 지혜와 비교하여 (보살의) 한 생각 사이에 부처님은 두루 알 수 있기 때문이다.

셋째 (불가사의한) 덕에서 "불가사의에 머무시느니라."라고 한 것은 부처님이 머무는 무상보리에는 다섯 가지 부사의가 있기 때문이다. 예를 들면 『무상의경無上依經』에서 이렇게 설명한다.

모든 여래가 머무는 무상보리처無上菩提處에는 다섯 가지 인연의 불가사의가 있느니라. 무엇이 다섯인가. 첫째, 자성自性, 둘째, 처소(處), 셋째, 자리(住), 넷째, 하나(一)와 다름(異), 다섯째, 이익이니라. 어째서 여래는 보리의 자성이 불가사의하다 하는가. 색에 나아가서는 여래를 얻지 못하며, 색을 떠나서도 여래를 얻지 못하느니라. 수상행식도 마찬가

---

24 『菩薩瓔珞本業經』 권하 「大衆受學品」(T24, 1021c~1022a)에는 일반적으로 말하는 오주지번뇌五住地煩惱 중에서 욕계주欲界住地 · 색계주色界住地 · 무색계주無色界住地 · 무명주지無明住地의 이름이 보인다.

지이니라. 사대와 육근도 이와 같으니라.[25] 유의 법에 나아가서는 여래를 얻지 못하며, 무의 법도 마찬가지이니라. 이것을 보리의 자성이 불가사의하다고 하느니라. 어째서 여래는 보리의 처소가 불가사의하다고 하는가. 여래는 욕계에 있으면 불가사의하며, 욕계를 떠나도 불가사의하니라. 색계와 무색계도 마찬가지이니라. 육도와 시방도 이와 같으니라.[26] 이것을 처소가 불가사의하다고 하느니라. 무엇이 자리가 불가사의함인가. 안락한 자리는 여래의 자리가 불가사의함이니라. 적정한 자리는 여래의 자리가 불가사의함이니라. 마찬가지로 유심의 자리, 무심의 자리, 범천의 자리는 여래의 자리가 불가사의함이니라. 어째서 하나와 다름의 불가사의라 하는가. 삼세의 여래는 한자리에 머무시느니라. 무엇이 한자리인가. 자성이 청정한 무루의 법계이니라. 이것이 모든 여래가 하나이기도 하고 다르기도 한 불가사의이니라. 어째서 이익 되는 일의 불가사의라고 하는가. 여래는 일법계와 동등한 지혜와 신통력이 모두 평등하여 무루의 청정한 법계에 머물면서도 중생에게 무량한 이익이 될 수 있느니라. 이것을 이익의 불가사의라고 하느니라. 또 불가사의에 두 가지가 있느니라. 첫째는 하나는 말로 할 수 없다는 것이니 언어의 경계를 넘어서기 때문이다. 둘째는 일체의 세간을 벗어난다는 것이니 세간에는 비교하거나 비슷한 것이 없기 때문이다. 이것을 불가사의라고 하느니라.[27]

넷째 (홀로 있어서 둘이 없는) 덕에서 "이제의 바깥에 홀로 존재하시며 둘이 없느니라."라고 한 것은, 예를 들면 『인왕경』에서 "세제와 제일의

---

25 실제 경문은 사대와 육근 각각을 통해서는 여래를 얻을 수 없음을 설명하지만 『本業經疏』는 간략히 인용하고 있다.
26 실제 경문은 육도를 대표하여 인간계를 예로 들고 시방을 대표하여 동방을 예로 들어 육도와 시방 각각을 통해서는 여래를 얻을 수 없음을 설명하지만 『本業經疏』는 간략히 인용하고 있다.
27 『佛說無上依經』 권상 「菩提品」(T16, 473bc).

제의 바깥으로 뛰어넘으면 제11지의 살운야薩云若(一切智)이니라. 있지 않음(非有)과 없지 않음(非無)을 깨달아 맑고 청정하니라."²⁸라고 하였다. (『인왕경』에서) '세제'라는 말은 의타성과 분별성에서 유와 무의 이제를 합하여 세제라 하고, 의타성에서 분별성의 무가 나타난 진여를 제일의제라고 한다. 여래는 일심의 근원으로 돌아갔으므로 있음도 아니고 없음도 아니며, 빈 것도 아니고 실제도 아니며, 유위도 아니고 무위도 아니며, 차별도 아니고 평등도 아니다. 그러므로 "이제의 바깥"이라고 하였다. 이러한 제3제第三諦가 비교할 것도 없고 상대될 것도 없음을 무이제無二諦라고 하고 무진제無盡諦라고 한다. 그러므로 "홀로 존재하시며 둘이 없느니라."라고 한 것이다. 예를 들면 『화엄경』에서 "신해력信解力 때문에 무진제의 지혜를 얻지 않음을 압니다."²⁹라고 하였다.

"내가 전에" 이하는 셋째 끝을 맺어 밝힌 부분인데, 먼저는 자세한 설명을 가리킨 것이고 뒤는 간략한 설명으로 끝을 맺었다.

> 妙覺地中亦有三分。先心次德。第三結明。初中言寂滅心者。寂照慧故。妙覺地下第二顯德。略舉四德。一常德。二智德。三不可思議德。四獨在無二德。初中言妙覺地者。遠離一切雜染之麤。¹⁾亦離一切無明亦²⁾眠故。常住一相者。離諸生滅。無前後異故。第一無極者。無始無終。無中無邊。若縱若橫。無窮際故。卽由是義。湛若虛空。第二中言一切種智者。總擧如來能照智故。下卽別顯。於中有四。一二諦門。二始終門。三雜染因果門。四淸淨因果門。初中無生者。達無諦故。有諦始終者。照有諦故。無始爲始。無終爲終。欲顯照窮。假說始終故。第二中言衆生根本者。謂四住地。有始者。以如來藏爲其本故。有終者。二種生死爲其末故。至後文處當更分別。第三

---

28 『佛說仁王般若波羅蜜經』 권상 「菩薩敎化品」(T08, 826c).
29 『大方廣佛華嚴經』 권25 「十地品」(T9, 556a).

第四中言一念知者。如來實無前後念異。但此³⁾菩薩無常之智。如彼一念
頃。佛能遍知故。第三德中言住不可思議者。佛住無上菩提。有五不思議
故。如無上依經言。一切如來住無上菩提處。有五種因緣不可思議。何等爲
五。一者自性。二者處。三者住。四者爲一異。五者爲利益。云何如來爲菩
提自性不可思議。卽色是如來不可得。離色是如來不可得。受想行識亦如
是。四大六根亦如是。卽有法是如來不可得。無法亦如是。是名菩提自性不
可思議。云何如來爲菩提處不可思議。如來在欲界不可思議。離欲界不可
思議。色無色界亦如是。六道十方亦如是。是名處不可思議。何者住不可思
議。安樂住。如來住不可思議。寂靜住。如來住不可思議。如是有心住。無
心住。梵住。如來住不可思議。云何爲一異不可思議。三世如來在一處住。
何者一處。自性淸淨無漏法界。是諸如來若一若異不可思議。云何⁴⁾爲利益
事不可思議。如來等一法界智慧神力皆悉平等。住於無漏淸淨法界。能爲
衆生無量利益。是名利益不可思議。復次不可思議有二種。一者可言說。過
語言境界故。二者出一切世於世間中無譬類故。是名不可思議故。第四德
中言二諦之⁵⁾外獨在無二者。人⁶⁾王經言。超度世諦第一義之外。爲第十一
地薩云若。覺有非無⁷⁾法⁸⁾然淸淨。言世諦者。謂依他性及分別性。有無二
諦。此中合爲世諦。依他性中分別性無。所顯。眞如名第一義諦。⁹⁾如來歸
於一心之原。非有非無。非虛非實。非有爲非無爲。非差別非平等。故言二
諦之外。是第三諦無比無對。名無二諦。名無盡諦。故言獨在無二。如華嚴
言。由信解力故。知非得無盡諦智故。吾先以下。第三結明。先指廣說。後
結略說。

---

1) ㉑ '麤'는 어떤 판본에는 '塵'으로 되어 있다. 2) ㉑ '亦'은 '睡'로 생각된다. 3) ㉑
'此'는 어떤 판본에는 '比'로 되어 있다. 4) ㉑ '何' 다음에 어떤 판본에는 '如來'가 있
다. 5) ㉑ '之'는 『菩薩瓔珞本業經』에는 '界'로 되어 있다. ㉢ 『菩薩瓔珞本業經』에서
도 '之'는 어떤 판본에는 '界'로 되어 있다고 하였다. 6) ㉑ '人'은 '仁'과 통용된다. 이
하 같다. 7) ㉢ '有非無'는 『仁王經』에 '非有非無'로 되어 있다. 8) ㉢ '法'은 『仁王
經』에 '湛'으로 되어 있다. 9) ㉑ '諦'는 어떤 판본에는 없다.

2) 여러 부문으로 설명함

(1) 질문

경 경수보살이 부처님께 아뢰었다.
"세존이시여, 초지부터 마지막 일지一地까지 과보와 신통 변화에 두 가지 법신이 있습니다. 첫째는 법성신法性身이고, 둘째는 응화법신應化法身입니다. 어떤 겉모습(色相)을 하고 있으며, 어떤 마음(心相)을 하고 있습니까?"[30]

> 敬首菩薩白佛言。世尊。從初地至後一地。有果報神變二種法身。一法性身。二應化法身。爲何色相。爲何心相。

소 이제까지는 첫 번째인 닦음과 덕을 직접 밝힌 부분이고, 지금부터는 두 번째인 여러 부문으로 설명하는 부분이다. 여기에 두 가지가 있다. 먼저는 질문이고, 뒤는 답변이다.
(경문의) 질문에서 "마지막 일지一地"는 여래지如來地를 가리킨다. "법성신法性身"은 법성에 의지하여 실제 지혜가 생겨나므로 의지하는 대상을 따라서 법성이라고 한 것이다. 아래의 (경전) 문장에서 "진실한 지혜의 법신"이라고 한 것이 바로 이 (법성)신이다.

> 上來第一正明行德。此下第二諸門分別。於中有二。先問後答。問中言後一地者。謂如來地。法性身者。以依法性而生實智。故從所依名爲法性。下文言實智法身。卽此身也。

---
[30] 『菩薩瓔珞本業經』 권상 「賢聖學觀品」(T24, 1015c).

(2) 답변

경 부처님께서 말씀하셨다.

"불자여, 출세간의 과과果는 초지에서 불지에 이르기까지 각각 두 가지 법신이 있느니라. 제일의제의 법이 흐르는 물속에서 진실한 성품을 따라 생기는 지혜이기 때문에 진실한 지혜를 법신이라고 하는데, 법은 자체를 말하고 모아 저장한 것이 신이니라. 일체중생의 선근이 이 진실한 지혜의 법신에 닿기 때문에 법신이 무량한 법신으로 나타나 감응할 수 있느니라. 말하자면 일체 세계의 국토신·일체중생신·일체 불신佛身·일체 보살신의 모든 불가사의한 몸으로 나타나시니 국토도 마찬가지이니라.

불자여, 국토는 일체 현성이 머무는 곳을 말하느니라. 그러므로 일체 중생과 현성에게는 각자 과보의 국토가 있느니라. 범부 중생이라면 오음五陰에 머무는 것을 정보의 국토라 하고, 산림과 대지를 공유하는 것을 의보의 국토라 하느니라. 초지의 성인에게도 두 국토가 있느니라. 첫째는 진실한 지혜의 국토이니 앞의 지혜가 뒤의 지혜에 머무는 것을 국토로 삼은 것이니라. 둘째는 더러움을 깨끗하게 변화(시킨 국토)이니 수많은 겁을 지나면서 감응하여 나타나는 국토이니라. 무구지까지의 국토도 이와 같으니라. 일체중생부터 무구지까지는 모두 정토가 아니니 과보에 머물기 때문이니라. 오직 부처님만 중도제일법성의 국토에 계시느니라. 이런 까닭에 내가 옛날에 (『화엄경』의) 보광당普光堂에서 일체중생을 위하여 정토의 문을 자세하게 설하였느니라."[31]

佛言。佛子。出世間果者。從初地至佛地。各有二種法身。於第一義諦法流水中。從實性生智故。實智爲法身。法名自體。集藏爲身。一切衆生善根。

---

[31] 『菩薩瓔珞本業經』 권상 「賢聖學觀品」(T24, 1015c~1016a).

感此實智法身故。法身能現應無量法身。所謂一切界國土身。一切衆生身。一切佛身。一切菩薩身。皆悉能現不可思議身。國土亦然。佛子。土名一切賢聖所居之處。是故一切衆生賢聖。各自居果報之土。若凡夫衆生住五陰中爲正報之土。山林大地共有名依報之土。初地聖人亦有二土。一實智土。前智住後智爲土。二變化淨穢經劫數量應現之土。乃至無垢地土亦如是。一切衆生乃至無垢地。盡非淨土住果報故。唯佛居中道第一法性之土。是故我昔於普光堂上。廣爲一切衆生說淨土之門。

소 (경전의) 답변에 여섯 가지가 있다. 첫째는 세계를 벗어나는 문, 둘째는 세간의 결과인 문, 셋째는 치유하는 (수행의) 문, 넷째는 치유되는 (어리석음의) 문, 다섯째는 두 가지 태어남의 문, 여섯째는 두 가지 업의 문이다.

答中有六。一出世界門。二世間果門。三能治門。四所治門。五二生門。六二業門。

① 세계를 벗어나는 문

첫째 (세계를 벗어나는 문)에 세 가지가 있다. 먼저 두 가지 몸을 나타냈고, 다음에 두 가지 국토를 나타냈으며, 세 번째는 몸과 국토를 거듭 나타냈다.

初中有三。先顯二身。次顯二土。第三重顯身土。

ㄱ. 두 가지 몸

처음 (두 가지 몸)에 두 가지가 있으니 전체적으로 내세우는 것과 개별적으로 풀이한 것이다. 의미는 앞에서 설명한 것과 같으니 문장의 모습은 알 수 있을 것이다.

  初中有二。總標別解。義如前說。文相可知。

ㄴ. 두 가지 국토

(두 번째) 두 가지 국토의 문장에는 세 가지가 있으니 표방·해석·맺음이다. 해석에 두 가지가 있다. 먼저 범부의 국토를 함께 나타내고 뒤에는 성인의 국토만 밝혔다. 여기 (성인의 국토)에 둘이 있으니 먼저는 보살의 국토이고 나중은 여래의 국토이다. "이런 까닭에" 이하는 (두 가지 국토의) 세 번째인 맺음이다.

  二土中文有三。謂標釋結。釋中有二。先兼顯凡夫土。後正明聖人土。此中
  有二。先菩薩土。後如來土。是故以下第三結也。

ㄷ. 몸과 국토를 거듭 나타냄

경 "불자여, 초지의 일념무상一念無相의 법신지신法身智身은 백만 아승기 공덕의 법을 성취하고 이제를 다 비추어 마음마다 적멸하여 법이 흐르는 물속에 있느니라. 범부의 심식心識으로는 (초지의) 두 가지 법신을 헤아릴 수 없는데, 더욱이 이지二地·삼지三地부터 묘각지에 이르기까지를 어떻게 헤아릴 수 있겠는가? 다만 응화하는 도중을 취하여 초지에 백 가지 몸·천 가지 몸·만 가지 몸, 나아가 수없는 몸이 있으므로 얽매임이 있고 벗어남이 있을 수 있느니라. 그 법신이 있는 곳은 마음마다 적멸하여 법이 흐르는 물속이어서 위로는 일체 불법과 일체 과보를 구할 만하다고 보지 않고,

아래로는 무명의 모든 견해를 끊을 만하며 중생은 교화할 만하다고 보지 않느니라. 다만 세속제의 응화법 때문에 부처를 구할 만하고 모든 견해를 끊을 만하며 중생을 교화할 만하다고 보느니라. 불자여, 세 가지 견고한 법을 닦아서 성인의 지위에 들어간다는 말도 할 수 있느니라. 법이 흐르는 물 속에서 마음마다 적멸하기만 하면 자연히 묘각의 큰 바다에 흘러드느니라. 불자여, 삼현십지三賢十地의 이름까지도 이름이 없고 모양이 없으니 그저 응화이기 때문이니라. 옛 부처님의 도법道法에 십지의 이름이 있느니라. 불자여, 그대는 받아 지녀야 하느니라. 일체 불법은 평등하여 다름이 없느니라."³²

> 佛子。初地一念無相法身智身。成就百萬阿僧祇功德法。雙照二諦心心寂滅法流水中。不可以凡夫心識思量二種法身。何況二地三地乃至妙覺地。但就應化道中。可以初地有百身千身萬身乃至無量身。有縛有解。其法身處心心寂滅法流水中。上不見一切佛法。一切果報可求。下不見無明諸見可斷。衆生可化。但以世諦應化法中。見佛可求。諸見可斷。衆生可化。佛子。亦可得言修三堅法入聖人位。但法流水中心心寂滅。自然流入妙覺大海。佛子。乃至三賢十地之名。亦無名無相。但以應化故。古佛道法有十地之名。佛子。汝應受持一切佛法等無有異。

소 "초지의 일념一念" 이하는 (첫째 세계를 벗어나는 문의) 세 번째 (몸과 국토의) 깊고 깊음을 거듭 나타냈는데, 여기에 세 가지가 있다. 첫째는 두 가지 몸의 깊고 깊음, 둘째는 법신의 깊고 깊음, 셋째는 인과의 깊고 깊음이다.

첫째 (두 가지 몸의 깊고 깊음)에 둘이 있다. 먼저 헤아리기 어려움을

---

32 『菩薩瓔珞本業經』 권상 「賢聖學觀品」(T24, 1016a).

밝히고, 뒤에 임시로 한 설명을 나타냈다. 임시로 한 설명에서 "초지에 백 가지 몸·천 가지 몸·만 가지 몸" 등이라고 한 것은 이지二地에는 천 가지 몸, 삼지三地에는 만 가지 몸과 같은 식이다. "얽매임이 있고 벗어남이 있다."는 그 (각 지위에) 해당하는 과보가 100수로 제한되기 때문에 '얽매임이 있다'고 하였고, 그 원願과 지혜의 결과가 수량을 벗어나기 때문에 '벗어남이 있다'고 한 것이다. 또 아직 끊어지지 않음을 상대하였으므로 '얽매임이 있다'고 하였고, 이미 끊어짐을 상대하였으므로 '벗어남이 있다'고 한 것이다.

"그 법신이 있는 곳은" 이하는 둘째인 법신의 깊고 깊음인데, 여기에 둘이 있다. 먼저 이지理智와 볼 것 없음을 밝히고, 뒤에 양지量智와 볼 것 있음을 나타내었다.[33]

"(성인의 지위에 들어간다는) 말도 할 수 있느니라." 이하는 셋째인 인과의 깊고 깊음인데, 여기에 셋이 있다. 첫째는 임시 설명으로 인이 있고 과가 있음을 밝혔는데, 삼현三賢은 인이고 묘각은 과이기 때문이다. 다음으로 인과는 말이 끊어졌지만 교화 면에서 임시로 설명한 것임을 밝혔다.

"그대는 (받아 지녀야) 하느니라." 이하는 셋째인 맺으면서 권하는 것이다.

初地一念以下第三重顯甚深。於中有三。一者二身甚深。二者法身甚深。三者因果甚深。初中有二。先明難量。後顯假說。假說中言初地百身千身萬身等者。二地千身三地萬身等。有縛有解者。其攝報果限在百數。故言有縛。

---

33 『十八空論』에는 진여眞如가 최승最勝이고 최극最極인 것은 두 가지 지혜의 경계이기 때문이라면서 여리지如理智와 여량지如量智를 거론한다. 먼저 진여가 최승인 것은 여여한 제일의제第一義諦라는 것인데 이 제일의제가 여리지의 대상이며, 진여가 최극인 것은 속제俗諦라는 것인데 이 속제가 여량지의 대상이라는 것이다. 그리고는 여리지와 같은 말로 무분별지無分別智와 일체종지一切種智, 여량지와 같은 말로 무분별후지無分別後智와 일체지一切智라고 한다.(T31, 864b)

其願智果出數量外。故言有解。又望未斷故言有縛。望其已斷故言有解。其法身處以下第二法身甚深。於中有二。先明理智無見。後顯量智有見。亦可得言以下第三因果甚深。於中有三。先明假說。有因有果。三賢爲因。妙覺爲果故。次明因果絶言化道假說。汝應以下第三結勸。

② 세간의 결과인 문

경 "불자여, 세간의 과보란 말하자면 십주의 동보영락銅寶瓔珞 동륜왕銅輪王이 백 명의 복자福子를 권속으로 하고 불국토 한 곳에 태어나 부처님의 학행學行을 받아서 두 천하를 교화하는 것이니라. 은보영락銀寶瓔珞 은륜왕銀輪王이 오백 명의 복자를 권속으로 하고 불국토 두 곳에 태어나 부처님의 교행敎行을 받아서 세 천하를 교화하는 것이니라. 금강보영락金剛寶瓔珞 금륜왕金輪王이 천 명의 복자를 권속으로 하고 시방 불국토에 들어가 일체 중생을 교화하며 네 천하에 머무는 것이니라.

환희지歡喜地의 백보영락百寶瓔珞 칠보상륜七寶相輪의 사천왕이 만 명의 자식을 권속으로 하고 백 가지 법신이 백 불국토가 되어 시방의 천하를 교화하는 것이니라. 천보영락千寶瓔珞 팔만상륜八萬相輪의 도리왕忉利王은 이만 명의 자식을 권속으로 하느니라. 만보영락萬寶瓔珞 구보상륜九寶相輪의 염천왕焰天王의 권속도 그와 같아서 수를 말할 수 없느니라. 억보영락億寶瓔珞 십보상륜十寶相輪의 도솔타천왕兜率陀天王의 권속도 그러하여 수를 말할 수 없느니라. 천광보영락天光寶瓔珞 십일보상륜十一寶相輪의 화락천왕化樂天王의 권속도 그러하며, 마니보광영락摩尼寶光瓔珞 십이보상륜十二寶相輪의 타화천왕他化天王의 권속도 그러하며, 천색용보광혜영락千色龍寶光慧瓔珞 십삼보상륜十三寶相輪의 법천왕梵天王의 권속도 그러하며, 법사자보광영락梵師子寶光瓔珞 대응보상륜大應寶相輪의 광음천왕光音天王의 권속도 그러하며, 불가사의보광영락不可思議寶光瓔珞 백운광보상륜白雲光寶相輪의 정천왕淨天王의 권속도 그러하며, 백만신통보광영락百萬神通寶光瓔珞 무외주보상륜無畏珠寶相輪의 정거천왕淨居天王의 권속도 그러하느니라. 천만천색보광영락千萬天色寶光瓔珞 각덕보광상륜覺德寶光相輪의 삼계왕三界王은 일체보살을 권속으로 하며, 무량공덕장보광영락無量功德藏寶光瓔珞 천복상륜千福相輪의 법계왕法界王은 일생보처보살을 권속으로 하느니라.

불자여, 이들 위의 영락瓔珞 상륜相輪은 일체 부처와 보살이 움직이거나 머물거나 함께 노닐며 항상 그 몸을 따르고 일체중생을 교화하느니라. 그러므로 이와 같은 과보의 이름과 숫자의 법이 있느니라."[34]

佛子。世間果報者。所謂十住。銅寶瓔珞銅輪王。百福子爲眷屬。生一佛土受佛學行。教二天下。銀寶瓔珞銀輪王。五百福子爲眷屬。生二佛國中受佛教行。化三天下。金剛寶瓔珞金輪王。千福子爲眷屬。入十方佛國中化一切衆生。處四天下。歡喜地。百寶瓔珞七寶相輪四天王。萬子爲眷屬。百法身爲百佛國中化十方天下。千寶瓔珞八寶相輪忉利王。二萬子爲眷屬。萬寶瓔珞九寶相輪焰天王。眷屬亦然不可稱數。億寶瓔珞十寶相輪兜率陀天王。眷屬亦然不可稱數。天光寶瓔珞十一寶相輪化樂天王。眷屬亦然。摩尼寶光瓔珞十二寶相輪他化天王。眷屬亦然。千色龍寶光慧瓔珞十三寶相輪梵天王。眷屬亦然。梵師子寶光瓔珞大應寶相輪光音天王。眷屬亦然。不可思議寶光瓔珞白雲光寶相輪淨天王。眷屬亦然。百萬神通寶光瓔珞無畏珠寶相輪。靜居天王。眷屬亦然。千萬天色寶光瓔珞覺德寶光相輪三界王。一切菩薩爲眷屬。無量功德藏寶光瓔珞千福相輪法界王。一生補處菩薩爲眷屬。佛子。是上瓔珞相輪。一切佛及菩薩動止俱遊常隨其身。亦化一切衆生。故有如是果報之名數法。

---

34 『菩薩瓔珞本業經』 권상 「賢聖學觀品」(T24, 1016ab).

소 둘째, 세간의 결과(인 문)에 세 가지가 있으니 표방·해석·맺음이다. 두 번째 해석에 열다섯 계위가 있다. 앞의 네 계위는 모두 다섯 구절로 되어 있다. 첫째는 장엄, 둘째는 왕위, 셋째는 권속, 넷째는 가르침을 받는 곳, 다섯째는 교화하는 곳이다. 뒤의 열한 계위는 네 구절로만 되어 있다. 처음 계위에서 "동보영락銅寶瓔珞"은 십주의 행으로 그 몸을 장엄했음을 비유했기 때문이고, "동륜왕銅輪王"은 왕위를 받을 때에 동륜이 와서 맞이하기 때문이며, "백 명의 복자福子"는 왕에게 백 명의 자식이 있는데 모두에게 복덕이 있기 때문이다. "불국토 한 곳에 태어나 부처님의 학행學行을 받아서"는 한 번에 한 곳의 부처님 세계에 태어날 수 있기 때문이고, "두 천하를 교화하는 것이니라."는 두 천하에서 왕이 되기 때문이다. 아래에 계속되는 다섯 구절도 이것을 기준으로 알면 될 것이다. 세 번째 (계위)에서 "시방 불국토에 들어가"라고 한 것은 한 번에 열 부처님 세계에 태어날 수 있기 때문이다.

"환희지歡喜地"(부분)에서 "사천왕"은, 『화엄경』에서는 "대개 염부왕閻浮王이 된다."[35]라고 하였는데, 이것은 부처님께서 성도하신 곳에 불법을 세우려고 했기 때문에 태어난 것이고, 지금 여기에서 말한 '사천왕'은 위 아래의 계위에서 내려와 이곳에 이르렀으므로, 두 글에 모두 도리가 있다. 나머지 서로 다른 설명도 이것을 기준으로 알면 될 것이다.

"천보영락千寶瓔珞" 이하인 (제)2지와 "만보영락萬寶瓔珞" 이하인 (제)3지부터 등각인 "삼계왕三界王"까지도 역시 무색계의 중생을 교화하기 때문에 비상비비상처에 태어난다. 예를 들면 『십주단결경十住斷結經』에서, "부처님께서 말씀하셨다. '너희에게 무색정無色定을 설명하겠느니라. 사대로 만든 물질이 색인데, 저기에는 이런 물질이 없으므로 무색이라 하느니

---

35 (보살이) 이 초지初地(환희지)에 있을 때는 대개 염부왕이 되어 제법을 잘 알고 언제나 자비스런 마음을 쓴다.(住是初地中。多作閻浮王。善知於諸法。常行慈悲心。)" 『大方廣佛華嚴經』 권23 「十地品」(T9, 548b).

라. 색에는 다섯 가지가 있어야 비로소 사대가 이루어지는데, 다만 모양이 있는 색이 없기 때문에 무색이라 말하느니라. (나머지 네 가지인) 감각의 색(痛色)과 연상의 색(想色)과 의지의 색(行色)과 마음의 색(識色)은 범부의 다섯 가지 신통으로는 볼 수 있는 것이 아니며 여래나 아유안阿維顔보살(일생보처보살)[36]이라야 그 색을 보느니라. 불퇴전보살은 저울 같은 방편을 가지고 유상천有想天 위에 가서 노닐며 그 미세한 식에게 미묘한 법을 설하느니라.'"[37]라고 하였다.

묘각에서 "법계왕法界王"은 끝없는 법계의 중생을 두루 교화하기 때문이다.

"불자여" 이하는 세 번째인 맺음인데, "움직이거나 머물거나 함께 노닐며"는 밖으로 나타난 보륜이 왕을 따르며 함께 실천하기 때문이고, "항상 그 몸을 따르고"는 안으로 실천하는 영락이 항상 두 몸을 따르기 때문이다.

第二世間果中有二。[1] 謂牒釋結。第二釋中有十五階。前四階中皆有五句。一莊嚴。二王位。三眷屬。四受敎處。五敎化處。後十一中唯有四句。初階中銅寶瓔珞者。喩十住行莊嚴其身故。銅輪王者受王位時銅輪來應故。有[2]福子者王有百子。皆有福德故。生一佛土受佛敎行者。一時得生一佛世界故。敎二天下者。於二天下而作王故。下下五句准此應知。第三中言入十方佛國中者。一時得生十佛世界故。歡喜地中四天王者。華嚴經說多作閻浮王者。此是佛成道處。爲欲建立佛法故生。今此中言四天王者。上下階降當此處故。是故二文皆有道理。諸餘異說准此應知。千寶瓔珞以下二地。萬寶瓔珞以下三地。乃至等覺三界王者。亦化無色界衆生故。生在非想非非想處

---

[36] 『一切經音義』는 아유안阿維顔보살을 일생보처一生補處보살로 풀이하였다. 『一切經音義』 권9(T54, 358b2); 『一切經音義』 권34(T54, 537c).
[37] 『最勝問菩薩十住除垢斷結經』 권10 「菩薩證品」(T10, 1043a).

故。如十住斷結經言。佛言與汝說無色定。四大造色所謂爲色。彼無此色乃謂無色。夫色有五乃成四大。唯無形色故謂無色。痛色³⁾行色識色非是凡夫五通所覩。唯有如來阿維顔菩薩乃見彼色。不退菩薩。執權方便。往遊有想天上。與彼微識說微妙法。妙覺中言法界王者。通化無邊法界衆生故。佛子以下第三總結。動止俱遊者。外相寶輪隨王俱行故。常隨其身者。內行瓔珞常隨二身故。

1) ⓔ '二'는 '三'으로 생각된다. 2) ⓔ '有'는 어떤 판본에는 '百'으로 되어 있다. ⓗ 『菩薩瓔珞本業經』에 따르면 후자가 맞다. 3) ⓔ '色' 다음에 어떤 판본에는 '想色'이 있다. ⓗ 『菩薩瓔珞本業經』에 따르면 후자가 맞다.

③ 치유하는 문

경 "불자여, 삼현三賢의 보살은 삼계 번뇌의 거친 것과 업도業道의 거친 것을 조복하여 상속하는 과果도 거친 것을 일으키지 않느니라. 견도見道의 희인喜忍은 삼도三道의 업도를 조복하고, 이인離忍은 인도人道의 업도를 조복하고, 명인明忍은 육천六天의 업도를 조복하고, 염인焰忍은 모든 견해의 업도를 조복하고, 승인勝忍은 의심하는 견해의 업도를 조복하고, 현인現忍은 인의 업도를 조복하고, 무생인無生忍은 과의 업도를 조복하고, 부동인不動忍은 색인色因의 업도를 조복하고, 광인光忍은 심인心因의 업도를 조복하고, 적멸인寂滅忍은 심과 색의 두 습기의 업도를 조복하고, 무구인無垢忍은 습기의 과도果道를 조복하느니라. 습기는 앞에서 이미 없앴지만 과는 없어지지 않느니라. 그러므로 불자여, 삼현은 조복하여 끊는다고 하고, 희인 이상은 조복하기도 하고 끊기도 하느니라. 일체 번뇌는 각인覺忍이 나타날 때 법계의 모든 무명이 순식간에 끊어져 남을 것도 없느니라."³⁸

---

38 『菩薩瓔珞本業經』 권상 「賢聖學觀品」(T24, 1016b).

佛子。三賢菩薩。伏三界煩惱麁業道麁相續果。亦不起麁。是見道喜忍伏三
道業道。離忍伏人中業道。明忍伏六天業道。焰忍伏諸見業道。勝忍伏疑見
業道。現忍伏因業道。無生忍伏果業道。不動忍伏色因業道。光忍伏心因業
道。寂滅忍伏心色二習業道。無垢忍伏習果道。習前已除而果不敗亡。是故
佛子。三賢名爲伏斷。喜忍以上亦伏亦斷。一切煩惱覺忍現時。法界中一切
無明頓斷無餘。

소 셋째, 치유하는 문에 둘이 있으니 개별적으로 밝힘과 총체적으로
드러냄이다.

第三能治門中有二。別明總顯。

ㄱ. 개별적으로 밝힘

"삼현三賢의 보살은 삼계 번뇌의 거친 것과 업도業道의 거친 것을 조복
하여"라고 한 것은 이미 삼계의 분별로 일어나는 미혹을 조복하였고 악
도의 불선업도 조복하였기 때문이다. "상속하는 과果도 거친 것을 일으키
(지 않)느니라."는 팔난八難의 과도 일어나지 않기 때문이다.

"견도見道의 희인喜忍[39]은 삼도三道의 업도를 조복하고"는 삼악도의 업

---

39 『菩薩瓔珞本業經』에서는 보살이 단계별로 조복하는 번뇌를 설명하면서 보살의 계위
에 '인忍'이라는 말을 사용하고 있다. 진리를 받아들인 지혜의 측면을 강조하는 것으로
보인다. 경의 설명에 보이는 '인'의 명칭이 경에서 거론하는 십지의 이름과 유사함을
볼 수 있다. 희인喜忍-환희지歡喜地(제1지), 이인離忍-이구지離垢地(제2지), 명인明忍
-명지明地(제3지), 염인焰忍-염지焰地(제4지), 승인勝忍-난승지難勝地(제5지), 현인現
忍-현전지現前地(제6지), 무생인無生忍-원행지遠行地(제7지), 부동인不動忍-부동지
不動地(제8지), 광인光忍-묘혜지妙慧地(제9지), 적멸인寂滅忍-법운지法雲地(제10지),
무구인無垢忍-무구지無垢地.

종자를 끊기는 했지만 아직 근본무명에서 벗어나지 못하기 때문에 조복이라고 한 것이다. 이보다 높은 자리(의 설명)에서 조복했다는 말은 모두 이런 말이다. 초지의 장애인 두 무명 중에 둘째인 악도업惡道業의 무명(을 고치는 것)이다.⁴⁰

"이인離忍은 인도人道의 업도를 조복하고"는 미세하게 계를 범하여 갖가지 업행이 인도에서 많이 일어나기 때문에 인도의 업도라고 하였다. 제2지

---

40 보살 계위 중 십지와 불지에서 끊어지는 무명을 정리하여 보통 '22장애' 또는 '22우치愚癡'라고 한다. 원효(617~686)의 생몰 연대를 고려하면 진제眞諦(499~569) 번역의 『攝大乘論釋』이나 수隋의 석보귀釋寶貴가 597년에 편집한 『合部金光明經』을 들 수 있는데, 두 문헌이 설명하는 22우치는 각각 다음과 같다. 진하게 표시한 것은 원효의 『本業經疏』에 활용된 무명 이름이다.

	『攝大乘論釋』의 설명	『合部金光明經』의 설명
보살 제1지	法我分別無明 **惡道業無明**	欲行有相道是無明障礙 生死怖畏是無明
보살 제2지	微細犯過無明 **種種相業行無明**	微細罪過無明 種種業行因無明
보살 제3지	**欲愛無明** 具足聞持陀羅尼無明	昔所未得勝利得故動涌因無明 不具聞持陀羅尼因無明
보살 제4지	三摩跋提愛無明 行法愛無明	味禪定樂生愛著心因無明 **微妙淨法愛因無明**
보살 제5지	生死涅槃一向背取思惟無明 二方便所攝修習道品無明	**一意欲入涅槃思惟 一意欲入生死思惟 是涅槃思惟 是生死思惟 無明爲因** 生死涅槃不平等思惟無明爲因
보살 제6지	證諸行法生起相續無明 相想數起無明	**行法相續了了顯現無明爲因** 法相數數行至於心無明爲因
보살 제7지	微細相行起無明 一向無相思惟方便無明	**微細諸相或現不現無明** 一味熟思惟欲斷未得方便無明
보살 제8지	於無相觀作功用無明 於相行自在無明	於無相法多用功力無明 執相自在難可得度無明
보살 제9지	無量正說法 無量名句味 難答巧言 自在陀羅尼無明 依四無礙解決疑生解無明	說法無量名味句 無量智慧分別 無量未能攝持無明 四無礙辭未得自在無明
보살 제10지	六神通慧無明 入微細祕密佛法無明	最大神通未得如意無明 微妙祕密之藏修行未足無明
불지(여래지)	於一切應知境微細著無明 於一切應知境微細礙無明	一切境界微細智礙無明爲因 未來是礙不更生未得不更生智無明爲因

의 장애인 두 무명 중에 둘째인 갖가지 업행의 무명(을 고치는 것)이다.

"명인明忍은 육천六天의 업도를 조복하고"는 육욕천에서는 오욕의 분별로 제3지의 승정행勝定行을 방해하기 때문이며, 이 아래의 모든 장애에서 마음 작용이 상응하는 것을 통칭하여 업이라고 하기 때문이다. 제3지의 장애인 두 무명 중에 첫째인 욕탐과 우치愚癡(를 고치는 것)이다.

"염인焰忍은 모든 견해의 업도를 조복하고"는 모든 교법에 대해서 말대로 의미를 취한 것인데, 제4지의 도품행道品行을 방해하기 때문이다. 제4지의 장애인 두 무명 중에 둘째인 미묘한 청정법에 애욕이 원인이 된 무명(을 고치는 것)이다.

"승인勝忍은 의심하는 견해의 업도를 조복하고"는 생사에 들어갈지 열반에 들어갈지 머뭇거리기 때문에 의심하는 견해라고 한 것이다. 제5지의 장애인 두 무명 중에 첫째인 한 가지 생각으로 열반에 들어가려 하면서 또 한 가지 생각으로 생사에 들어가려는 사유思惟 무명(을 고치는 것)이다.

"현인現忍은 인의 업도를 조복하고"는 십이인연의 행상行相을 분별한 것이다. 제6지의 장애인 두 무명 중에 첫째인 행법이 이어져 나타나는 무명(을 고치는 것)이다.

"무생인無生忍은 과의 업도를 조복하고"는 과법果法의 찰나 삼상三相을 분별한 것이다. 제7지의 (장애인) 두 (무명) 중에 첫째인 미세한 모든 상이 나타나기도 하고 나타나지 않기도 하는 무명(을 고치는 것)이다.

"부동인不動忍은 색인色因의 업도를 조복하고, 광인光忍은 심인心因의 업도를 조복하고"는 색을 집착하고 마음을 집착하는 (각각의) 현행을 분별하여 (그 각각의 현행으로) 훈습된 종자를 기대하고 (색인과 심인의) 인이라고 설했기 때문이며, 영원히 현행하지 않기 때문에 "조복"이라고 하였다. 제8지와 제9지의 두 지에 있는 두 (무명) 중에 모두 둘째 무명 장애를 다루고 있다.

"적멸인寂滅忍은 심과 색의 두 습기의 업도를 조복하고, 무구인無垢忍은 습기의 과도果道를 조복하느니라."는 제10지에서 (색과 심의) 두 가지 집착의 훈습을 끊을 수 있기 때문이며, 무구지에서 두 가지 집착의 거친 것을 버릴 수 있기 때문이다. 그 현행인 원인과 훈습으로 생긴 거친 것은 상속하며 끊어지지 않기 때문에 거친 것을 그 과라고 하였다.

실제를 말하자면 보살지 하나하나에서 모두 (인과 습과 과의) 삼종을 끊지만 (번뇌를) 고치는 것이 점점 깊어지는 것을 나타내기 위해 먼저 인을 말하고, 다음에 습을 말하며, 나중에 과를 말한 것이다.

또 거친 것에는 두 종류가 있는데, 번뇌가 거친 경우는 종자가 끊어질 때에 따라서 끊어져 없어지고, 이숙異熟(인 과)가 거친 경우는 (거친) 그런 종류이기는 하지만 미세하고 가벼워서 종자가 없어진 다음에도 상속하여 끊어지지 않기 때문에 "습기는 앞에서 이미 없앴지만 과는 없어지지 않느니라."라고 하였다. 지금 여기에서 이것을 버리기 때문에 습과習果를 조복한 것이다.

言三賢菩薩伏三界煩惱麤業道麤者。已伏三界分別起惑。亦伏惡道不善業故。相續果。亦[1])起麤者。八難之果亦不起故。是見道喜忍伏三道業道者。斷三惡道業種子故。而末能離根本無明。故名爲伏。上地諸伏皆作是說也。初地障有二無明中。第二惡道業無明也。離忍伏人中業道者。微細犯戒種種業行人道多起故。名人中業。第二地障有二之中。第二種種業行無明也。明忍伏六天業道者。六欲天中五欲分別。障第三地勝定行故。此下諸障思數相應通名業故。第三地障有二之中。第一欲貪愚癡也。炎忍伏諸見業道者。於諸教法如言取義。障第四地道品行故。第四地障有二之中。第二微妙淨法愛因無明也。勝忍伏疑見業道者。爲入生死。爲入涅槃。如是猶預。故名疑見。第五地障有二之中。第一一意欲入涅槃。一意欲入生死思惟無明也。現忍伏因果[2])道者。分別十二因緣行相。第六地障有二之中。第一行法相續顯現無明也。無生忍伏果業道者。分別果法刹那三相。七地二中。第一微細諸相或現不現無明也。不動忍伏色因業道光忍伏心因業道者。著色著心現行分別。望可[3)]熏種。說名因故。永不現行。故名爲伏。八九二地有二之中。皆取第二無明障也。寂滅忍伏心色二習業道無垢忍伏道果習[4)]者。第十地中能斷二著之熏習故。無垢地中能捨二著之麤重故。依彼現因及與熏習所生麤重。相續不斷。故說麤重名爲彼果。就實而言。一一地中皆斷三種。但爲顯其能治轉深。故說先因次習後果。又麤重有二種。若煩惱品麤重。種子斷時亦隨斷滅。若異熟品麤重。是彼種類而微薄者。種子滅後相續不絶。故言習先已滅而果不敗亡。今捨此故爲伏習果也。

1) ㉈ '亦' 다음에 어떤 판본에는 '不'이 있다. ㉈ 『菩薩瓔珞本業經』에 따르면 후자가 맞다. 2) ㉈ '果'는 『菩薩瓔珞本業經』에는 '業'으로 되어 있다. 3) ㉈ '可'는 어떤 판본에는 '所'로 되어 있다. 4) ㉈ '道果習'은 『菩薩瓔珞本業經』에는 '習道果'로 되어 있다.

ㄴ. 총체적으로 드러냄

"그러므로" 이하는 두 번째인 총체적으로 드러냄인데, 총체적으로 (삼현三賢과 희인喜忍 이상과 각인覺忍의) 세 자리로 조복과 끊음을 밝혔다. 삼현에서 조복뿐인 것은 아직 볼 수 없기 때문이다. 제11지에서 조복하기도 하고 끊기도 한다고 한 것은 아직 근본을 뽑아내지 못했기 때문(에 조복한다고 한 것)이고 이미 종자를 끊었기 때문(에 끊는다고 한 것)이다. 묘각인妙覺忍에서 끊기만 하고 조복이 아니라고 한 것은 근본무명이 이미 완전히 사라졌기 때문이다.

"법계의 모든 무명"이라고 한 것은 이숙식에서 생겨난 무명이다. 여기에서 불지를 얻어야 순식간에 끊어지기 때문에 "순식간에 끊어져"라고 하였다. 자세한 것은 다음 문장에서 설명할 것이다.

是故以下第二總明。總作三位以明伏斷。三賢唯伏未能見故。十一地中。亦伏亦斷。未拔根本故。已斷種子故。妙覺忍中。唯斷非伏。根本無明已永盡故。法界中一切無明者。異熟識中所起無明。於中生得佛地頓斷。故言頓斷。[1] 於中委悉後文當說。

1) ㉔ '故言頓斷'은 어떤 판본에는 없다.

④ 치유되는 어리석음의 문

경 "불자여, 무명이란 일체법을 깨닫지 못하는 것을 말하니 법계에 미혹하여 삼계의 업과를 일으킨다. 그러므로 나는 무명장無明藏에서 열세 가지 번뇌를 일으킨다고 말하느니라. 말하자면, 사견邪見·아견我見·상견常見·단견斷見·계도견戒盜見·과도견果盜見·의견疑見의 칠견인데, 일체처를 보고 구하기 때문에 견이라 하느니라. 이 견에서 다시 여섯 가지 집착하는 마음을 일으키니 탐貪·애愛·진瞋·치癡·욕欲·만慢인데, 법계에서 모든 때에 일어나느니라. 불자여, 일체 번뇌는 이 열셋을 근본으로 하고, 무명도 이 열셋과 함께 근본이 되느니라.

이것으로 법계를 구별하여 삼계의 과보를 삼느니라. 불자여, 견해와 집착의 두 가지 업이 법계 중에 일체 색욕심色欲心에 미혹하여 일어난 과보이므로 구별하여 욕계의 과보라고 하느니라. 불자여, 견해와 집착의 두 가지 업이 법계 중에 일체 색심에 미혹하여 색심에서 일어난 과보를 구별하여 색계의 과보라고 하느니라. 불자여, 견해와 집착의 두 가지 업이 법계 중에서 일체 정심定心에 미혹하여 정심에서 일어난 과보를 구별하여 무색계의 과보라고 하느니라.

그러므로 하나의 법계에 삼계의 과보가 있으니 일체 유위법은 범부이든 성인이든 견해와 집착이든 인과법이든 법계를 벗어나지 않느니라. 오직 부처님 한 분만 법계 밖에 계시는데, 그런 뒤에 다시 오셔서 법계장法界藏 안으로 들어가 무명 중생을 위하여 일체 선악도의 과보에 차별이 무량함을

나타내시느니라."⁴¹

佛子。無明者。名不了一切法。迷法界而起三界業果。是故我言。從無明藏起十三煩惱。所謂邪見我見常見斷見戒盜見果盜見疑見七見。見一切處求故說見。從見復起六著心。貪愛瞋癡欲慢。於法界中一切時起。佛子。一切煩惱以十三爲本。無明與十三作本。是以就法界中別爲三界報。佛子。見著二業。迷法界中一切色欲心。所起報故。分爲欲界報。佛子。見著二業。迷法界中一切色心故。色心所起報。分爲色界報。佛子。見著二業。迷法界中一切定心故。定心所起報。分爲無色界報。是故於一法界中。有三界報。一切有爲法。若凡若聖若見著若因果法。不出法界。唯佛一人在法界外。然後爲復來入法界藏中。爲無明衆生。示一切善惡道果報差別無量。

소 그다음 넷째, 치유되는 어리석음의 문으로 문장에 둘이 있다. 먼저는 원인이고 다음은 결과이다.

此下第四所治愚門。在文有二。先因後果。

ㄱ. 원인인 어리석음

원인인 어리석음에 개별적으로 밝힘과 총체적으로 맺음이 있다.

因愚之中。別明總結。

ㄱ) 개별적으로 밝힘

---

41 『菩薩瓔珞本業經』권상「賢聖學觀品」(T24, 1016bc).

개별(적으로 밝힘)에서 먼저 근본무명을 밝혔다.

"일체법을 깨닫지 못하는 것이니 법계에 미혹하여 삼계의 업과를 일으킨다."라고 한 것은 일체법이 바로 하나의 법계임을 깨닫지 못한다는 것이다. 예를 들면 『기신론』에서, "하나의 법계에 통달하지 못하기 때문에 마음이 상응하지 못하여 홀연히 생각이 일어나니 무명이라고 한다."[42]라고 하였기 때문이다.

다음으로 지말(번뇌)를 드러내었다.

여기에서 "계도견戒盜見"은 바로 계취戒取이니 삿된 원인을 헤아리기 때문이다. "과도견果盜見"은 바로 견취見取이니 삿된 결과를 판단하기 때문이다. 생사에 대해서 즐겁고 청정한 것이라고 하(는 독두獨頭의 견취)이거나 또 족상足上의 것이 있기 때문에 과견果見이라고 하였다.[43] 이런 두 가지를 도견盜見이라고 한 것은 삿되고 집착한다는 의미를 도盜라고 하기 때문이다.

"의견疑見"은 도리를 추구하면서 망설이고 분별하는 것인데, (마음 작용인) 혜慧의 분별이기 때문에 견이라고 하였다. 망설이는 혜(의 작용)은 의심이기 때문이다. 이러한 의미를 드러내려고 "칠견인데, 일체처를 보고 구하기 때문에 견이라 하느니라."라고 하였다.

"여섯 가지 집착"은 탐貪을 펼쳐서 셋으로 한 것이니 (탐이) 출리出離의 도를 방해하는 최승의 원인이기 때문이다. 음욕을 욕欲이라고 하고 나머

---

42 『大乘起信論』(T32, 577c).
43 혜원慧遠(523~592)의 『大乘義章』 권6(T44, 582bc)에서 견취見取는 어떤 견해에 집착해여 그것을 제일이라고 여기는 것이라고 설명하고, 견취에는 독두獨頭와 족상足上의 두 가지가 있다고 하였다. 독두는 여러 가지 견해에 의지하지 않고 하열한 유루법을 곧장 집착하여 제일이라고 여기는 것인데, 부정한 것을 청정하다고 생각하거나 괴로운 것을 즐겁다고 생각하는 것이다. 족상은 잘못된 다른 견해를 의지해서 생기는 것인데, 근본이 되는 그 다른 견해가 다리와 발이 되어 그 위에서 생겨난 것이기 때문에 족상이라고 한다.

지를 탐애貪愛라고 한 것인데, 눈앞의 경계에 집착하는 것을 탐이라고 하고 과거를 돌아보고 아쉬워하며 미래를 희구하는 것을 총체적으로 애라고 하거나, 욕계의 외문外門에서 일어나는 것을 탐이라고 하고 색계와 무색계의 내문內門에서 일어나는 것을 애라고 한다.

"법계에서 모든 때에 일어나느니라."라고 한 것은 13훈습을 설명한 것과 마찬가지로 이숙식에서 항상 흘러서 끊어지지 않기 때문이다. 이 식을 법계라고 한 까닭은 삼계의 제법 종자를 가지기 때문이고, 계界가 가진다(持)는 뜻과 원인(因)의 뜻이기 때문이다.

別中先明根本無明。不了一切法迷法界而起三界業果者。不了一切法卽是一法界。如起信論云。不達一法界故。心不相應。忽然念起。名爲無明故。次顯技末。於中言戒盜見者。卽是戒取。計邪因故。果盜見者。卽是見取。計邪果故。謂於生死計樂淨等。又有足上故名果見。如是二種名盜見者。邪取之義名爲盜故。疑見者。推求道理猶預分別。是慧分別。故名爲見。猶預之慧以爲疑故。爲顯是義。故言七見。見一切處求故見。言六著者。開貪爲三。障出離道最勝因故。淫欲名欲。餘名貪愛。著現前境名貪。顧戀過去。希求未來。總名爲愛。又於欲界外門所起名貪。色無色界內門所起名愛。於法界中一切時起者。謂如說十三熏習。異熟識中恒流不絶故。所以是識名法界者。能持三界諸法種子故。界是持義及因義故。

ㄴ) 총체적으로 맺음

"불자여" 이하는 두 번째인 총체적으로 맺음이다.
"일체 번뇌는 이 열셋을 근본으로 하고"는 수번뇌의 대·중·소[44]가 모

---

[44] 『成唯識論』 권6(T31, 33b)에서 20종의 수번뇌를 대·중·소로 구분하고 분忿·한恨·부

두 열셋을 근본으로 삼기 때문이고, 무명주지(번뇌)가 이 열셋과 함께 근본이 되기 때문이다.

> 佛子以下第二總結。一切煩惱以十三爲本者。隨煩惱中大中及小。皆以十三爲根本故。無明住地。與此十三而作本故。

ㄴ. 결과인 어리석음

"이것으로" 이하는 다음의 결과인 어리석음을 밝혔다. 여기에 셋이 있으니 총체적으로 드러내고, 개별적으로 해석하고, 뒤에는 서로 포함됨을 밝혔다.

(두 번째) 개별적으로 해석하면서 "견해와 집착의 두 가지 업"이라고 한 것은 견해와 집착의 두 가지 미혹에서 발생한 업이기 때문이다. 이와 같은 혹업이 이숙식에 포함된 모든 색욕심에 미혹하여 일어난 과보를 구별하여 욕계라고 하고, 음욕은 벗어나고 색심에만 미혹하여 일어난 과보이면 구별하여 색계라고 하며, 색에 대한 애욕은 벗어나고 정심定心에만 미혹하여 일어난 과보이면 무색계이기 때문이다.

"그러므로" 이하는 (세 번째) 영역이 서로 포함된 것이니 여기에 둘이 있다. 먼저 서로 포함됨을 밝히고, 뒤에는 포함되지 않음을 나타내었다. 먼저 (서로 포함됨)에서 "법계를 벗어나지 않느니라."라고 한 것은 모두 이숙식에 포함되었기 때문이다. 두 번째 (포함되지 않음)에서 "오직 부처님 한 분만 법계 밖에 계시는데"라고 한 것은 오직 부처님만 이숙식을 벗

覆·뇌惱·간慳·질嫉·광誑·첨諂·해害·교憍의 10종은 소수번뇌小隨煩惱, 무참無慚·무괴無愧의 2종은 중수번뇌中隨煩惱, 도거掉擧·혼침惛沈·불신不信·해태懈怠·방일放逸·실념失念·산란散亂·부정지不正知의 8종은 대수번뇌大隨煩惱라고 한다.

어날 수 있기 때문이고, "오셔서 법계장法界藏 (안으로) 들어가"라고 한 것은 응화신應化身으로 삼계에 들어가기 때문이다.

『인왕경』에서 삼계장三界藏이라고 하였는데, "일체중생의 번뇌가 삼계장에서 벗어나지 않고 일체중생의 과보인 이십이근二十二根[45]이 삼계를 벗어나지 않으며, 모든 부처님의 응신·화신·법신도 삼계를 벗어나지 않느니라. 삼계 밖에 중생이 없는데 부처님께서 누구를 교화하시리오. 그러므로 나는, 삼계 밖에 따로 중생계장이 하나 있다는 것은 외도의 『대유경大有經』에서 설한 것이지 (우리 불교의) 칠불께서 설한 것은 아니라고 말하느니라."[46]라고 하였다. 이 의미는 『일도장一道章』[47]에 자세하게 설명되어 있다.

是以已下次明果愚。於中有三。總標別釋。後明相攝。別釋中言見著二業者。見著二惑所發業故。如是惑業。迷異熟識之所攝持。諸色欲心所起之報分爲

---

45 이십이근二十二根 : 근根은 일반적으로 '작용이 두드러진다'는 의미로 이해한다. 중생이 갖추고 있는 중생으로서의 두드러진 기능을 가리킨다. 22종의 근은 안근眼根·이근耳根·비근鼻根·설근舌根·신근身根·의근意根의 육근六根, 남근男根·여근女根·명근命根, 고苦·낙樂·희喜·우憂·사捨의 오수근五受根, 신信·근勤·염念·정定·혜慧의 오선근五善根, 미지당지근未知當知根·이지근已知根·구지근具知根의 삼무루근三無漏根을 말한다. 좀 더 이해하기 쉬운 표현으로 하자면, 눈의 기능(眼根)·귀의 기능(耳根)·코의 기능(鼻根)·혀의 기능(舌根)·몸의 기능(身根)·생각의 기능(意根), 여자의 기능(女根)·남자의 기능(男根)·생명 기능(命根), 즐거움의 기능(樂根)·괴로움의 기능(苦根)·기쁨의 기능(喜根)·불만족의 기능(憂根)·평온의 기능(捨根), 확신의 기능(信根)·정진의 기능(勤根)·마음챙김의 기능(念根)·삼매의 기능(定根)·통찰지의 기능(慧根), 구경의 지혜를 가지려는 기능(未知當知根)·구경의 지혜의 기능(已知根)·구경의 지혜를 구족한 기능(具知根)이다. 이미 초기 경전에서도 등장하는 개념이며 부파 논서에서 자세하게 정리하고 있다.
46 『佛說仁王般若波羅蜜經』 권상 「菩薩敎化品」(T8, 826c~827a).
47 『일도장一道章』: 1090년에 편찬된 의천義天(1055~1101)의 『新編諸宗敎藏總錄』(T55, 1167a)이나 1094년에 간행된 일본 에이초(永超, 1014~1096)의 『東域傳燈目錄』(T55, 1161c7) 등에 원효의 저술로 "『一道章』 1卷"이 기록되어 있으나 지금 전해지지는 않는다.

欲界。若離淫欲。但迷色心所起之報分爲色界。若離色愛。但迷定心所起之報爲無色界故。是故以下相攝分齊。於中有二。先明相攝。後顯不攝。初中言不出法界者。皆爲異熟識所攝故。第二中言唯佛一人出[1]法界外者。唯佛能離異熟識故。來入法界藏者。以應化身入於三界故。人王經中。名三界藏。彼言一切衆生煩惱。不生[2]出三界藏。一切衆生果報二十二根。不出三界。諸佛應化法身。亦不出三界。三界外無衆生。佛何所化。是故我言三界外別有一衆生界藏者。外道大有經中說。非七佛之所說。此義具如一道章說。

1) ㉠ '出'은 『菩薩瓔珞本業經』에는 '在'로 되어 있다. 2) ㉡ '不生'은 『仁王經』에는 없다. ㉢ 『仁王經』에는 '不生'이 없는 것이 아니라 '生'만 없다.

⑤ 두 가지 태어남의 문

경 "불자여, 앞의 삼현에서는 삼계의 무명을 조복하지만 거친 업은 작용하느니라. 왜냐하면 장차 (새로운) 생을 받을 때 선이 인연의 종자가 되고 애욕(愛)이 윤업潤業이 되어 미래과를 받기 때문에 작용이 끊어졌다고는 하지만 애욕의 작용이 끊어진 것은 아니니라. 또 제11(지)의 사람도 법계에서 삼계의 업과를 조복하기 때문이니 초지부터 제7지까지는 삼계의 업의 과보를 모두 조복하여 남음이 없고 제8지에서야 완전히 사라지기 때문이니라. (제8지인) 이것 이상은 부처가 됨을 나타내어, 왕궁에 태어나 출가하고 득도하며 법륜을 굴리고 멸도하며 또 모든 부처 세계를 드러내느니라. 그러므로 (인연의) 종자와 애욕과 (그에 따른) 삼계의 과보가 없고 오직 무명의 습기만 남아 있을 뿐이어서 커다란 원력 때문에 변화로 태어나느니라. 이와 같이 내가 옛날에 천상에서, 태어남과 태어나지 않음의 뜻과 업으로 태어남과 변화로 태어남을 설하였느니라."[48]

---

48 『菩薩瓔珞本業經』 권상 「賢聖學觀品」(T24, 1016c).

佛子。前三賢伏三界無明。而用麁業。何以故。當受生時。善爲緣子愛爲
潤業。故受未來果。故名息用而不斷愛用。又十一人亦伏法界中三界業
果故。初地乃至七地。三界業果俱伏盡無餘。八地乃盡故。從此以上示現
作佛。王宮受生。出家得道。轉法輪滅度。亦現一切佛界。故無子愛三界
之報。唯有無明習在。以大願力故變化生。是以我昔天中。說生不生義業
生變生。

소 그다음으로 다섯째, 두 가지 태어남의 문을 밝힘 가운데 둘이 있으
니 개별적으로 밝힘과 총체적으로 맺음이다.

此下第五明二生門。於中有二。別明總結。

ㄱ. 개별적으로 밝힘

개별(적으로 밝힘)에 둘이 있으니 먼저 업으로 태어남을 밝히고 뒤에
변화로 태어남을 드러내었다.

別中有二。先明業生。後顯變生。

ㄱ) 업으로 태어남

업으로 태어남에도 두 가지 구별이 있다.
 삼현위三賢位에서는 거친 무명을 조복하여 업에 얽매임을 벗어나고 미
세한 애욕의 작용이 있어서 업에 얽매이지 않기 때문이다. "선이 인연의
종자가 되고"라고 한 것은 과보의 인인 종자가 증상연增上緣이 되기 때문
이며, "애욕(愛)이 윤업潤業이 되어"라고 한 것은 현행하는 애욕이 윤업의

종자이기 때문이다. "때문에 작용이 끊어졌다고는 하지만 애욕의 작용이 끊어진 것은 아니니라."라고 한 것은 업에 얽매이는 작용을 쉬었기 때문에 이전 (단계인) 범부와는 다르고, 애욕이 윤업의 작용을 하기 때문에 뒤의 (단계인) 성인과는 다르다는 것이다.

다음으로 "제11(지)의 사람도 법계에서 삼계의 업과를 조복하기 때문이니"라고 한 것은 총체적으로 성위聖位를 거론한 것이고, "초지부터 제7지까지는 삼계의 업의 과보를 모두 조복하여 남음이 없고 제8지에서야 완전히 사라지기 때문이니라."라고 한 것은 이 지위에서는 이치로는 업으로 태어나지만 발원과 지혜의 힘을 써서 자재하게 태어남을 밝힌 것이다. 그러므로 일으키지 않은 애욕이 윤업이 되어 제7지의 애욕까지는 최후의 몸이어서 또다시 다른 몸을 받지 않기 때문에 "남음이 없고"라고 하였고, 제8지는 (아예) 받지 않기 때문에 "(제8지)에서야 완전히 사라지기 (때문이니라)"라고 하였다.

業生之內亦有二別。三賢位中伏麤無明。離於繫業。而有細愛用。不繫業故。善爲緣子者。報因種子爲增上緣故。愛爲潤業者。以現行愛潤業種子故。故名息用而不斷愛用者。息繫業用故。異前凡夫。愛用潤業故。異後聖人也。次言十一人亦伏法界中三界業果者。總擧聖拉。初地乃至七地三界果俱伏盡無餘八地乃盡者。明此位中理以業生。用願智力自在生故。故不起愛以爲潤業。乃至七地愛。最後身復不更受。故言無餘。八地不受。故言乃盡也。

ㄴ) 변화로 태어남

"(제8지인) 이것 이상은 부처가 됨을 나타내어" 이하는 두 번째 변화로 태어남을 드러낸 것이다.

제8지 이상의 (제8지·제9지·제10지·불지) 네 지위는 삼계 업종자의 과보를 받지 않는다고 하기 때문에 "(인연의) 종자와 애욕과 (그에 따른) 삼계의 과보가 없고"라고 하였고, 삼계의 번뇌를 모두 조복하여 없앴지만 법집의 무명은 아직 조복하여 없애지 못하였기 때문에 "오직 무명의 습기만 남아 있을 뿐"이라고 하였다. 이 법집 무명의 힘 때문에 무루의 업을 일으키고 변역變易의 과보를 받으며 그 삼계의 훈습종자가 금강에 이르기까지 계속 이어져 끊어지지 않으니 그러므로 삼계를 벗어나지 못한다고 말하는 것이다. 또 정토의 의지依止인 묘색妙色은 비록 무루의 법처法處에 속하지만 모두 이숙식을 의지하기 때문에 정토라고 이름하지 않는다.

"커다란 원력 때문에 변화로 태어나느니라."라고 한 것은 예토의 왕궁에서 태어나거나 육도에서 온갖 (것으로) 태어나는 것이 모두 변화(로 태어나는 것)이며, 업으로 태어나는 것이 아니기 때문이다.

從此以上示現作佛。此下第二顯變化生。謂從八地以上四地。不受三界業種子報。故言無子愛三界之報。以三界煩惱皆伏盡故。法執無明未能伏盡。故言唯有無明習在。以是法執無明力故。發無漏業。受變易報。而其三界熏習種子。乃至金剛。相續不絶。是故說爲不出三界。又其淨土依止妙色。雖是無漏法處所攝。而皆依止於異熟識。是故不名爲淨土也。以大願力故變化生者。謂於穢土王宮受生。及與六道受種種生。皆是變化。不由業生故。

ㄴ. 총체적으로 맺음

"이와 같이 내가 옛날에" 이하는 총체적으로 맺음이다. "천상에서……설하였느니라."라고 한 것은 제6천에서 이런 의미를 설명했기 때문이다. "업으로 태어남"은 제7지 이하이기 때문이고, "변화로 태어남"은 제8지 이상이기 때문이다.

以是故我昔¹⁾以下總結。天中說者。第六天中說是義故。業生者。七地已還故。變生者。八地已上故。

1) ㉔ '以是故我昔'은 『菩薩瓔珞本業經』에는 '是以我昔'으로 되어 있다.

⑥ 두 가지 업의 문

경 "불자여, 성위聖位에 두 가지 업이 있느니라. 첫째는 혜업慧業이니 무상무생無相無生의 지혜가 마음마다 법성法性을 연하여 생기지만 비추는 일이 없어서 혜업이라고 하느니라. 둘째는 공덕업功德業이니 실지實智가 유제有諦의 유위무루有爲無漏에서 (생겨) 나와 백만 아승기의 공덕을 쌓았기 때문에 공덕업이라고 하느니라. 초(지의) 성위부터는 태어남을 드러내기는 하지만 변역(으로 태어남)이므로 (과거 생을) 마쳤다고 새로 만들지 않으며, 원력(으로 태어남)이므로 백 겁 천 겁 머물며 변화하여 일체로 태어나느니라."⁴⁹

佛子。聖位中二種業。一慧業。無相無生智。心心緣法性而生無照。是名慧業。二功德業。實智出有諦中有爲無漏集百萬阿僧祇功德。故名爲功德業。從初聖以上而現受生。以變易故畢故不造新。以願力故住壽百劫千劫變化生一切。

소 그다음 여섯째, 두 가지 업을 밝히는 문 가운데 둘이 있으니 개별적으로 밝힘과 총체적으로 맺음이다.

먼저 혜업에서 "무상무생無相無生의 지혜가"라고 한 것은 분별상分別相과 의타생依他生을 없앴기 때문이고, "마음마다 법성法性을 연하여"라고

---

49 『菩薩瓔珞本業經』 권상 「賢聖學觀品」(T24, 1016c).

한 것은 실성을 증득했기 때문이며, "생기지만 비추는 일이 없어서"라고 한 것은 능취와 소취의 분별을 벗어났기 때문이다. 조복(伏)하고 끊는(斷) 등의 업도 혜업이지만 앞에서 이미 드러냈기 때문에 여기에서는 설명하지 않을 뿐이다.

"지智가 유제有諦의 유위무루有爲無漏에서 (생겨) 나와" 등은 본래의 지혜에 의지하여 나온 후득지에 자비 등의 덕을 갖추어 위로는 불도를 넓히고 아래로는 중생을 교화하기 때문에 보통 공덕업이라고 한다. "초(지의) 성위" 이하는 거듭 공덕업을 나타낸 것이다.

"변역(으로 태어남)이므로 (과거 생을) 마쳤다고 새로 만들지 않으며"라고 한 것은 공덕이 더욱 늘어날수록 전후가 바뀌기 때문에 생사라는 유루의 업에서 마칠 줄만 아는 것이고 새로 만드는 것은 아니다. "변화하여 일체로 태어나느니라."라고 한 것은 제7지 이하에서는 업으로 태어나면서도 변화로 태어나는 것도 겸하기 때문이다.

此下第六明二業門。於中有二。別明總結。初慧業中言無相無生智者。忘分別相及依他生故。心心緣法性者。證實性故。而生無照者。以離能取所取分別故。伏斷等業亦是慧業。但前已顯。故今不說耳。智出有諦中有爲無漏等者。依正體智出後得智。於中俱有慈悲等德。上弘佛道。下化衆生。所以通名爲功德業。從初聖以下。重顯功德業。以變易故。畢故不造新者。功德轉增前變後易。故於生死有漏之業。但能畢故而不造新也。變化生一切者。七地以下雖有業生。而亦兼有變化生故。

4. 석의품釋義品

소 육입六入[50]을 직접 밝힘[51]의 세 가지 갈래에서 처음(「현성명자품」)은 (현성의) 이름을 열거하였고, 다음(「현성학관품」)은 (현성이) 관법하는 모습을 분별하였다. 이와 같이 두 가지 갈래는 앞에서 마쳤고, 이것은 세 번째 (갈래인) 행상行相을 관찰함에 의거함이다. 앞에 나온 이름과 의미를 풀이하여 모든 이름과 의미를 해석하므로 "석의품釋義品"이라고 하였다. (「석

---

50 육입六入 : 『本業經疏』에 계속 등장하는 이 말은 깨달음으로 들어가는 여섯 종류의 현성賢聖이라는 의미로 쓰인다. 즉 십주十住·십행十行·십회향十廻向·십지十地·무구지無垢地·묘각지妙覺地의 여섯을 가리킨다.
51 육입六入을 직접 밝힘(正明六入) : 『本業經疏』가 온전히 남아 있지 않아 분과分科가 명확하게 드러나지 않으나 정명육입正明六入은 『菩薩瓔珞本業經』의 「賢聖名字品」, 「賢聖學觀品」, 「釋義品」의 내용으로 원효가 분과한 것이다. 『本業經疏』의 다른 부분을 참조하여 『本業經』을 분과한 전체 내용을 표시하면 다음과 같다.

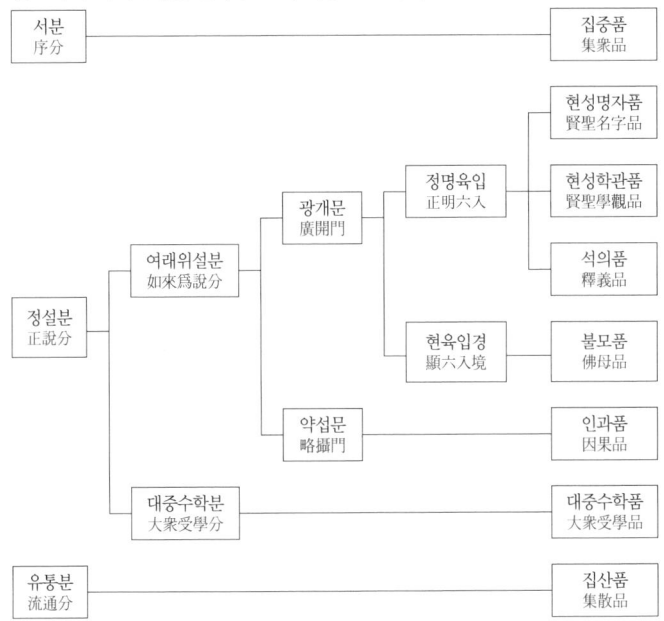

의품」) 문장에 넷(의 구분)이 있으니 표방하여 물음, 설하기로 약속함, 총괄적으로 드러냄, 개별적으로 풀이함이다.

> 正明六入有三分中。初列名字。次辨觀相。如是二分竟在於前。此第三依觀行相。釋前名義。訓釋諸名義。故名釋義品也。在文有四。牒問許說。總標別釋。

1) 표방하여 물음

경 부처님께서 경수보살에게 말씀하셨다.
"그대가 앞에서 의미(義)와 모습(相)이 무엇이냐고 한 것은, 말하자면 십주·십행·십회향·십지·무구지·묘각지의 의미와 모습이니 이제 설하리라.
불자여, 그것은 금강의 바다에 담긴『영락경』에서 해석하는 현성賢聖의 모습과 의미이니라. 의미는 체體에서 나오는데, 체는 보살의 체이며 의미는 공덕이라 하느니라. 이와 같은 두 법은 일체 보살이 체로 삼고 의미로 삼기 때문에 체의體義라고 하느니라."[52]

> 佛告敬首菩薩。汝先言義相云何者。所謂十住十行十向十地無垢地妙覺地義相。今當說。佛子。是金剛海藏瓔珞經中釋賢聖相義。義出體。體者菩薩體。義名功德。如是二法。一切菩薩爲體爲義。故名體義。

소 먼저 표방하여 물음은「학관품」의 처음에 (경수보살이) "보살이 배우고 관하는 이름의 의미와 모습은 무엇입니까? 마음으로 수행하는 법은 또 무엇입니까?"[53]라고 여쭌 것이다. 이 두 가지 질문 중에 뒤의 질문은

---

52 『菩薩瓔珞本業經』 권하「釋義品」(T24, 1017a).

이미 (「현성학관품」에서) 대답하였지만 앞의 이름과 의미에 대한 질문은 저 「(현성학관)품」에서 간략하게만 대답하고 자세하게 풀이하지 못했기 때문에 지금 거듭 "그대가 앞에서 의미(義)와 모습(相)이 무엇이냐고 한 것은"이라고 표방하여 말하였다.

> 初牒問者。學觀品初。問言云何菩薩學觀名字義相。及心所行法。復當云何。此二問中。後問已答前義相問。彼品略答而未廣釋。故今重牒言汝先言義相云何者也。

2) 설하기로 약속함

"말하자면" 이하는 두 번째인 (십주·십행·십회향·십지·무구지·묘각지의) 육위六位의 의미와 모습을 설하기로 약속한 것이다.

> 所謂以下第二許說六位義相。

3) 총괄적으로 드러냄

"불자여" 이하는 세 번째인 풀이할 체의體義를 총괄적으로 드러낸 것이다. "보살의 체이며"라고 한 것은 종성의 체의를 말한 것이고, "공덕이라 하느니라."라고 한 것은 종성에 의지하여 일체 공덕을 일으켜 크게 이로움과 이익이 있기 때문이며 깊은 까닭이 있기 때문이다.

> 佛子以下第三總標所釋體義。菩薩體著。[1] 謂種性體義。名功德者。依種性

---

53 『菩薩瓔珞本業經』 권상 「賢聖學觀品」(T24, 1012b).

起一切功²⁾德。有大義利故。有深所以故。³⁾

1) ㉠ '著'는 『本業經疏』의 저본인 『續藏經』의 『本業經疏』 권하에는 '者'로 되어 있다.
2) ㉡ '功'은 어떤 판본에는 '行'으로 되어 있다. 3) ㉠ 『韓國佛敎全書』에서는 "有深所以"와 "故佛以下"로 떼었으나, "有深所以" 앞부분이 "有大義利故"로 되어 있다는 점과, 『菩薩瓔珞本業經』 경문을 거론하는 "故佛以下" 부분에서 실제 경문에는 "故佛"이라는 부분이 없다는 점에서 '故'를 윗부분에 붙여 "有深所以故"와 "佛以下"로 떼는 것이 좋을 것으로 보인다.

4) 개별적으로 풀이함

경 "불자여, 발심주發心住란, 이 사람이 처음에는 완전히 속박된 범부에서 시작하여 아직 삼보와 성인을 알아보지 못하고 아직 좋고 나쁜 인과 그 과도 알아보지 못하며, 일체를 알아보지 못하고 이해하지 못하며 알지 못하느니라. 불자여, 알아보지 못하는 처음 범부의 지위에서 불보살의 교법을 만나 일념의 믿음을 일으켜 곧 보리심을 일으키면 이 사람은 이때가 (발심)주의 전前이고 신상信想보살 또는 가명假名보살 또는 명자名字보살이라고 하느니라. 그 사람은 대략 십심十心을 행하니, 말하자면 신심信心·진심進心·염심念心·혜심慧心·정심定心·계심戒心·회향심廻向心·호법심護法心·사심捨心·원심願心이니라. 다시 십심을 행하니, 말하자면 십선법十善法·오계·팔계·십계·육바라밀계이니라. 이 사람이 다시 십선을 행하면서 일 겁이나 이 겁이나 삼 겁 동안 십신十信을 닦으면 (육계의) 육천의 과보를 받느니라. 상선上善에 삼품이 있으니 상품은 철륜왕鐵輪王이 (되어) 천하 하나를 교화하고, 중품은 속산왕粟散王이 (되며), 하품은 사람 사이의 왕이 (되어) 일체 번뇌를 갖추고도 무량한 선업을 모으며 (진리에서) 물러가기도 하고 나아가기도 하지만, 선지식을 만나서 불법 배우기를 일 겁이나 이 겁 동안 하면 그제야 (발심)주의 지위에 들어가느니라. 그렇지 않으면 항상 (삼계에) 빠져 헤어 나오지 못하니 물러나는 자리에 머무는 선근에 대해서는 위에서 말한 것과 같으니라."⁵⁴

佛子。發心住者。是人從始具縛凡夫。未識三寶聖人。未識好惡因之以果。一切不識不解不知。佛子。從不識始凡夫地。値佛菩薩教法中起一念信便發菩提心。是人爾時住前。名信想菩薩。亦名假名菩薩。亦名名字菩薩。其人略行十心。所謂信心進心念心慧心定心戒心迴向心護法心捨心願心。復行十心。所謂十善法五戒八戒十戒六波羅蜜戒。是人復行十善。若一劫二劫三劫修十信。受六天果報。上善有三品。上品鐵輪王化一天下。中品粟散王。下品人中王。具足一切煩惱。集無量善業。亦退亦出。若値善知識學佛法。若一劫二劫方入住位。若不爾者。常沒不出。住退分善根如上說。

🔲 "불(자여)" 이하는 네 번째인 개별적으로 풀이한 것이다. 육위의 의미를 해석하면서 두 부분으로 하였는데, 앞의 셋과 뒤의 셋의 두 부분으로 하였기 때문이다.

佛以下第二[1]別釋。釋六位義。卽爲二分。前三後三爲二分故。

1) ㉠ '二'는 '四'로 생각된다.

(1) 앞의 셋, 삼현三賢

(앞의 셋인) 삼현을 풀이하면서 개별적으로 밝히고 총괄적으로 맺는다.

釋三賢中。別明總結。

---

54 『菩薩瓔珞本業經』 권하 「釋義品」(T24, 1017a).

① 개별적으로 밝힘

ㄱ. 십주

처음 십주에는 풀이에 두 가지가 있다. 먼저 (십)주에 들어가는 방편을 밝히고, 나중에는 직접 들어간 (십)주의 모습을 풀이하였다.

初十住內釋初有二。先明入住方便。後釋正入住相。

ㄱ) 십주에 들어가는 방편

먼저 (십주에 들어가는) 방편은 여덟 구절로 드러내보였다. 첫째는 들어갈 자리를 표방하였고, 둘째는 들어가는 사람을 거론하였으며, 셋째는 발심, 넷째는 이름을 세웠고, 다섯째는 수행, 여섯째는 받는 과보, 일곱째는 득실, 여덟째는 진퇴이다.

"발심주發心住란"이라고 한 것이 (첫째인) 들어갈 (자리를) 표방한 것이고, "이 사람이" 이하가 (둘째인) 들어가는 사람을 거론한 것이다. "완전히 속박된"이라고 한 것은 (불교) 바깥의 범부 지위에 있다는 것이고, "알아보지 못하고"라고 한 것은 삼보를 알아보지 못하기 때문이며, "이해하지 못하며"라고 한 것은 성인을 이해하지 못하기 때문이고, "지혜롭지 못하고"라고 한 것은 좋고 나쁜 인因에 미혹하기 때문이며, "알지 못하느니라."라고 한 것은 괴롭고 즐거운 과를 깨닫지 못하기 때문이다.

"알아보지 못하는" 이하가 (여덟 구절의) 셋째인 발심을 밝힌 것이다. "불보살의 교법을 만나"라고 한 것은 부처님을 만나기도 하고 보살을 만나기도 하며 부처님과 보살의 교법을 만나기도 하기 때문이다. "일념의 믿음을 일으켜"라고 한 것은 삼경三境[55]에 대해서 확고한 믿음을 일으키는 것인데, 그 믿음은 불도를 수행하면 증득이 있으리라는 것이기 때문이다. 이런 신심을 일으키고 나면 (불교) 안으로 들어온 범부라고 한다. "보리심을 일으키면"이라고 한 것은 대보리에 대하여 확고한 원願을 내는 것인데, 그 원은 내가 장차 무상의 보리를 성취하여 모든 중생에게 일체 의리가 있게 하리라는 것이기 때문이다.

"이 사람은" 이하가 (여덟 구절의) 넷째인 이름을 세운 것이다. "이때가"라고 한 것은 발심 이후라는 것이고, "(발심)주의 전前이고"라고 한 것은 초주 이전이라는 것이다. 이때 "신상信想보살"이라고 한 것은 십신의 마음을 수행할 줄 알기 때문이고, "가명假名보살"이라고 한 것은 마음이 아직 견실하지 못하여 가벼운 털과 같기 때문이며, "명자名字보살"이라고 한 것은 행동이 이름에 걸맞지 않아 아직 의미와 모습을 얻지 못했기 때문이다.

"그 사람은" 이하는 다섯째인 수행이다. 여기에 둘이 있으니 먼저 (신심·진심·염심·혜심·정심·계심·회향심·호법심·사심·원심의) 십심을 밝히고 나중에 십계를 드러냈다. (십계 중에서) "십선十善"은 십악을 막는 것을 말하고, "오계·팔계·십계"는 섭률의계攝律儀戒이며, "육바라밀계"는 섭선법계攝善法戒이다.

"다시 (십선을) 행하면서" 이하는 여섯째인 받는 과보이다. 여기에도 둘이 있으니 먼저 십선과 십신의 인因을 표방하였고, 나중에 천보와 인왕보를 나타내었다. "철륜왕鐵輪王"은 세상(州) 하나를 통괄적으로 다스리는

---

55 삼경三境 : 보통 중국 법상종法相宗에서 우리의 인식 대상을 세 가지로 구별한 것을 가리킨다. 첫째, '성경性境'은 전오식前五識이 작용하여 대상의 특성이 그대로 유지된 상태로 인식한 것을 말한다. 둘째, '독영경獨影境'은 대상과 관계없이 제6식이 단독으로 만들어 낸 대상을 말하는데, 눈병 난 사람이 보는 환영이나 실제로는 없는 토끼 뿔이나 거북 털 같은 것을 말한다. 셋째, '대질경帶質境'은 대상의 본질은 가지고 있으나 대상 그대로 인식하지 않는 것을 말하는데, 노끈을 뱀으로 잘못 아는 경우를 예로 들 수 있다.

것이 색온色蘊의 문이 모든 색을 총섭하는 것과 같은 것이고, "속산왕粟散王"은 개별적으로 여러 나라를 다스리는 것이 계문界門에서 (안이비설신과 색성향미촉의) 열 가지 색계가 개별적으로 동등한 것과 같기 때문이어서 '곡식(粟)'이 개별적이기 때문에 '산散'이라고 한 것이다. 이런 의미에 의거한다면 나머지 모든 왕은 각각 개별적으로 나라를 다스리므로 모두 '속산'이라고 한다. 예를 들면『인왕경』에서 "상품의 십선은 철륜왕이고 중품과 하품의 십선은 속산왕이다."[56]라고 하였기 때문이다. 지금 이『(보살영락본업)경』에서는 속산왕을 나누어 두 품으로 구별하였는데, 중품인 자가 본래 이름(인 속산왕)을 이어받고 하품의 왕은 따로 인왕人王이라고 하였다. 큰 마음을 내기 때문에 왕이 될 수 있는 것이고, 선근의 차이 때문에 (철륜왕과 속산왕과 인왕의) 세 가지 구별이 있다.

"(일체 번뇌를) 갖추고도" 이하는 일곱째인 득실이니 비록 모든 미혹함을 갖추었지만 모든 선근을 모은 것이다.

"(진리에서) 물러가기도 하고" 이하는 여덟째인 진퇴이니 먼저 표방하고 나중에 풀이하였으니 문장의 모습을 알 수 있을 것이다.

初方便中。八句示現。一牒所入位。二擧能入人。三者發心。四者立名。五者修行。六者受報。七者得失。八者進退。發心住者。是牒所入。是人以下擧能入人。言具縛者。在外凡位。不識者不識三寶故。不解者不解望[1]人故。不智[2]者。以迷好惡因故。不知者。不了苦樂果故。從不識以下第三明發心。值佛菩薩敎法者。謂或值佛。或值菩薩。或值佛及菩薩敎法故。中起一念信者。於三境起決定信。信有佛道修行可得故。發是信已名入內凡。發菩提心者。於大菩提發決定願。願我當成無上菩提。作諸衆生一切義利故。此人[3]

56『佛說仁王般若波羅蜜經』권상「菩薩敎化品」(T8, 827b).『大正新脩大藏經』에 전하는 경문은 "中下品善粟散王。上品十善鐵輪王。"으로 되어 있다.

以下第四立名。言爾時者。發心已後。言住前者。初住已前。是時名爲信想
菩薩。以能修行十信心故。假名菩薩者。心未堅實故。猶如輕毛故。名字菩
薩者。行不稱名故。未得義相故。其人以下第五修行。於中有二。先明十信[4])
後顯十戒。言十善者。謂遮十惡。五八十戒者。是攝律儀戒。六波羅蜜戒者。
是攝善法戒也。復行以下第六受報。於中亦二。先牒十善及十信因。後顯天
報及人王報。鐵輪王者。統領一州。如色蘊門總攝諸色。粟散王者。別領諸
國。如界門中十色界別等故。如粟別故曰散。若依是義。自餘諸王。各領別
國。皆名粟散。如仁王經言。上品十善鐵輪王。中下品十善粟散王故。今此
經中。分粟散王以別二品。其中品者仍受本名。下品王者。別名人王。由發
大心。故得爲王。善根差別。故有三別也。具足以下第七得失。雖具諸惑而
集諸善根。亦退以下第八進退。先標後釋。文相可知。

1) ㉮ '望'은 '聖'으로 생각된다. 2) ㉱ '不智'는 『菩薩瓔珞本業經』에는 없다. 3) ㉱
'此人'은 『菩薩瓔珞本業經』에는 '是人'으로 되어 있다. 4) ㉮ '信'은 '心'으로 생각된다.

ㄴ) 십주의 모습

경 "불자여, 발심주란 위로 나아가는 선근의 사람이 일 겁이나 이 겁 동
안 일 항하사나 이 항하사나 삼 항하사의 부처님 처소에서 십신심十信心을
행하며 삼보를 믿고, 항상 팔만 사천의 반야바라밀에 머물러 일체 행과 일
체 법문을 모두 익히고 받아들여 실천하며, 항상 신심을 일으켜 사견과 십
중十重과 오역과 팔도八倒[57]를 저지르지 않으면, 힘든 곳에 태어나지 않고

---

57 팔도八倒 : 여덟 가지 잘못된 생각이란 뜻인데, 주로 『大般涅槃經』에 근거를 둔다. 『大
般涅槃經』 권2 「壽命品」에서 "고苦를 낙樂으로 알고 낙을 고로 알면 전도법顚倒法이
다. 무상無常을 상常으로 알고 상을 무상으로 알면 전도법이다. 무아無我를 아我로 알
고 아를 무아로 알면 전도법이다. 부정不淨을 정淨으로 알고 정을 부정으로 알면 전
도법이다.(苦者計樂。樂者計苦。是顚倒法。無常計常。常計無常。是顚倒法。無我計我。我
計無我。是顚倒法。不淨計淨。淨計不淨。是顚倒法。)"(T12, 377b)라고 하였는데, 혜원慧

항상 불법을 만나 많이 들어 생기는 지혜가 넓어지고 다양한 방편을 구하느니라. 비로소 공계空界에 들어가 공성空性의 지위에 머물기 때문에 주住라고 하느니라. (주는) 공의 이치(를 알게 된) 지혜의 마음으로 예전 부처님의 법과 일체 공덕을 익히고 (지地는) 자신의 마음을 쓰지 않고 일체 공덕을 생겨나게 하기 때문에 지라고 하지 않고 주라고만 할 수 있느니라."[58]

> 佛子。發心住者。是上進分善根人。若一劫二劫一恒二恒三恒佛所。行十信心信三寶。常住八萬四千般若波羅蜜。一切行一切法門皆習受行。常起信心。不作邪見十重五逆八倒。不生難處常値佛法。廣多聞慧多求方便。始入空界住空性位。故名爲住。空理智心習古佛法一切功德。不自造心生一切功德故。不名爲地但得名住。

소 "불자여" 이하는 초주의 모습을 밝혔다. 여기에 둘이 있으니 먼저 (초주에 들어가는) 방편을 표방하였고 "비로소 (공계空界에) 들어가" 이하는 (초)주의 모습을 직접 밝혔다. 인공人空이 다한 문에 의지하여 종성種性을 드러낼 수 있으므로 "비로소 공계에 들어가 공성의 지위에 머문다"고 하였다. "비로소 공계에 들어간다"는 것은 발심한다는 의미이니 인공의 문에 의지하여 처음으로 발심하기 때문이다. 인공의 지혜에 의지하여 (삼계의) 존재(有)에서 수행(의 마음을) 내고 부처님의 교법에 의지하여 일체 공덕을 닦고 익힐 마음을 먹는 것이 주住의 의미이다. 모든 분별에서 벗어나 자신의 마음을 쓰지 않고 자유롭게 일체 공덕을 일으키게

遠(523~592)의 『大般涅槃經義記』 권2에서 "생사는 사실 고인데 낙으로 잘못 생각하고 열반은 사실 낙인데 고라고 잘못 생각한다.(生死實苦。妄計爲樂。涅槃實樂。橫計爲苦。)"(T37, 647c~648a)라는 주석에 바탕을 두고, 흔히 생멸하는 법을 상常·낙樂·아我·정정淨이라고 고집하고, 열반의 법을 무상無常·무락無樂·무아無我·부정不淨이라고 고집하는 견해라고 풀이한다.

58 『菩薩瓔珞本業經』 권하 「釋義品」(T24, 1017ab).

하는 것이 지地의 의미이다. 그렇지만 지금은 아직 얻지 못했기 때문에 지라고 하지 않고 주라고만 하였다. 이것은 간략하게 주와 지의 차이를 구별한 것이다.

> 佛子以下明初住相。於中有二。先牒方便。始入以下正明住相。依人空盡門。得顯種性。故言始入空界住空性位。始入空界。是發心義。依人空門初發心故。依人空智發有中行。依佛敎法作意脩習一切功德。是爲住義。離諸分別不自造心。任運生起一切功德。是爲地義。而今未得。是故不名爲地。但得名住。此是簡別住與地別也。

경 "불자여, 치지주治地住란 항상 공의 마음을 따르며 팔만 사천의 법문을 정화시켜 깨끗하기 때문에 치지주라고 하느니라. 불자여, 일체 수행을 길러 내기 때문에 수행주修行住라고 하느니라. 불자여, 부처님 가문에 태어나면 종성이 청정하기 때문에 생귀주生貴住라고 하느니라. 불자여, 무량한 선근을 잘 익히기 때문에 방편구족주方便具足住라고 하느니라. 불자여, 여섯 번째 반야(바라밀)을 성취하기 때문에 정심주正心住라고 하느니라. 불자여, 생겨날 것이 없는 필경의 공계에 들어가 마음마다 항상 공空·무상無相·무원無願을 수행하기 때문에 불퇴주不退住라고 하느니라. 불자여, 발심(주) 이래로 전도된 생각을 내지 않고 삿된 마군의 마음을 일으켜 보리심을 파괴하지 않기 때문에 동진주童眞住라고 하느니라. 불자여, 불왕佛王의 가르침에서 (공)해(空)解를 낸 이래로 장차 부처 지위를 잇기 때문에 법왕자주法王子住라고 하느니라. 불자여, 위의 아홉 가지에서 공을 관찰하여 무생심無生心을 얻는 최상이기 때문에 관정주灌頂住라고 하느니라."[59]

---

[59] 『菩薩瓔珞本業經』 권하 「釋義品」 (T24, 1017b).

佛子。治地住者。常隨空心淨八萬四千法門。淸淨白故。名治地住。佛子。長養一切行故。名修行住。佛子。生在佛家。種性淸淨故。名生貴住。佛子。多習無量善根故。名方便具足住。佛子。成就第六般若故。名正心住。佛子。入無生畢竟空界。心心常行空無相願故。名不退住。佛子。從發心不生倒。不起邪魔破菩提心故。名童眞住。佛子。從佛王教中生解。當紹佛位故。名法王子住。佛子。從上九觀空。得無生心最上故。名灌頂住。

소 "치지(주)"에서 "항상 공의 마음을 따르며 팔만 사천의 법문을 정화시켜"라고 한 것은 육바라밀의 법에 의지하여 이와 같은 (온갖) 문을 정화시킨다는 것이니 이 의미는 『현겁경賢劫經』에서 자세하게 설명하였다.[60]

경전에는 희왕喜王이라는 보살이 참선하며 7일을 앉아 '보살은 무슨 삼매를 수행해야 속히 팔만 사천의 모든 바라밀 법문다라니문 등을 이룰까?' 사유하다가 7일이 지나서 부처님 계신 곳에 나아가 앞에서 생각한 것을 여쭈었다. 부처님께서 그때 대답하셨다. "이 의미를 잘 물었다. 모든 법의 근본을 깨달음이라는 삼매가 있다. 이 삼매를 수행하면 속히 팔만 사천의 모든 바라밀문 등을 이룬다."

무엇이 그 팔만 사천인지에 대해서 저 『(현겁)경』은 이렇게 설명한다. 모든 부처님의 공덕이 모두 350가지이고, 그 350가지 (공)덕으로 각각 육바라밀을 닦아 인因을 삼으면 모두 2천백 개의 바라밀이 있으며, 사대와 육쇠六衰의 어리석음을 상대하여 치유하면 2만 천 개의 바라밀이 있다. 사대는 내부의 사대를 말하고 육쇠는 외부의 육진六塵을 말하니 육진이라는 도적이 선법을 쇠퇴시키기 때문에 쇠衰라고 한다. 조금 전의 2만 천 개 바라밀이 각각 중생의 네 가지 마음 근심을 상대하면 팔만 사천의 바라밀

---

60 전반적으로는 『賢劫經』 권2 「諸度無極品」(T14, 11b~13a)의 내용을 발췌하고 있으나, "모든 법의 근본을 깨달음(了諸法本)이라는 삼매"와 관련한 문답은 『賢劫經』 권1 「問三昧品」(T14, 2a)에 보인다.

이 있으니 네 가지 근심은 탐·진·치, 그리고 (탐진치와) 같은 수준의 행동이다.[61] 이것을 팔만사천법문이라고 하였다.

다음으로 "깨끗하기 때문에 치지주라고 하느니라."라고 한 것은 앞의 팔만사천법문에 의지하여 사대와 육쇠와 사환四患을 치유하여 심지心地를 맑고 깨끗하게 하기 때문에 (제2주인) 치지주라고 한 것이다.

"수행(주)"에서 "일체 수행을 길러 낸다"고 한 것은 앞에서 치유한 맑고 깨끗한 심지에 의지하여 모든 수행을 기르기 때문에 (제3주인) "수행(주)"라고 한 것이다. "생귀(주)"에서 "부처님 가문에 태어나면 종성이 청정하다"고 한 것은 닦아 온 수행으로 부처님 가문에 태어나면 부처님 가르침의 힘으로 공에 대한 이해가 점점 늘어나기 때문에 (제4주인) "생귀(주)"라고 한 것이다. "무량한 선근을 잘 익힌다"는 것은 교묘한 방편으로 많은 선근을 닦아 익히기 때문에 (제5주인) "방편구족(주)"라고 한 것이다. "여섯 번째 반야(바라밀)을 성취한다"는 사집邪執을 상대하여 치유하기 때문에 (제6주인) "정심(주)"라고 한 것이다. "생겨날 것이 없는 필경의 공계에 들어간다"는 반야의 힘에 의지하여 (공空·무상無相·무원無願의) 삼공三空[62]에 점차 들어가 나아가기만 하고 물러남이 없기 때문에 (제7주인) "불퇴(주)"라고 한 것이다.

"발심(주) 이래로 전도된 생각을 내지 않고"는 발심(주) 이래로 전도(된 생각)을 멀리 벗어나 보리심을 파괴할 수 있는 번뇌와 삿된 마군(의 마음)을 일으키지 않는다. 이런 의미 때문에 (제8주인) "동진(주)"라고 한 것이다. 마치 어린 나이에 사미가 된 이래 색욕(의 계)를 범하지 않는 것과 같으니 예를 들면 『앙굴마라경央掘魔羅經』에서 "그때에 세존께서 앙굴마(라)에게 '너는 앞으로 동진의 청정한 계를 수지해야 한다'고 하셨다."[63]라고

61　실제 『賢劫經』에서 거론하는 네 가지는 탐貪·음姪·노怒·치癡이다.
62　삼공三空: 『菩薩瓔珞本業經』에서도 거론한 공空·무상無相·무원無願의 세 가지 삼매를 가리킨다. 삼해탈三解脫이라고도 한다.

하고 작은 글씨로 주석하여 "'동진'은 '사미'의 다른 이름이다. 서역 책에서는 '식차式叉'라고 하였고, 번역하여 '배우다(學)'라고도 하고, '따라 익히는 데에 어김이 없다'고도 한다."⁶⁴라고 하였다. 지금 이 (제8주) 지위에서 "동진"이라고 한 것은 발심(주) 이래로 이치와 가르침을 따라 익히는 데에 어김이 없다는 의미이다. "장차 부처 지위를 잇는다"는 것은 앞의 동진(주)에서 따라 익히는 힘 덕분에 가르침에서 (공)해(空)解를 내는 것을 (제9주인) "법왕자(주)"라고 한 것이다. "무생심無生心을 얻는 최상"이라는 것은 공해를 내는 데는 이것이 가장 뛰어나기 때문에 (제10주인) "관정(주)"라고 한 것이다.

治地中言常隨空心淨八萬四千法門者。依六度法淨爾許門。是義廣說如賢劫經。彼有菩薩。名曰喜王。晏坐七日。作是思惟。菩薩行何三昧。便速逮致八萬四千諸度法門陀羅尼門等。過七日已。往詣佛所。請前所念。佛時對曰。快問是義。有三昧門。名了諸法本。行是三昧。便速逮致八萬四千諸度門等。何者是其八萬四千。彼經中說。諸佛功德。凡有三百五十種門。於彼三百五十種德。各修六度以之爲因。便有二千一百諸度。對治四大六衰之愚。便有二萬一千諸度。言四大者。謂內四大。言六衰者。謂外六塵。六塵之賊衰耗善法。故名爲衰。彼前二萬一千諸度。各對衆生四種心患。便有八萬四千諸度。言四患者。多貪瞋癡及等分行。是謂八萬四千法門。次言清淨鮮白¹⁾故名治地者。依前八萬四千法門。能治四大六衰四患。所以心地清白。故名治地住也。修行中言長養一切行者。依前所治清白心地。長養諸行。故名修行也。生貴中言生在佛家種子性淸淨者。依所修行得生佛家。由佛敎力空解轉增。故名生貴也。多習無量善根者。巧便修習衆多善根。以之

---

63 『央掘魔羅經』 권2(T2, 530a).
64 『央掘魔羅經』 본문(T2, 530a)에 작은 글자로 주석이 붙어 있다.

故名方便具足也。成就第六般若者。對治邪執。故名正心也。入無生畢竟空界者。依般若力轉入三空。有進無退。名不退也。從發心不生倒者。從發心來。遠離顚倒。不起煩惱邪魔。可以破菩提心。以是義故名爲童眞。猶如年少沙彌生來不犯色欲。如央掘魔羅經言。爾時世尊告央掘魔。汝當受持童眞淨戒。子注中言。童眞是沙彌別名。胡本云式叉。宋言學。亦言隨順無違。今此位中名童眞者。從發心來隨順理敎。而無違義也。當紹佛位者。由前童眞隨順力故。從敎生解。名法王子也。得無生心最上者。生空解中此最勝故。故名灌頂也。

1) ㉠ '鮮白'은 『菩薩瓔珞本業經』에는 '白'으로 되어 있고, 어떤 판본에는 '白' 앞에 '鮮'이 있다고 하였다.

ㄴ. 십행

경 "그러므로 불자여, 관정심灌頂心에서 더 나아가 오음의 법성이 공한 지위에 들어가 다시 팔만 사천의 반야바라밀을 행하기 때문에 중십행中十行이라고 하느니라. 불자여, 그중에 비로소 법공法空에 들어가 외도의 삿된 논리에 전도되지 않고 정위正位에 들어가므로 환희행歡喜行이라고 하느니라. 불자여, 항상 일체중생을 교화하고 모든 법의 이익을 중생이 얻게 하므로 요익행饒益行이라고 하느니라. 불자여, 법의 실(성)에 대하여 법인심法忍心을 얻어 아我가 없고 아소我所가 없으므로 무진한행無瞋恨行이라고 하느니라. 불자여, 항상 공덕에 머물러 중생을 교화하므로 무진행無盡行이라고 하느니라. 불자여, 목숨을 마칠 때에 무명의 귀신에게 어지럽히거나 혼탁하게 되지 않고 바른 생각을 잃지 않으므로 이치란행離癡亂行이라고 하느니라. 불자여, 태어날 때마다 항상 불국토에 태어나므로 선현행善現行이라고 하느니라. 불자여, 아에 대하여 아가 없고(無我) 일체법에 이르기까지 공하므로 무착행無著行이라고 하느니라. 불자여, 삼세의 불법에 항상 공경하여 따르므로 존중행尊重行이라고 하느니라. 불자여, 설법하여 사람들에게 (가르쳐) 주면 변하여 사물의 법칙이 되므로 선법행善法行이라고 하느니라. 불자여, 이제二諦가 같지 않아서 상相도 아니고 상 아님도 아니므로 진실행眞實行이라고 하느니라."[65]

是故佛子。從灌頂心進入五陰法性空位。亦行八萬四千般若波羅蜜。故名中十行。佛子。就中始入法空。不爲外道邪論所倒。入正位故。名歡喜行。佛子。得常化一切衆生。皆法利衆生故。名饒益行。佛子。法實得法忍心。無我無我所故。名無瞋恨行。佛子。常住功德。現化衆生故。名無盡行。佛子。命終之時。無明鬼不亂不濁。不失正念故。名離癡亂行。佛子。生生常在佛國中生故。名善現行。佛子。於我無我乃至一切法空故。名無著行。佛子。三世佛法中常敬順故。名尊重行。佛子。說法授人動成物則故。名善法行。佛子。二諦非如非相非非相故。名眞實行。

ㄱ) 총체적으로 밝힘

소 십행에서 먼저 총체적으로 밝혔다. "오음의 법성이 공한"은 앞의 십주에서 안으로 인공을 얻었고 이 십행의 지위에서는 안으로 법공을 얻어 법의 공해에 의지하여 또 팔만사천법문을 수행하기 때문에 통틀어서 "중십행中十行"이라고 하였다.

十行中先總明。進入五陰法性空者。前十住中得內人空。此十行位得內法空。依法空解。亦行八萬四千法門。是故通名爲中十行。

ㄴ) 개별적으로 밝힘

---

65 『菩薩瓔珞本業經』 권하 「釋義品」(T24, 1017b).

다음으로 개별적으로 밝힌 것에 "비로소 법공法空에 들어가"는 앞에서 인공을 얻었지만 아직 법이 남아 있었는데 이제 법공을 얻어 안에 남음이 없으므로 비로소 환희심을 낸다. 두 번째(인 요익행)에서 "항상 일체중생을 교화하고"라고 한 것은 안으로 계행을 지키고 밖으로 중생을 제도하므로 "요익(행)"이라고 한 것이다. "법의 실(성)에 대하여 법인심法忍心을 얻어"는 법의 실성에 대해서 법인심을 얻고 법인에 의지하기 때문에 중생인衆生忍도 얻어 "아我가 없고 아소我所가 없으므로" (제3행인) "무진한(행)"이라고 한 것이다. "항상 공덕에 머물러"는 정진에 쉼이 없기 때문에 항상 머무르고, 항상 머물러 그만두지 않으므로 (제4행인) "무진(행)"이라고 한 것이다. "바른 생각을 잃지 않는다"는 것은 선정(바라밀)의 힘에 의하여 치란癡亂을 깊이 조복시키기 때문에 임종에도 혼탁하지 않으므로 (제5행인) "이치란(행)"이라고 한 것이다. "태어날 때마다 항상"은 반야(바라밀)의 힘 덕분에 깨달은 이를 따르며 항상 불국토에 현생하므로 (제6행인) "선현(행)"이라고 한 것이다. "아에 대하여 아가 없고(無我)"는 방편(바라밀)의 힘에 의지하여 두 극단은 물론 모든 법에 염착染著되는 일까지 벗어나므로 (제7행인) "무착(행)"이라고 한 것이다. "항상 공경하여 따른다"는 원(바라밀)의 힘에 의지하여 항상 삼세 부처님의 법을 따를 줄 알기 때문에 (제8행인) "존중(행)"이라고 한 것이다. "설법하여 사람들에게 (가르쳐) 주면"은 역力(바라밀)에 의지하여 변하여 사물의 법칙이 되며 악을 벗어나고 선을 행하므로 (제9행인) "선법(행)"이라고 한 것이다. "이제二諦가 같지 않아서"는 둘이 아니라고 말하면 둘이 있다고 말하는 것 같아서 "같지 않아서"라고 한 것이다. 그 이유는 상相도 아니고 상 아님도 아니기 때문이다. 상도 아니기 때문에 유제有諦라는 말과 같지 않고, 상 아님도 아니기 때문에 무제無諦라는 호칭과 같지 않다. 이렇게 알면 허망한 말에서 벗어난다. 이러한 의미 때문에 (제10행인) "진실행"이라고 한 것이다. (제10행인) 이것은 지智바라밀에 의거하여 이름을 내세웠는데 앞의 (제6행이 의거한 반야바라밀인) 혜慧바라밀과 어떤 차이가 있는가 하면, 저기에서는 상을 없애고 공에 들어가서 부처님 법신을 따른다는 의미를 밝혔고, 여기에서는 상 아님도 없애고 속俗을 건너 허망에서 벗어난다는 의미를 드러냈다. 이러한 도리 때문에 두 가지 바라밀이 차별이 있다.

次別明中始入法空者。前得人空。而猶存法。今得法空。於內無遺。是故始生歡喜心也。第二中言常化衆生者。內持戒行。外導衆生故。名饒益也。於[1]實得法忍心者。於法實性得法忍。依法忍故得衆生忍。無我我所。名無瞋恨也。常住功德者。精進無息。所以常住。常住不廢。故名無盡也。不失正念者。依禪定力。深伏癡亂。所以臨終不濁。是故名爲離癡亂也。生生常在者。由般若力隨順覺者。所以常在佛土現生。故名善現也。於我無我者。依方便力。巧離二邊。乃至諸法無所染著。故名無著也。常順敬者。依願度力。常能隨順三世佛法。故名尊重也。說法度[2]人者。依力度動成物軌。離惡行善。故名善法也。二諦非如者。非二言下如言有二。故曰非如。所以然者。以非相非非相故。以非相故。非如有諦之言。非非相故。非如無諦之稱。作如是解。離虛妄言。以是義故名眞實行。是伏智度以立其名。與前慧度有何異者。彼明遣相入空以順佛法身義。此顯亦遣非相涉俗離虛妄義。由是道理。二度差別也。

1) ㉥ '於'는 『菩薩瓔珞本業經』에는 '法'으로 되어 있으며, 어떤 판본에 '於'로 되어 있다고 하였다. 2) ㉤ '度'는 『菩薩瓔珞本業經』에는 '授'로 되어 있다.

ㄷ. 십회향

ㄱ) 총괄적으로 밝힘

경 "그러므로 불자여, 진실심眞實心에서 중생공衆生空과 무아공無我空에 들어가지만 두 가지 공이 평등하여 다름이 없어서 하나로 관찰하는 모습이

하나로 합한 모습이니라. 백만억 반야바라밀의 공관을 학습하므로 앞뒤를 되돌려 바꾸고 마음마음에 밝고 밝음과 적멸함만을 관찰하며 위 단계인 지地의 밝음을 관찰하는 법을 기르므로 인을 되돌려서 과로 향하게 하느니라. 또 무량한 마음으로 버리지도 않고 받지도 않으니 십회향법이 이와 같으니라."[66]

> 是故佛子。從眞實心。入衆生空無我空。二空平等無別。一觀相一合相。學習百萬億般若波羅蜜空觀故。迴易前後。心心觀唯明明寂滅。長養上地明觀法故。迴因向果。復以無量心不捨不受故。十向法如是。

소 십회향에서도 먼저 총괄적으로 밝혔다. "중생공衆生空"은 임시 이름인 사람이 공하다는 것이고 "무아공無我空"은 오음의 법이 공하다는 것이니 무아의 법도 본성이 공하기 때문이다. "두 가지 공이 평등하여 다름이 없어서"는 그 인공의 관찰이 자타와 친소의 본성을 완전히 없애므로 "평등하다"고 한 것이고, 그 법공의 관찰이 내외와 차별의 모습을 모두 없애므로 "다름이 없다"고 한 것이다. "하나로 관찰하는 모습"은 평등하게 관찰하기 때문이고, "하나로 합한 모습"은 다름이 없이 보기 때문이다. 위에서 "(중생공衆生空과 무아공無我空에) 들어간다"고 한 것은 한 번에 안팎의 인법人法 두 공관에 단박에 들어가기 때문이니 이것을 (인공관人空觀과 법공관法空觀에 대해서) 제3인 평등관平等觀이라고 한다. (이 세 가지가 십주·십행·십회향의) 견도의 서른 가지 마음의 방편이 되니 유정이 임시(라는 견해)를 안에서 없애서 생기는 지혜는 십주의 인공이 방편이 되기 때문이고, 제법이 임시(라는 견해)를 안에서 없애서 생기는 지혜는 십행의 법공이 방편이 되기 때문이며, 일체 유정과 제법이 임시(라는 견해)를

---

66 『菩薩瓔珞本業經』 권하 「釋義品」(T24, 1017bc).

모두 없애서 생긴 지혜는 십회향의 평등공관이 방편이 되기 때문이다.[67] 이 방편에 따라 저 (십주·십행·십회향의) 서른 가지 마음을 내세웠기 때문이다.

"백만억……공관을 학습하므로 앞뒤를 되돌려 바꾸고"는 앞 (단계)의 팔만사천법문을 늘려 백만억의 모든 법문까지 이르기 때문이고, 앞의 공관을 되돌리고 뒤의 공관을 바꾸기를 계속 늘려서 서로 벗어나지 않기 때문이다. "마음마음에 (밝고 밝음과 적멸함)만을 관찰하며"는 앞의 마음에서 모든 대상이 마음뿐임을 관찰하고 뒤의 마음에서도 모든 대상이 마음뿐임을 관찰하기 때문이다. "밝고 밝음과 적멸함"은 앞의 밝음이 (모든 것이) 생겨나는 모습을 취하지 않고 뒤의 밝음도 (모든 것이) 움직이는 모습을 없애기 때문이다. 이와 같은 마음의 밝음이 지地 위의 참으로 밝음을 관찰하는 법을 기르기 때문에 "위 단계인 지地의 밝음을 관찰하는 법을 기르므로"라고 하였다. "인을 되돌려서 과로 향하게 하느니라."에서 인은 지地 전의 방편이고 과는 지 위의 바른 관찰부터 불지의 일체 공덕까지를 가리키니 이런 의미 때문에 "되돌려서 향한다(迴向)"고 하였다.

"또 무량한 마음으로"는 사무량심으로 삼계에 태어나기 때문에 "버리지도 않고"라고 한 것이고, 취착이 없기 때문에 "받지도 않으니"라고 한 것이다. "십회향법이 이와 같으니라."는 총체적으로 결론지은 것이다.

十迴向中亦先總明。衆生空者。假名人空。無我空者。五陰法空。無我之法亦性空故。二空平等無別者。其人空觀通遣自他親疎之性。故言平等。其法空觀遣內外差別之相。故言無別。一觀相者平等觀故。一合相者無別見故。上言入者。一時頓入內外人法二空觀故。是名第三平等空觀。卽爲見道三

---

67 이처럼 모든 것을 임시(假)로 보는 견해를 없앰으로써 생기는 세 가지 지혜를 견도의 마음과 관련짓는 설명은 현장玄奘(622~664)이 번역한 『成唯識論』 권9(T31, 50a)나 『顯揚聖教論』 권17 「成現觀品」(T31, 562ab)에서도 볼 수 있다.

心方便。謂內遣有情假緣智者。十住人空爲方便故。內遣諸法假緣智者。十行法空爲方便故。遍遣一切有情諸法假緣智者。以十迴向平等空觀爲方便故。從此方便。立彼三心故。學習百萬億乃至空觀故。迴易前後者。增前八萬四千法門。以至百萬億諸法門故。迴前空觀。易後空觀。展轉增進不相離故。心心觀唯者。前心觀其諸境唯心。後心亦觀諸境唯心故。明明寂滅者。前明不取生起之相。後明亦遣喧動相故。如是心明長養地上眞明觀法。故言長養上地明觀法故。迴因向果。此中因者地前方便。果者卽指地上正觀。乃至佛地一切功德。卽以是義名爲迴向。復以無量心者。以四無量心。受生三界。故言不捨。而無取著。故言不受。故十向法如是者。是總結也。

ㄴ) 개별적으로 밝힘

경 "불자여, 항상 무상심無相心으로 항상 육도를 수행하면서 과보에 들어가 받음이 없이 온갖 감수를 받아 되돌려 바꾸고 변화시켜 교화하므로 구호일체중생이중생상회향救護一切衆生離衆生相迴向이라고 하느니라. 불자여, 일체법에 대하여 감수만 있고 용용만 있으며 이름만 있다고 관찰하여 순간순간에 머물지 않으므로 불괴회향不壞迴向이라고 하느니라. 불자여, 삼세제불의 법을 언제나 실천하므로 등일체불회향等一切佛迴向이라고 하느니라. 불자여, 대원력으로 일체 불국에 들어가 일체불께 공양하므로 지일체처회향至一切處迴向이라고 하느니라. 불자여, 상주하는 삼보를 앞 사람에게 주기 때문에 무진공덕장회향無盡功德藏迴向이라고 하느니라. 불자여, 상선相善과 무루선無漏善을 익히고 실천하지만 둘이 아니므로 수순평등선근회향隨順平等善根迴向이라고 하느니라. 불자여, 선악과 부모에 둘이 없어 하나의 모습이 하나로 합한 모습이라고 관찰하므로 수순등관일체중생회향隨順等觀一切衆生迴向이라고 하느니라. 불자여, 항상 유무의 이제二諦와 일체법이 하나로 합한 모습임을 비추어 보므로 여상회향如相迴向이라고 하느니라. 불자여, 제법이 둘이 아니고 반야는 무생無生이며 이제가 평등하여 과거에도 하나로 합한 모습이고 현재에도 하나로 합한 모습이며 미래에도 하나로 합한 모습이므로 무박해탈회향無縛解脫迴向이라고 하느니라. 불자여, 일체법은 제일의제이고 중도무상中道無相이어서 일체법이 모두 한결같이 비추는 모습임을 깨닫기 때문에 법계무량회향法界無量迴向이라고 하느니라."[68]

佛子。常以無相心中常行六道而入果報。不受而受諸受。迴易轉化故。名救護一切衆生離衆生相迴向。佛子。觀一切法但有受但有用但有名。念念不住故。名不壞迴向。佛子。三世諸佛法一切時行故。名等一切佛迴向。佛子。以大願力入一切佛國中。供養一切佛故。名至一切處迴向。佛子。以常住三寶授與前人故。名無盡功德藏迴向。佛子。習行相善無漏善而不二故。名隨順平等善根迴向。佛子。以觀善惡父母無二。一相一合相故。名隨順等觀一切衆生迴向。佛子。常照有無二諦。一切法一合相故。名如相迴向。佛子。以諸法無二般若無生二諦平等。過去一合相現在一合相未來一合相故。名無縛解脫迴向。佛子。覺一切法第一義諦中道無相。一切法皆一照相故。名法界無量迴向。

소 "항상" 이하는 두 번째 개별적으로 밝힘이다.

"항상 무상심無相心으로"는 (제1회향의) '이중생상離衆生相'의 의미이고, "항상 육도를 수행하면서"는 (제1회향의) '구호중생救護衆生'의 의미이다.

"일체법에 대하여 감수만 있고" 등은 (제2회향인) '불괴不壞(회향)'의 의미를 해석한 것이다. 임시 명칭을 싫어하지도 않고 머물지도 않기 때문이니 "감수만 있고"는 감수를 임시라고 관찰하는 것이고, "용용만 있으며"는 법을 임시라고 관찰하는 것이며, "이름만 있다"는 명칭을 임시라고 관찰

---

[68] 『菩薩瓔珞本業經』 권하 「釋義品」(T24, 1017c).

하는 것이다. 이 세 가지 임시의 의미는 뒤의 문장에서 설명할 것이다.

"삼세제불의 법을 언제나 실천한다"는 가르침에 의지하여 (중생이 윤회하는 곳에) 두루 나아가기 때문에 "평등하게 실천한다"고 하는데 이것은 (제3회향인) '등일체불等一切佛(회향)'의 의미를 해석한 것이다.

"일체 불국토에 들어가"는 (제4회향인) '지일체처至一切處(회향)'의 의미이다.

"상주하는 삼보를 앞 사람에게 준다"는 한 마음 안에 삼보의 덕을 쌓아서 항상 다른 사람에게 주고도 다하여 없어지지 않는다는 것이니 (제5회향인) '무진공덕장無盡功德藏(회향)'의 의미이다.

"상선相善"은 세상 속에서 만물을 교화하는 실천이고 "무루선無漏善"은 모습을 없애고 공을 관찰하는 이해인데, 이해할 때에는 임시 명칭을 허물지 않고 실천할 때는 공에 대한 이해를 잃지 않으니 이와 같이 익히고 실천하는 것이 서로 위배하지 않기 때문에 (제6회향인) "수순평등선근隨順平等善根(회향)"이라고 한 것이다.

"일체법"은 제諦에 차별이 있다는 것이고 "하나로 합한 모습"은 모습이 없어 평등하다는 것이니 평등이 이렇게 같기 때문에 (제8회향인) "여상如相(회향)"이라고 한 것이다.

"제법이 둘이 아니고"는 인식되는 대상에 집착하지 않는다는 것이고 "반야는 무생無生이며"는 인식하는 지혜에 집착하지 않는다는 것인데, 주관과 대상에 집착하지 않는 것이 (제9회향의) '무박無縛'의 의미이고, 유무(의 이제二諦)가 평등하고 삼세가 하나로 합한 것이 (제9회향의) '해탈解脫'의 의미이다.

"일체법은 제일의제이고"는 (제10회향의) '법계'의 의미를 해석한 것이고, "중도무상中道無相이어서 일체법이 모두 한결같이 비추는 모습"은 (제10회향의) '무량無量'의 의미를 해석한 것이다.

常以已下第二別明。常以無相心者。離衆生相義。常行六道者。救護衆生義
也。觀一切法但有受等者。釋不壞義。不增[1]假名而不住故。但有受者。是
觀受假。但有用者。是觀法假。但有名是觀名假。是三假義。後文當說也。
三世諸佛法一切時行者。依敎遍趣。故言等行。是釋等一切佛義也。入一切
佛國土[2]者。卽是至一切處義也。以常住三寶授與前人者。於一心內蘊三寶
德。恒授與人而無窮盡。卽是無盡功德藏義也。言相善者。涉事化物之行。
無漏善者。忘相觀空之解。解時不壞假名。行時不失空解。如是習行不相違
背。故言隨順平等善根也。一切法者。有諦差別。一合相者。無相平等。平
等是知。故曰如相也。諸法無二者。不著所取之境。般若無生者。不著能取
之智。不著能所。是無縛義。有無平等三世一合。是解脫義也。覺一切法第
一義諦者。是釋法界義。中道無相。一切法皆。一照相者。釋無量義。

1) ㉗ '增'은 '憎'으로 생각된다. 2) ㉑ '土'는 『菩薩瓔珞本業經』에는 '中'으로 되어 있다.

② 총결

경 "불자여, 이 (십주·십행·십회향의) 서른 가지 마음의 의미와 해석이
한량없고 끝없으니 일체 범부의 지혜로는 생각하고 헤아릴 수 없으며 시방
의 제불과 일체 보살이 노니는 길이니라."[69]

佛子。是三十心。義釋無量無邊。非一切凡智所能思量。十方諸佛一切菩薩
之所遊路。

소 "이 (십주·십행·십회향의) 서른 가지 마음" 이하는 두 번째인 삼
현위를 총괄적으로 맺은 것이다.

69 『菩薩瓔珞本業經』 권하 「釋義品」(T24, 1017c).

是三十心以下。第二總結三賢位也。

(2) 뒤의 셋, 삼성三聖

① 총괄적으로 밝힘

경 "불자여, 그대는 앞에서 무엇을 지地라고 하느냐고 했느니라. 불자여, 지地는 지닌다(持)는 말이니 일체 백만 아승기의 공덕을 지니느니라. 또 생성한다(生)는 말이니 일체 인과를 생성하기 때문에 지地라고 하느니라."⁷⁰

佛子。汝先言云何名地。佛子。地名持。持一切百萬阿僧祇功德。亦名生。成一切因果。故名地。

소 이제부터는 두 번째 (십지·무구지·묘각지의) 십이지를 해석한 것이다. 여기에 둘이 있으니 총괄적으로 밝힘과 개별적으로 풀이함이다.

此下第二釋十二地。於中有二。總明別釋。

먼저 (총괄적으로 밝힘에) "그대는 앞에서 무엇을 지地라고 하느냐고 했느니라."는 (『석의품』의) 앞에서 (닦아야 할) 이름의 의미와 모습을 총괄적으로 물은 것인데, 지금 여기에서는 그중에 지地를 별도로 표방한 것뿐이다. "일체 (백만 아승기의) 공덕을 지니느니라."는 법계의 본체가 일체 공덕을 두루 포섭하여 지니는 것을 말하니 마치 대지가 산과 바다 등을 지니는 것과 같다. "일체 인과를 생성한다"는 일체 선인善因을 내고 일체

---

70 『菩薩瓔珞本業經』 권하 「釋義品」(T24, 1017c).

선과善果를 성숙시키는 것이니 마치 대지가 싹 등을 내고 꽃과 열매 등을 성숙시키는 것과 같다. 이 두 가지 의미 때문에 지地라고 한 것이다.

> 初中言汝先言云何名地者。先總問名字義相。今於其中別牒地耳。持一切
> 功德者。謂法界體周遍攝持一切功德。猶如大地持山海等。生成一切因果
> 者。能生一切善因。成熟一切善果。猶如大地能生牙等。成花菓等。以是二
> 義名爲地故。

② 개별적으로 풀이함

ㄱ. 십지

ㄱ) 제1 환희지歡喜地

경 "불자여, 범부행을 버리고 부처님 가문에 태어나면 보살의 지위를 잇고 성중聖衆에 들어가니 네 가지 마군이 이르지 못하고 유무의 양 끝을 평등하게 함께 비추어 커다란 신심이 비로소 가득하여 무생중도無生中道 제일의제관第一義諦觀을 배워 익히느니라. 그 위로 이지二地와 삼지三地 나아가 십일지十一地에 이르러 법문을 밝음으로 관찰하고 마음마음이 적멸하여 법이 흐르는 물속에서 한 가지 모습이어서 모습이 없고 두 가지 몸에 방향이 없어 불토佛土와 동등하게 통하므로 환희지라고 하느니라."[71]

> 佛子。捨凡夫行生在佛家。紹菩薩位入聖衆中。四魔不到。有無二邊平等雙
> 照。大信始滿。習學無生中道第一義諦觀。上至二地三地乃至十一地。明觀

---

71 『菩薩瓔珞本業經』 권하 「釋義品」(T24, 1017c).

法門心心寂滅法流水中。一相無相。二身無方。通同佛土故。名歡喜地。

소 이제부터는 개별적으로 밝힘이다.

초지에서 "범부행을 버리고"는 성(인의) 법을 얻었기 때문에 범부의 본성을 버리는 것이다. '버린다'는 것은 '범부를 넘어선다'는 의미이니 아래에서 열 구절로 넘어서는 의미를 드러낸다. 첫째는 집안으로 넘어서니(家過) 『(보살영락본업)경』에서는 "부처님 가문에 태어나면"이라고 하였는데, 청정한 법계가 부처님 가문이기 때문이다. 둘째는 지위로 넘어서니(位過) 경에서는 "보살의 지위를 잇고"라고 하였는데, 얻을 것 없는 마음이 보살의 지위이기 때문이다. 셋째는 성중으로 넘어서니(聖衆過) 경에서는 "성중聖衆에 들어가니"라고 하였는데, 이미 모든 대보살의 수數에 들어갔기 때문이다. 넷째는 삿됨을 벗어나 넘어서니(離邪過) 경에서는 "네 가지 마군(四魔)[72]이 이르지 못하고"라고 하였는데, 모든 마군과 삿된 장애가 파괴할 수 없기 때문이다. 다섯째는 바른 관찰로 넘어서니(正觀過) 경에서는 "유무의 양 끝을 평등하게 함께 비추어"라고 하였는데, 유무를 모두 융합하여 함께 비추기 때문이다. 여섯째는 뛰어난 곳으로 나아가 넘어서니(勝進過) 경에서는 "커다란 신심이 비로소 가득하여 무생중도無生中道 제일의 제관第一義諦觀을 배워 익히느니라."라고 하였는데, 불지의 중도관을 신심으로 배우기 때문이다. 일곱째는 같이 비추어 넘어서니(兼照過) 경에서는 "그 위로 이지二地와 삼지三地 나아가 십일지十一地에 이르러"라고 하였는데, 가장 뛰어난 곳과 동등하게 나머지 법계를 같이 비추기 때문이다. 여덟째는 분수에 맞추어 넘어서니(當分過) 경에서는 "마음마음이 적멸하여

---

[72] 네 가지 마군(四魔) : 사람의 목숨과 지혜를 뺏는 네 가지 장애를 가리킨다. 많은 경론에서 언급하며 제거 방법을 함께 거론하는 경우도 많다. 『一切經音義』 권25(T54, 466a)에 따르면, 네 가지 마군은 첫째, 번뇌마煩惱魔, 둘째, 음마陰魔 즉 오온五蘊, 셋째, 사마死魔, 넷째, 천마天魔 즉 욕계의 타화자재천왕他化自在天王이다.

법이 흐르는 물속에서 한 가지 모습이어서 모습이 없고"라고 하였는데, 두루 가득 찬 법계에 마음마음이 항상 흐르기 때문이다. 아홉째는 법신으로 넘어서니(法身過) 경에서는 "두 가지 몸에 방향이 없어"라고 하였다. 열째는 불토로 넘어서니(佛土過) 경에서는 "불토佛土와 동등하게 통하므로"라고 하였다. 열 가지 뛰어난 공덕으로 환희하지 않은 것이 없으므로 "환희지"라고 한 것이다.

此下別明。初地中言捨凡夫行者。得聖法故。捨凡夫性。捨者卽是過凡夫義。下以十句顯是過義。一者家過。如經生在佛家故。淸淨法界爲佛家故。二者位過。如經紹菩薩位故。無所得心爲菩薩位故。三者聖衆過。如經入聖衆中故。已入諸大菩薩數故。四者離邪過。如經四魔不到[1]故。諸魔邪障不能壞故。五者正觀過。如經無[2]二邊平等雙照故。俱融有無而雙照故。六者勝進過。如經大信始滿習學無生中道第一義諦觀故。信學佛地中道觀故。七者兼照過。如經常[3]至二地三地乃至十一地故。兼照最勝等餘門法界故。八者當分過。如經心心寂滅法流水中一相無相故。遍滿法中界心心恒流故。九者法身過。如經二身無方故。十者佛土過。如經通同佛土故。依十種殊勝功德。無不歡喜。故名歡喜地也。

1) ㉠ '到'는 『菩薩瓔珞本業經』에는 '倒'로 되어 있다. ㉡ 『菩薩瓔珞本業經』에는 『本業經疏』와 마찬가지로 '到'로 되어 있으며, 어떤 판본에는 '倒'로 되어 있다고 하였다.
2) ㉠ '無'는 『菩薩瓔珞本業經』에는 '有'로 되어 있다. ㉡ 『菩薩瓔珞本業經』에는 '無'가 '有'로 되어 있는 것이 아니라 '無' 앞에 '有'가 있다. 3) ㉠ '常'은 『菩薩瓔珞本業經』에는 '上'으로 되어 있다.

ㄴ) 제2 이구지離垢地

경 "불자여, 바른 무상無相으로 중생공衆生空에 잘 들어가 만불萬佛의 세계를 나타내고 여섯 가지 신통으로 변화하여 공함이 무위와 같으므로 이구지라 하느니라."[73]

佛子。以正無相。善入衆生空。現萬佛世界。六通變化。空同無爲故。名離
垢地。

소 "바른 무상無相으로"는 바른 계를 갖추어 삿되고 잘못된 것을 멀리
벗어나지만 계와 (계를) 지키고 어기는 모습에 집착하지 않기 때문이다.
"중생계衆生界에 잘 들어가 만불萬佛의 세계를 나타내고"는 중생의 성품
을 따라 모든 불토를 나타내기 때문이며, "여섯 가지 신통으로 변화하여
공함이 무위와 같다"고 한 것은 비록 작위할 것이 있어도 그 작위는 없기
때문이다. 안으로는 삼륜三輪[74]의 탁함을 버리고 밖으로는 이변二邊의 더
러움을 벗어난다. 이러한 뜻이 있으므로 "이구지"라고 한 것이다.

以正無相者。具足正戒。遠離邪非。而不取戒及持犯相故。善入衆生界[1]現
萬[2]佛世界者。隨順衆生性。現諸佛土故。六通變化空同無爲者。雖無[3]所
爲而無所爲故。內捨三輪之濁。外離二邊之垢。以是義故。名離垢地也。

1) ㉠ '界'는 『菩薩瓔珞本業經』에는 '空'으로 되어 있고, 어떤 판본에는 '界'로 되어
있다고 하였다. 2) ㉯ '萬'은 『菩薩瓔珞本業經』에는 '千'으로 되어 있다. ㉢ 『菩薩瓔
珞本業經』에는 『本業經疏』와 마찬가지로 '萬'으로 되어 있고, 어떤 판본에는 '千'으
로 되어 있다고 하였다. 3) ㉯ '無'는 '有'로 생각된다.

---

73 『菩薩瓔珞本業經』 권하 「釋義品」(T24, 1017c).
74 삼륜三輪 : 세간의 특성이라고 할 수 있는 무상無常·부정不淨·고苦의 세 가지를 가
리킨다. 시작도 없고 끝도 없이 무한하므로 바퀴에 비유하여 무상륜無常輪·부정륜不
淨輪·고륜苦輪이라고 한다. 규기窺基(632~682)의 「阿彌陀經通贊疏序」(T37, 329b)에
"이 『(아미타)경』은 삼륜을 부수기 위한 것이다. 삼륜의 첫째는 무상륜無常輪인데 유정
과 무정이 모두 무상이니 중생들을 깨닫게 하여 무상을 버리게 하기 위해서이다. 둘째
는 부정륜不淨輪인데 유정과 무정이 모두 부정하니 중생들이 정토로 돌아가 연화세계
에 태어나게 하여 유정의 부정을 부수고 정토세계에 머물게 하여 세간의 부정을 부수
어 부정륜을 부수기 위한 것이다. 셋째는 고륜苦輪을 부수기 위한 것인데 중생들이 고
통으로 핍박을 받으니 정토에 돌아가게 하여 이 고통을 없애 주기 때문이다."라고 하
였다.

ㄷ) 제3 명지明地

경 "불자여, 광혜光慧의 신인信忍으로 옛 부처님의 도를 닦으니 말하자면 십이부경이니라. 수다라修多羅(Ⓢ sūtra, 계경契經)・기야祇夜(Ⓢ geya, 응송應頌)・비가라나毘伽羅那(Ⓢ vyākaraṇa, 기별記別)・가타伽陀(Ⓢ gāthā, 풍송諷頌)・우다나憂陀那(Ⓢ udāna, 자설自說)・니다나尼陀那(Ⓢ nidāna, 인연因緣)・아바다나阿波陀那(Ⓢ avadāna, 비유譬喩)・이제목다가伊帝目多伽(Ⓢ itivṛttaka, 본사本事)・사타가闍陀伽(Ⓢ jātaka, 본생本生)・비불략毘佛略(Ⓢ vaipulya, 방광方廣)・아부타달마阿浮陀達摩(Ⓢ adbhuta-dharma, 미증유법未曾有法)・우바제사憂波提舍(Ⓢ upadeśa, 논의論議)의 법으로 중생을 제도하여 광명이 빛나고 변화와 신통이 있으므로 명지라 하느니라."[75]

佛子。光慧信忍修習古佛道。所謂十二部經。修多羅。祇夜。毘伽羅那。伽陀。憂陀那。尼陀那。阿波陀那。伊帝目多伽。闍陀伽。毘佛略。阿浮陀達摩。憂波提舍。以此法度衆生。光光變通。故名明地。

소 "광혜光慧의 신인信忍"은 이 제3지의 인忍이 증상만을 제도하는 것이니 (초지와 제2지와 제3지의) 세 가지 신인 중에서 상품에 있기 때문이다. 우러러 여래의 십이부의 광명에 의지하여 모든 중생의 십이지근十二支根을 비추어 "광명이 빛나고 변화와 신통이 있으므로 명지라고 한" 것이다.

光慧信忍者。此第三地忍度增上。信忍三中居上品故。仰依如來十二部光。照諸衆生十二支根。光光變通。故名明地也。

---

[75] 『菩薩瓔珞本業經』 권하 「釋義品」(T24, 1017c~1018a).

ㄹ) 제4 염지焰地

경 "불자여, 생기함이 없는 인忍을 대략 따라 일체법의 이제의 상을 관하고 위로는 부처님의 공덕을 관하며 아래로는 육도 중생을 관한다. 대자大慈의 관으로는 법을 설하여 기쁨을 주고, 대비大悲의 관으로는 삼고三苦의 중생을 구제하고, 대희大喜의 관으로는 앞에 있는 사람이 기쁨 얻음을 기뻐하고, 대사大捨의 관으로는 일체중생이 모두 평등에 들어가게 하느니라. 일곱 가지 관법에 들어가므로 염지라 하느니라."[76]

佛子。大順無生起忍。觀一切法二諦相。上觀佛功德。下觀六道衆生。大慈觀故說法授樂。大悲觀救三苦衆生。大喜觀喜前人受樂。大捨觀一切衆生。皆入平等。入七觀法。故名焰地。

소 "생기함이 없는 인忍을 대략 따라"는 (제4지·제5지·제6지의) 세 가지 순인順忍 가운데 비로소 하품에 들어가기 때문이다. "일체법의 이제의 상을 관하고"는 비록 생기함이 없는 인을 다시 대략 따른다 하더라도 항상 유무의 상을 관찰하기 때문이다. "위로는 (부처님의 공덕을) 관하며"는 위로는 불도를 넓힌다는 것이고, "아래로는 (육도 중생을) 관한다."는 아래로는 중생을 교화하기 때문이다. 이것이 세 번째 관이다. 자비희사에 세 가지를 더하여 일곱 가지가 되고, 일곱 가지 관이 밝게 빛나기 때문에 "염지"라고 하였다.

大順無生起忍者。順忍三中始入下品故。觀一切法二諦相者。雖復大順無生起忍。而恒觀察有無相故。上觀者上弘佛道。下觀者下化衆生故。是第三

---

[76] 『菩薩瓔珞本業經』 권하 「釋義品」(T24, 1018a).

觀。慈悲喜捨。加三爲七。七觀昭耀。故名炎地也。

ㅁ) 제5 난승지難勝地

경 "불자여, 순인으로 도를 닦아 삼계의 무명·의疑·견見의 일체가 모두 공 아님이 없으므로 팔변八辯의 공덕으로 오명론五明論에 들어가느니라. 말하자면 (팔변은) 사변四辯과 인因·과果·내도內道·외도변外道辯이며, 오명론이란 내·외·방도方道·인과·귀사鬼師이니 이 모두를 통달하지 않음이 없으므로 난승지라고 이름하느니라."[77]

佛子。順忍修道。三界無明疑見。一切無不皆空。八辯功德入五明論。所謂四辯因果內道外道辯。五論者。內外方道因果鬼師無不通達。故名難勝地。

소 "순인으로 도를 닦아"라는 것은 순인의 (제4지·제5지·제6지의) 셋 가운데에서 중품(인 제5지)를 닦기 때문이다. "삼계의 무명·의疑·견見의 일체가 모두 공 아님이 없으므로"라고 한 것은 모든 제관諦觀에 의지하여 번뇌를 이길 수 있기 때문이다. "팔변八辯의 공덕으로 오명론五明論에 들어가느니라."라고 한 것은 이러한 팔(변과) 오(명론의) 기술이 모든 세간(의 것)을 이기기 때문이다. "말하자면 (팔변은) 사변四辯과 인因·과果·내도內道·외도변外道辯이며"라고 한 것은 팔변을 나타낸 것이니 인과 과에 각각 넷이 있기 때문이요, 이 팔변이 내외에서 이기기 때문이다. 인의 넷은 보살지에 의거한 사변이 있기 때문이요, 과의 넷은 여래지에 의거한 것도 넷이기 때문이다.

예를 들면 『십지경』에서 "또 법에 걸림 없는 지혜로써 일체 보살행의 법

---

[77] 『菩薩瓔珞本業經』권하 「釋義品」(T24, 1018a).

의 행(法行)과 지혜의 행(智行)과 지혜를 따라 들어감을 알며, 뜻에 걸림 없는 지혜로써 십지의 뜻의 차별로 들어감을 분별하여 설할 줄 알며, 말에 걸림 없는 지혜로써 모든 지의 도에 수순함을 무너지지 않고 설하며, 이를 기꺼이 설하는 데 걸림 없는 지혜로써 하나하나의 지의 한량없는 모습을 설하는 것입니다."라고 하였는데, 이것을 『십지경론』에서 설명하였다.

여기에서 보살지의 모습에는 네 가지가 있다. 첫째는 지혜의 모습이고, 둘째는 설하는 모습이며, 셋째는 방편을 주는 모습이고, 넷째는 한량없는 문에 들어가는 모습이다. 여기서 '일체 보살행'이란 법의 행과 지혜의 행이니 현관지現觀智로 설법하는 것을 나타낸다. '십지의 차별'이란 마음이고, '설한다'는 것은 입으로 하는 말이다. '모든 지의 도에 수순함을 무너지지 않고 설하며'는 전도되지 않고 가르치는 것임을 알아야 한다.

무엇이 여래지의 모습인가? 경에서 '또 법에 걸림 없는 지혜로써 모든 부처님께서 한 생각 사이에 정각을 얻은 줄을 알며, 뜻에 걸림 없는 지혜로써 갖가지 때와 일의 모습의 차별을 알며, 말에 걸림 없는 지혜로써 정각의 차별에 따라 설하며, 이를 기꺼이 설하는 데 걸림 없는 지혜로써 하나하나의 구절의 법을 한량없는 겁 동안 설하여도 이루 다하지 않는 것입니다'라고 하였다.

여기에서 여래지의 모습에는 네 가지가 있다. 첫째는 법신의 모습이고, 둘째는 색신의 모습이며, 셋째는 정각의 모습이고, 넷째는 설하는 모습이다. 여기에서 '때(時)'란 어느 겁에 어떠한 부처님을 성취했는가 하는 것이다. '일(事)'이란 어떠한 불국토에 따르고 어떠한 부처님을 따랐는가 하는 것이다. '모습(相)'이란 기억하는 이름에 따라 보고 들을 수 있는 것이다. '정각의 (차별에) 따라'는 열 가지 부처님께 의지하는 것이 정각과 같은 것임을 알아야 한다.[78]

이와 같이 이문二門에 각각 사변이 있기 때문에 "팔변의 공덕"이라고 한 것이다. "내·외"라고 한 것은 내명內明과 외명外明이고, "방도方道"는 의방醫方이며, "인과"는 인명론因明論이니 주장이 결과를 이름짓는 것이기 때문이다. "귀사鬼師"는 갖가지 주문과 저주이니 성명론聲明論이다. 이런 이유로 세간의 모든 도를 이기니 총체적으로 말하면 안으로는 모든 번뇌를 이기고 밖으로는 모든 세간을 이기는 것이어서 그쪽은 이길 것이 아니기 때문에 "난승"이라고 하였다.

順忍脩道者。順忍三中修中品故。三界無明疑見一切無不皆空者。依諸諦觀能勝煩惱故。八辨功德入五明論者。以是八五術勝諸世間故。所謂四辨因果內道外道辨之。是顯八辨。於因於果各有四故。以是八辨勝內外故。因中四者。依菩薩地有四辨故。果中四者。依如來地亦有四故。如十地經言。復次法無碍智。知一切菩薩行法行智行隨順入。以義無碍智。知分別說十地義差別入。以辭無碍智。不壞說與隨順諸地道。以樂說無碍智。說一一地無量相。論曰是中菩薩地相者有四種。一智相。二說相。三與方便相。四入無量門相。是中故[1] 一切菩薩行者。法行智行。示現觀智說故。十地差別者謂心。說者口言。應知。不壞說與隨順諸地道者。不顚倒教授故。云何如來地相。經曰復次以法無碍智。知一切佛於一念間得正覺。以義無碍智。知種種時事相差別。以辭無碍智。隨正覺差別說。以樂說無碍智。於一一句法無量劫說。而不窮盡。論曰是中如來地相者有四種。一法身相。二色身相。三正覺相。四者說相。是中時者。隨何劫中成何等佛。事者以何等佛土隨何等佛身。相者隨名所記可得見聞故。隨正覺者。依十種佛如正覺說[2]應知故。如是二門各有四辨。是故名爲八辨功德。內外者內明外明也。方道者醫方也。因果者因明論也。宗名果故。鬼師者種種呪咀。是聲明論。由是能勝世間

---

78 『十地經論』 권11 「善慧地」(T26, 191bc).

諸道。總而言之。內卽勝諸煩惱。外卽勝諸世間。非彼所勝。故名難勝也。

1) ㉠ '是中故'는 『十地經論』에는 '故是中'으로 되어 있다. 2) ㉠ '說'은 『十地經論』에는 없다.

ㅂ) 제6 현전지現前地

경 "불자여, 상품의 순인으로 제법을 관찰하여 과거의 일체법과 일합상이며, 현재의 일체법과 일합상이며, 미래의 일체법과 일합상이어서 법계 인연의 적멸이 둘이 아니기 때문에 현전지라고 이름하느니라."[79]

佛子。上順諸法。觀過去一切法一合相。現在一切法一合相。未來一切法一合相。法界因緣寂滅無二。故名現前地。

소 "상품의 순인으로 제법을 관찰하여"라고 한 것은 순인의 상품(인 제6지)이기 때문이다. 삼세가 하나로 합하고 적멸이 둘이 아니며 이것이 현행을 관찰하는 것이기 때문에 "현전지"라고 하였다.

上順諸法觀者。順忍上品故。三世一合寂照[1]無二。是觀現行。故名現前地也。

1) ㉿ '照'는 어떤 판본에는 '滅'로 되어 있다. ㉠ 『菩薩瓔珞本業經』에는 '滅'로 되어 있다.

ㅅ) 제7 원행지遠行地

경 "불자여, 무생인으로 제법을 관찰하여, 번뇌가 있는 것도 아니고 번

---

79 『菩薩瓔珞本業經』 권하 「釋義品」(T24, 1018a).

뇌가 없는 것도 아니며, 일생一生·일멸一滅·일과一果와 삼계 최후의 일신 一身이라도 한 번 들어가고 한 번 나옴에 무량 공덕을 모으고, 항상 상지 上地를 향하면서도 생각생각이 적멸하기 때문에 원행지라고 이름하느니라."[80]

佛子。無生忍諸法。觀非有煩惱非無煩惱。一生一滅一果。三界最後一身一入一出。集無量功德。常向上地念念寂滅。故名遠行地。

소 "무생인으로 제법을 관찰하여"라는 것은 무생의 삼인 가운데 비로소 하품에 들었기 때문이다. "번뇌가 있는 것도 아니고 번뇌가 없는 것도 아니며"라는 것은 『십지경론』에서 "보살의 원행지에 머물 때는 번뇌가 있는 이라고 이름하지도 않고 그렇다고 번뇌가 없는 이라고 이름하지도 않습니다. 무슨 까닭인가? 일체 번뇌가 행해지지 않기 때문이고, 여래의 지혜를 탐구하는 마음이 아직 만족하지 못했기 때문입니다."[81]라고 하였다.
"일생一生·일멸一滅·일과一果와 삼계 최후의 일신一身이라도"라고 한 것은 멀리 분단의 후변後邊에 이르는 것을 밝힌 것이고, "한 번 들어가고 한 번 나옴에 무량 공덕을 모으고……적멸하기"라고 한 것은 오랜 시간 동안 관법에 들어가 수행하는 것을 밝힌 것이다. 이 두 가지 뜻이 있기 때문에 "원행"이라고 하였다.

無生忍諸法觀者。無生三忍中。始入下品故。非有煩惱非無煩惱者。十地經言。住此菩薩遠行地中。不名有煩惱者。不名無煩惱者。何以故。一切煩惱不現行故。貪求如來智慧。未滿足故。一生一滅一果三界最後一身者。是明

---

80 『菩薩瓔珞本業經』 권하 「釋義品」(T24, 1018a).
81 『十地經論』 권9 「遠行地」(T26, 176b).

遠至分段後邊故。一入一出集無量功德乃至寂滅者。是明長時入觀脩行。
以是二義。故名遠行也。

ㅇ) 제8 부동지不動地

경 "불자여, 이러한 까닭에 보살은 무생인으로 관찰하여 삼계의 과보를 버리고 변역의 과가 작용하고, 중인中忍의 무상無相의 지혜에 들어가며, 유에서 나와 무에 들어가 화현이 무상無常하니라. 모든 부처님께서 이마를 만지며 설법해 주시는 자기 몸의 미래의 과보를 스스로 볼 것이니라. 몸과 마음이 따로 행하여 불가사의하기 때문에 부동지라 하느니라."[82]

佛子。是故菩薩無生觀。捨三界報變易果用。入中忍無相慧。出有入無化現無常。自見己身當果。諸佛摩頂說法。身心別行不可思議。故名不動地。

소 "이러한 까닭에"라고 말한 것은 앞에서 이미 최후의 몸을 받았기 때문이다. 제8지에서 삼계의 과보를 버려 이미 분단의 삼계를 버렸기 때문에 "변역의 과가 작용하고"라고 말한 것이니 세 가지 의생신 중에 대력보살의 의생신이다. "중인中忍의 무상無相의 지혜에 들어가며"라고 한 것은 무생인의 셋(인 제7지·제8지·제9지) 가운데에 비로소 중품(인 제8지)에 있기 때문이다. "유에서 나와 무에 들어가 화현이 무상無常하고"라고 한 것은 항상 유제有諦에서 나가고 무제無諦로 들어가는 것을 마음대로 하고 관찰과 화현을 자재하게 하여 모두 비상非常하기 때문이다. 이것은 들어가고 나옴이 다름이 없다는 뜻에 의지하여 부동을 해석한 것이다. 예를 들면 『인왕경』의 제8지에서 "항상 공을 닦으면 허공에서 항상 만 가지

---

82 『菩薩瓔珞本業經』 권하 「釋義品」(T24, 1018a).

로 화현한다."⁸³라고 하였다.

"모든 부처님께서 이마를 만지며 설법해 주시는 자기 몸의 미래의 과보를 스스로 볼 것이니라."라고 한 것은 내 몸의 상속이 이루어야 할 미래의 과보이다. 두 가지 법신 중에 과극果極의 법신은 둘이 없고 차별도 없으며 응화한 법신은 인연을 따라 매우 많다. 보살이 스스로 응화한 법신을 본 것이기 때문에 "모든 부처님께서"라고 말한 것이다. 지금 이 보살이 많은 몸으로 모든 부처님의 회상에 화현하기 때문에 저 모든 부처님께서 각각 설법하시고, 이 보살의 마음이 그 모든 몸에 두루하여 듣는 설법에 따라 각각 수행하기 때문에 "몸과 마음이 따로 행하여"라고 하였다. 이와 같은 도리는 사량할 경계가 아니기 때문에 "불가사의"라고 말하였으니 이것은 미래의 과보가 결정되었다는 뜻에 의지하여 부동을 해석한 것이다. 이 두 가지 뜻에서 "부동지"라고 하였다.

言是故者。是前已受最後身故。此第八地捨三界報。旣捨分段三界。故言變易果用。此是三種意生身中。大力菩薩意生身也。入中忍無相慧者。無生忍三中。始居中品故。出有入無化現無常者。恒出有諦常入無諦任運。並觀化現自在。皆非常故。是依出入無異之義以釋不動。如人王經八地中言。在有常脩空。處空常萬化故。自見己身當果諸佛摩頂說法者。已身相續所成當果。有二法身之中。果極法身無二無別。應化法身隨緣衆多。菩薩自見應化法身。故言諸佛。今此菩薩以衆多身現諸佛會。故彼諸佛各爲說法。此菩薩心遍彼諸身。隨聞說法各別脩行。故言身心別行。如是道理非思量境。故言不可思議。是依當果決定之義。以釋不動。以是二義。名不動地也。

ㅈ) 제9 묘혜지妙慧地

---

83 『佛說仁王般若波羅蜜經』 권2 「受持品」(T8, 832a).

경 "불자여, 다시 위로 들어가 부처님의 화현을 온갖 빛으로 드러내고 무생인無生忍의 도에 들어가 일체 불신佛身을 나투기 때문에 묘혜지라고 이름하느니라."[84]

佛子。復入上觀光光佛化無生忍道。現一切佛身。故名妙慧地。

소 "다시 위로 들어가 부처님의 화현을 온갖 빛으로 드러내고"라고 한 것은 무생의 삼인 가운데 다시 상품(인 제9지)에 들어간 것이다. (부처님의) 지혜의 광명과 색신의 광명이 오묘하지 않음이 없음을 관찰하기 때문이다. 이 두 가지 뜻에서 "묘혜지"라고 하였다.

復入上觀光光佛化者。無生三忍中。復入上品。觀智光色光無不妙故。以是二義名妙慧地。

ㅊ) 제10 법운지法雲地

경 "불자여, 보살이 이때 중도제일의제에 들어가 대적인大寂忍의 하품의 행을 부처님의 행처行處에서 행하고, 천보千寶 모양의 연꽃 위에 앉아 부처님의 수기를 받으며, 부처님의 교화 공덕을 배우고, 두 가지 습기를 끊고 조복하여 큰 믿음을 성취하느니라. 진제眞際와 같고 법계와 평등하여 이제가 한 가지 모습이며, 일체 공덕을 갖추고 중생의 근기에 들어가 무량한 영락의 공덕을 일시에 평등하게 일체 형상으로 화현하기 때문에 법운지라고 이름하느니라."[85]

---

84 『菩薩瓔珞本業經』권하 「釋義品」(T24, 1018a).
85 『菩薩瓔珞本業經』권하 「釋義品」(T24, 1018a).

佛子。菩薩爾時入中道第一義諦。大寂忍下品中行。行佛行處。坐千寶相蓮華。受佛記位。學佛化功。二習伏斷大信成就。同眞際等法界。二諦一相。具一切功德入衆生根。無量瓔珞功德一時等現一切形相。故名法雲地。

소 "보살이 이때 중도제일의제에 들어가"라고 한 것은 열 번째 법계에 들어감을 밝힌 것이다. 이것은 총괄하는 문장이고 아래에 개별의 의미를 열 구절로 나타내었다.

첫째는 행입行入이니 경에서 "대적인大寂忍의 하품의 행을 부처님의 행처行處에서 행하고"라고 하였다. 둘째는 수입受入이니 경에서 "천보千寶 모양의 연꽃 위에 앉아 부처님의 수기를 받으며"라고 하였다. 셋째는 학입學入이니 경에서 "부처님의 교화 공덕을 배우고"라고 하였다. 넷째는 단입斷入이니 경에서 "두 가지 습기를 끊고 조복하여"라고 하였다. 다섯째는 신입信入이니 부처님의 지혜를 신앙하는 것이다. 경에서 "큰 믿음을 성취하느니라."라고 하였다. 여섯째는 증입證入이니 자신의 경계를 통달하는 것이다. 경에서 "진제眞際와 같고 법계와 평등하여"라고 하였다. 여기에서 '같다'는 것은 주관과 대상의 두 가지 분별을 벗어났기 때문이고 '평등하다'는 것은 삼세가 평등한 성품이기 때문이니 『인왕경』에서 "지혜가 비록 일어났다 사라져도 생멸이 없기 때문이다."[86]라고 하였다. 일곱째는 평등입平等入이니 안으로 증득한 지혜에 의하여 일미一味의 덕을 성취하는 것이다. 경에서 "이제가 한 가지 모습이며, 일체 공덕을 갖추고"라고 하였다. 여덟째는 차별입差別入이니 바깥으로 교화하는 지혜를 써서 근기에 통달하는 것이다. 경에서 "중생의 근기에 들어가"라고 하였다. 아홉째는 내교입內敎入이니 경에서 "무량한 영락의 공덕을"이라고 하였다. 열째는 외형입外形入이니 경에서 "일시에 평등하게 일체 형상으로 화현하기"라고

---

86 『佛說仁王般若波羅蜜經』 권2 「受持品」(T8, 832b).

하였다. 이러한 열 가지 공덕의 법에 의지하여 육도 중생의 선근을 윤택하게 하기 때문에 "법운지"라고 하였다.

菩薩爾時入中道第一義諦觀者。是明能入第十法界。此是總句。下出別義。十句示現。一者行入。如經大寂忍下品中行。行佛行處故。二者受入。如經坐千寶相蓮華。受佛記位故。三者學入。如經學佛化功故。四者斷入。如經二習伏斷故。五者信入。仰信佛智。如經大信成故。六者證入。通達自境。如經同眞際等法性[1]故。同者以離能所二分別故。等者其三世平等性故。如仁王經言。智慧雖起滅。以能無生無滅故。七者平等入。依內證智。成一味德。如經二諦一相。一[2]切功德故。八者差別入。以外化智。善達機根。如經入衆生根故。九者內教入。如經無量瓔珞功德故。十者外形入。如經一時等示[3]一切形相故。依此十種功德之法。潤彼六道衆生善根。故名法雲地也。

1) ㉠ '性'은 『菩薩瓔珞本業經』에는 '界'로 되어 있다. 2) ㉠ '一' 앞에 『菩薩瓔珞本業經』에는 '其'가 있다. 3) ㉮ '示'는 『菩薩瓔珞本業經』에는 '現'으로 되어 있다.

ㄴ. 무구지無垢地

경 "불자여, 보살이 이때 대적문大寂門의 중품인관中品忍觀에 머물러 공행이 만족하고, 큰 산의 누대에 올라 백천 삼매에 들어가 부처님의 의용의用을 모으지만, 다만 누적된 과보의 무상한 생멸만은 있느니라. 마음마음이 무위이고 그 행이 십지를 지나치며 요해하는 것이 부처님과 마찬가지여서 부처의 자리에 앉느니라. 그 지혜는 두 가지의 상常·무상無常과 일체의 법의 경계를 보느니라. 알아야 한다. 부처님과 같이 되는 것을 부처님을 배운다고 하느니라. 아래 지地의 일체 보살은 이 보살에 대해 따로 알 수가 없으니 부처에 대하여 보살이라고 이름하는 것이고, 아래 지의 보살에 대하여는 부처라고 이름하느니라. 왜냐하면 이 보살은 대변력大變力으로써 백 겁 만 겁의 수명을 사는 동안에 부처님의 교화를 나타내면서 태어나고 도를 얻고 법륜을 굴리고 무여멸도無餘滅度에 들어가고 팔법륜八法輪을 설하는 것이 부처를 닮았지만 부처가 아니니 모든 부처가 평등하기 때문이니라. 나아가고 멈추는 위의가 일체법과 같으니 백천 삼매에 머물러 이와 같은 부처의 행을 하기 때문에 금강삼매에 들어가 일상一相이 무상無相하고 적멸무위가 되느니라. 그러므로 무구지라고 이름하느니라."[87]

佛子. 菩薩爾時住大寂門中品忍觀. 功行滿足登大山臺. 入百千三昧. 集佛儀用. 唯有累果. 無常生滅. 心心無爲. 行過十地. 解與佛同. 坐佛坐處. 其智見二常無常一切法境. 當知如佛. 名爲學佛. 下地一切菩薩. 於此菩薩不能別知. 於佛名菩薩. 於下菩薩名佛. 所以者何. 是菩薩以大變力. 住壽百劫萬劫現作佛化, 初生. 得道. 轉法輪. 入無餘滅度. 說八法輪. 似佛非佛. 一切佛等故. 威儀進止一切法同. 住是百千三昧中. 如是佛行. 故入金剛三昧. 一相無相寂滅無爲. 故名無垢地.

소 무구지에서 문장이 세 가지이니 첫째는 덕을 나타낸 것이고, 둘째는 사람의 명칭을 건립한 것이며, 셋째는 지地의 이름을 해석한 것이다.

첫째 (덕을 나타낸 것)에서 "대적문大寂門의 중품인관中品忍觀에 머물러"라고 말한 것은 (복인伏忍·신인信忍·순인順忍·무생인無生忍·적멸인寂滅忍 중에서) 제5인 대적인大寂忍의 (십지·등각위·묘각위의) 삼품 중에 지금 계위는 중품에 머물기 때문이다. 이것은 총괄적인 문구이다. 여기에 머무는 데에 열 가지가 있다. 첫째는 만주滿住이니 인행因行이 원만한 것이다. 경에서 "공행이 만족하고"라고 하였다. 둘째는 등주登住이니 중도의 정상에 오르는 것이다. 경에서 "큰 산의 누대에 올라"라고 하였다. 셋째는 심주心住이니 경에서 "백천 삼매에 들어가"라고 하였다. 넷째는 신주身住

---

87 『菩薩瓔珞本業經』 권하 「釋義品」(T24, 1018ab).

이니 경에서 "부처님의 의용儀用을 모으지만"이라고 하였다. 다섯째는 유위주有爲住이니 이숙식이 있어 고제가 생멸하는 것이다. 경에서 "다만 누적된 과보의 무상한 생멸만은 있느니라."라고 하였다. 여섯째는 무위주無爲住이니 일체의 분별 조작을 멀리 벗어난 것이다. 경에서 "마음마음이 무위이고"라고 하였다. 일곱째는 과하주過下住이니 아래의 십지는 인행이 아직 만족하지 못한 것이다. 경에서 "그 행이 십지를 지나치며"라고 하였다. 여덟째는 동상주同上住이니 중도의 정상을 비추는 부처님의 지혜가 지나치지 않는 것이다. 경에서 "요해하는 것이 부처님과 마찬가지여서"라고 하였다. 아홉째는 좌처주坐處住이니 항상 여래의 자리에 앉아서 중생을 위하여 설법하는 것이다. 경에서 "부처의 자리에 앉느니라."라고 하였다. 열째는 경계주境界住이니 이제二諦의 일체법을 두 가지 지혜로 보지 않음이 없는 것이다. 경에서 "그 지혜는 두 가지의 상常·무상無常과 일체의 법의 경계를 보느니라."라고 하였다. '두 가지를 본다'고 한 것은 지금은 아직 이제의 밖으로 나가지 못했기 때문이다.

"알아야 한다." 이하는 모습으로 이름을 건립한 것이니 이 가운데에 두 가지가 있어 먼저는 건립하고 뒤에는 해석하였다.

"왜냐하면" 이하는 두 번째인 해석이다. "대변력大變力"은 신통력이고, "백 겁 만 겁"은 천 겁을 간략히 말한 것이며, "팔법륜八法輪"은 이승을 위해서는 유작사제有作四諦의 법륜을 굴리고 보살을 위해서는 무작사제의 법륜을 굴리는 것이다. "나아가고 멈추는 위의가 일체법과 같으니"까지는 이러한 의미가 있기 때문에 부처님을 배운다고 한 것이다.

"(백천 삼매에) 머물러" 이하는 지地의 이름을 해석한 것이다. "이와 (같은)"이라고 말한 것은 앞의 설명을 가리키고, "금강삼매에 들어가"라고 한 것은 앞에서 머문 백천 삼매에 의지하여 최후로 금강삼매에 들어간 것이다. 이때는 모든 상이 무너지지 않기 때문에 "일상一相이 무상無相하고"라고 하였고, 또한 모든 더러움에 방해되지 되지 않기 때문에 "적멸무위"라고 하였다. 이러한 의미가 있기 때문에 "무구지"라고 하였다.

無垢地中。在文有三。一者顯德。二立人稱。三釋地名。初中言住大寂門中品忍觀者。第五大寂忍有三品之中。今此位中住中品故。此是總句。此住有十種。一者滿住。因行圓滿。如經功行滿足故。二者登住。登中道頂。如經登大山臺故。三者心住。如經入百千三昧故。四者身住。如經集佛儀用故。五者有爲住。有異熟識苦諦生滅。如經唯有果果無常生滅故。六者無爲住。遠離一切分別造作。如經心心無爲故。七者過下住。下十地中因行未滿。如經行過十地故。八者同上住。照中道頂。佛智不過。如經解與佛同故。九坐處住。恒坐如來座。爲衆生說法。如經坐佛座處故。十境界住。二諦一切法。二智無不見。如經其智見二常無常一切法境故。言見二者。今猶未出二諦外故。當知以下相形立名。於中有二。先立後釋。所以已下是第二釋。大變力者。神通力故。百劫萬劫者。略千劫故。八法輪者。爲二乘轉有作四諦法輪。爲菩薩轉無作四諦法輪故。乃至進止一切法同者。以是義故名爲學佛也。住是以下正釋地名。所言是者指前說故。入金剛三昧者。依前所住百千三昧乘。入最後金剛三昧。此時不爲諸相所壞。故言一相無相。亦復不爲諸垢所礙。故言寂滅無爲。以是義故名無垢地。

ㄷ. 묘각지|妙覺地

경 "불자여, 묘관상인妙觀上忍은 매우 고요하고 무상無相인데 다만 일체중생의 연으로 선법을 생기게 하고 또한 스스로 일체 공덕을 가지기 때문에 불장佛藏이라고 이름하느니라. 일체법을 고요히 비추지만(寂照) 부처 이하의 일체 보살은 비추면서 고요하니(照寂), 이런 까닭에 불자여, 내가 옛날에 제4선 속에서 팔억의 법천왕을 위하여 고요히 비추는 여래는 무심무색無心無色이어서 일체법을 고요히 비춘다고 설하였느니라.

불자여, 내가 이제 간략히 의미를 설하고 이 대중을 위하여 선법행善法行을 여노라."[88]

佛子. 妙觀上忍大寂無相. 唯以一切衆生緣生善法. 亦自持一切功德. 故名佛藏. 而寂照一切法. 自佛以下一切菩薩照寂. 是故佛子. 吾昔第四禪中爲八億梵天王. 說寂照如來無心無色而寂照一切法. 佛子. 吾今略說義句. 爲此大衆開善法行.

소 묘각지에서도 또한 세 가지 구분이 있으니 총표와 별석과 제3의 총결이다.

먼저 총표에서 "묘관상인妙觀上忍은 매우 고요하고 무상無相인데"라고 한 것은 대적인의 삼품 중에 묘각은 상품에 있기 때문이다.

별석에 두 가지 구절이 있으니 먼저 구절은 덕을 나타내었고 다음 구절은 이름을 해석하였다. 덕을 나타내는 것에 두 개의 자구가 있으니 먼저는 이타의 공덕이 두루함을 나타내었고 다음은 자리의 공덕이 원만함을 나타내었다. "다만 일체중생의 연으로 선법을 생기게 하고"라고 한 것은 여래의 원만한 지혜에는 공용심功用心이 없지만 다만 일체중생의 기연으로 일체의 선법을 마음대로 두루 생기게 하니 이것이 이타의 공덕이 두루함이다. "또한 스스로 일체 공덕을 가진다"는 것은 비록 항상 다른 이와 일체 선법을 함께한다 하더라도 항상 안으로부터 원만함을 잃지 않으니 이것을 자리의 공덕이 원만하다고 하고, 이 두 가지 의미 때문에 "불장佛藏"이라고 하였다.

그 아래는 (별석의) 두 번째인 묘각의 이름을 해석한 것이다. 여기에 두 가지 구절이 있으니 곧장 풀이함과 다름을 가려냄이다. "일체법을 고요히

---

[88] 『菩薩瓔珞本業經』 권하 「釋義品」(T24, 1018b).

비추지만(寂照)"이라고 한 것은 비록 공용이 없다고 하더라도 두루 비춤은 있다. 여기에서 '고요함'은 오묘하다는 뜻이니 생겨나고 사라지고 일어나고 움직이는 어지러움을 멀리 벗어났기 때문이며, '비춤'은 깨달음의 뜻이니 무명의 어두움에 있는 눈을 영원히 끊었기 때문이다. 이러한 두 가지 의미 때문에 "묘각"이라고 하였다. 그 아래는 다름을 가려냄이다. "부처 이하의 일체 보살은 비추면서 고요하니(照寂)"라고 한 것은 본래의 적멸의 이치만을 비추기 때문에 "비추면서 고요하다"고 한 것이다. 그 내심은 아직 생멸을 벗어나지 못하고 비추는 지혜도 무명을 벗어나지 못하였기 때문에 고요히 비추지 못하였으므로 묘각이라고 하지 않았다.

제3의 총결에 둘이 있으니 먼저 자세한 설명을 가리키고 뒤에 간략한 설명으로 끝맺었다.

妙覺地中。亦有三分。總標別釋。第三總結。初總標言妙覺[1]上忍大寂無相觀[2]者。大寂忍三品中。妙覺在上品故。別釋之中有其二句。初句顯德。後句釋名。顯德之內有二子句。初顯利他功德周遍。後顯自利功德圓滿。唯以一切衆生緣生善法者。如來圓智無功用心。但由一切衆生機緣。任運遍生一切善法。是爲利他功德周遍。亦自持一切功德者。雖恒與他一切善法。而常不失自內圓德。是爲自利功德圓滿。以是二義故名佛藏。此下第二釋妙覺名。於中二句。正釋簡別。而寂照一切法者。雖無功用。而有遍照。寂者妙義。遠離生滅起動之亂故。照者覺義。永斷無明闇昧之眼故。以是照義故名妙覺。下簡別言。自佛以下一切菩薩照寂者。但照本來寂滅之理。故名照寂。而其內心未離生滅。其能照智不離無明。是故未能寂照。不名妙覺者也。第三總結之中有二。先指廣說。後結略說。

1) ㉠ '覺'은 『菩薩瓔珞本業經』에는 '觀'으로 되어 있다. 2) ㉯ '觀'은 어떤 판본에는 없다. ㉠ 『菩薩瓔珞本業經』에도 없다.

5. 불모품佛母品

소 자세하게 펼치는 문에 의지하여 경의 종취를 드러내면서 (「현성명자품」, 「현성학관품」, 「석의품」, 「불모품」의) 네 품을 분류하여 두 가지로 나눈 것 중에 (첫째인) 육입을 바로 밝힘은 앞에서 마쳤고, 아래의 한 품은 (둘째인) 육입의 대상을 드러냄이다.

"불모佛母"라고 한 것에서 '모母'는 생장의 뜻이니 삼세제불의 일체종지가 모두 이제중도二諦中道에 의지하여 생긴다. 여기에서는 이 의미를 나타내기 때문에 "불모품"이라고 하였다.

依廣開門顯經宗內。科其四品爲二分中。正明六入竟在於前。此下一品顯六入境。言佛母者。母是生長之義。三世諸佛一切種智。皆依二諦中道而生。此處顯是義。故名佛母品。

1) 불모를 바로 밝힘

(1) 물음

경 이때 경수보살이 부처님께 아뢰었다.
"부처와 보살, 그 둘의 처음 비추는 지혜는 무엇으로부터 생깁니까? 고요히 비춤(寂照)과 비추어 고요함(照寂)의 뜻은 또 무엇입니까? 이제와 법성은 하나입니까, 둘입니까? 유입니까, 무입니까? 제일의제는 또 무엇입니까?"[89]

---

89 『菩薩瓔珞本業經』 권하 「佛母品」(T24, 1018b).

爾時敬首菩薩白佛言。佛及菩薩。二初照智從何而生。寂照寂照[1]之義復云何。二諦法性爲一爲二。爲有爲無。第一義諦復當云何。

1) ㉠ '寂照'는 『菩薩瓔珞本業經』에서 어떤 판본에는 '照寂'으로 되어 있다고 하였다.

소 "이때" 이하의 문장에 둘이 있으니 첫째는 불모를 바로 밝힘이고 둘째는 여러 부문으로 설명함이다. 처음에 또 둘이 있으니 먼저는 물음이고 나중은 대답이다. 물음에 둘이 있으니 먼저는 지혜를 거론하여 묻고 나중은 경계에 대하여 물었다.

처음에 "그 둘의 처음 비추는 지혜"라고 한 것은 부처님의 처음 지혜와 보살의 처음 지혜를 말한다. (지혜가) 생기는 의미를 묻기 위한 것이므로 처음 지혜를 거론하였다.

"고요히 비춤(寂照)과 비추어 고요함(照寂)의 뜻은 또 무엇입니까?"라고 한 것은 고요히 비추는 지혜가 무엇을 의지하여 일어나(고 비추어 고요한 지혜는 무엇을 의지하여 일어나)는가이니 이것은 처음과 나중의 두 가지 지혜를 통틀어 물었다.

경계에 대한 물음에도 두 구절이 있으니 먼저는 이제의 법성을 묻고 나중에는 제일의제를 물었다.

爾時以下在文有二。一者正明佛母。二者諸門分別。初中亦二。先問後答。問中有二。先擧智問。後就境問。初中言二初照智者。謂佛初智。菩薩初智。爲問生義。故擧初智。寂照照寂之義復云何者。寂照慧依何起。[1] 此是通問初後二智。就境問中亦有二句。先問二諦法性。後問第一義諦。

1) ㉣ '起' 다음에 어떤 판본에는 "照寂慧依何超"가 있다.

(2) 대답

경 부처님께서 말씀하셨다.

"불자여, 유제·무제·중도제일의제는 모든 불보살의 지혜의 어머니이니라. 나아가 일체법도 모든 불보살의 지혜의 어머니이니라. 왜냐하면 모든 불보살은 법에서 생겨나기 때문이니라. 불자여, 이제二諦에서 세제世諦는 유이므로 불공不空이며, 무제는 공이므로 불유不有이니라. 이제는 항상 그러하기 때문에 불일不一이고, 성인이 비추면 공이므로 불이不二이며, 부처가 있거나 부처가 없어도 법계는 변하지 않기 때문에 불공이고, 제일第一은 둘이 없으므로 불유이며, 부처가 없음과 부처가 있음이 법계의 두 가지 모습이므로 불일이고, 제법은 항상 청정하므로 불이이며, 제불은 다시 범부를 위하므로 불공이고, 무가 없기 때문에 불유이며, 공은 진실이기 때문에 불일이고, 본제本際는 불생不生이기 때문에 불이이며, 제법의 모습은 임시 이름에 불과하여 파괴되지 않으므로 불공이고, 제법은 곧 제법이 아니므로 불유이며, 법이 법이 아니므로 불이이고, 법이 아닌 것도 아니므로 불일이니라.

불자여, 이제의 뜻은 하나도 아니고 둘도 아니며, 항상하지도 않고 단멸하지도 않으며, 오지도 않고 가지도 않으며, 생기지도 않고 없어지지도 않는다. 이러한 두 가지 모습이 바로 성인의 지혜에 둘이 없다는 것이니 둘이 없기 때문에 모든 불보살의 지혜의 어머니이니라.

불자여, 시방의 무극찰토無極刹土에 있는 모든 부처님께서도 '내가 이제 이 대중을 위하여 『명월영락경明月瓔珞經』 중에 이제의 중요한 뜻을 간략히 설하느니라'라고 하셨느니라."[90]

---

[90] 『菩薩瓔珞本業經』 권하 「佛母品」(T24, 1018bc).

佛言。佛子。所謂有諦無諦中道第一義諦。是一切諸佛菩薩智母。乃至一切法亦是諸佛菩薩智母。所以者何。諸佛菩薩從法生故。佛子。二諦者。世諦有故不空。無諦空故不有。二諦常爾故不一。聖照空故不二。有佛無佛法界不變故不空。第一無二故不有。無佛有佛法界二相故不一。諸法常淸淨故不二。諸佛還爲凡夫故不空。無無故不有。空實故不一。本際不生故不二。不壞假名諸法相故不空。諸法卽非諸法故不有。法非法故不二。非非法故不一。佛子。二諦義者。不一亦不二。不常亦不斷。不來亦不去。不生亦不滅。而二相卽。聖智無二。無二故是諸佛菩薩智母。佛子。十方無極刹土諸佛。皆亦如是說。吾今爲是大衆略說明月瓔珞經中二諦要義。

① 지혜를 거론한 물음에 답함

소 대답은 차례로 앞의 두 질문에 답하였다.
(두 질문 중) 먼저 질문(에 답하는 데)에 곧바로 대답함과 거듭 해석함이 있다. 곧바로 대답함에 두 구절이 있으니 먼저는 삼제三諦가 어머니임을 밝혔고 나중에는 여러 분야가 어머니임을 나타내었다. "나아가"라고 한 것은 십육제十六諦 중에 먼저 삼제를 거론하고 나중에 십삼제의 문과 나아가 일체 법문까지도 지혜의 어머니가 되지 않음이 없음을 나타낸 것이다.

答中次第答前二問。前[1]問中。正答重釋。正答二句。先明三諦爲母。後顯諸門爲母。言乃至者。十六諦中。先擧三諦。後顯十三諦門。乃至一切法門無有不爲智之母故。

1) ㉠ '前' 앞에 어떤 판본에는 '答'이 있다.

② 경계에 대한 물음에 답함

ㄱ. 개별적으로 이제를 해석함

"이제二諦에서" 이하는 (두 질문 중) 나중 질문에 대답한 것이다. 문장에 셋이 있으니 표방과 해석과 맺음이다. 해석에 둘이 있으니 개별적으로 해석함과 총괄적으로 밝힘이다. 이제를 개별적으로 해석함에 네 가지 문이 있으니 첫째는 유有와 무유無有의 문이고, 둘째는 이二와 무이無二의 문이며, 셋째는 인연의 문이고, 넷째는 임시 이름의 문이다.

'유와 무유의 문'은 분별하는 특성으로는 도리(理)가 있고 사법(事)이 있다는 것이다. 도리는 가유假有이니 가유는 공이 아니므로 유제有諦라고 하고, 사법事法은 실무實無이니 실무는 공이므로 무제無諦라고 한다.

경에서 "세제世諦는 유이므로 불공不空이며, 무제는 공이므로 불유不有이니라."라고 하였다. 이와 같이 이제는 항상 그렇지 않음이 아니기 때문에 불일이지만 실제로는 그렇지 않기 때문에 불이이다.

경에서 "이제는 항상 그러하기 때문에 불일不一이고, 성인이 비추면 공이므로 불이不二이며"라고 하였다. 여기에서 '이제는 항상 그러하다'는 것은 가유는 가무假無가 되지 않고 실무는 실유實有가 되지 않기 때문이며, 이것은 여량지如量智로 분별한 것이다. '성인이 비추면 공이다'라는 것은 가유는 가유가 되지 않고 실무는 실무가 되지 않기 때문이며, 이것은 여리지如理智로 통달한 것이다. 가유가 가유가 되지 않는 까닭은, 이름에 의지하여 임시로 건립한 것을 가유라고 한 것이어서 의지하는 대상인 이름도 성립할 수 없기 때문에 의지하는 주관인 가유가 성립할 수 없다. 실무가 실무가 되지 않는 까닭은, 계탁한 유를 버리고 실무를 건립한 것이어서 버려진 대상인 실유도 성립할 수 없기 때문에 버리는 주관인 실무가 성립할 수 없다. 여리지로는 이와 같이 통달하기 때문에 "성인이 비추면 공이므로 불이不二이며"라고 하였다.

이것이 초문(인 유와 무유의 문)의 이제 도리이다. 여기에서 "불이"는 진여가 바로 중도제일의제임을 곧바로 나타낸 것이다.

둘째 '이二와 무이無二의 문'은 앞에서 설명한 일제一諦의 유무 차별이 항상 그러하여 변하지 않으므로 세제라고 하고, 유무가 함께 공하여 평등한 일미이기 때문에 제일의제라고 하였다.

경에서 "부처가 있거나 부처가 없어도 법계는 변하지 않기 때문에 불공이고, 제일第一은 둘이 없으므로 불유이며"라고 하였다. 여기에서 '법계'는 가유와 실무의 영역(分齊)이 섞이지 않기 때문에 법계라고 한다. 부처님이 세상에 나오셨을 때 이 유무의 영역(分界)을 설하셨고, 부처님이 멸도하신 후에도 유무의 영역은 변하지 않았다. 그러므로 먼저 '부처가 있거나'라고 하고 뒤에 '부처가 없어도'라고 하였다. '제일第一은 둘이 없으므로'라고 한 것은 제일의第一義에는 두 가지 상이 없기 때문이다. 이와 같이 세제는 유무의 차별이기 때문에 제일의제와 불일이고, 유무가 성립하지 않기 때문에 제일의제와 불이인 것이다.

경에서 "부처가 없음과 부처가 있음이 법계의 두 가지 모습이므로 불일이고, 제법은 항상 청정하므로 불이이며"라고 하였다. 부처님이 세상에 나오지 않으셨을 때 유무의 영역(分齊)은 섞이지 않았고, 부처님이 세상에 나오셨을 때라도 유무는 본래와 같이 섞이지 않았다. 부처님이 나오셔서 무이無二를 비추는 것에 연유한 것이 아니기 때문에 유무의 영역에 그 차별이 생긴 것이다. 그러므로 먼저 '부처가 없음'을 말하고 연후에 '부처가 있음'을 말하였다. '제법은 항상 청정하므로 불이이며'는 말과 모습을 따르는 것은 모두 성취되지 않기 때문에 무상無相과 불이임을 말한다.

셋째 '인연의 이제문二諦門'은 모든 부처님이 이미 삼계의 제행에서 벗어났으나 기연機緣을 만나면 육도로 다시 들어가니 이와 같이 인연이 모인 것에 감응하는 일이 불무不無임을 알기 때문에 유제라고 하는 것이다.

비록 무는 아니지만 유일 수 없고 유일 수 없기 때문에 또 무라고 말하는 것이며, 비록 무라고 말하더라도 무에 달려 있는 것이 아니라 유무가 함께 무이므로 이름을 무제라고 하는 것이다.

경에서 "제불은 다시 범부를 위하므로 불공이고, 무가 없기 때문에 불유이며"라고 하였다. 위에서 말한 것처럼 인연이 모이기 때문에 유라고 말을 하고 유가 바로 유라고 말하지 않으며, 인연이 흩어지기 때문에 무라고 말을 하고 유가 바로 무라고 말하지 않는 것이 이 (셋째의 인연의) 문의 이제를 곧바로 말한 것이다.

『인왕경』에서 "무제가 없음이 실무이고 적멸이 제일의 공이다. 모든 법은 인연으로 유이니 유무의 의미가 이와 같다."[91]라고 하였다. 여기에서 무제의 공이 진실하기 때문에 유제와 하나가 되지 않고, 유제의 법은 본래 생겨나지 않기 때문에 무제와 둘이 되지 않는다. 그러므로 "공은 진실이기 때문에 불일이고, 본제本際는 불생不生이기 때문에 불이이며"라고 하였다.

이 (셋째의 인연의) 문의 이제가 바로 중도제일의제이다. 왜냐하면 유가 생기지 않기 때문에 곧 무제이고 무도 공하기 때문에 곧 유제이니 이제가 곧 중도이기 때문에 위에서 이제와 일제一諦가 일합상一合相이라고 하였다.

넷째 '임시 이름의 이제문二諦門'은 세 가지 임시가 모인 유를 세제라고 하고 실상을 제일의제라고 한다. 경에서 "제법의 모습은 임시 이름에 불과하여 파괴되지 않으므로 불공이고, 제법은 곧 제법이 아니므로 불유이며"라고 하였다. 『인왕경』에서는 "법성에는 본래 성품이 없으니 제일의는 공여空如하며 모든 유는 본래 유법有法이지만 세 가지 임시가 모인 가유이다."[92]라고 하였는데, 이 (넷째) 문의 이제의 모습을 곧바로 말한 것이

---

91 『佛說仁王般若波羅蜜經』 권1 「二諦品」(T8, 829a).
92 『佛說仁王般若波羅蜜經』 권1 「二諦品」(T8, 829a).

다. '세 가지 임시'는 말하자면 법의 임시·감수의 임시·이름의 임시이다. 여기에서 이름의 임시는 분별성이니 이름의 임시에 의지하여 제법의 모습을 건립하기 때문이다. 감수의 임시와 법의 임시는 의타성이니 (감수하는) 사람과 비슷하고 (감수되는) 법과 비슷하지만 둘 다 실제가 아니기 때문이다. 이 세 가지 임시의 법은 법이 아니어서 제일의제와 둘이 되지 않고, 법이 아니라 하더라도 법이 아닌 것도 아니기 때문에 제일의제와 하나가 되지 않는다. 그러므로 (경에서) "법이 법이 아니므로 불이이고, 법이 아닌 것도 아니므로 불일이니라."라고 하였다.

(첫 번째인) 개별적으로 이제를 밝힘은 여기에서 마쳤다.

二諦以下是答後問。在文有三。謂牒釋結。釋中有二。別釋總明。別釋二諦即有四門。一有無有門。二二無二門。三因緣門。四假名門。有無有門者。謂分別性有理有事。道理假有假有非空。名爲有諦。事法實無實無是空。名爲無諦。如經世諦有故不空。無諦空故不有故。如是二諦常非不爾故不一。而實非然故不二。如經二諦常爾故不一。聖照空故不二故。此中二諦常爾者。假有不成假無。實無不成實有故。此是如量智所分別。聖照空者。假有不成假有。實無不成實無故。此是如理智所通達。所以假有不成假有者。依名假立。是爲假有。所依名言不可得故。能依假有不得成立。所以實無不成實無者。遣[1]所計有。以立實無。所遣實有不可得故。能遣實無不得成立。其如理智如是通達。故言聖照空故不二。是爲初門二諦道理。此中不二正顯眞如。卽是中道第一義諦也。第二二與不二門者。前說一諦有無差別常爾不變。名爲世諦。有無俱空平等一味。是故名爲第一義諦。如經有佛無佛法界不變故不空。第一無二故不有故。此中法界者。假有實無分齊不亂。故名法界。佛出世時。說是有無分界。佛滅度後有無分界不變。是故先言有佛。後[2]言無佛也。第一無二者。是第一義無二相故。如是世諦有無差別。故與第一義諦不一。有無不成。故與第一義諦不二。如經無佛有佛法界二相故不一。諸法常淸淨故不二故。佛不出世之時。有無分齊不亂。若佛出世之時。有無如本無亂。不由佛[3]出照無二故。有無分界生其差別。是故先言無佛。然後言有佛也。言諸法常淸淨者。謂隨言相皆不成就。故與無相而不二也。第三因緣二諦門者。諸佛已出三界諸行。而赴機緣。還入六道。如是感應因緣集會。以知不無名爲有諦。雖不是無。而不得有。不得有故且謂之無。雖謂之無。而不存無。有無俱無。名爲無諦。如經諸佛還爲凡夫故不空。無無故不有故。如上文言。因緣集故謂之有。非曰有是有。因緣散故謂之無。非曰有是無者。正謂此門之二諦也。人王經言。無無諦實無。寂滅第一空。諸法因緣有。有無義如是故。此中無諦之空是眞實故。不與有諦爲一。有諦之法本不生故。不與無諦爲二。故言空實故不一。本際不生故不二。此門二諦卽是中道第一義。所以然者。有不生故卽爲無諦。無亦空故卽爲有諦。所以二諦卽爲中道。如上文言二諦一諦一合相故。第四假名二諦門者。三假集有名爲世諦。實相名爲一[4]義諦。如經不壞假名諸法相故不空。諸法卽非諸法故不有故。人王經言。法性本無性。第一義空如。諸有本有法。三假集假有。正謂此門之二諦相。言三假者。所謂法假受假名假。此中名假是分別性。依名假立諸法相故。受法二假是依他性。似人似法皆非實故。此三假法。非是法故。不與第一義諦爲二。雖非是法。非非法故。不與第一義爲一。故言法非法故不二。非非法故不一。別明二諦竟在於前。

1) ㉑ '遣'은 어떤 판본에는 '違'로 되어 있다. 2) ㉑ '後' 앞에 어떤 판본에는 '然'이 있다. 3) ㉑ '佛' 다음에 어떤 판본에는 '佛'이 있다. 4) ㉑ '一' 앞에 '第'가 빠진 것으로 보인다.

ㄴ. 총괄적으로 팔불을 밝힘

그다음은 두 번째로 총괄적으로 팔불八不을 밝힘이다. 이 문장의 의미를 해석하는 데에 간략하게 두 가지 문이 있으니 첫째는 통문通門이고 둘째는 별문別門이다.

'통문'은 앞에서 설명한 이제의 네 가지 문처럼 각각 네 쌍의 팔불이 있다. 무슨 뜻인가 하면, 첫째 쌍인 "하나도 아니고 둘도 아니며"는 네 가지 문의 불일과 불이를 총괄적으로 해석한 것이니 그 말과 의미가 앞의 것과 다르지 않기 때문이다. 둘째 쌍인 "항상하지도 않고 단멸하지도 않으며"는 네 가지 문의 불공不空과 불유不有를 통괄적으로 해석한 것이니 유는 곧 항상(常)이고 무는 곧 단멸(斷)이기 때문이다. 셋째인 "오지도 않고 가지도 않으며"는 첫째 쌍인 "하나도 아니고 둘도 아니며"를 거듭 나타낸 것이니 유와 공이 하나가 아니기 때문에 유는 공을 따라오는 것이 아니고, 공과 유는 둘이 아니기 때문에 공이 유를 버리지 않는다. 넷째인 "생기지도 않고 없어지지도 않는다."는 둘째인 "항상하지도 않고 단멸하지도 않으며"를 거듭 나타낸 것이니 생기지 않기 때문에 불유이고 없어지지 않기 때문에 불무이며, 무는 단斷의 뜻이고 유는 곧 상변常邊이기 때문이다. 그러므로 팔불은 네 가지 문에 통한다.

	개별적인 의미에서 이 네 쌍을 해석하여 차례로 드러내면 저 앞의 네 가지 문이다. 무슨 뜻인가 하면, "하나도 아니고 둘도 아니며"는 첫째 쌍의 이제가 극단(邊)에서 벗어났음을 나타낸 것이니 유무는 항상 그러하기 때문에 하나가 아니고 성인의 지혜가 비추면 공이므로 둘이 아니기 때문이다. 둘째인 "항상하지도 않고 단멸하지도 않으며"는 두 번째 문의 이제가 극단에서 벗어났음을 나타낸 것이니 법계는 변하지 않기 때문에 단멸하지 않고 제일(의제)는 둘이 없으므로 항상하지 않기 때문이다. 셋째인 "오지도 않고 가지도 않으며"는 세 번째 문의 이제가 중도임을 나타낸 것이니 인연이 화합하였으니 온 곳이 없고 인연이 흩어졌으니 갈 곳이 없기 때문이다. 넷째인 "생기지도 않고 없어지지도 않는다."는 네 번째 문의 이제가 중도임을 나타낸 것이니 임시 이름을 파괴하지 않으므로 생기지 않고 실상을 활용하여 드러낸 것이니 없어지지 않기 때문이다. 이것이 '별문別門' 팔불의 의미이다.

(경에서) "이러한 두 가지 모습이 바로 성인의 지혜에 둘이 없다는 것이니"라고 한 것은 앞에서 설명한 네 쌍이 모두 서로 벗어나지 않기 때문에 모든 극단에서 벗어났으면서도 중中을 따르지 않으니 하나가 아님이 바로 둘이 아니라고 하고 나아가 없어지지 않음이 바로 생기지 않음이라고 말하였다. 이와 같이 상즉相卽하여 모든 극단에서 멀리 벗어나고 이와 같이 이제가 상즉하여 벗어나지 않으니 두 지혜가 경계를 따라 둘이 되지 않는 까닭이다. 그러므로 둘이 없는 이제의 경계가 둘이 없는 두 지혜의 어머니가 될 수 있고 이러한 까닭에 (경에서) "둘이 없다"고 말한 것이다. 이것이 모든 불보살의 지혜의 어머니이다.

그런데 지혜의 어머니의 뜻에는 간략하게 세 종류가 있다.

첫째, 일체중생의 본각의 성품은 시각의 의지처이므로 지혜의 어머니라고 한다. 시각에 대하여 본체를 설명한 것이다.

둘째, 일체 보살이 앞으로 맞이할 불과佛果는 현재의 지혜의 의지처이므로 지혜의 어머니라고 한다. 아직 얻지 못할 때에는 (지혜를) 불성이라고 하고 이미 얻었을 때에는 살바야薩婆若라고 한다. 예를 들면 『인왕경』에서 "일체중생의 성품의 근본은 지혜의 어머니이니 곧 살바야(일체지)의 체이다. 모든 부처가 아직 부처가 되지 못했으면 장차 부처의 지혜의 어머니가 되는 것이어서, 아직 얻지 못했으면 성품이고 이미 얻었으면 살바야이다. 삼승의 반야는 생기지도 않고 없어지지도 않아 자성이 상주하니 일체중생은 이것을 깨달음의 성품으로 삼는다."[93]라고 하였다. 살펴보면, 삼승 이하는 제일인 본각의 성품을 거듭 나타내었기 때문에 '상주'라고 하고 '깨달음의 성품'이라고 한 것이다.

셋째, 이제 중도는 본래도 아니고 장차의 것도 아니어서 성인의 지혜를 생겨나게 하므로 지혜의 어머니라고 한다. 지금 여기의 문장은 셋째 의미

---

93 『佛說仁王般若波羅蜜經』 권1 「二諦品」(T8, 829b).

를 나타내었다.

(경에서) "시방의" 이하는 (두 질문 중 나중 질문에 대답함에서 표방과 해석과 맺음의 셋 중에) 세 번째인 총결이다.

불모를 바로 밝힘은 여기에서 마쳤다.

此下第二總明八不。釋此文意。略有二門。一者通門。二者別門。言通門者。謂如前說二諦四門。各有此中四雙八不。是義云何。此初一雙不一不二。總釋四門不一不二。言之與義不異前故。其第二雙不常不斷。通釋四門不空不有。有卽爲常。無便斷故。第三不來亦不去者。重顯初雙不一不二。有空不一故。有不從空來。空有不二故。空不遣[1]有去也。第四不生亦不滅者。重顯第二不常不斷。不生故不有。不滅故不無。無是斷義。有卽是常邊故。是故八不通於四門也。若就別義。釋此四雙次第示現。彼前四門。是義云何。此中不一亦不二者。顯彼初雙二諦離邊。以有無常爾故不一。聖智照空故不二故。第二不常亦不斷者。顯第二門二諦離邊。以法界不變故不斷。第一無二故不常故。第三不來亦不去者。顯第三門。二諦中道。以因緣和合而無從來。因緣破散而無所去故。第四不生亦不滅者。顯第四門二諦中道。以不壞假名而非有生。用顯實相而非有滅故。是謂別門八不義也。而二相卽聖智無二者。前說四雙皆不相離。故離諸邊而不隨中。謂如不一卽是不二。乃至不滅卽是不生。如是相卽遠離諸邊。如是二諦相卽不離。所以二智隨境無二。是故無二之二諦境。能爲無二之二智母。以之故言無二故。是諸佛菩薩智母。然智母之義。略有三種。一者一切衆生本覺之性。始覺所依。故名智母。能與始覺而作本體。二者一切菩薩當來佛果現智所依。故名智母。未得之時彼名佛性。已得之時名薩婆若。如人王經言。一切衆生性根本智母。卽爲薩婆若體。諸佛未來[2]以當佛爲智母。未得爲性。已得薩婆若。三乘般若不生不滅。自性常住。一切衆生以此爲覺性故。案云三乘以下。重顯第一本覺之性。故言常住。亦名覺性也。三者二諦中道非本非當。能生聖智。

故名智母。今此文中顯第三義也。十方以下第三總結。正明智母竟在於前。

1) ㉔ '遣'은 어떤 판본에는 '違'로 되어 있다. 2) ㉖ '來'는 『佛說仁王般若波羅蜜經』에는 '成佛'로 되어 있다.

2) 여러 부문으로 설명함

(1) 질문

경 그때 경수보살이 부처님께 아뢰었다.

"모든 불보살의 대방편과 평등한 지혜로 모든 법계를 비추는 것은 돈등각頓等覺입니까? 점점각漸漸覺입니까? 무명장無明藏과 마음은 하나입니까? 다른 것입니까? 겁량劫量의 멀고 가까움은 또 어떤 것입니까?"[94]

爾時敬首菩薩白佛言。諸佛菩薩大方便平等慧照諸法界。爲頓等覺。爲漸漸[1]云何。無明藏與心。爲一爲異。劫量久近復當云何。

1) ㉖ '漸' 다음에 『菩薩瓔珞本業經』에서는 어떤 판본에는 '覺'이 있다고 하였다.

소 다음은 두 번째인 여러 부문으로 설명함이다. 여기에 둘이 있으니 먼저는 물음이고 나중은 대답이다.

물음에서 세 가지를 물었으니 먼저 깨달음의 돈점을 묻고, 다음에는 끊는 것의 하나와 다름을 물었으며, 나중에는 닦을 때에 겁수의 멀고 가까움을 물었다.

此下第二諸門分別。於中有二。先問後答。初問之中卽發三問。先問能覺之頓漸。次問所斷之一異。後問脩時劫數久近。

---

94 『菩薩瓔珞本業經』 권하 「佛母品」(T24, 1018c).

(2) 대답

① 깨달음의 돈점에 답함

경 부처님께서 말씀하셨다.

"불자여, 그대는 과거칠불의 법에 대하여 이미 하나하나 물었는데, 그것은 알지 못해서가 아니라 여기의 대중인 십사억 사람이 이 법에 대하여 다시 결정요의決定了義를 얻을 수 있게 하기 위하여 물었느니라.

불자여, 내가 이제 십사억 대중을 위하여 금강의 입으로 결정요의를 설하리라. 불자여, 나의 과거 법회에 일억 팔천의 무구無垢 대사大士가 있었느니라. 앉은 자리에서 법성의 근원을 통달하고 단번에 둘이 없는 일체법의 일합상을 깨달았으며 법회에서 나와서는 각각 시방세계에 앉아 보살영락대장菩薩瓔珞大藏을 설하였느니라. 그때에 앉아 있던 대중은 일억 팔천의 세존을 뵈었는데, 이름이 돈각여래頓覺如來이니라. 각각 백 가지 보배로 장엄한 사자후 자리에 앉으시니 그때 무량한 대중들도 한 곳에 앉아서 등각여래等覺如來께서 영락법장瓔珞法藏을 설하심을 들었느니라. 그러므로 점각의 세존은 없고 돈각여래만 있느니라. 삼세제불이 설하신 것처럼 지금 나도 그러하니라."[95]

佛言。佛子。汝於過去七佛法中一一已問。非爲不知。直爲此大衆十四億人。於此法中便欲令得決了故問。佛子。吾今爲十四億大衆。以金剛口說決定了義。佛子。我昔曾有一億八千無垢大士。卽坐達法性原。頓覺無二一切法一合相。從法會出。各各坐十方界。說菩薩瓔珞大藏。時坐大衆見一億八千世尊。名頓覺如來。各坐百寶師子吼座。時無量大衆亦坐一處。聽

---

[95] 『菩薩瓔珞本業經』 권하 「佛母品」(T24, 1018c).

等覺如來說瓔珞法藏。是故無漸覺世尊。唯有頓覺如來。三世諸佛所說無
異。今我亦然。

소 대답에 둘이 있으니 하나는 물음을 칭찬하며 주장을 인정하는 것이고 둘은 물음에 대하여 곧바로 답한 것이다. 여기에서 차례로 앞의 세 가지 물음에 답하였다. 먼저 첫 질문에 답하는 데에 둘이 있으니 곧바로 답함과 결론적으로 답함이다.

처음에 이것이 단박이고 점차가 아님을 곧바로 밝혔다. 그런데 이 점돈에 두 가지 의미가 있으니 하나는 의지하는 사람의 점돈이고 둘은 상대하는 경계의 점돈이다.

'의지하는 사람의 점돈'은 만약 한 사람을 의지하여 처음부터 끝까지 계속하면 모든 번뇌를 점점 깨끗하게 하고 그 지혜도 점점 늘어날 것이고, 만약 여러 사람을 의지하여 많은 수로 계속하면 모든 번뇌를 단박에 깨끗이 하고 정각을 단박에 이룰 것이다. 예를 들면『능가경』에서 "비유하자면 암마라 열매처럼 점차로 성취하는 것이지 일시에 되는 것이 아니다. 대혜여, 중생의 청정한 마음이 현행하여 흘러나오는 것도 마찬가지여서 점차로 청정해지는 것이지 일시에 되는 것이 아니다."[96]라고 하였다. 또 "대혜여, 비유하자면 아리야식이 현경現境을 분별하여 자신의 몸을 의지하여 기세간 등을 생기게 하는 것처럼 일시에 아는 것이지 전후가 (있는 것이) 아니다. 보불報佛 여래도 마찬가지여서 일시에 모든 중생계를 성취시켜 구경천의 청정하고 오묘한 궁전의 수행하기에 청정한 곳에 둔다."[97]라고 하고 자세하게 설명하였다.

두 번째로 '상대하는 경계의 점돈을 밝힘'은 만약 십중의 법계를 상대

---

96 『入楞伽經』권2「集一切佛法品」(T16, 525a).
97 『入楞伽經』卷2「集一切佛法品」(T16, 525b).

하여 열 가지 장애 등을 조복하고 제거하려면 점점 제거하고 그 지혜도 점점 늘어날 것이고, 만약 하나의 법계문만을 상대하면 태어나면서 얻은 무명을 영원히 끊을 것이다. 바로 이것이 단번에 깨달음이고 단박에 끊음이니 금강(지) 이전은 우러러 믿기만 할 뿐 볼 수 없기 때문이다. 예를 들면 『인왕경』에서 "습인習忍에서 정삼매頂三昧까지는 모두 일체 번뇌를 조복한다고는 하지만, 무상신無相信으로 일체 번뇌를 소멸시키고 해탈지解脫智가 생겨서 제일의제를 비추어도 본다(見)고 하지 않는다. 말하자면 본다는 것(見)은 살바야이다. 이런 까닭에 나는 예로부터 항상 오직 부처님만이 보고 깨닫는다고 설하여 정삼매 이하 신인信忍까지는 알지 못하고 보지 못하고 깨닫지 못하며, 오직 부처님만 단박에 아시기에 믿음(信)이라고 하지 않는다. 점점 조복한다는 것은 지혜는 (일어났다가) 소멸하여도 생겨남도 없고 소멸함도 없으므로 이 마음이 만약 소멸하면 쌓인 것도 소멸하지 않는 것이 없어 생겨남도 없고 소멸함도 없다."[98]라고 하고 자세하게 설명하였다.

지금 (경전의) 문장은 (사람과 경계의) 두 가지 문을 통틀어서 단박의 의미를 나타내었다. 처음에 "일억 팔천의 무구無垢 대사大士가 있었느니라. 앉은 자리에서 법성의 근원을 통달하고"라고 한 것은 모든 사람에 의지하여 일시에 일심의 근원을 통달하여 묘각을 이루었음을 나타낸 것이다. 다음에 "단번에 둘이 없는 일체법의 일합상을 깨달았으며"라고 한 것은 경계에 대하여 단박에 깨달음을 밝힌 것이다. '일합상'은 일법계이다. 이 두 구절은 자각의 의미를 밝혔고, "법회에서 나와서는" 다음은 각타의 의미를 나타냈다.

"그러므로" 이하는 (첫 번째 질문에 대한) 두 번째의 답(인 결론적으로 답함)이다. 여기에 둘이 있으니 단박을 결론지음과 같음을 결론지음이다.

---

98 『佛說仁王般若波羅蜜經』권2「受持品」(T8, 832b).

먼저 단박을 결론지음에 두 구절이 있으니 "점각의 세존은 없고"는 많은 사람들이 일시에 통달한다는 의미를 결론지은 것이고, "돈각여래만 있느니라."는 단박에 일합상을 깨달았다는 의미를 결론지은 것이다.

"삼세" 이하는 같은 설명임을 결론지은 것이다.

答中有二。一者讚問許說。二者對問正答。此中次第答前三問。先答初問。於中有二。正答結答。初中正明是頓非漸。然此漸頓有二義。一者依人漸頓。二者對境漸頓。依人漸頓者。若依一人相續始終。卽漸淨諸漏。其智漸增。若依諸人衆多相續。卽頓淨諸漏。頓成正覺。如楞假經言。譬如奄摩羅菓。漸次成就。[1] 非爲一時。大慧。衆生淸淨自心現流亦復如是。漸次淸淨非爲一時。又言大慧。譬如阿梨耶識分別現境。自身資生器世間等。一時而知。非是前後。報佛如來亦復如是。一時成就[2] 諸衆生界。置竟[3] 天淨妙宮殿脩行淸淨之處。乃至廣說故。第二對境明漸頓者。若對十重法界。伏除十種鄣等。卽須漸除。其智漸增。若對一法界門。永斷生得無明。直是頓覺。亦爲頓斷。以金剛以還唯是。仰信未能見故。如仁王經言。從習忍至頂三昧。皆名爲伏一切煩惱。而無相信。滅一切煩惱生解脫智。照第一義諦。不名爲見。所謂見者。是薩婆若。是故我昔[4] 以來常說唯佛所知見覺。頂三昧以下至於信[5] 忍。所不知不見不覺。唯佛頓解。不名爲信。漸漸伏者。慧雖滅[6] 以能無生無滅。此心若滅卽累無不滅。無生無滅。乃至廣說故。今此文中。通就二門以顯頓義。初言一億八千無垢大士。卽坐達法性原者。是依諸人顯一時。達一心原而成妙覺也。次言頓覺無二一切法一合相者。是對境界以明頓覺。一合相者一法界故。是前二句明自覺義。從法會下顯覺他義。是故以下第二就[7] 答。於中有二。結頓結同。先結頓中卽有二句。無漸覺世尊者。是結衆人一時達義。唯有頓覺如來者。是結頓覺一合相義。三世以下結同說也。

---
1) ㉮ '就'는 『入楞伽經』에는 '熟'으로 되어 있다.　2) ㉮ '就'는 『入楞伽經』에는 '熟'으

· 139

로 되어 있다. 3) ㉠ '竟' 앞에 『入楞伽經』에는 '究'가 있다. 4) ㉠ '昔' 앞에 『佛說仁王般若波羅蜜經』에는 '從'이 있다. 5) ㉠ '信'은 『佛說仁王般若波羅蜜經』에는 '習'으로 되어 있다. 6) ㉮ '滅' 앞에 어떤 판본에는 '起'가 있다. ㉠ '滅' 앞에 『佛說仁王般若波羅蜜經』에는 '起'가 있다. 7) ㉠ 돈점을 묻는 첫 질문에 답하는 데에 곧바로 답함과 결론적으로 답함이 있다는 앞 내용에 따르면 '就'는 '結'로 보인다.

② 끊는 것의 하나와 다름에 답함

ㄱ. 하나를 부정함

경 "불자여, 그대가 앞에서 '무명과 마음은 하나입니까?'라고 한 말은 그렇지 않느니라. 만약 명료한 이해와 무명인 모든 것이 하나의 모습이라면 당연히 속박과 해탈이 없고 범부와 부처가 둘이 아니리라. 왜냐하면 번뇌가 동일한 체상體相이기 때문이니라. 어째서인가? 일심과 함께 한꺼번에 생기고 소멸하는 것은 별개가 아니고 다름이 아니기 때문이니라. 불자여, 만약 속박과 해탈이 하나의 모습이라면 사대가 하나일 것이고 육미六味가 다르지 않을 것이니라. 그러나 (사)대가 다르고 (육)미가 다르기 때문에 속박과 해탈도 마찬가지이니라.

불자여, 일체 보살이 범부일 때에는 일체 번뇌를 갖고 있었으나 끊을 때는 거친 부분이 먼저 없어지고 미세한 부분이 나중에 없어지느니라. 만약 일심과 번뇌가 하나라면 밝음과 어두움의 둘이 있을 수 없느니라. 불자여, 다시 가까운 것으로 먼 것을 비교하자면, 범부의 착한 마음에도 불선不善이 없는데 더욱이 무상無相한 마음에 무명이 있겠는가? 불자여, '선악이 한 마음'이라는 말은 병사왕甁沙王(S Bimbisāra, 빔비사라) 나라의 외도外道 안다安陀(S Anda)[99]들의 스승의 게송 '밝음과 어둠은 하나의 모습이고 선과 악은 한

---

99 안다安陀 : 범천梵天에서 생겨난 안다安荼(S Anda : 알)를 세계의 근본 원인으로 주장하는 외도.

마음이다'이니라."[100]

佛子。汝先言無明心一者。是事不然。苦[1]解與無明諸見一相者。應無縛解
凡佛非二。所以者何。煩惱同一體相故。何以故。而共一心生滅一時。不別
不異故。佛子。若縛解一相者。四大可爲一六味應不異。而大異而味異故。
縛解亦如是。佛子。一切菩薩爲凡夫時具足一切結。而[2]斷時庬分先去細分
後除。若一心煩惱一者。不應明闇有二。佛子。復以近況遠。凡夫善心中尙
無不善。何況無相心中而有無明。佛子。而言善惡一心者。是洴沙王國中外
道安陀師偈。明闇一相善惡一心。

1) ㉯ '苦'는 '若'이 옳을 것으로 보인다. 2) ㉯ '而' 앞에 『菩薩瓔珞本業經』에서는 어떤 판본에는 '縛'이 있다고 하였다.

소 그다음은 두 번째인 (끊는 것의) 하나와 다름에 답이다. 여기에 둘이 있으니 먼저는 하나를 부정하고 뒤에는 다름을 인정하였다. 처음 (하나를 부정함)에 셋이 있으니 첫째는 총괄적으로 부정함이고, 둘째는 하나의 잘못을 개별적으로 해석함이며, 셋째는 사람을 거론하여 잘못을 결론 맺음이다.

처음에 "무명"이라고 한 것은, 무명장無明藏을 말하니 바로 시작도 없는 무명주지無明住地이다. "마음"이라고 한 것은, 자신의 마음이 신해神解를 본성으로 삼는 것을 말한다. 자세한 것은 아래의 문장에서 설명할 것이다. 자신의 마음의 신(해)는 최종적으로 불지에 이르면 그 무명은 끊어질 법이기 때문에 하나가 될 수 없는 것이다.

(다음으로 하나의) 잘못을 개별적으로 해석하면서 네 가지 잘못을 나타내었으니 첫째는 범부와 성인이 둘이 아니라는 허물이고, 둘째는 사대와 육미가 다르지 않다는 허물이며, 셋째는 바름을 거론하여 삿됨을 나타

100 『菩薩瓔珞本業經』 권하 「佛母品」(T24, 1018c~1019a).

낸 것이고, 넷째는 가까운 것으로 먼 것을 비유한 것이다.

첫째, (범부와 성인이 둘이 아니라는 허물)에 둘이 있으니 곧바로 드러냄과 거듭 해석함이다. 곧바로 드러냄에서 "명료한 이해"라고 한 것은 몸에 대한 신해부터 이치를 증득한 혜해慧解까지이다. "무명"이라고 한 것은 근본무명이고, "모든 견"이라고 한 것은 일곱 가지 견[101] 등이다. 만약 신해가 무명과 하나라면 혜해도 모든 견과 하나일 것이기에 속박과 해탈이 없고 범부와 성인이 하나일 것이다. (거듭) 해석에는 둘이 있으니 직접 해석함과 에둘러 해석함이다. 여기에서 "일심과 함께"라고 한 것은 무명인 모든 견이 하나의 이해하는 마음과 함께하기 때문이고, "한꺼번에 생기고 소멸하는 것은"이라고 한 것은 전후가 (있는 것이) 아니라 함께 일찰나이기 때문이다. "별개가 아니고"라고 한 것은 앞의 '일심一心'을 결론 맺은 것이고, "다름이 아니"라고 한 것은 앞의 '한꺼번에'를 결론 맺은 것이다.

(둘째인) 사대와 육미가 다르지 않다는 과실의 모습은 알 수 있을 것이다.

"일체 보살이" 이하는 셋째인 바름을 거론하여 삿됨을 나타낸 것이다.

"다시" 이하는 넷째인 가까운 것으로 먼 것을 비유한 것이다. "무상無相한 마음에 무명이 있겠는가."라고 한 것은 저 (외도의) 스승이 말에 집착한 것이다. 일체법은 옳고 그름이 정해지지 않아서 선이 있는 것에는 반드시 불선이 있고 아는 것이 있는 것에는 반드시 알지 못하는 것이 있다. 예를 들면 하나의 성인의 지혜가 아래를 바라보아 알면 지혜라고 하고 위를 바라보아 알지 못하면 무명이다. 이와 같은 집착을 하기 때문에 큰 잘못이다.

"('선악이 한 마음'이라는) 말은" 이하는 셋째인 (사람을 거론하여) 잘못

---

[101] 일곱 가지 견 : 사견邪見·아견我見·상견常見·단견斷見·계도견戒盜見·과도견果盜見·의견疑見을 말한다.

을 결론 맺음이다.

此下第二答一異問。於中有二。先遮其義[1]一。後許其義異。初中有三。一者總遮。二者別釋一過。三者擧人結過。初中言無明者。謂無明藏。卽是無始無明住地。所言心者。謂自相心[2]神解爲性。於中委悉後文當說。自相心神終至佛地。其無明者是所斷法。是故不可以爲一也。別顯過中。卽顯四過。一凡聖非二過。二大味不異過。三者擧正顯邪。四者以近況遠。初中有二。正顯重釋。正顯中言解者。身相神解。乃至證理慧解。言無明者。根本無明。言諸見者。七種見等。若使神解與無明一。卽其慧解與諸見一。故無縛解。凡聖爲一也。釋中有二。直釋轉釋。中言而共一心者。無明諸見共一解心故。生滅一時者。非前後。共是一刹那故。不別者。結前一心。不異者。結前一時。大味不異過相可知。一切菩薩已下。第三擧正顯邪。復以已下。第四以近況遠。無相心中有無明者。彼師執言。凡一切法是非無定。有所善者必有不善。有所知者必有不知。如一聖智。望下爲知名爲智慧。望上不知卽是無明。作如是執。故成大過。而言以下第三結過也。

1) ㉯ '義'는 어떤 판본에는 없다. 그다음 '義'도 마찬가지이다. 2) ㉯ '相心'은 어떤 판본에는 '心想'으로 되어 있다. ㉠ '相心'은 『續藏經』에서는 어떤 판본에는 '心相'으로 되어 있다고 하였다.

ㄴ. 다름을 인정함

경 "불자여, 내 법의 바른 뜻은 '선악이 동일한 행자는 속박이 있고 해탈이 있으며 범부가 있고 부처가 있다'고 말할 수 있느니라. 백 겁 동안 상속하는 동일한 행자라도 선악이 동일한 마음이 될 수 없으니 옛 부처님께서도 '모습이 없는 지혜의 불이 무명의 어둠을 소멸한다'고 항상 말씀하셨느니라. 또한 선악의 둘은 별개인데 동일한 과보를 말하는 것 역시 옳지 않느니라. 일체의 선은 불과佛果를 받고 무명은 유위 생멸의 과보를 받으니 그러므로 선과는 선인에서 생기고 악과는 악인에서 생기기 때문에 선은 생멸의 과보를 받지 않고 항상 불과를 받는다고 하느니라.

불자여, 만약 범부와 성인의 일체 선善이 모두 무루無漏라고 한다면 누과漏果를 받지 않을 것이니라. 그런데 누과를 받는다는 것은 부처님께서 중생을 교화하여 선을 행하고 악을 등지게 하기 위하여 간접적인 인(緣因)으로 유위의 과보를 발생하게 하신 것이다. 무루인이 아닌 것은 무명의 업으로 과보를 받는 것이기 때문이다. 이것을 삼수삼고三受三苦라 하니 고고苦苦·행고行苦·괴고壞苦와 고수苦受·낙수樂受·사수捨受이니라. 두 가지 수는 선인을 연한 과보이고 고수는 악인을 연한 과보이니 일체가 모두 고이며 무명을 근본으로 하느니라."¹⁰²

佛子. 我法正義而可得言善惡同一行者. 有縛有解有凡有佛. 相續百劫同一行者. 而不得善惡同一心. 古佛常說. 無相智火滅無明闇. 而善惡二別. 而言同一果者. 亦無是處. 一切善受佛果. 無明受有爲生滅之果. 是故善果從善因生. 是故惡果從惡因生. 故名善不受生滅之果. 唯受常佛之果. 佛子. 若凡夫聖人一切善. 皆名無漏不受漏果. 而言受漏果者. 佛化衆生行善背惡故. 緣因而發有爲¹⁾果報. 非爲無漏因者. 無明業受果故. 是名三受三苦. 苦苦行苦壞苦. 苦受樂受捨受. 二受善緣因果. 苦受惡因果. 一切皆苦無²⁾明爲本.

1) ㉯ '爲'는 『菩薩瓔珞本業經』에서 어떤 판본에는 '漏'로 되어 있다고 하였다. 2) ㉯ '無' 앞에 『菩薩瓔珞本業經』에서 어떤 판본에는 '以'가 있다고 하였다.

소 "내 법의" 이하는 두 번째인 다름을 인정함이다. 여기에 둘이 있으니 하나는 옳고 그름을 간략하게 가려냄이고, 둘은 다른 모습을 자세하게 드러냄이다.

---

102 『菩薩瓔珞本業經』 권하 「佛母品」(T24, 1019a).

옳고 그름을 가려내는 데에 네 구절이 있다. 첫 구절은 동일한 행자를 인정한 것이다. "행자"는 임시 이름이 중생이다. 중생의 움직임(用)은 제법을 총괄하여 다스리고 중생의 의미(義)는 곳곳에서 생을 받는 것이니 종으로 삼세에 걸치고 횡으로 오음에 모인다. 오음에 모이기 때문에 선악이 모두 한 사람에게 속하고 삼세에 걸치기 때문에 전후로 백 겁을 상속하나니 이것이 불법의 바른 뜻이다. 둘째 구절은 동일한 마음이라는 뜻을 부정하였다. 마음은 (오)음법(의 하나)이고 법은 차별이라는 뜻이니 선악이 같지 않고 전후가 하나이지 않다. 그러므로 동일한 마음일 수가 없다는 것이다. 셋째 구절은 부처님을 예로 들어 따로 증명하였다. 넷째 구절은 과보를 거론하여 하나임을 비판하였다.

옳고 그름을 간략하게 가려냄을 여기에서 마쳤다.

"그러므로" 이하는 다른 모습을 자세하게 드러냄이다.[103] 여기에 넷이 있으니 하나는 선악의 인과를 가려내어 구별하였고, 둘은 선인과 선과를 거듭 드러냈으며, 셋은 교리가 어긋나지 않음을 회통하였고, 넷은 과와 인에 차이가 없음을 자세하게 해석하였다.

처음에 "일체의 선은 불과(佛果)를 받고"라고 한 것은 원래 가진 선(生得善)과 새로 지은 선(作得善) 모두가 정인正因이 되어 불과를 받기 때문이고, "무명은 유위 생멸의 과보를 받으니"라고 한 것은 원래 가진 무명과 새로 지은 무명 모두가 정인이 되어 생멸의 과보를 받기 때문이다. "그러므로" 이하는 과를 거론하여 인을 결론 맺은 것이니 이치를 따르는 인과를 통틀어 선이라고 하고 이치를 거스르는 인과를 통틀어 악이라고 하기 때문이다.

"때문에" 이하는 두 번째인 선인과 선과를 거듭 드러냄이다. 여기에 두

---

103 『本業經疏』는 두 번째인 다른 모습을 자세하게 드러냄(廣顯異相)이 "그러므로" 이하라고 하였지만, 여기에 해당한 부분으로 인용하는 경문이 "그러므로" 앞부분이므로 여기에는 오류가 있는 것으로 보인다.

구절이 있으니 첫 구절은 직접 밝힘이고 다음 구절은 거듭 해석함이다.

첫 구절에서 "선은 생멸의 과보를 받지 않고"라고 한 것은 선은 무명이 아니어서 적정寂靜하기 때문이고, "항상 불과를 받는다고 하느니라."라고 한 것은 선은 적정한 본성을 따르기 때문이다.

(다음으로) 거듭 해석함에서 "범부와 성인의 일체 선이 모두 무루無漏라고 한다면"이라고 한 것은 항상 (머무는) 과보를 받는 연유를 해석한 것이다. (선은) 적정한 본성을 따르기 때문에 모든 번뇌를 거스르므로 무루라고 한다. 왜냐하면 인과 연에 연유하기 때문이다. '인因에 연유한다'고 한 것은 원래 가진 선은 본각을 따름을 말하니 본성이 청정한 본각을 직접 따라서 오고 이것을 따라 모든 새로 지은 선으로 바뀌는 것이다. 범부의 일체 선법은 모두 본각의 적정한 본성을 따르고 모든 번뇌를 거스르므로 무루라고 한다. 이 의미는 「수학품受學品」에 분명하게 나온다. '연緣에 연유한다'고 한 것은 세간에 있는 모든 선근은 모든 부처님의 무연대비無緣大悲와 평등복전平等福田에 의지하여 모두 생장하는 것이니 여래의 복전을 따르고 모든 번뇌를 거스르므로 무루라고 한다. 두 가지 인연에 연유하여 본성이 무루이기 때문에 적정으로 되돌아갈 수밖에 없고 적정으로 되돌아가기 때문에 항상 머무는 과보를 받는다.

예를 들면 『대비경大悲經』에서 "부처님께서 말씀하셨다. '아난아, 만약 어떤 사람이 삼유三有의 과보에 낙착樂著하여 부처님 복전에 나머지 모든 선근을 보시하고도 세세世世로 열반에 들지 않겠다고 발원한다면, 이러한 선근으로 열반에 들지 않는 일은 있을 수 없느니라. 이 사람이 비록 열반 구하기를 즐거워하지 않지만 부처님 계신 곳에서 모든 선근을 심었으므로, 나는 이 사람은 반드시 열반에 들 것이라 말하느니라.'"[104]라고 하였다. 생각해 보면, 여기에서 '열반에 든다'고 한 것은 여래의 대반열반에 드

---

104 『大悲經』 권3 「布施福德品」(T12, 959c).

는 것을 말하니 부처님의 복전이 이끌어야 하는 것이기 때문에 이『(보살영락본업)경』의 '항상 (머무는) 부처님의 과보'와 같고, (『대비경』의) 다른 곳에서 설한 유루선有漏善은 부차적인 연(傍緣)을 바라보고 설한 것이므로 서로 어긋나지 않는다.

"그런데" 이하는 셋째인 (교리가 어긋나지 않음을) 회통함이다. 여기에서 먼저 방편의 가르침을 회통하고 나중에 실제 이치를 회통하였다.

먼저 (방편의 가르침을 회통함에서) "누과를 받는다"고 한 것은 (다른) 경전에서 오계와 십선은 인천과人天果를 받는다고 한 것을 말한다. 여래께서 하열한 중생을 교화하기 위하여 (악도惡途인) 삼도의 고통을 두려워하고 인천의 즐거움을 구하며 삼악업을 등지고 모든 선법을 행하게 하셨기 때문에 '간접적인 인(緣因)'에 의거하여 이와 같이 설하셨다. "간접적인 인으로"라고 한 것은 십선 등이 만약 불과를 바라보면 정인이 되고 인천의 과보를 바라보면 다만 간접적인 인이 되는 것을 말하니 과보의 인이 바로 증상연이기 때문이다.

여기까지는 가르침을 회통함이고 다음은 도리를 회통함이다. "무루인이 아닌 것은 무명의 업으로 과보를 받는 것이기 때문이다."라고 한 것은, 앞에서 '모든 선은 누과漏果를 받지 않는다'고 하여서 세간에 있는 생멸의 누과가 바로 무명의 업으로 받는 것이기 때문에 선업의 정과正果가 되지 않는다. 여기에서 "무명의 업으로 과보를 받는 것"이라고 한 것은 무명의 힘으로 말미암아 깨닫지 못하는 마음이 움직이니 마음이 움직이는 모습을 업식業識이라고 한다. 무명이 업과 함께 정인이 되어 두루 일체 생사의 과보가 생기게 한다. 이것을 여실한 인과의 도리라고 한다. 교리를 회통함을 여기에서 마쳤다.

다음은 넷째인 과와 인(에 차이가 없음)을 자세하게 해석함이다. 여기에 둘이 있으니 먼저는 과(를 해석함)이고 나중은 인(을 해석함)이다. 과(를 해석함)에서 "이것을 삼수삼고三受三苦라 하니"라고 한 것은 무명의 업으로 받는 과보가 바로 이 삼수이고 삼고라고도 한다는 것이다. 고수는 악취惡趣에 있고 (나머지) 둘은 선도善道에 있는데, 이 (둘) 중에 낙수는 삼선三禪 이하이고 사수는 사선四禪 이상이다. 고수는 고고苦苦라고 하고 낙수는 괴고壞苦라고 하며, 세 번째인 사수는 행고行苦라고 하는데, 통틀어 말하면 삼수 모두가 행고이다. 여기까지는 과의 차별을 나타낸 것이다.

다음은 인에 대한 분별이다. "두 가지 수受는 선인善因을 연한 과보이고"라고 한 것은 낙수와 사수의 두 가지 수는 선업이 증상연을 인으로 한 과보이고, "고고는 악인惡因을 연한 과보이니"라고 한 것은 삼도(의 과보를 받는) 고고는 악업의 인연으로 생긴 과보라는 것이다. "일체가 모두 고이며 무명을 근본으로 하느니라."라고 한 것은 일체의 삼수가 모두 행고이고 모두 무명에서 연유하여 근본 원인이기 때문이다.

좋고 나쁨에 가볍고 무거운 세 부류가 있어서 과보에도 삼도의 고통에 구별이 있다. 선善에 거칠고 정밀한 두 가지 구별이 있기 때문에 과보인 낙수와 사수가 같지 않다. 거친 선에는 산란심과 선정이 있기 때문에 낙수는 욕계와 색계의 두 과보에 통하고, 정밀한 선은 마음을 좋아하기 때문에 사수는 색계와 무색계를 관통한다. 이와 같은 선악의 가볍고 무거움과 삼계의 정밀하고 거침은 모두 무명의 업식을 근본으로 한다. 그러므로 삼도의 모든 고와 삼계의 모든 수 등이 찰나의 행고를 체體로 삼는 것이다. 그 인인 무명에는 두텁고 얇음이 없고 업상業相에는 거칠고 미세함이 없기 때문에 그 과인 행고에도 가볍고 무거움이 없고 찰나에도 느림과 빠름이 없다. 그러므로 "일체가 모두 고이며 무명을 근본으로 하느니라."라고 하였다.

인과의 도리가 털끝만큼도 다름이 없음을 알 것이다.

我法以下第二許異。於中有二。一者略簡是非。二者廣顯異相。簡是非中卽有四句。初句許其同一行者。行者卽是假名衆生。衆生之用總御諸法。衆生之義處處受生。縱卽逕於三世。橫卽攬於五陰。攬五陰故。善惡皆屬一人。
逕三世故。前後相續百劫。是爲佛法之正義也。第二句遮同一心義。心是陰
法。法是差別。善惡不同。前後不一。是故不得同一心也。第三句者。引佛
證別。第四句者。擧果責一。略簡是非竟在於前。是故以下廣顯異相。於中
有四。一者簡別善惡因果。二者重顯善因善果。三者會通教理不違。四者
精釋果因無差。初中言一切善受佛果者。謂生得善及作得善。皆爲正因。受
佛果故。無明受有爲生滅之果者。生得無明作得無明。皆爲正因。受生滅果
故。是故以下擧果結因。順理因果通名爲善。違理因果通名惡故也。故名以
下第二重顯善因善果。於中二句。初句直明。後句重釋。初中言善不受生滅
之果者。善非無明。亦寂靜故。唯受常佛之果者。善是隨順寂靜性故。重釋
中言凡聖一切善皆名無漏者。是釋唯受常果之由。由其隨順寂靜之性。違
逆諸漏。故名無漏。所以然者。由因緣故。言由因者。謂生得善隨順本覺。
正從性淨本覺而來。從是轉成諸作得善。所以凡夫一切善法。皆順本覺寂
靜之性。違返諸漏。故名無漏。是義分明出受學[1]覺品也。言由緣者。凡諸
世間所有善根。皆依諸佛無緣大悲平等福田而生長。所以隨順如來福田。
違逆諸漏。故名無漏。由是二緣性是無漏故。不得已還歸寂靜。歸寂靜故受
常住果。如大悲經言。佛言阿難。若人樂著三有果報。於佛福田若行布施諸
餘善根。願我世世莫入涅槃。以此善根不入涅槃。無有是處。是人雖不樂求
涅槃。然於佛所種諸善根。我說是人必入涅槃。案云此中入涅槃者。謂入如
來大般涅槃。由佛福田之所引故。還同此經常佛之果。而餘處說有漏善者。
望傍緣說。故不相違也。而言以下第三會通。於中先會權教。後通實理。初
中而言受漏果者。謂經[2]說五戒十善受人天果。如來爲化下劣衆生。畏三途
苦求人天樂。背三業惡行諸善法。故約緣因作如是說。言緣因者。謂十善等
若望佛果卽爲正因。望人天報但爲緣因。報因直是增上緣故。此是會教。次
通道理。言非爲[3]漏因者。無明業受果故者。前說諸善不受漏果。世間所有
生滅漏果。正是無明業所受故。所以不爲善業正果。此中無明業受果者。由

149

無明力不覺心動. 心動之相名爲業識. 無明與業以爲正因. 遍生一切生死
之果. 是謂如實因果道理也. 會通教理竟在於前. 此下第四精釋果因. 於中
有二. 先果後因. 果中言是名三受三苦者. 謂無明業之所受果卽是三受亦
名三苦. 苦受在於惡趣. 二在於善道. 於中樂受三禪以下. 其捨受者四禪已
上. 苦受說名苦苦. 樂受說名壞苦. 第三捨受名爲行苦. 通卽三受皆是行
苦. 此是顯果差別. 下卽對因分別. 二受善緣因果者. 樂捨二受善業增上緣
因之果. 苦苦[4]惡因果者. 三途苦苦惡業因緣所生之果. 一切皆苦無明爲本
者. 一切三受皆是行苦. 齊由無明爲本因故. 良惡有輕重三品故. 果有三途
苦別. 善有粗精二別故. 果有樂捨不同. 粗善有散有定故. 樂通欲色二果.
精善愛心故. 捨貫色無色界. 如是善惡輕重. 三界精粗. 齊以無明業識爲
本. 是故三途諸苦三界諸受等. 以刹那行苦爲體. 以其因中無明無厚薄. 業
相無麤細. 是故其果行苦無輕重. 刹那無奢促. 故言一切皆苦無明爲本. 當
知因果道理. 毫釐無差違耶.

1) ㉡ '學'은 어떤 판본에는 없다. 2) ㉡ '經' 앞에 어떤 판본에는 '餘'가 있다. 3) ㉡
'爲'는 『菩薩瓔珞本業經』에는 '無'로 되어 있다. ㉢ '爲'는 『菩薩瓔珞本業經』에 '無'로
되어 있는 것이 아니라 '爲' 다음에 '無'가 있다. 4) ㉢ '苦'는 『菩薩瓔珞本業經』에는
'受'로 되어 있고 어떤 판본에는 '苦'로 되어 있다고 하였다.

③ 닦을 때에 겁수의 멀고 가까움에 답함

경 "불자여, 그대는 앞에서 일체 보살이 도를 닦는 겁수劫數의 멀고 가
까움을 말하였느니라. 비유하자면 (길이가) 1리, 2리, 나아가 10리 되는 돌
이 있는데 사방 길이도 마찬가지이니라. 무게가 3수銖인 천계의 옷으로 인
간계의 일월의 햇수로 하여 삼 년에 한 번씩 스쳐서 이 돌이 다 없어지는
것을 1소겁小劫이라고 하느니라. 만약 1리, 2리, 나아가 40리인 것도 소겁
이라 하느니라. 80리인 돌이 사방 길이도 마찬가지인데 무게가 3수인 범천
의 옷으로 범천계의 백보광명주百寶光明珠를 일월의 햇수로 하여 삼 년에

한 번씩 스쳐서 이 돌이 다 없어지는 것을 중겁中劫이라 하느니라. 또 800리인 돌이 사방 길이도 마찬가지인데 무게가 3수인 정거천淨居天의 옷으로 정거천의 천보광명경千寶光明鏡을 일월의 햇수로 하여 삼 년에 한 번씩 스쳐서 이 돌이 다 없어지는 것을 일대아승기겁一大阿僧祇劫이라 하느니라. 불자여, 겁수는 말하자면 1리, 2리, 나아가 10리인 돌이 다 없어지면 1리 겁, 2리 겁이라 하고, 50리의 돌이 다 없어지면 50리 겁이라 하며, 백 리의 돌이 다 없어지면 백 리 겁이라 하느니라. 천 리의 돌이 다 없어지면 천 리 겁이라 하고 만 리의 돌이 다 없어지면 만 리 겁이라 하느니라.

불자여, 일체 현성이 이 수량에 들어가 일체 법문을 닦고 시절이 멀고 가까움에 따라 불과를 얻으며 그 수가 백 겁이 되면 등각을 얻느니라. 만약 일체중생이 이 수에 들어간다면 불과를 얻음이 멀지 않을 것이니 만약 들어가지 않으면 보살이라 하지 않느니라. 불자여, 법문이란 말하자면 십신심十信心이니 이것이 일체 행의 근본이니라. 그러므로 십신심 중에 하나의 신심에 십품十品의 신심이 있으면 백법명문百法明門이 되고, 다시 이 백법명심百法明心 중에 하나의 마음에 백 마음이 있으므로 천법명문이 되며, 다시 천법명심 중에 하나의 마음에 천 마음이 있으므로 만법명문이 되니 이와 같이 늘여 나가면 무량명문이 되고 더욱 상상법上上法까지 올라가면 명명법문明明法門이 되느니라. 백만 아승기 공덕과 일체 행은 모두 이 명문에 들어가느니라."[105]

佛子。汝先言一切菩薩行道劫數久近者。譬如一里二里乃至十里石。方廣亦然。以天衣重三銖。人中日月歲數三年一拂。此石乃盡。名一小劫。若一里二里乃至四十里。亦名小劫。又八十里石方廣亦然。以梵天衣重三銖。卽梵天中百寶光明珠爲日月歲數。三年一拂此石乃盡。名爲中劫。又八百里

---

[105] 『菩薩瓔珞本業經』 권하 「佛母品」(T24, 1019ab).

石方廣亦然。以淨居天衣重三銖。卽淨居天千寶光明鏡爲日月歲數。三年一拂此石乃盡。故名一大阿僧祇劫。佛子。劫數者。所謂一里二里乃至十里石盡。名一里劫二里劫。五十里石盡。名五十里劫。百里石盡名百里劫。千里石盡名爲千里劫。萬里石盡名爲萬里劫。佛子。一切賢聖入是數量。修一切法門。時節久近得佛果。其數百劫乃得等覺。若一切衆生入是數者得佛不久。若不入者不名菩薩。佛子。法門者。所謂十信心。是一切行本。是故十信心中。一信心有十品信心。爲百法明門。復從是百法明心中。一心有百心故。爲千法明門。復從千法明心中一心有千心。爲萬法明門。如是增進至無量明。轉勝進上上法故。爲明明法門。百萬阿僧祇功德。一切行盡入此明門。

ㄱ. 겁수의 많고 적음을 밝힘

소 다음은 세 번째인 (닦을 때에 겁수의 멀고 가까움에 대한) 세 번째 물음에 답함이다. 여기에 둘이 있으니 질문을 표방함과 질문에 답함이다. 질문에 답함에도 둘이 있으니 먼저 겁수의 많고 적음을 밝히고 뒤에는 도를 닦을 때에 멀고 가까움을 나타내었다. 처음 (겁수의 많고 적음을 밝힘)에도 둘이 있으니 먼저 세 부류로 겁의 양을 판별하였고 뒤에는 여러 가지 겁의 이름을 구별하였다.

처음에 "3수銖"라고 한 것은 6수가 1분이니 3수는 1분의 반이다.[106]

此下第三答第三問。於中有二。牒問答問。答問之中亦有其二。先明劫數多少。後顯行道久近。初中亦二。先判三品劫量。後別[1]衆多劫名。初中言三

---

[106] 『菩薩瓔珞本業經』의 '3수'에 대해서 『一切經音義』 권45(T54, 608a)에서는 "허숙중許叔重의 『淮南子』 주석에서는 '12속율의 무게가 1분分이고 12분의 무게가 1수銖이다'라고 하였다. 『說文』에서는 '10서黍의 무게이다'라고 하였다."라고 하였다.

鉄者。六鉄爲一分。三鉄卽分半也。

1) ㉮ '別'은 '列'로 생각된다.

ㄴ. 도를 닦을 때에 멀고 가까움을 나타냄

"일체 현성이" 이하는 그다음인 도를 닦을 때에 멀고 가까움을 밝힘이다. 여기에 둘이 있으니 먼저는 닦는 시간의 멀고 가까움을 밝히고 뒤에는 닦는 법의 많고 적음을 나타내었다. 처음(인 시간의 멀고 가까움을 밝힘)에도 곧바로 밝힘과 개별적으로 드러냄이다.

곧바로 밝힘에서 "일체 현성이 이 수량에 들어가"라고 한 것은 삼현이 처음으로 수량의 이치에 들어가기 시작하여 등각에 이르면 그 마지막이 된다는 것이다. 중간에 "백 겁"까지 걸린다는 것은 앞에서 말한 것처럼 만 리의 겁을 하나의 수로 삼아서 백 겁에 이르기 때문에 백만 아승기겁이라고 하였다.

다음으로 개별적으로 가려냄이다. "이 수에 들어간다면 불과를 얻음이 멀지 않을 것이니"라고 한 것은 비록 백만이 걸리더라도 오래라고 할 수 없기 때문이고, 또한 처음 발심한 때가 바로 정각을 이룬 것이기 때문이며, 백만이 바로 일념으로 들어가는 것을 이미 알았기 때문이다. "만약 들어가지 않으면 보살이라 하지 않느니라."라고 한 것은 불퇴를 얻지 못하면 진실로 보살이 아니기 때문이다.

"법문이란" 이하는 닦는 법의 많고 적음을 밝힌 것이다. 여기에 둘이 있으니 먼저 점차 늘어남을 밝히고 나중에는 총괄적으로 아우르며 결론지었다.

一切賢聖以下。次明行道久近。於中有二。先明行時久近。後顯行法多少。初中亦二。正明別顯。正明中言一切賢聖入數量者。謂三賢始入量理。乃至等覺爲其後邊。於其中間逕於百劫者。謂如前說萬里之劫以爲一數。至於百劫。故名百萬阿僧祇劫。次簡別。言若入是數得佛不久者。雖逕百萬不以爲久故。又初發心時便成正覺故。已知百萬卽入一念故。若不入者不名菩薩者。未得不退。非實菩薩故。法門者以下明行法多少。於中有二。先明轉增。後結總攝。

6. 인과품因果品

소 '인과품'은, 여래께서 (중생을) 위해 설하신 두 부분 중에 처음인 자세하게 펼치는 문은 앞에서 마쳤고, 지금부터는 두 번째인 간략하게 아우르는 문으로 경의 종취를 판별한 것이다. 여기에서 간략하게 인과 과의 두 가지 문을 세우니 육위六位의 행덕行德과 42현성을 모두 아우르기 때문이다. 연유가 인이 되고 일어남이 과가 되어 연유와 일어남이 서로 만나 통한 것이 인과이다. 여기에서 이런 의미를 나타내었기 때문에 "인과품"이라고 하였다.

因果品者。如來爲說有二分中。初廣開門竟在於前。此下第二就略攝門以辨經宗。此中略立因果二門。總攝六位行德。四十二賢聖故。所由爲因。所起爲果。由起相待通爲因果。此中顯是義。故名因果品也。

1) 질문

경 경수보살이 부처님께 아뢰었다.
"현성의 정법正法은 이미 충분히 설하셨습니다. 인·과 두 가지의 모습은 어떻습니까?"[107]

敬首菩薩白佛言。賢聖正法已說具足。因果二相復當云何。

소 문장에 둘이 있으니 먼저는 물음이고 뒤는 대답이다. 물음의 두 구

---
[107] 『菩薩瓔珞本業經』 권하 「因果品」(T24, 1019b).

절은 앞엣것을 받은 것과 뒤엣것을 물은 것이다.

在文有二。先問後答。問中二句。領前問後。

2) 대답

(1) 인에 대한 개별적인 대답 1 : 생기게 하는 근본을 밝힘

경 부처님께서 말씀하셨다.

"불자여, 삼세의 모든 부처님께서 닦으신 인은 말하자면 십반야바라밀이니 이것이 백만 아승기 공덕의 근본이어서 부처님과 보살도 그 안에 계시느니라. 그러므로 십법을 금강지혜해장金剛智慧海藏이라고 하니 일체 광명공덕光明功德의 행을 나오게 하느니라.

불자여, 십반야바라밀에서 보시를 행하는 데에 세 가지 연이 있으니 첫째는 재물이고, 둘째는 법이며, 셋째는 중생에게 무외無畏를 보시하는 것이니라. 계에 세 가지 연이 있으니 첫째는 자성계自性戒이고, 둘째는 수선법계受善法戒이며, 셋째는 이익중생계利益衆生戒이니라. 인忍에 세 가지 연이 있으니 첫째는 고행을 참고, 둘째는 외악外惡을 참으며, 셋째는 제일의제인第一義諦忍이니라. 정진精進에 세 가지 연이 있으니 첫째는 큰 서원의 마음을 일으키고, 둘째는 방편으로 나아가며, 셋째는 부지런히 중생을 교화하는 것이니라. 선정에 세 가지 연이 있으니 첫째, 선정은 어지러운 생각을 일으키지 않고, 둘째, 선정은 일체 공덕을 생기게 하며, 셋째, 선정은 중생을 이롭게 하느니라. 지혜에 세 가지 연이 있으니 첫째는 유제를 비추고, 둘째는 무제를 비추며, 셋째는 중도제일의제를 비추느니라. 원願에 세 가지 연이 있으니 첫째는 자행自行의 원이고, 둘째는 신통의 원이며, 셋째는 바깥으로 교화하는 원이니라. 방편에 세 가지 연이 있으니 첫째는 향과向果에 나아가

고, 둘째는 유무를 잘 회통시키며, 셋째는 일체법을 버리지도 않고 받지도 않느니라. 신통력에 세 가지 연이 있으니 첫째는 과보의 신통이고, 둘째는 선정을 닦는 신통이며, 셋째는 변화의 신통이니라. 무구혜無垢慧에 세 가지 연이 있으니 첫째는 무상지無相智이고, 둘째는 일체종지一切種智이며, 셋째는 변화지變化智이니라."[108]

> 佛言。佛子。三世諸佛所行之因。所謂十般若波羅蜜。是百萬阿僧祇功德本。佛及菩薩亦攝在中。是故十法爲金剛智慧海藏。出一切光明功德之行。佛子。十般若波羅蜜者。從行施有三緣。一財。二法。三施衆生無畏。戒有三緣。一自性戒。二受善法戒。三利益衆生戒。忍有三緣。一忍苦行。二忍外惡。三第一義諦忍。精進有三緣。一起大誓之心。二方便進趣。三勤化衆生。禪有三緣。一定亂[1]不起。二定生一切功德。三定利衆生。慧有三緣。一照有諦。二無諦。三中道第一義諦。願有三緣。一自行願。二神通願。三外化願。方便有三緣。一進趣向果。二巧會有無。三一切法不捨不受。通力有三緣。一報通。二修定通。三變化通。無垢慧有三緣。一無相智。二一切種智。三變化智。

1) ㉠ '相'은 『菩薩瓔珞本業經』에서 어떤 판본에는 '想'으로 되어 있다고 하였다.

🔳 대답에도 둘이 있으니 개별적인 대답과 대답을 결론 맺음이다. 개별적인 대답에도 둘이 있으니 먼저는 인이고 나중은 과이다. 인에 둘이 있으니 먼저는 생기게 하는 근본을 밝힘이고 나중은 생겨나는 덕행을 드러냄이다.

처음 (생기게 하는 근본을 밝힘)에도 둘이 있으니 총괄적으로 밝힘과 개별적으로 해석함이다. 총괄적으로 밝힘에 세 구절이 있다. 첫째는 사람

---

108 『菩薩瓔珞本業經』 권하 「因果品」(T24, 1019b).

을 거론하여 행을 드러냄이다. "십반야"라고 한 것은 십도十度(십바라밀)가 모두 혜慧를 으뜸으로 삼기 때문이고, 혜를 떠나서는 삼륜三輪을 없앨 수 없기 때문이다. 둘째는 근본을 해석함이고, 셋째는 근본을 결론지음이다.

개별적으로 해석함에는 먼저 표방하고 나중에 해석하였다. 『화엄경』에서는 "십도에 각각 열 가지가 있다."라고 하였는데, 지금 이 경에서는 간략하게 세 가지를 내세워서 저 경의 열 가지를 아울렀다. 그중에 앞부분의 일곱 (바라밀)은 문장에 환히 드러나 있으므로 알 수 있을 것이다. (여덟 번째인) 방편의 세 가지 중에 "유무를 잘 회통시키며"라고 한 것은 인연으로 합하기 때문에 '있다'고 하는 것이지 '있는 것이 있다'고 하지 않고, 인연으로 흩어지기 때문에 '없다'고 하는 것이지 '있는 것이 없다'고 하지 않는다. 만약 이와 같다면 일체 어려운 질문이 회통하지 않을 것이 없기 때문에 "잘 회통시키며"라고 하였다. "버리지도 않고 받지도 않느니라."라고 한 것은 생사와 열반의 모든 법에 꿈처럼 통달하면 있는 것도 아니고 없는 것도 아니(니 없는 것이 아니)기 때문에 버리지 않는 것이고 있는 것이 아니기 때문에 받지 않는 것이며, 그렇기 때문에 일체에 장애될 것이 없다.

신통력에서 "과보의 신통"이라고 한 것은 무분별지의 힘에 의지하여 마음대로 자재하기 때문이고, "선정을 닦는 신통"이라고 한 것은 극한의 선정을 닦은 힘에 의지하여 의지가 자재하기 때문이며, "변화의 신통"이라고 한 것은 신통 지혜의 힘에 의지하여 열네 가지로 변화하기 때문이니 그 앞의 두 신통력과는 다르다.

열 번째(인 무구혜바라밀)에서 "무상지無相智"라고 한 것은 분별지로 무상의 이치를 보기 때문이다. 여섯 번째인 혜도慧度(반야바라밀)는 무분별이기 때문이다.

答中亦二。別答結答。別中亦二。先因後果。因中有二。先明能生根本。後顯所出德行。初中亦二。總明別釋。總明之中有其三句。一者擧人標行。言

十般若者。十度皆以慧爲首故。離慧不能忘三輪故。二者釋本。三者結本
也。別釋之中。先牒後釋。華嚴經說。十度之中各有十種。今此經中。略立
三三。攝彼十十。[1] 於中前七文顯可知。方便三中巧會有無者。因緣合故謂
之有。非曰有是有。因緣散故謂之無。非曰有是無。若如是一一[2]切難問無
不會通。故曰巧會。不捨不受者。謂於生死涅槃諸法達如夢。非有非無。[3]
故不捨非有故不受。故於一切無所障礙也。通力中言報通者。依無分別智
力。任運自在故。脩定通者。依脩邊際定力。作意自在故。變化通者。依通
慧力。十四變化故。不同其前二力也。第十中言無相智者。以分別智。觀無
相理故。第六慧度是無分別故。

1) ㉯ '十'은 어떤 판본에는 없다. 2) ㉯ '一'은 덧붙여진 것으로 보인다. 3) ㉯ '無'
다음에 어떤 판본에는 '非無'가 있다.

(2) 인에 대한 개별적인 대답 2 : 생겨나는 덕행을 드러냄

경 "불자여, 십지十智에서 일체 공덕행이 생겨나느니라. 일곱 가지 재물
은 신信·시施·계戒·문聞·혜慧·참慚·괴愧이니 (이것을) 바탕으로 써서 성
불하기 때문에 재물이라고 하느니라. 사섭四攝은 이익利益·부드러운 말(濡
語)·시법施法·동사同事이다. 법변法辯·의변義辯·어변語辯·요설변樂說辯의
네 가지 변재법에는 걸림이 없고 막힘이 없기 때문에 무애無礙라고 하느니
라. 걸림이 없는 지혜에서 지혜가 생겨나기 때문에 요의경에 의지하고 불
요의경에 의지하지 않으며, 법에 의지하고 사람에 의지하지 않으며, 의미에
의지하고 말에 의지하지 않으며, 지혜에 의지하고 아는 것에 의지하지 않는
다고 하는 것이니라. 지혜에서 십력·사무외·육통六通·삼명三明의 백만억
아승기 공덕이 생겨나느니라."[109]

---

109 『菩薩瓔珞本業經』 권하 「因果品」(T24, 1019bc)

佛子。從十智生一切功德行。七財。信施戒聞慧慚愧。資用成佛故說財。四攝。利益濡[1]語施法同事。法辯義辯語[2]辯樂說辯。於此四辯法中無障無礙。故名無礙。從無礙智生智。名依故依了[3]經。不依不了[4]經。依法不須[5]人。依義不須[6]語。依智不須[7]識。從智生十力。四無畏六通三明。百萬億阿僧祇功德。

1) ㉠ '濡'는 『菩薩瓔珞本業經』에서 어떤 판본에는 '軟'으로 되어 있다고 하였다. 2) ㉠ '語'는 『菩薩瓔珞本業經』에서 어떤 판본에는 '辭'로 되어 있다고 하였다. 3) ㉠ '名依故依了'는 『菩薩瓔珞本業經』에서 어떤 판본에는 '故名依了義'로 되어 있다고 하였다. 4) ㉠ '了' 다음에 『菩薩瓔珞本業經』에서 어떤 판본에는 '義'가 있다고 하였다. 5) ㉠ '須'는 『菩薩瓔珞本業經』에서 어떤 판본에는 '依'로 되어 있다고 하였다. 6) ㉠ '須'는 『菩薩瓔珞本業經』에서 어떤 판본에는 '依'로 되어 있다고 하였다. 7) ㉠ '須'는 『菩薩瓔珞本業經』에서 어떤 판본에는 '依'로 되어 있다고 하였다.

소 그다음은 생겨나는 덕행을 밝힘이다. 여기에 셋이 있으니 표방·해석·결론 맺음이다. 표방에서 "십지十智"라고 한 것은 앞에서 말한 십바라밀이다. 열 가지를 모두 지혜라고 한다는 것은 앞에서 해석하였다. 여기에서는 생기게 하는 근본을 거론하여 생겨나는 덕행을 총체적으로 표방하였다.

"일곱 가지 재물은" 이하는 생겨난 것을 개별적으로 해석함이다. 여기에 셋이 있으니 첫째는 생겨나는 덕행을 곧바로 밝힘이고, 둘째는 비치는 경계를 보임이며, 셋째는 제거되는 장애를 나타냄이다.

此下明其所出德行。於中有三。謂標釋結。標中言十智者。卽是前說十波羅蜜。十皆名智。如前釋故。此擧能生根本。總標所出德行。七財以下別釋所生。於中有三。一者正明所生德行。二者示彼所照之境。三者顯其所除之障。

① 생겨나는 덕행을 곧바로 밝힘

처음 (생겨나는 덕행을 곧바로 밝힘)에 둘이 있으니 개별적으로 밝힘과 총괄적으로 거론함이다. 개별적으로 밝힘에서 간략하게 여덟 가지 문으로 나타내었다.

첫째, 일곱 가지 재물을 밝혔다. 일체 현성이 이 일곱 가지 덕을 이용하여 오래도록 법신을 기르고 혜명慧命을 풍요롭게 하며 성불하는 데에 써도 끝까지 없어지지 않으니 이런 의미에서 성재聖財라고 하였고, 현인들이 성불하는 데에 쓴다고 하여 재물이라고 말한 것이다. 현성이 쓰는 덕행이 다양하지만 일곱 가지를 성재로 삼은 이유는 진실로 '신信'을 모든 덕의 밑천으로 삼고, '시施'로 몇 배의 이익을 내며, '계戒'로 재난財難을 제거하고, '문聞'으로 모든 진귀한 것을 채집하며, '참慚'으로 선을 숭상하여 증장시키고, '괴愧'로 악을 막아 멀리 벗어나며, '혜慧'로 (나머지) 여섯 재물을 거느리고 이끌어서 증진시켜 (십주·십행·십회향·십지·무구지·묘각지의) 육입六入의 현성들이 풍요로워진다. 이 일곱 가지가 요긴한 것이기 때문에 이를 "일곱 가지 재물"이라고 한 것이다.

총괄적으로 설명하면 그렇고 구체적으로 나누어서 설명하면, 일곱 가지 재물이 십도十度에서 생겨났지만 수승한 신信 등(의 일곱 가지)만을 취한 까닭은 이와 같은 일곱에 모두 열 가지가 있기 때문이다. 예를 들면 『화엄경』「십무진장품十無盡藏品」에서 자세하게 설하였다. 거기에서 "어떠한 것을 보살의 믿음의 (무진)장이라고 하는가? 이 보살은 일체법이 공하여 진실됨이 없음을 믿고 일체법에는 모양이 없음(無相)을 믿으며, 일체법에는 원이 없음(無願)을 믿고 일체법은 지은 이가 없음(無作者)을 믿으며, 일체법은 진실이 아님을 믿고 일체법에는 견고함이 없음을 믿으며, 일체법은 한량이 없음을 믿고 일체법은 위가 없음을 믿으며, 일체법은 헤아릴 수 없음을 믿고 일체법은 생겨나지 않음을 믿는다."[110]라고 하고는 자세하게 설하였다.

생각해 보면 이것은 깊은 법공法空을 깊이 믿음을 밝힌 것이다. 첫째, '공하여 진실됨이 없음을 믿음'은 제불 여래의 진실한 공덕이 무소유이기 때문이고, 둘째, '모양이 없음'은 제불의 상호는 얻을 수 없기 때문이며, 셋째, '원이 없음'은 대원大願으로 제도할 중생이 공하기 때문이고, 넷째, '지은 이가 없음'은 법성의 연기는 지을 수가 없기 때문이며, 다섯째, '진실이 아님'은 허공은 무위서 진실이 되지 않기 때문이고, 여섯째, '견고함이 없음'은 열반은 견고함과 진실함이 없는 데에 상주하기 때문이며, 일곱째, '한량이 없음'은 과거세는 공하여 사량법으로 구할 수 없기 때문이고, 여덟째, '위가 없음'은 미래세는 공하여 증상법으로 얻을 수 없기 때문이며, 아홉째, '헤아릴 수 없음'은 현재의 시방세계도 공하여 가깝다 멀다 등으로 생각하여 헤아릴 수 없기 때문이고, 열째, '생겨나지 않음'은 삼세의 겁은 공하여 과거·현재·미래의 (법이) 생겨남을 얻을 수가 없기 때문이다. 이 열 가지를 믿음은 (일체법을) 얻을 수는 없지만 일체 제법을 없다고 버리지도 않는 것이다. 예를 들면 (『무진장품』의) 다음 문장에서도 "모든 불법은 불가사의하다고 (듣고도) 마음으로 놀라거나 두려워하지 않고……일체 겁에 들어감이 불가사의하다고 (듣고도) 마음으로 놀라거나 두려워하지 않는다."[111]라고 하였다.

신재信財를 예로 들어 열 가지가 있음을 이렇게 설명하였으니 나머지 여섯 가지 (재물도) 마찬가지이다.

둘째, 사섭四攝을 밝혔다. 『유가론』 보살지菩薩地의 설명이 있다.

어떤 것이 보살이 방편으로 신업·어업·의업을 섭수하는 것인가? 사

---

110 『大方廣佛華嚴經』 권12 「菩薩十無盡藏品」(T9, 475a).
111 『大方廣佛華嚴經』 권12 「菩薩十無盡藏品」(T9, 475a).

섭의 일을 말한다. 또 무슨 인연으로 사섭의 일만 방편이라고 하는가? 모든 보살이 이 네 가지를 연유하여 모든 중생을 두루 섭수하고 조복·성숙시키니 이것 말고는 지나치거나 더해 보이는 것도 없다.

무엇을 네 가지 방편이라고 하는가? 첫째는 수순방편隨順方便(Ⓢ anugrāhaka upāya)이고, 둘째는 능섭방편能攝方便(Ⓢ grāhaka upāya)이며, 셋째는 영입방편令入方便(Ⓢ avatāraka upāya)이고, 넷째는 수전방편隨轉方便(Ⓢ anuvarttaka upāya)이다.

(먼저 모든 보살이 보시를 행하면 이것을 수순방편이라고 한다.) 무슨 까닭인가? 먼저 갖가지 재물을 보시하여 유정을 이익되게 하고서 설하는 것을 받아서 가르침을 받들어 행하게 하기 때문이다. 다음으로는 애어愛語를 행하여 여러 곳에서 어리석은 이가 있으면 그 어리석음을 제거하여 남음이 없게 하고자 하기 때문이다. 그를 섭수하여 바른 이치를 관찰하게 하니 이와 같은 것을 능섭방편이라고 한다. 모든 보살이 그 유정을 섭수하여 바른 이치를 관찰하게 하고 나면 다음으로는 이행利行을 행하여 그 유정을 선하지 않은 곳에서 나오게 하고 선한 곳으로 이끌고 조복시켜 평안한 곳에 있게 하고 서게 하니 이와 같은 이행을 영입방편이라고 한다. 모든 보살이 이와 같은 방편으로 모든 유정을 (좋은 곳으로) 들어가게 하고 나면 최후에 가서는 그와 함께 바른 일에 대해서 같이 수행하여 그가 변하게 한다. 이러한 인연으로 교화받은 이가 '그대 스스로가 원만한 청정한 믿음과 (원만한) 시라尸羅(계)와 (원만한) 보시와 (원만한) 지혜가 없는데 어떻게 선에 의지하여 다른 사람을 이끌고 잘못된 것을 지적하여 뉘우치게 하고 꾸짖어 이끌어서 기억시키겠는가?' 하는 말을 하게 하지 않는다. 그러므로 보살이 동사同事로 일을 섭수함을 수전방편이라 함을 알아야 한다.[112]

---

[112] 『瑜伽師地論』 권38 「力種姓品」(T30, 504c~505a).

논서의 설명은 이와 같다. 지금 이 『(보살영락본업)경』에서 말한 "이익·부드러운 말·시법·동사"는 차례는 비록 다르지만 행실은 같은 것이다.

셋째, 사변四辯을 밝혔다. 이것은 사무애이니 의미는 위에서 설명한 것과 같다.

넷째, 사의四依를 밝혔다. 처음은 세간 중생이 의지하는 행을 버리는 것이고, 다음은 세간에 꾸미는 말과 문장을 버리는 것이며, 셋째는 부처님이 가르치신 불요의경을 버리는 것이고, 넷째는 요의경의 문혜聞慧의 분별을 버리는 것이니 이와 같은 차례로 점차 들어가기 때문이다. 예를 들면 『현양론』에서 이렇게 설명하였다.

의지처(所依)는 네 가지 의지를 말하니 자세한 설명은 경전에서와 같다. 첫째는 법에 의지하고 중생에 의지하지 않는 것이다. 어느 법이 여래께서 말씀하신 것이거나 혹은 제자가 말한 십이분교이면 따라서 배우고 따라서 나아가지만, 중생이 행한 것을 (따라서) 배우지 않고 따라서 나아가지 않는 것이다. 둘째는 뜻에 의지하고 글에 의지하지 않는 것이다. 어느 법이 만들고 꾸미는 문장이나 자구字句를 수식하는 말이 아니고 오직 원만하고 청정하며 깨끗한 범행梵行을 드러내는 것이면, 이 법에 대해서 공경하고 믿고 이해해야 할 것이고, 뒤바뀐 범행을 나타냈거나 나아가 범행을 드러낸 것이 아니고 다만 만들고 꾸미는 문장이나 자구를 수식하는 말에는 의지하지 않는 것이다. 셋째는 요의경에 의지하고 불요의경에 의지하지 않는 것이다. 여래께서 말씀하신 것과 비슷하고 매우 심오한 공성空性에 상응하고 온갖 연을 따르는 연기법에 대하여 말의 얕은 뜻에 망령되게 집착하지 않고, 스스로 내면적으로 보고 취한 마음에도 머물지 않으며, 오직 요의를 나타내는 경전을 부지런히 찾고 연구하는 것이다. 넷째는 지혜에 의지하고 아는 것에 의지하지 않는 것이다. 듣기만 하여도 지식의 만족을 일으키고 곧장 법을 따르고 법을 닦으며 모든 번뇌를 없애기 위해서 스스로 내면적으로 진제眞諦의 지혜를 부지런히 구하여 증득하는 것이다.¹¹³

다섯째 십력과 여섯째 사무외와 일곱째 육통六通과 여덟째 삼명三明의 네 문은 다음 문장에서 설명할 것이다.

여기까지가 개별적으로 밝힘이다. 다음으로 "백만억 아승기 공덕"이라고 한 것은 둘째 총괄적으로 거론함이다.

初中有二。別明總擧。別明之內略顯八門。第一明七聖財。一切賢聖。用此七德。長養法身。資益慧命。用之成佛。終無窮盡。以是義故名爲聖財。故言賢用成佛故說財。賢聖所用德行衆多。所以取七爲聖財者。良由信爲衆德之基。施爲出信¹⁾之利。戒能除劫財難。聞能採集諸珍。慚崇善而增長。愧拒惡而遠離。慧能將導六財令其增進。六入賢聖豐饒。此七爲要。是故說此名爲七財。總說雖然於中分別者。此中七財十度所生。所以但取殊勝信等。如是七中皆有十種。如十無盡藏品廣說。彼言何等爲菩薩信藏。此菩薩信一切法空無眞實。信一切法無相。信一切法無願。信一切法無作者。信一切法不實。信一切法無堅固。信一切法無量。信一切法無上。信一切法不可度。信一切法不生。乃至廣說。案云是明深信其²⁾深法空。一信空無眞實者。諸佛如來眞實功德無所有故。二無相者。諸佛相好不可得故。三無願者。大願所度衆生空故。四無作者者。法性緣起無能作故。五不實者。虛空無爲不成實故。六無堅固者。涅槃常住無堅實故。七無量者。過去世空無可進³⁾求思量法故。八無上者。未來世空。無應當得增上法故。九不可度者。現在十方世界亦空。不可圖度遠近等故。十不生者。三世劫空。曾今當生不可得故。能信十種皆不可得。而不撥無一切諸法。如彼下文。言皆⁴⁾諸佛法不可

---

113 『顯揚聖敎論』 권2 「攝事品」(T31, 490c).

思議。心不驚怖。乃至皆[5]入一切劫不可思議。心不驚怖故。如說信財有十
如是。後六亦爾。第二明四攝者。瑜伽論菩薩地。云何菩薩方便所攝身語意
業。謂四攝事。復何因緣唯四攝事說名方便。謂諸菩薩由是四種。於諸衆
生。普能攝受。調伏成熟。除此無有若過若增。何等名爲四種方便。一隨順
方便。二能攝方便。三令入方便。四隨轉方便。何以故。先以種種財物布施。
饒益有情。爲欲令彼聽受。所說奉敎行故。次行愛語。於彼彼處有愚癡者。
爲欲除彼所有愚癡令無餘故。令其攝受瞻察正理。如是名爲能攝方便。若
諸菩薩如彼有情受[6]瞻察正道理已。次行利行。拔彼有情出不善處。於其善
處。勸導調伏安處建立。如是利行名令入方便。若諸菩薩如是方便。令諸有
情得趣入已。最後與其於正事業同共脩行。令彼隨轉。由是因緣。令所化者
不作是念。[7]汝自無有圓滿淨信尸羅施惠。何賴於善。勸導於他。諫悔呵擯
與作憶念。是故菩薩同事攝事。當知是名隨轉方便。論說如是。今此經言利
益濡語施法同事。次第雖異。行實應同也。第三明四辨者。是四無礙。義如
上說。第四明四依者。初捨世間衆生所依行。次捨世間飾詞文句。三捨佛敎
不了義經。四捨了經聞慧分別。如其次第漸趣入故。如顯揚論云。所依者謂
四種依。廣說如經。一依法不依衆生。謂若法是如來所說。或弟子說。十二
分敎。隨學隨聽。[8]不[9]衆生所行行學。亦不隨轉。二依義不依文。謂若法非
餘[10]詞者。所造綺文字句。唯能顯了。獨法淸淨。鮮白梵行。於此法中。恭
敬信解。非於能顯顚倒梵行。及不顯了梵行。但飾詞者。所造綺文字句。三
依了義經不依不了義經。謂於如來所說相似甚深空性。相應隨順諸緣緣起
法中。不妄執著如言淺義。亦不住自內見取心。唯勸[11]尋究顯了義經。四依
智不依識。謂不唯聽聞而生知足。便不進脩法隨法行。然爲盡諸漏。勸[12]求
自內證眞諦智故。第五十力。第六四無畏。第七六通。第八三明。如是四門。
後文當說。此是別明。次言百萬億阿僧祇功德者。第二總擧。

---

1) ㉥ '信'은 어떤 판본에는 '倍'로 되어 있다. 2) ㉥ '其'는 '甚'으로 생각된다. 3) ㉥
'進'은 '追'로 생각된다. 4) ㉥ '皆'는 『華嚴經』에는 '聞'으로 되어 있다. 5) ㉥ '皆'는
『華嚴經』에는 '聞'으로 되어 있다. 6) ㉥ '受' 앞에 '攝'이 빠진 것으로 생각된다.

7) ㉝ '念'은 『瑜伽師地論』에는 '說'로 되어 있다. 8) ㉞ '聽'은 『顯揚聖教論』에는 '轉'으로 되어 있다. 9) ㉟ '不' 다음에 『顯揚聖教論』에는 '隨'가 있다. 10) ㉑ '餘'는 '飾'으로 생각된다. ㉟ '餘'는 『顯揚聖教論』에는 '飾'으로 되어 있다. 11) ㉟ '勸'은 『顯揚聖教論』에는 '勤'으로 되어 있다. 12) ㉟ '勸'은 『顯揚聖教論』에는 '勤'으로 되어 있다.

② 비치는 경계를 보임

경 "차례로 생긴 지혜는 여덟 가지 세제世諦의 일체법을 연하느니라. 사제와 이제와 십이연의 제법은 인연으로 성립하여 임시법이고 무아인 유법有法이니라. 상대相待여서 일체상은 공허하고 상속하여 하나라고 하여도 공하여 얻을 수 없느니라. 인으로 생겨나 (조건이) 모여서 일어나는 것이니 법은 연이 아니어서 실제와 실제가 모여 유有인 것을 생겨나는 법이라고 하느니라. 법이 임시인 것은 만들어진 법이어서 그런 이름을 받으며 작용을 일으키면 모여 있는 법이라고 하느니라. 그러므로 여덟 가지 유위법은 일체법의 근본 지혜가 비추는 곳이니라."¹¹⁴

次第生智。能緣八世諦一切法。四諦二諦十二緣。諸法緣成假法無我有法。相待一切相虛。相續名一。空不可得。因生集起。卽法非緣。實實集有。名生成法。法假造法受名。起用名聚法。是故八有爲法。一切法本智所照處。

소 여기까지는 첫째인 생겨나는 덕행을 곧바로 밝힘이었고, 다음은 둘째인 대상 경계를 보임이다. 여기에 셋이 있으니 표방·해석·결론 맺음이다.

처음 (표방)에 "차례로 생긴 지혜는 여덟 가지 세제世諦의 일체법을 연하느니라."라고 한 것은 비추는 지혜를 거론하여 대상인 경계를 표방한

---

114 『菩薩瓔珞本業經』 권하 「因果品」(T24, 1019c).

것이다. 제일의제는 모습이 없지만 널리 비추므로 지금은 다만 세제의 차별을 드러내었다.

두 번째는 여덟 가지 세제법을 개별적으로 나타내었다. 첫째는 사제四諦이니 오염된 법과 청정한 법 두 가지에 각각 과와 인이 있기 때문이다. 둘째는 이제二諦이니 첫째 문의 이제가 모두 세제이기 때문이다. 셋째는 십이연十二緣이니 의미는 앞에서 설명한 것과 같다. 넷째는 연으로 이루어진 임시이니 예를 들면 (다섯 가지) 음陰이 연하여 임시로 사람 하나를 이루거나 또 사진四塵이 연하여 임시로 기둥 하나를 이루는 등이다. 경에서 "인연으로 성립하여 임시법이고 무아인 유법有法이니라."라고 하였다. 다섯째는 상대相待의 임시이니 상대에 셋이 있다. 첫째는 서로 빼앗는 것이니 예를 들면 길고 짧음 등이다. 둘째는 서로 피하는 것이니 예를 들면 청색과 황색 등이다. 셋째는 서로 마주하는 것이니 예를 들면 있음과 없음이다. 경에서 "상대相待여서 일체상은 공허하고"라고 하였다. 여섯째는 상속하는 임시이니 전후의 생각에 의지하여 임시 하나를 이루고 앞에서 뒤로 이어져 끊어지지 않기 때문이다. 경에서 "상속하여 하나라고 하여도 공하여 얻을 수 없느니라."라고 하였다. 일곱째는 법의 임시이니 한 찰나 무렵의 마음·심소법과 모든 사진의 극미 등의 법은 인을 따라 생겨나고 서로 모여서 일어나며 연을 떠나면 법이 아니니 곧 법은 연이 아니므로 인에서 생겨난 임시라고 하고 법의 임시라고도 한다. 경에서 "인으로 생겨나 (조건이) 모여서 일어나는 것이니 법은 연이 아니어서 실제와 실제가 모여 유有인 것을 생겨나는 법이라고 하느니라."라고 하였다. '실제와 실제가 모여 유有인 것'이라고 한 것은, 일극미는 연으로 이루어진 임시 실제이고 찰나도 상속하는 임시 실제이니 이와 같이 모든 실제의 모습이 모인 것이기 때문에 "실제와 실제가 모여 유有인 것"이라고 하였다. 곧 모든 극미를 법의 임시라고 한다. 여덟째는 감수의 임시이니 극미를 감촉할 때에는 거친 감촉이 된 그 감수를 본래 감촉이라고 해야 하지만 그 감촉의 대상의 작용을 보고 감촉과 대상이 같은 종류여서 서로 이루어졌다고 말한다. 나머지 색향미色香味의 경우도 당연히 그렇다. 앞에서 설명한 연으로 이루어진 임시법과 달리 다른 종류의 연을 근거로 연으로 이루어진 임시라고 한다. 경에서 "법이 임시인 것은 만들어진 법이어서 그런 이름을 받으며 작용을 일으키면 모여 있는 법이라고 하느니라."라고 하였다. 같은 법이 서로 모였기 때문에 '모여 있는 법'이라고 하였고, 극미가 거친 것이 되기 때문에 '만들어진 법'이라고 하였다.

(법의 임시·감수의 임시·이름의 임시의) 세 가지 임시 문에서 셋째인 이름의 임시는 이미 앞에서 나타내었기 때문에 거듭 말하지 않는다. 앞에서 『불모품』의) 두 번째 (대답에서) 모든 이제의 유(를 설명한 곳)에서 중제中諦가 바로 이름의 임시의 의미이기 때문이다.

"그러므로" 이하는 셋째인 총체적으로 결론 맺음이니 이와 같은 여덟 가지 문에 모두 유위가 있기 때문에 "여덟 가지 유위법은"이라고 하였다. 그러나 사제 중에 멸제滅諦와 이제 안의 무제無諦와 상대相待의 임시 중에 무위의 셋은 유위는 아니지만 많은 의견을 따라서 유위로 통칭하였다.

"근본 지혜가"라고 한 것은 관찰에 들어갈 때에 쌍으로 비추는 지혜를 말하니 관찰에서 나올 때의 지혜를 상대하여 근본 지혜라고 한 것인데, 쌍으로 비추는 (지혜인 여리지와 여량지) 중에 여량지가 끝까지 비추는 것이다. 이 여덟 가지를 모두 세제법世諦法이라고 했기 때문에 관찰에서 나올 때의 지혜도 이 여덟 가지를 비추지만 (이 지혜만) 장애를 다스릴 수 있기 때문에 근본 지혜라고 설하였다. 관찰에서 나올 때의 지혜는 장애를 끊지 못하기 때문이다.

上來第一正明所生一切德行。此下第二示所緣境。於中有三。謂標釋結。初言次第生智能緣八世諦一切法者。擧能照智標所緣境。第一義諦無相易照故。今但顯世諦差別。第二別顯八世諦法。一者四諦。染淨二各有果因故。

二者二諦. 初門二諦皆是世諦故. 三者十二緣. 義如前說故. 四者緣成假.
如陰緣成一假人. 又四塵緣成一假柱等. 如經緣成假法無我有法故. 五者
相待假. 相待有三. 一相集¹⁾相待. 如長短等. 二相避相待. 如靑黃等. 三相
對相待. 如有無. 如經相待一切相虛故. 六者相續假. 佐前後念以成一假.
從前至後不斷絶故. 如經相續名一空不可得故. 七者法假. 一刹那頃心
所法. 及諸四塵極微等法. 從因而生. 相集而起. 離緣非法. 卽法非緣. 名
因生假. 亦名法假. 如經因生集起. 卽法非緣. 實實集有. 名生成法故. 實
實集有者. 如一極微是緣成假之實. 又²⁾刹那是相續假之實. 如是諸實相
聚. 故言實實集有. 卽諸極微. 名爲法假. 八者受假. 如極微觸. 以成麤觸
受本觸名. 起觸對用. 如說觸塵同類相成. 餘色香味當亦爾. 不同前說緣成
假法. 攬異類緣名緣成假. 如經法假造法受名. 起用名聚法故. 同法相集故
名聚法. 以微成麤故言造法. 三假門內. 第三名假. 已顯於³⁾故不重說. 諸
前第二二諦之有. 中諦正是名假義故. 是故以下第三總結. 如是八門. 皆有
有爲. 故言八有爲法. 然四諦之中滅諦. 二諦之內無諦. 相待假中無爲. 此
三雖非有爲從多通名有爲. 言本智者. 謂入觀時. 雙照之智. 對出觀智名爲
本智. 雙照之內量智邊照. 是八皆名世諦法故. 其出觀智亦照此八. 但爲乘
顯能治除故說其本智. 以出觀智不斷障故.

1) ㉑ '集'은 어떤 판본에는 '奪'로 되어 있다. 2) ㉑ '又' 다음에 어떤 판본에는 '一'이
있다. 3) ㉑ '於' 다음에 '前'이 빠진 것으로 생각된다.

③ 제거되는 장애를 나타냄

경 "다시 이 지혜에서 제거하는 것은 오개五蓋인 탐貪·진瞋·수睡·도
掉·의疑와 사식四食인 촉觸·식識·사思·단식段食과 사생四生인 난생·태
생·습생·화생과 십악·오역·팔도·삼장三障·팔난·십삼번뇌·육도·삼
계·육십이견六十二見·사류四流·사박四縛·사취四取·구뇌九惱·칠식주七識
住·사결四結인데, 제거되는 모든 것은 불선不善이니라. 불자여, 십지十智의

경계가 없어지는 일체 공덕을 불인佛因이라고 하니 그대는 받아서 닦아야 하느니라."[115]

復從是智。能除五蓋貪瞋睡掉疑。四食觸識思段食。四生卵生胎生濕生化生。十惡五逆。八倒三障。八難十三煩惱。六道三界。六十二見。四流四縛四取。九煩[1]惱七識住四結。一切所除皆名不善。佛子。十智境所除一切功德。皆名佛因。汝應受應[2]行。

1) ㉭ '煩'은 『菩薩瓔珞本業經』에서 어떤 판본에는 없다고 하였다. 2) ㉭ '應'은 『菩薩瓔珞本業經』에서 어떤 판본에는 없다고 하였다.

소 다음은 셋째인 제거되는 장애를 나타냄이다. 여기에 셋이 있으니 표방·해석·결론 맺음이다.

처음 (표방)에 "다시 이 지혜에서 제거하는 것은"이라고 한 것은 앞의 근본 지혜가 장애를 제거하기 때문이다.

"오개五蓋인" 이하는 모든 장애의 인과와 모든 근심을 통틀어 제거함을 개별적으로 나타낸 것이니, 여기에서 간략하게 열여덟 가지를 거론하였다. "팔도"라고 한 것은 유위의 사도四倒와 무위의 사도가 있기 때문이다.[116] "구뇌九惱"라고 한 것은 아홉 가지 괴로움이 있는 곳(九惱處)을 말한다. 아홉 가지 괴로움이 있는 곳은 셋 곱하기 셋으로 아홉이니 첫째는 내가 원망하는 집을 사랑하는 것이고, 둘째는 내가 친애하는 이를 미워하는 것이며, 셋째는 곧바로 나를 괴롭히는 것이다. 이것이 삼세에 통하기 때문에 아홉 가지 괴로움이 된다. 나머지 여러 가지는 보통 설명하는 것과 같다. "사결四結"이라고 한 것은 사계四繫이니 아비달마(對法)에서 뇌惱와

---

115 『菩薩瓔珞本業經』권하 「因果品」(T24, 1019c).
116 팔도八倒는 여덟 가지 잘못된 견해를 말한다. 유위의 법을 상常·낙樂·아我·정淨으로 고집하는 네 가지와, 무위의 법을 무상無常·무락無樂·무아無我·부정不淨으로 고집하는 네 가지가 있다.

결結을 설명하는 것과 같다.[117] "모든 것은 불선不善이니라."라고 한 것은 모두가 열반의 진실한 선과 다르기 때문이다.

여기까지 (생겨나는 덕행을 곧바로 밝힘과 비치는 경계를 보임과 제거되는 장애를 나타냄) 세 부분을 합하여 (인에 대한 개별적인 대답의 두 번째인 생겨나는 덕행을 드러냄의 표방·해석·결론 맺음 중) 두 번째인 생겨나는 것을 개별적으로 밝힘이다.

"십지十智의" 이하는 세 번째인 결론을 맺어 권함이다. "십지十智의 경계가 없어지는"이라고 한 것은 십지의 경계인 여덟 가지 세제법이 십지로 없애는 열여덟 가지 불선이라는 것인데, 이것은 인을 거론한 것은 아니다. 일체 공덕을 가진 나머지는 모두 불인佛因이라고 하기 때문에 받아서 닦아야 한다. 여덟 가지 세제법을 인이라고 하지 않는 것은 이 경계의 문은 인의 의미가 아니기 때문이다.

此下第三顯所除障。於中有三。謂標釋結。初言復從是智能除者。謂前本智除障故。五蓋以下別顯諸障因果諸患通爲所除。此中略擧十八種法。言八倒者。有爲四倒無爲四倒故。九惱者。謂九惱處。九惱處者。三三爲九。一愛我怨家。二憎我親愛。三正來惱我。此通三世故成九惱。其餘諸門如常所說。言四結者。卽是四繫。如對法說惱結中。言皆名不善者。皆違涅槃眞實善故。上來三分合爲第二別明所生。十智以下第三結勸。言十智境所除者。謂十智之境八世諦法。十智所除十八不善。是擧非因。此餘所有一切功德。皆名佛因。故應受行。八世諦法不名因者。彼境界門非因義故。

---

117 사결四結은 네 가지 번뇌를 말한다. ① 욕애신결欲愛身結 : 욕계의 중생이 오욕 경계에 집착하여 삼계의 고통에서 벗어나지 못함. ② 진에신결瞋恚身結 : 욕계의 중생이 제 뜻에 만족하지 못한 것에 대하여 화를 내어 삼계에서 벗어나지 못함. ③ 계도신결戒盜身結 : 계율이 아닌 것을 계율이라 여겨서 삼계에서 벗어나지 못함. ④ 아견신결我見身結 : 아견으로 번뇌 악업을 더하여 삼계에서 벗어나지 못함.

(3) 과에 대한 개별적인 대답 1 : 체體의 과를 드러냄

① 한 가지 체의 모습을 밝힘

경 "불자여, 그대가 앞에서 말한 과는, 오현五賢의 보살이 모든 도법道法을 닦아 법성法性의 체體인 일대과一大果를 증득한 것이니라. 그 (법성의) 체는 있지도 않고 없지도 않으며, 크지도 않고 작지도 않으며, 몸도 아니고 마음도 아니며, 모습도 아니고 삼세도 아니며, 하늘도 아니고 사람도 아니며, 이름도 아니고 상락아정도 아니며, 육도도 아니고 육식六識으로 들어가는 것도 아니며, 일체의 법상法相을 초월하는 수량의 법도 아니며, 복전福田도 아니고 귀신도 아니며, 동정動靜도 아니고 생멸도 아니며, 제일第一도 아니고 오색五色도 아니며, 육대六大도 아니고 토전土田도 아니며, 법계도 아니고 삼계도 아니며, 결박과 해탈도 아니고 명암도 아니며, 득법得法도 아니어서 적연寂然하여 무위이니라. 일체법의 바깥이어서 마음이 움직일 자리가 없으므로 이 자리는 헤아리기 어려우니라. 유제有諦에 대하여 겁량劫量의 수행을 닦아 과보가 있느니라."¹¹⁸

佛子。汝先言果者。是五賢菩薩修諸道法。證一大果爲法性體。其體者。非有非無。非大非小。非身非心。非相非三世。非天非人非名字。非常樂我淨。非六道非六識入。非數量法過一切法相。非福田非鬼神。非動靜非生滅。非第一非五色。非六大非土田。非法界非三界。非縛解。非明闇。非得法。寂然無爲。一切法外。心行處滅其處難量。就有諦中修劫量行而有果報。

소 "그대가 앞에서" 이하는 두 번째인 과를 드러냄이다. 문장에 셋이

---
118 『菩薩瓔珞本業經』 권하 「因果品」(T24, 1019c).

있으니 표방하여 물음·해석·결론 맺음이다. 두 번째인 해석에도 세 부분이 있으니 처음은 체體의 과를 드러냄이고, 다음은 의義의 과를 해석함이며, 셋째는 체와 의의 두 과를 거듭 밝힘이다.

처음 (체의 과를 드러냄)에 둘이 있으니 먼저 한 가지 체의 모습을 밝히고 나중에 두 가지 몸의 문을 나타내었다. 처음 (한 가지 체의 모습을 밝힘)에도 둘이 있으니 첫째는 인을 거론하여 과를 표방함이고 둘째는 과의 체를 곧바로 밝힘이다.

처음 (인을 거론하여 과를 표방함)에 "법성法性의 체體인"이라고 한 것은 이것이 일법계一法界이기 때문이다. "그 (법성의) 체는" 이하는 두 모습 없음을 곧바로 드러냄이다. 여기에도 둘이 있으니 개별적으로 드러냄과 총괄적으로 밝힘이다.

첫째인 개별적으로 드러냄에 이중의 일곱 가지 상대相待가 있다. "있지도 않고 없지도 않으며"라고 한 것은 하나의 과체果體가 있는 것도 아니고 하나의 과체가 없는 것도 아니기 때문이고, "크지도 않고 작지도 않으며"라고 한 것은 하나의 극미에 들어가고도 남은 것이 없고 시방계를 싸고도 남기 때문이며, "몸도 아니고 마음도 아니며"라고 한 것은 길고 짧음 등의 물질적인 모양을 벗어나고 있음과 없음 등의 (대상을) 반연하는 생각을 벗어났기 때문이고, "모습도 아니고 삼세도 아니며"라고 한 것은 이곳저곳의 모습을 벗어나고 전후의 시간을 벗어났기 때문이며, "하늘도 아니고 사람도 아니며"라고 한 것은 높은 허공에 있지도 않고 사람 세상에 있지도 않기 때문이고, "이름도 아니고 상락아정도 아니며"라고 한 것은 찬탄할 만한 아름다운 이름도 아니고 돌아갈 만한 묘덕妙德도 아니기 때문이며, "육도도 아니고 육식六識으로 들어가는 것도 아니며"라고 한 것은 선악으로 생기는 것도 아니고 명색名色으로 취할 만한 것도 아니기 때문이고, "일체의 법상法相을 초월하는 수량의 법도 아니며"라고 한 것은 앞의 일곱 가지 상대를 총괄적으로 결론 맺은 것이다.

"복전福田도 아니고 귀신도 아니며"라고 한 것은 복도 없고 죄도 없기 때문이고, "동정動靜도 아니고"라고 한 것은 산란도 없고 선정도 없기 때문이며, "생멸도 아니며 제일第一도 아니고"라고 한 것은 속俗도 아니고 진眞도 아니기 때문이고, "오색五色도 아니며 육대六大도 아니고 토전土田도 아니며"라고 한 것은 개별도 아니고 총괄도 없기 때문이며, "법계도 아니고 삼계도 아니며"라고 한 것은 근본도 아니고 지말도 아니기 때문이고, "결박과 해탈도 아니고"라고 한 것은 더럽지도 않고 청정하지도 않기 때문이며, "명암도 아니며"라고 한 것은 지혜롭지도 않고 어리석지도 않기 때문이고, "득법得法도 아니어서 적연寂然하여 무위이니라."라고 한 것은 앞의 일곱 가지 상대를 총괄적으로 결론 맺은 것이다. '적연寂然하여'라고 한 것은 일곱 가지 상대와 두 가지 극단의 모습을 멀리 벗어났기 때문이고, '무위이니라'라고 한 것은 두 가지 극단은 벗어났지만 중中이 되지는 않기 때문이다. 이런 도리 때문에 득법得法도 아닌 것이다.

"일체" 이하는 둘째인 총괄적으로 밝힘이다. 여기에 둘이 있으니 곧바로 밝힘과 의심을 없앰이다.

처음 (곧바로 밝힘)에 "일체법의 바깥이어서"라고 한 것은 앞과 같은 이중의 일곱 가지 상대인 모든 법에서 벗어났기 때문이다. "마음이 움직일 자리가 없으므로"라고 한 것은 벗어난 모든 법도 그 벗어난 곳을 벗어나 의거할 것이 없기 때문이다. "이 자리는 헤아리기 어려우니라."라고 한 것은 얻을 것이 없으면서 얻을 것이 없는 것도 아니기 때문이다.

다음으로 의심을 없앰은, 어떤 중생이 의심하며 "만약 과가 이와 같아서 마음과 말이 끊어졌다면 무슨 이유로 여래께서 보살에게 수기하시며 '그대가 수 겁의 수행과 온갖 수행을 하면 아무 세계에서 부처가 되리라' 하시며 이러이러한 미래의 결과를 보이시는가?" 하고 말하는 의심을 없애기 위해서이니 그러므로 "유제有諦에 대하여 겁량劫量의 수행을 닦아 과보가 있느니라."라고 한 것이다. '과보'라고 한 것은 정토의 색신色身 상호相好의 과보이니 이러한 것들은 모두 유제에 대해서 설한 것이다. 지금 여기에서 이제의 바깥이라는 설명은 이러한 도리 때문에 서로 어긋나지 않는다.

汝先以下第二顯果。在文有三。牒問釋結。第二釋中亦有三分。初顯體果。次釋義果。三者重明體義二果。初中有二。先明一體之相。後顯二身之門。初中亦二。一者擧因標果。二者正明果體。初中言爲[1]性體者。是一法界故。其體者以下正顯無二相。於中亦二。別顯總明。初別顯中有二七對。非有非無者。非有一果體。非無一果體故。非大非小者。入一極微而無遺。包十方界而[2]餘故。非身[3]非心者。離長短等形質。離有無等緣盧故。非相非三世者。離此彼處相。離前後時謝故。非天非人者。不在高空。不在下地故。非名字非常樂我淨者。非芳名之可讚。非妙德之可歸故。非六道非六識入者。非善惡之所生。非名色之可取故。非數量法過一切法相者。總結前七對也。非福田非鬼神者。無福無罪故。非動非靜者。無散無定故。非生滅非第一者。非俗非眞故。非五色非六大非土田者。非別非總故。非法界非三界者。非本非末故。非縛解者。不染不淨故。非明闇者。不智不愚故。非得法寂然無爲者。總結前七對也。言寂然者。遠離七對二邊相故。言無爲者。雖離二邊不爲中故。由是道理故非得法也。一切以下第二總明。於中有二。正明遣疑。初中言一切法外者。出離如前二重七對一切法故。心行處滅者。出離諸法亦離其離無所據故。其處難量者。雖非有得而非無得故。次遣疑者。有衆疑云。若果如是心言絶者。何故如來記菩薩言。於爾許劫行種種行。於某世界當得作佛。如是如是示當果耶。爲遣是疑。故言就有諦中脩劫量行而有果報。果報者淨土色身相好果報。此等皆就有諦中說。今此中說二諦之外。由是道理不相違也。

---

1) ㉦ '爲' 다음에 어떤 판본에는 '法'이 있다. 2) ㉦ '而' 다음에 '無'가 빠진 것으로 생각된다. 3) ㉦ '身'은 『菩薩瓔珞本業經』에는 '色'으로 되어 있다. ㉢ '身'은 『菩薩瓔珞本業經』에서 어떤 판본에는 '色'으로 되어 있다고 하였다.

② 두 가지 몸의 문을 나타냄

경 "불자여, 두 가지 법신이 있으니 첫째는 과극果極 법신이고 둘째는 응화應化 법신이니라. 응화가 법신임은 그림자가 형상을 따르는 것과 같고, 과신果身이 항상하므로 응신도 항상하니라. 불자여, 옛날의 모든 부처님은 두 가지 몸의 길이 하나였느니라. 불자여, 일체 보살에게는 두 가지 몸이 모두 무상無常인 몸이니라. 불자여, 모든 범부에게도 두 가지 몸이 있으니 첫째는 보신이고 둘째는 방편신이니라. 보신은 (중생에게) 공통인 것은 아니고, 방편신은 모든 중생에게 공통이니라. 불자여, 모든 보살과 모든 중생에게 두 가지 몸이 있다는 것은 모든 여래께서 항상 말씀하시므로 결정된 요의了義라고 하느니라."[119]

佛子。有二法身。一果極法身。二應化法身。其應化法身如影隨形。以果身常故應身亦常。佛子。古昔諸佛二身道同。佛子。一切菩薩二身俱是無常身。佛子。一切凡夫亦有二身。一報身。二方便身。報身不共有。方便身共一切衆生有。佛子。一切菩薩一切衆生皆有二身。一切諸如來常作如是說。故名決定了義。

소 다음은 둘째인 두 가지 몸의 문을 밝힘이다. 여기에 둘이 있으니 첫째는 여래의 두 가지 몸을 곧바로 밝힘이고, 둘째는 사람 세상의 두 가지 몸을 헤아려 나타냄이다.

처음 (여래의 두 가지 몸을 곧바로 밝힘)에 네 구절이 있으니 첫째는 총괄이고, 둘째는 개별적으로 나타냄이며, 셋째는 두 가지 몸의 상주를 밝힘이고, 넷째는 모든 부처의 길이 같음을 결론 맺음이다. 셋째 (두 가지

---

[119] 『菩薩瓔珞本業經』 권하 「因果品」(T24, 1019c~1020a).

몸의 상주를 밝힘)에서 "그림자가 형상을 따르는 것과 같고"라고 한 것은 결과인 몸이 상주常住함을 밝힌 것이니 생멸을 벗어났기 때문이고, 응신도 항상 생멸을 벗어나서 보살의 두 가지 몸이 무상한 것과는 같지 않다는 것이다.

다음으로 사람 세상의 두 가지 몸을 밝힘에도 둘이 있으니 곧바로 밝힘과 총괄적으로 맺음이다. 처음에도 둘이니 먼저 보살의 두 가지 몸을 밝혔고 나중에는 범부의 두 가지 몸이 같지 않음을 나타내었다. "불자여" 이하는 둘째인 총괄적으로 맺음이다.

此下第二明二身門。於中有二。一者正明如來二身。二者乘顯下地二身。初中四句。一者總。二者別顯。三明二身常住。四結諸佛道同。第三中言如影隨形者。是明果身常住。離生滅故。應身亦常離生滅。不同菩薩二身無常也。次明下地皆有二身。於中有二。正明總結。初中亦二。先明菩薩二身無常。後顯凡夫二身不同。佛子以下第二總結。

(4) 과에 대한 개별적인 대답 2 : 의義의 과를 해석함

경 "불자여, 부처님의 의공덕신義功德身은 모든 부처님의 길이 같아서 과법果法도 다르지 않으니라. 말하자면 십호十號이니 첫째 여래, 둘째 응공, 셋째 정변지, 넷째 명행족, 다섯째 선서, 여섯째 세간해, 일곱째 무상사, 여덟째 조어장부, 아홉째 천인사, 열째 불타이니라. 모두 십덕十德을 향하므로 일체중생이 공양하는 대상이 되느니라. 또 십팔불공법이 있으니 말하자면 몸에 잘못이 없고, 생각에 잘못이 없으며, 입에 잘못이 없고, 다른 생각이 없으며, 정定이 아닌 마음이 없고, 알지 못하여 버리는 마음이 없으며, 염念이 줄어듦이 없고, 욕欲이 줄어듦이 없으며, 정진이 줄어듦이 없고, 혜慧가 줄어듦이 없으며, 해탈이 줄어듦이 없고, 해탈지견이 줄어듦이 없으며,

신업이 지혜를 따라 행하고, 구업이 지혜를 따라 행하며, 의업이 지혜를 따라 행하고, 지혜가 과거와 미래와 현재를 아는 데에 걸림이 없고 장애가 없느니라. 또 십력十力이 있으니 처비처력·업력·정력·근력·욕력·성력·과력·천안력·숙명력·결진력이니라. 자慈·비悲·희喜·사捨이니라. 나는 일체지인一切智人이며, 나는 번뇌가 모두 사라졌으며, 무루로 번뇌도를 벗어나고 (무루로) 번뇌장도煩惱障道를 벗어났느니라. 천신·천안·천이·누진·숙명·타심, 오안五眼, 오분법신五分法身, 무죄삼업無罪三業, 불보법승佛寶法僧, 멸제, 해탈, 영지靈智, 일승, 금강보장, 법신장法身藏, 자성청정묘장自性淸淨妙藏, 삼달三達, 삼무위三無爲, 삼명, 일제一諦, 일도一道, 독법獨法, 대락무위大樂無爲이니라.

불자여, 모든 성인의 결과인 무량공덕장無量功德藏에는 불가설불가설의 과가 있으니 이 과는 하나의 길이니라."[120]

佛子。佛義功德身者。諸佛道同果法不異。所謂十號。一如來。二應供。三正遍知。四明行足。五善逝。六世間解。七無上士。八調御丈夫。九天人師。十佛陀。其向十德故。爲一切衆生所供養。復次十八不共法。所謂身無失。念無失。口無失。無異想。無不定心。無不知已捨心。念無減。欲無減。精進無減。智慧無減。解脫無減。解脫知見無減。身業隨智慧行。口業隨智慧行。意業隨智慧行。智知過去未來現在無礙無障。復有十力。是處非處力。業力。定力。根力。欲力。性力。果力。天眼力。宿命力。結盡力。慈悲喜捨。我是一切智人。我漏已盡。無漏出煩惱道。煩惱障道。天身。天眼。天耳。漏盡。宿命。他心。五眼。五分法身。無罪三業。佛寶法僧。滅諦。解脫。靈智。一乘。金剛寶藏。法身藏。自性淸[1)]妙藏。三達。三無爲。三明。一諦一道。獨法。大樂無爲。佛子。一切聖果無量功德藏中。不可說不可說果。是果一道。

---

[120] 『菩薩瓔珞本業經』 권하 「因果品」(T24, 1020a).

1) ㉠ '淸' 다음에 『菩薩瓔珞本業經』에서 어떤 판본에는 '淨'이 있다고 하였다.

소 "불자여" 이하는 다음으로 의義의 과를 밝힘이다. 여기에 셋이 있으니 총괄적으로 표방함과 개별적으로 해석함과 셋째는 총결이다.

처음 (총괄적으로 표방함)에 "의공덕義功德"이라고 한 것은 체의 과는 오묘하여 상相과 성性을 완전히 벗어나므로 하는 것도 없고 만드는 것도 없지만 (의의 과는) 하는 것의 대상이 없는 것뿐이기 때문에 하지 못할 것이 없어서 모든 중생을 위하여 모든 의리를 만든다. 그러므로 한 가지 체에서 무량한 의와 무량한 공덕이 나온다. 덕과 의가 모여 쌓이기 때문에 "신身"이라고 한 것이니 이것이 응화한 법신의 몸이다. 예를 들면 아래의 (경전) 문장에서 "묘각지에 머물러야 응화應化를 나타낸다고 할 수 있으니 헤아릴 수 없는 의미가 있고 헤아릴 수 없는 이름이 있지만 그것은 하나의 체에서 나오느니라. 말하자면 묘과妙果는 항상 청정함에 머무르기 때문에 허공과 같아서 생각할 수 없고 말할 수 없으며 이름으로 헤아릴 수 없고 이름으로 들어갈 수 없으며 한계 지을 수도 없는 데에까지 이르느니라."[121]라고 하였다.

"모든 부처님의 길이 같아서 과법果法도 다르지 않으니라."라고 한 것은 십호 등의 덕은 모든 부처님이 같기 때문이다.

佛子以下次明義果。於中有三。總標別釋。第三總結。初中言義功德者。體果妙絶離相性。無爲無作。但無所爲故。無所不爲。爲諸衆生作諸義利。故於一體出無量義無量功德。德義積聚故名爲身。卽是應化法身之身。如下文言。住是妙覺地中。唯現作[1]可名。有無量義。有無量名。其出一體。所謂妙果常住淸淨。至若虛空。不可思議。不可說。不可名數。不可名入。界分

---

121 『菩薩瓔珞本業經』 권하 「大衆受學品」(T24, 1022a).

可得故. 諸佛道同果法不異者. 十號等德諸佛同故.

1) ㉠ '作'은 『菩薩瓔珞本業經』에는 '化'로 되어 있다.

① 88종의 덕을 개별적으로 밝힘 1 : 십호

"말하자면" 이하는 둘째인 개별적으로 밝힘이니 여기에서 88종의 덕을 간략하게 드러내었다.

먼저 십호十號를 밝혔다. 그러나 이 십호는 경과 논이 같지 않아 어떤 곳에는 '불佛'이 열 번째가 된다고 하였고, 어떤 곳에는 '불'이 아홉 번째가 된다고 하였는데 이 경에서는 앞의 설명에 의거하였다.

"첫째 여래"는 『십호경十號經』에서 "내가 곧 다른 사람임을 '여如'라고 하고 다른 사람이 곧 나임을 '래來'라고 한다."라고 하였고, 『열반경』에서 "모든 불세존은 육바라밀·삼십칠품·십일공을 따라와서 대열반에 이르니 여래도 또한 이러하다. 그러므로 부처를 여래라고 한다."[122]라고 하였으며, 『유가론』에서 "말에 허망함이 없으므로 여래라고 한다."[123]라고 하였고, 『불성론』에서 "자성으로부터 와서 지극한 것을 얻는 데에 이르기 때문에 여래라고 한다."[124]라고 하였다.

"둘째 응공"은 『유가론』에서 "이미 일체에 얻어야 할 의미를 얻었고 세간의 무상無上의 복전이 될 만하며 일체에게 공경과 법양法養이 되기 때

---

122 『大般涅槃經』 권18 「梵行品」(T12, 468b).
123 『瑜伽師地論』 권38 「菩提品」(T30, 499b).
124 『佛性論』 권2 「如來藏品」(T31, 795c). "'일체중생은 여래장이다'에서 '여如'라는 말에 두 가지 의미가 있으니 첫째는 있는 그대로의 지혜이고, 둘째는 있는 그대로의 경계이다. 이 두 가지가 전도되지 않기 때문에 '있는 그대로'라고 말하는 것이다. '래來'라는 말은 자성으로부터 왔다는 것을 말하는 것인데, 와서 지극한 것을 얻는 데에 이르는 것, 이것을 여래라고 한다. 그러므로 여래의 성품이란, 비록 원인을 얻는다고 하고 결과에 이르러 얻는다고 하더라도 그 체는 다르지 않다.(一切衆生是如來藏. 言如者. 有二義. 一如如智. 二如如境. 並不倒故名如如. 言來者. 約從自性來. 來至不得. 是名如來. 故如來性. 雖因名應得. 果名至得. 其體不二.)"

문에 '응應'이라고 한다."¹²⁵라고 하였다.

"셋째 정변지"는 (같은) 논에서 "수승한 의미 그대로 모든 법을 깨달았기 때문에 정등각正等覺이라고 한다."¹²⁶라고 하였다.

"넷째 명행족"은 (같은) 논에서 "'명明'은 삼명三明을 말하고 '행行'은 경전에서 설한 것처럼 지관止觀의 두 가지가 지극히 선하고 원만한 것이다. 그러므로 명행이 원만하다고 한다."¹²⁷라고 하였다.

"다섯째 선서"는 (같은) 논에서 "가장 끝까지 올라가 영원히 물러나거나 되돌아오지 않기 때문에 선서라고 한다."¹²⁸라고 하였다.

"여섯째 세간해"는 (같은) 논에서 "세계와 유정계의 모든 종류의 더럽고 청정한 모습을 잘 알기 때문에 세간해라고 한다."¹²⁹라고 하였다.

"일곱째 무상사"는 『열반경』에서 "'상사上士'는 '끊음(斷)'을 밀하니 끊을 것이 없음을 '무상사'라 한다. 모든 불세존에게는 번뇌가 없기 때문에 끊을 것도 없다. 그러므로 부처를 무상사라고 한다. 또 '상사'는 '다툼(諍訟)'을 말하니 '무상사'는 다툼이 없다는 것이다. 여래에게는 다툼이 없기 때문에 부처를 무상사라고 한다."¹³⁰라고 하고 자세히 설명하였다.

"여덟째 조어장부"는 『열반경』에서 "스스로가 이미 장부인데 다시 장부를 이끄는 것이다. 선남자야, 여래가 실제로는 장부도 아니고 장부가 아닌 것도 아니지만, 장부를 이끌기 때문에 여래를 장부라고 한다. 선남자야, 모든 남자나 여인이 네 가지 법을 갖추면 장부라고 한다. 무엇이 네 가지인가? 첫째는 선지식이고, 둘째는 법을 들을 줄 알며, 셋째는 의미를 생각하고, 넷째는 말한 대로 수행하는 것이다. 남자나 여인이나 이 네 가

---

125 『瑜伽師地論』 권38 「菩提品」(T30, 499b).
126 『瑜伽師地論』 권38 「菩提品」(T30, 499b).
127 『瑜伽師地論』 권38 「菩提品」(T30, 499b).
128 『瑜伽師地論』 권38 「菩提品」(T30, 499b).
129 『瑜伽師地論』 권38 「菩提品」(T30, 499b).
130 『大般涅槃經』 권18 「梵行品」(T12, 469a).

지 법을 갖추면 장부라고 한다. 남자라도 이 네 가지 법이 없으면 장부라 할 수 없다. 왜냐하면 몸은 비록 장부이나 행동은 축생과 같기 때문이다. 여래는 남자와 여인을 조복시키므로 부처를 조어장부라고 한다."[131]라고 하고 자세히 설명하였다.

『유가론』에서는 이 두 호칭을 합하여 한마디로 하는데, "일체 세간에 오직 한 사람의 장부이자 가장 수승하게 마음을 조복시키는 방편을 잘 알기 때문에 무상장부無上丈夫 조어사調御士라고 한다."[132]라고 하였다.

"아홉째 천인사"는 (같은) 논에서 "진실한 눈이 되기 때문이고, 진실한 지혜가 되기 때문이며, 진실한 의미가 되기 때문이고, 진실한 법이 되기 때문이다. 분명한 의미를 열어 주어 이끄는 자가 되기 때문이고, 일체 의미의 의지가 되기 때문이며, 분명하지 않은 의미를 깨닫게 하기 때문이고, 생기는 의심을 끊기 때문이며, 매우 깊은 곳을 드러나게 하기 때문이다. 밝고 깨끗하게 하기 때문이고, 일체법의 근본이 되기 때문이며, 열어 주어 이끌기 때문이고, 의지가 되기 때문이다. 바르게 하늘과 사람을 이끌어서 경계하고 가르쳐서 온갖 고통에서 벗어나게 하기 때문에 부처의 이름을 천인사라고 한다."[133]라고 하였다. 생각해 보면, '진실한 눈이 된다'는 것은 도를 증득하는 지혜가 있어 의義를 나타내어 보일 수 있기 때문이고, '진실한 지혜가 된다'는 것은 도를 가르치는 지혜가 있어 결단할 수 있기 때문이며, '진실한 의미가 된다'는 것은 모든 법을 펼쳐 알려 주지만 말의 의미를 벗어났기 때문이고, '진실한 법이 된다'는 것은 편안히 서서 뒤집어지지 않고 교법을 말하기 때문이다. 그다음의 여섯 구절은 돌이켜 보면 알 수 있을 것이다. 이 열 가지 법을 갖추면 '사師'라고 한다.

"열째 불타"는 (같은) 논에서 "의리의 법을 끌어 모아 거두고, 의리가

---

131 『大般涅槃經』권18 「梵行品」(T12, 469ab).
132 『瑜伽師地論』권38 「菩提品」(T30, 499b).
133 『瑜伽師地論』권38 「菩提品」(T30, 499bc).

아닌 법을 끌어 모아 거두며, 의리가 아니고 의리가 아닌 것도 아닌 법을 끌어 모아 거두어 모든 종류에 두루하는 등각을 나타냈기 때문에 '불佛'이라 한다."[134]라고 하였다. 생각해 보면, 이것은 일체지를 갖추었음을 나타낸 것이다. 세 가지 (끌어 모은 법의) 덩어리는 하나하나 선과 악과 무기에 통하지만 그것에 대해 완전하게 아는 것은 오직 부처님의 깨달음뿐이기 때문이다.

그다음은 (셋째인) 총결이니 "모두 십덕十德을 향하므로 일체중생이 공양하는 대상이 되느니라."라고 한 것은 총괄적인 이름인 세존世尊의 의미이다. 이 이름을 열 번째로 삼으면『유가론』에서 "모든 마군의 큰 힘이 있는 군대를 무찌르고 공덕을 갖추었기 때문에 박가범(Ⓢ bhagavat, 世尊)이라고 한다."라고 하였다.

所謂以下第二別明。於中略顯八十八德。先明十號。然此十號經論不同。或有處說佛爲第十。或有處說佛爲第九。今此經中依前門說。一如來者。十號經言。我卽他日如。他卽我曰來。涅槃經言。諸佛世尊。從六波羅蜜三十七品十一空來。至大涅槃。如來亦爾。是故號佛爲如來也。瑜伽論云。言無虛妄故名如來。佛性論云。從自性住來至至得。故名如來也。二應供者。瑜伽論云。已得一切所應得義。應作世間無上福田。應爲一切恭敬法養是故名應。三正遍知者。論云如其勝義覺諸供[1]故名正等覺。四明行足者。論云明謂三明。行如經說。止觀二品極善圓滿。是故說名明行圓滿。五善逝者。論云上升最極永不退還故名善逝。六世間解者。論云善知世界及有情界一切品[2]染淨相故名世間解。七無上士者。涅槃經言。上士者名之爲斷。無所斷者。名無上士。諸佛世尊無有煩惱。故無所斷。是故號佛爲無上士。又上士者名爲諍訟。無上士者無有諍訟。如來無諍。是故號佛爲無上士。乃至廣

---

[134]『瑜伽師地論』권38「菩提品」(T30, 499c).

說。八調御丈夫者。涅槃經言。自旣丈夫。復調丈夫。復善男子。言如來者 實非丈夫。非不丈夫。因調丈夫。故³⁾如來爲丈夫也。善男子。一切男女。若 具四法。卽名丈夫。何等爲四。一善知識。二能聽法。三思惟義。四如說脩 行。若男若女。具足四法。卽名丈夫。若有男子。無此四法。卽不得名爲丈 夫也。何以故。身雖丈夫。行同畜生。如來調伏若男若女。是故號佛調御丈 夫。乃至廣說。瑜伽論中。合此二號以爲一言。一切世間唯一丈夫。善知最 勝調心方便。故名無上丈夫調御士。九天人師者。論云爲實眼故。爲實智 故。爲實義故。爲實法故。與顯了義爲開導故。與一切義爲所依故。與不了 義爲能了故。與所生疑爲能斷故。與甚深處爲能顯故。令明淨故。與一切法 爲根本故。爲開導故。爲所依故。能正敎誡敎授天人。令其出離一切衆苦。 是故說佛名天人師。案云爲實眼者。有證道慧見義故。爲實智者。有敎道 智能決斷故。爲實義者。開示諸法離言義故。爲實法者。安立無倒言敎援 故。下之六句反之可知。具此十法。名之爲師。十佛陀者。論云於能引攝義 利法聚。於能引攝非義利法聚。於能引攝非義利非非義利法聚。遍一切種 現前等覺。故名爲佛。案云是顯具一切智。以是三聚。一一通於善惡無記。 於中委悉唯佛覺故。下總結言。具向十德。故爲一切衆生所供養者。此是總 名爲世尊義。若以此名爲第十者。如瑜伽說。能破諸魔大力軍衆。具足功德 名薄伽梵。

1) ⓖ '供'은 『瑜伽師地論』에는 '法'으로 되어 있다. 2) ⓗ '品' 다음에 어떤 판본에는 '類'가 있다. ⓖ '品' 다음에 『瑜伽師地論』에는 '類'가 있다. 3) ⓗ '故' 앞에 어떤 판본에는 '名'이 있다. ⓖ '故' 다음에 『大般涅槃經』에는 '名'이 있다.

② 88종의 덕을 개별적으로 밝힘 2 : 십팔불공법

다음은 십팔불공법十八不共法을 밝혔다. 이것은 3종의 6법이니 아라한 과는 같지 않기 때문에 '불공不共'이라고 한다.¹³⁵

첫 번째 여섯 가지 잘못이 없는 불공이다. 아라한은 모든 번뇌가 영원히 사라졌지만 마을에 들어가서 유행하고 걸식하다가 어떤 때에는 나쁜 코끼리부터 나쁜 개에 이르기까지 함께 길을 가거나 어떤 때에는 아란야에서 바른 길을 버리고 사악한 길을 가기도 하는데, 이와 같은 종류는 아라한이 잘못하는 것이다. 여래는 이러한 일이 전혀 없으므로[136] "몸에 잘못이 없고"라고 하였다. 또 아라한은 어떤 때에는 생각을 잊기 때문에 하는 일에서 잃어버림이 있는데, 이와 같이 생각을 잊는 일이 여래에게는 전혀 없으므로[137] "생각에 잘못이 없으며"라고 하였다. 또 아라한은 어떤 때에는 아란야에 유행하다가 길을 잃고 혹은 빈 곳에 들어가 소리를 지르고 크게 부르짖으면서 그 시끄러운 소리가 멀리 들리게 하거나 혹은 습관 때문에 오염된 마음이 없이 입술을 찡그리고 이빨을 드러내면서 웃거나 하는 종류의 큰 소리를 낸다. 여래에게는 이런 것이 전혀 없으므로[138] "입에 잘못이 없고"라고 하였다.

"다른 생각이 없으며"라고 한 것은, 아라한은 유여의有餘依의 생사계에 대해서는 한결같이 싫어하는 마음을 내고 무여의無餘依의 열반계에 대해서는 한결같이 적정寂靜한 생각을 내지만, 여래는 저런 차별된 생각이 없고 제일 평등함에 안주하기 때문이다.[139] "정定이 아닌 마음이 없고"라고 한 것은, 아라한은 등지等至에 들어가면 '정'이라고 하고 등지에서 나오면 '정'이라고 하지 않지만, 여래는 모든 자리에서 정이 아닌 마음이 없기 때

---

135 일반적으로 부처님의 고유한 특성으로 말하는 십팔불공법과는 다른 내용을 전한다. 일반적인 십팔불공법은 부처님뿐만 아니라 아라한에게도 있는 특성이기 때문에 대승에서 따로 십팔불공법을 내세워 아라한과 구별되는 부처님만의 특성을 제시한다. 『大智度論』 권26 「十八不共法釋論」(T25, 247b 이하)이나 『瑜伽師地論』 권79 「攝決擇分中菩薩地」(T30, 738b 이하)에서 자세하게 설명한다. 『菩薩瓔珞本業經疏』는 『瑜伽師地論』을 인용하여 설명하고 있다.
136 『瑜伽師地論』 권79 「攝決擇分中菩薩地」(T30, 738b).
137 『瑜伽師地論』 권79 「攝決擇分中菩薩地」(T30, 738c).
138 『瑜伽師地論』 권79 「攝決擇分中菩薩地」(T30, 738bc).
139 『瑜伽師地論』 권79 「攝決擇分中菩薩地」(T30, 738c).

문이다.¹⁴⁰ "알지 못하여 버리는 마음이 없으며"라고 한 것은 아라한은 잘 생각하여 선택하지 못하여 중생을 이롭게 하는 일을 버리지만 여래에게는 이런 일이 전혀 없기 때문이다.¹⁴¹

다음은 여섯 가지 줄어듦이 없음이다. 아라한이 소지장이 청정해짐에 의지하여 아직은 얻지 못하였으므로 염念과 욕欲과 (정진과 혜慧와 해탈과 해탈)지견까지 (여섯 가지를) 물러나 잃는다. 이와 같은 물러나는 법이 여래에게는 전혀 없기¹⁴² 때문에 "염念이 줄어듦이 없고" 등이라고 한 것이다. 이 중에 앞의 넷(염·욕·정진·혜)은 소지장을 상대하여 치유하는 길이고 뒤의 두 가지 줄어듦이 없음(해탈·해탈지견)은 그것을 통해 얻은 결과이니 여래는 이에 대하여 인과가 원만하기 때문에 줄어듦이 없다.

마지막의 육법은, 아라한은 어떤 때에는 선한 신업身業의 결과가 있기도 하고, 어떤 때에는 무기無記의 결과가 있기도 하며, (신업처럼) 어업語業과 의업意業도 마찬가지인 줄 알아야 한다. 여래의 세 가지 업은 지혜가 앞서 행하기 때문에 지혜를 따라 결과가 있기 때문에 무기가 없다.¹⁴³ 또 아라한은 두루 알아야 할 삼세의 일에 대해서 갑자기 마음 작용이 일어나도 곧바로 알지 못하기 때문에 (이들의) 지견을 집착이 있다고 하고 모든 것을 남김없이 바르게 알지 못하기 때문에 지견을 걸림이 있다고 한다. 하지만 여래는 삼세의 경계 모두에 대해서 갑자기 마음 작용이 일어나도 알아야 할 모든 경계의 차별을 곧바로 바르게 이해할 수 있다.¹⁴⁴ 지금 이 경에서 "신업이 지혜를 따라 행하고" 등이라고 한 것은 앞서 행한 지혜를 따르고 함께 행하는 지혜를 따르기 때문이다. 삼세를 안다고 하는 대목에

---

140 『瑜伽師地論』 권79 「攝決擇分中菩薩地」(T30, 738c).
141 『瑜伽師地論』 권79 「攝決擇分中菩薩地」(T30, 738c).
142 『瑜伽師地論』 권79 「攝決擇分中菩薩地」(T30, 738c).
143 『瑜伽師地論』 권79 「攝決擇分中菩薩地」(T30, 738c).
144 『瑜伽師地論』 권79 「攝決擇分中菩薩地」(T30, 738c).

서 "걸림이 없고"라고 한 것은 남김없이 바르게 알지 못하는 걸림을 벗어났기 때문이고, "장애가 없느니라."라고 한 것은 갑자기 곧바로 알지 못하는 집착을 벗어난 것이다.

이들 (십팔불공법)은 『유가론』에서 자세하게 설명하였다. 『유가론』에서 "이 중에 처음 넷(몸에 잘못이 없음·생각에 잘못이 없음·입에 잘못이 없음·다른 생각이 없음)은 잃어버림이 없는 법과 습기를 뽑아냄에 포섭되고, 다음의 한 가지(정이 아닌 마음이 없음)는 대비에 포섭되며, 나머지(열세 가지)는 온갖 종류의 미묘한 지혜에 포섭됨을 알아야 할 것이다."[145]라고 하였다.

次明十八不共法者。此三六法。不與阿羅漢人共同。故名不共。初六無失不共同者。謂阿羅漢諸漏永盡。方入聚落遊行乞食。或於一時。與諸惡象及惡狗等共路而行。或阿練若棄捨正路行邪惡徑。如是等類羅漢誤失。如來於此一向永無。是故言身無失也。又阿羅漢。或於一時由忘念故。於所作事而有喪失。如是忘念如來永無。是故言念無失也。又阿羅漢。或於一切[1]時阿[2]練若迷失道路。或入空[3]揚聲大叫呼噪遠聞。或因習氣無染汙心。騫脣露齒迫爾而哂。如是等類所有暴音。如來於此永無所有。是故言口無失也。無異想者。如阿羅漢。於有餘依生死界中。一向發起猒背之心。於無餘依涅槃界中。一向發起寂靜之想。如來於彼無差別想。安住第一平等捨故。無不定心者。如阿羅漢。若入等至卽名爲定。若出等至卽不名定。如來遍於一切位中無不定心故。無不知已捨心者。如阿羅漢不善思擇。而便棄捨利衆生事。如來於此永無所有故。次六無減者。如阿羅漢依所知障淨。由未得退。[4]退失念欲乃至知見。如是退法。如來永無。故言念無減等。此中前四取所知郭能對治道。後二無減彼所得果。如來於此因滿果圓故無減也。後六法者。如阿羅漢或於一時善身業轉。或無記轉。語業意業當知亦

---

145 『瑜伽師地論』 권79 「攝決擇分中菩薩地」(T30, 738c).

爾。如來三業智前行故。智隨轉故。無無記也。又阿羅漢遍於三世所知事中。不能率爾作意便解。是故知見說名有著。不能一切無餘正解。故名有礙。如來遍於三世境界率爾作意。便能正解一切所知境事差別。今此經言身業隨智慧行等者。隨前行智慧及俱行智慧故。知三世中言有礙者。離彼不能無餘正解之礙故。無障者。離彼不能率爾便解之著。此等具如瑜伽論說。彼云此中初四是無忘失法。及拔習氣所攝。次一是大悲所攝。所餘當知是一切種妙智所攝。

1) ㉑ '切'는 덧붙여진 글자로 보인다. ㉓『瑜伽師地論』에도 '切'는 없다. 2) ㉑ '阿' 앞에 어떤 판본에는 '遊'가 있다. ㉓『瑜伽師地論』에도 '阿' 앞에 '遊'가 있다. 3) ㉓ '空' 다음에 『瑜伽師地論』에는 '宅'이 있다. 4) ㉓ '退'는 『瑜伽師地論』에서 어떤 판본에는 없다고 하였다.

③ 88종의 덕을 개별적으로 밝힘 3 : 십력

다음은 십력十力을 밝혔다. 이 열 가지 지혜에 의지하여 열 가지 일이 있어 삿된 주장을 굴복시키기 때문에 '역力'이라고 하였다.

"처비처력"이라고 한 것은 일체 인과의 옳음과 그름을 이치대로 통달한다는 것이니 사문이나 바라문이 인과가 없다고 하거나 불평등한 인과의 법을 설하면 곧바로 굴복시켜 패배의 자리로 떨어지게 하는 일은 첫 번째 힘으로 이루어진다.[146]

"업력"이라고 한 것은, 여래의 지견은 자기의 업은 자기가 받는 것이고 자기가 지은 것을 다른 사람이 과보로서 받는 일은 없다는 것이니 사문이나 바라문이 삿된 주장이나 삿된 가르침으로 업을 헤아리고 (과보) 받음을 헤아리면 곧바로 굴복시켜 패배의 자리로 떨어지게 하는 일은 업에 대한 지혜의 힘으로 이루어진다.[147]

---

146 『佛說無上依經』 권하 「如來事品」(T16, 476a).
147 『佛說無上依經』 권하 「如來事品」(T16, 476a).

"정력"이라고 한 것은, 여래의 교화는 세 가지 바퀴를 나타내니 하나는 신통의 바퀴이고, 둘은 마음을 일으키는 바퀴이며, 셋은 가르침을 드러내는 바퀴인데, (이것으로) 제자를 가르치고 이끌어 성중聖衆이 되게 한다. 만약 사문이나 바라문이 승부의 마음이 있어서 거스르고 어긋나는 법을 설하면 바른 경전으로 대응하여 다스려 곧바로 굴복시켜 패배의 자리로 떨어지게 한다. 이런 일은 선정의 지혜의 힘으로 이루어진다.[148]

"근력"이라고 한 것은, 여래는 상·중·하 근기를 잘 알기 때문에 여래는 그 낮은 (근기의) 종자가 성숙하여 해탈할 수 있도록 한다. 이런 일은 근기에 대한 지혜의 힘으로 이루어진다.[149]

"욕력"이라고 한 것은, 여래의 지견은 세 가지 성품의 중생의 바르고 삿된 욕락欲樂을 여실하게 보고 나서 악한 욕망을 뽑아 끊고 착한 욕망을 증장시킨다. 이런 일은 욕망에 대한 지혜의 힘으로 이루어진다.[150]

"성력"이라고 한 것은, 여래는 중생의 종성에 거칠고 중간이며 오묘함이 있음을 관찰하여 알고 이 세 종류 사람이 이치대로 온갖 법문에 들 수 있게 한다. 이런 일은 성품에 대한 지혜의 힘으로 이루어진다.[151]

"과력"이라고 한 것은 다른 곳에서는 지처도력至處道力이라고 한다.[152] 여래는 벗어나는 도법道法이 해탈의 결과를 얻게 하고 장애하는 도법이 생사의 결과를 얻게 한다는 것을 분명하게 보고서 장애하는 도를 없애고 벗어나는 도를 닦게 한다.[153] 이것은 결과에 대한 (지혜의) 힘으로 이루어

---

148 『佛說無上依經』 권하 「如來事品」(T16, 476a).
149 『佛說無上依經』 권하 「如來事品」(T16, 476a).
150 『佛說無上依經』 권하 「如來事品」(T16, 476a).
151 『佛說無上依經』 권하 「如來事品」(T16, 476a).
152 예를 들면 『大乘義章』 권20(T44, 865a)에서는 십력을 여래시처비처지력如來是處非處智力, 자업지력自業智力, 정력定力, 제근이둔지력諸根利鈍智力, 욕력欲力, 성력性力, 지처도력至處道力, 숙명지력宿命智力, 천안지력天眼智力, 누진지력漏盡智力으로 들고 있다.
153 『佛說無上依經』 권하 「如來事品」(T16, 476a)에서는 이 힘을 '지일체처지력至一切處智

진다.

"천안력"이라고 한 것은 다른 곳에서는 생사지력生死智力이라고도 한다.[154] 여래는 일체중생이 여기에서 죽고 저기에서 나는 것을 분명하게 보고 이치대로 수기한다. 만약 단견에 집착하는 사문이나 바라문이 있으면 곧바로 굴복시켜 패배의 자리로 떨어지게 한다.[155] 이것은 천안의 지혜의 힘으로 이루어진다.

"숙명력"이라고 한 것은, 여래는 숙명의 일을 명료하게 보고서 과거의 일을 설하여 중생이 싫어하고 두려워하는 마음을 일으키게 한다. 만약 상견에 집착하는 사문이나 바라문이 있으면 곧바로 굴복시켜 패배의 자리로 떨어지게 한다.[156] 이것은 숙명에 대한 지혜의 힘으로 이루어진다.

"결진력"이라고 한 것은, 여래는 스스로 해탈을 알고 통달하여 걸림이 없다. 만약 증상만의 사문이나 바라문이 아직 나한을 얻지 못하고서도 이미 얻었다고 말하면 곧바로 굴복시켜 패배의 자리로 떨어지게 한다. 이것은 번뇌를 다 없앤 (지혜의) 힘으로 이루어진다.[157]

자세한 것은 『무상의경』에서 설하였다.

次明十力。依此十智有十種事。能伏邪說。故名爲力。是處非處力者。如理通達一切因果是處非處。若沙門婆羅門。說無因果及不平等因果之法。卽能制伏令墮負處。此事因彼初力得成也。業力者。如來知見自業自受。無有自作他受果者。若沙門婆羅門邪說邪敎。度業度受。便能制伏令隨負處。此事因業智力得成也。定力者。如來敎化顯三種輪。一神通輪。二記心輪。三

力'이라고 하였다.
154 『本業經疏』가 인용하고 있는 『佛說無上依經』에서도 '생사지력生死智力'이라고 하였다.
155 『佛說無上依經』 권하 「如來事品」(T16, 476a).
156 『佛說無上依經』 권하 「如來事品」(T16, 476a).
157 『佛說無上依經』 권하 「如來事品」(T16, 476ab).

示教輪。訓導弟子以成聖衆。若沙門婆羅門有勝負心。說違逆法。對治正典。便能制伏令墮負處。此事因定智力得成也。根力者。如來了達上中下根。如來[1]爲說令其下種成熟解脫。此事因根智力得成也。欲力者。如來知見三品衆生。邪正欲樂如實見已。拔斷惡欲。增長善欲。此事因欲智力得成也。性力者。如來觀知衆生種性。有麤中妙。今此三人如理得入種種法門。此事因性智力得成也。果力者。餘處名至處道力。如來明見出離道法得解脫果。障礙道法得生死果。令滅障道脩出離道。此是果力所成事也。天眼力者。餘處亦名生死智力。如來明見一切衆生死此生彼。如理授記。若執斷見沙門婆羅門。便能制伏令墮負處。此是天眼智力所成也。宿命力者。如來明了見宿命事。說過去事。爲令衆生起厭畏心。若執常見沙門婆羅門。便能制伏令墮負處。此是宿命智力所成也。結盡力者。如來自知解脫通達無礙。若增上慢沙門婆羅門。未得羅漢。謂言已得。卽能制伏令墮負處。此是漏盡力所成事也。具如無上依經說也。

1) ㉭ '來'는 『佛說無上依經』에는 '理'로 되어 있다.

④ 88종의 덕을 개별적으로 밝힘 4 : 사무량·사무외·육통·오안·오분법신

다음은 사무량四無量을 밝혔으니 "자慈·비悲·희喜·사捨이니라."라고 하였다. 의미는 위에서 설명하였다.

다음은 사무외四無畏이다. "나는 일체지인一切智人이며"라고 한 것은 일체지여서 두려움 없음이고, "나는 번뇌가 모두 사라졌으며"라고 한 것은 번뇌가 사라져 두려움 없음이며, "무루로 번뇌도를 벗어나고"라고 한 것은 괴로움의 길이 사라짐을 설하여 두려움 없음이고, "(무루로) 번뇌장도煩惱障道를 벗어났느니라."라고 한 것은 장애의 길을 설할 줄 알아 두려움 없음이다. 이 중에 앞의 둘은 자신이 지혜로 끊음(智斷)을 갖춘 것이고 뒤의 둘은 다른 사람이 지혜로 끊음을 갖추게 한 것이다. 예를 들면 논에서 "스승과 제자가 지혜로 끊음을 갖춘다."[158]라고 한 것은 이것을 말한 것이다.

다음은 육통六通을 밝혔는데 이것도 앞에서 설명하였다.

다음은 오안五眼과 오분법신五分法身을 밝혔는데 의미는 보통 설명하는 것과 같다.

> 次明四無量。謂慈悲喜捨。義如上說也。次四無畏。言我是一切智人者。是一切智無畏。我漏已盡者。是漏盡無畏。無漏出煩惱道者。是說盡苦道無畏。煩惱障道者。是能說障道無畏。此中前二自具智斷。後二令他智斷具足。如論說言。師及弟子智斷具足。此之謂也。次明六通。亦如前說。次明五眼。五分法身義如常說。

⑤ 88종의 덕을 개별적으로 밝힘 5 : 무죄삼업

다음은 "무죄삼업無罪三業"을 밝혔다. 말하자면 여래는 세 가지가 청정하기 때문에 "무죄"라고 하였다. 예를 들면 『화엄경』에서 "여래 (등)징각이 보리를 이룰 때에는 부처의 방편에 머물러 일체중생과 같은 몸을 얻고 일체법과 같은 몸을 얻으며, 일체 세계와 같은 몸을 얻고 일체 삼세와 같은 몸을 얻으며, 일체 여래와 같은 몸을 얻고 일체 부처와 같은 몸을 얻으며, 일체 언어와 같은 몸을 얻고 일체 법계와 같은 몸을 얻으며, 허공계와 같은 몸을 얻고 걸림 없는 법계와 같은 몸을 얻으며, (모든 것을) 내는 무량계와 같은 몸을 얻고 일체 행계行界와 같은 몸을 얻으며, 적멸한 열반계와 같은 몸을 얻는다. 불자들이여, 여래가 얻은 몸을 따라 그 음성과 걸림 없는 마음도 그와 같음을 알아야 한다. 여래는 이와 같이 세 가지의 청정함

---

158 『成實論』 권1 「四無畏品」(T32, 241c).

과 무량함을 완전히 갖춘다."¹⁵⁹라고 하였다.

생각해 보면, 이 중에 열세 가지의 같은 몸은 무죄의 신업身業이고, 열세 가지의 같은 음성은 무죄의 구업口業이며, 열세 가지의 같은 마음은 무죄의 의업意業이다. 무죄이기 때문에 장애가 없고 장애가 없기 때문에 한계와 끝이 없다.

> 次明無罪三業者。所謂如來三種淸淨。故言無罪。如華嚴經言。如來正覺成菩提時。住佛方便。得一切衆生等身。得一切法等身。得一切刹等身。得一切三世等身。得一切如來等身。得一切諸佛等身。一¹⁾切語言等身。得一切法界等身。得虛空界等身。得無閡²⁾法界等身。得出生無量³⁾等身。得一切行界等身。得寂靜涅槃界等身。佛子隨如來所得身。當知音聲及無礙心。亦復如是。如來具足如是等三種淸淨無量。案云。此中十三等身卽是無罪身業。十三等音卽是無罪口業。十三等心卽是無罪意業。以無罪故無障礙。無障礙故無邊際也。

1) ㉤ '一' 앞에 어떤 판본에는 '得'이 있다. ㉳ 『本業經疏』가 인용한 『大方廣佛華嚴經』에는 '一' 앞에 '得'이 있다. 2) ㉤ '閡'는 『本業經疏』가 인용한 『大方廣佛華嚴經』에는 '礙'로 되어 있다. 3) ㉤ '量' 다음에 어떤 판본에는 '界'가 있다. ㉳ 『本業經疏』가 인용한 『大方廣佛華嚴經』에는 '量' 다음에 "界"가 있다.

⑥ 88종의 덕을 개별적으로 밝힘 6 : 삼보·멸제·해탈

다음은 삼보三寶를 밝혔다. 드러내 보이는 곳마다 현묘한 법칙이 아닌 것이 없기 때문이고 육도에 두루 미치면서 항상 함께 화합하기 때문이다. 앞의 보살의 삼보와 의미가 같은데,¹⁶⁰ 다만 저 (보살의 삼보)는 원만하지

---

159 『大方廣佛華嚴經』 권35 「寶王如來性起品」(T9, 626c~627a).
160 『菩薩瓔珞本業經』 권상 「賢聖學觀品」(T24, 1014a)에서 보살의 십행심十行心 중의 마지막 진실심행眞實心行에서 보살의 삼보를 설명하는데, "보살의 제일의第一義 중도

못하고 상주常住도 아니었지만 지금 (부처님의 삼보)는 원만하고 구극究極이며 상주인 삼보이다.『방광경方廣經』에서 "하나의 불보에 곧 법과 승이 있다."[161]라고 한 것이 이것을 말한 것이다.

다음에 "멸제滅諦"라고 한 것은 무작사제문無作四諦門[162]의 멸제이다. 무명주지가 끊어져 없어진 것으로 나타나니 이것이 대정바라밀大淨波羅蜜이다.[163]

다음으로 "해탈"이라고 한 것은 걸림 없는 해탈이니 여기에 열 가지가 있다. 예를 들면 대경大經(『화엄경』)에서 말하였다.

모든 부처님에게는 열 가지 걸림 없는 해탈이 있으니 그 열 가지란 무엇인가? 첫째, 한 티끌 속에 불가설불가설의 모든 부처님이 세상에 나오심을 널리 나타내고, 둘째, 한 티끌 속에 불가설불가설의 모든 부처님이 깨끗한 법륜을 굴리심을 널리 나타내며, 셋째, 한 티끌 속에 불가설불가설의 중생들을 교화하고 조복하고, 넷째, 한 티끌 속에 불가설불가설의 모든 부처 세계를 널리 나타내며, 다섯째, 한 티끌 속에 불가설불가설의 화현한 보살에게 수기를 주고, 여섯째, 한 티끌 속에 삼세의

中道에 대한 지혜를 깨달음의 보배(覺寶)라고 하고, 일체법이 생겨남이 없이(無生) 움직이므로 그 작용을 법보法寶라고 하며, 항상 육도六道에 행하여 육도의 중생과 화합하므로 승보僧寶라고 한다."라고 하였다.

161 『大通方廣懺悔滅罪莊嚴成佛經』권중(T85, 1345a).
162 무작사제문無作四諦門 : 천태종에서 장통별원藏通別圓의 교판에 맞추어 사제四諦를 재해석하여 배분하였는데, 장교藏敎의 사제는 생멸사제生滅四諦, 통교通敎의 사제는 무생사제無生四諦, 별교別敎의 사제는 무량사제無量四諦, 원교圓敎의 사제는 무작사제無作四諦라고 하였다. 생사가 열반이라는 견지에서 보면 고苦를 멸하고 멸滅을 증득할 필요가 없고, 번뇌가 보리라는 견지에서 보면 집集을 끊고 과果에 이를 도를 닦을 필요가 없으므로 무작無作이라 한다고 하였다.
163 『佛說無上依經』권상「菩提品」(T16, 472ab)에서 부처님의 법신 사덕을 바라밀로 표현하여 대상바라밀大常波羅蜜, 대락바라밀大樂波羅蜜, 대아바라밀大我波羅蜜, 대정바라밀大淨波羅蜜로 설명하고 있다.

모든 부처가 세상에 나옴을 널리 나타내며, 일곱째, 한 티끌 속에 삼세의 모든 부처 세계를 널리 나타내고, 여덟째, 한 티끌 속에 삼세의 모든 부처의 자재한 위신력을 널리 나타내며, 아홉째, 한 티끌 속에 삼세의 일체중생을 널리 나타내고, 열째, 한 티끌 속에 삼세의 모든 부처의 불사를 널리 나타내니 이것이 모든 부처님의 열 가지 걸림 없는 해탈이다.[164]

次明三寶。隨所示現無不玄則故。遍涉六道恒與和合故。如前菩薩三寶義同。但彼未圓滿。亦非常住。今是圓極常住三寶。方廣經言。於一佛寶卽有法僧。此之謂也。次滅諦者。無仰[1]四諦門中滅諦。無明住地斷滅所顯。卽是大淨彼[2]羅蜜也。次解脫者。無礙解脫。此有十種。如大經言。一切諸佛有十種無閡解脫。何等爲十。一於一微塵中。悉能普現不可說不可說諸佛出世。二於一微塵中。悉能普現不可說不可說諸佛轉淨法輪。三於一微塵中。敎化調伏不可說不可說衆生。四於一微塵中。普現不可說不可說佛刹。五於一微塵中。授不可說不可說化[3]菩薩記。六於一微塵中。普現三世諸佛出世。七於一微塵中。普現三世一切佛刹。八於一微塵中。普現三世諸佛自在神力。九於一微塵中。普現三世一切衆生。十於一微塵中。普現三世一切諸佛佛事。是爲一切諸佛十種無閡解脫也。

1) ㉘ '仰'은 '作'으로 생각된다. 2) ㉘ '彼'가 저본에는 '波'로 되어 있다. 3) ㉘ '化'는 『本業經疏』가 인용하고 있는 『大方廣佛華嚴經』에는 없다.

⑦ 88종의 덕을 개별적으로 밝힘 7 : 영지

다음으로 "영지靈智"라고 한 것은, 깊고 현묘하여 헤아리기 어려움이 영지의 뜻이고 생겨나는 것이 무궁함이 영지의 뜻이다. 여기에 열 가지가 있으니 예를 들면 대경大經(『화엄경』)에서 말하였다.

---

164 『大方廣佛華嚴經』 권31 「佛不思議法品」(T9, 600c~601a).

모든 부처님은 열 가지 지혜를 나오게 하여 머무니 무엇이 열 가지 인가? 첫째, 모든 법에는 향해 나아가는 일이 없지만 청정한 발원에 대한 지혜를 내고, 둘째, 모든 법에는 몸이 없지만 법신에 대한 지혜를 내며, 셋째, 모든 법에는 둘이 없지만 바른 깨달음을 내어 모든 법을 깨치고, 넷째, 모든 법에는 나도 없고 중생도 없지만 중생을 교화하는 지혜를 내며, 다섯째, 모든 법에는 모양이 없지만 갖가지 모양에 대한 지혜를 내고, 여섯째, 모든 세계에는 이루어지고 무너짐이 없지만 세계가 이루어지고 무너짐에 대한 지혜를 내며, 일곱째, 모든 법에는 만드는 이가 없지만 업보에 대한 지혜를 내고, 여덟째, 모든 법은 말할 수 없지만 법계를 말하는 지혜를 내며, 아홉째, 모든 법에는 더럽고 깨끗함이 없지만 더럽고 깨끗함에 대한 지혜를 내고, 열째, 모든 법에는 생기고 사라짐이 없지만 연기에 대한 지혜를 낸다. 이것이 열 가지 생겨나는 지혜이다.[165]

次靈智者. 深玄難測是靈智義. 出生無窮是靈智義. 此有十種. 如大經言. 一切諸佛. 有十種出生住持智慧. 何等爲十. 一一切說[1]法無所趣向. 而能出生淸淨願智. 二一切法無身. 而能出生法身智慧. 三一切諸佛[2]悉無有二. 而生正覺悟一切法. 四一切諸法悉無有我無有衆生. 而能出生化衆生智. 五一切諸法悉無有相. 而能出生種種相智. 六一切世界悉無成敗. 而能出世成敗智. 七一切諸法無有造者. 而能出生業報智慧. 八一切諸法無可言說. 而能出生說法界智. 九一切諸法無有垢淨. 而能出生垢淨智慧. 十一切諸法無有生滅. 而能出生緣起智慧. 是爲十種出生智也.

1) ㉢ '說'은 『本業經疏』가 인용하고 있는 『大方廣佛華嚴經』에는 '諸'로 되어 있다.
2) ㉢ '佛'은 『本業經疏』가 인용하고 있는 『大方廣佛華嚴經』에는 '法'으로 되어 있다.

---

165 『大方廣佛華嚴經』 권30 「佛不思議法品」(T9, 591b).

⑧ 88종의 덕을 개별적으로 밝힘 8 : 일승

다음에 "일승一乘"이라고 한 것은 부처님에 대한 선근을 심은 사람이라면 모두 다른 길(趣)로 가는 일 없이 대열반과에 이르지 않음이 없기 때문에 부처님의 덕을 일승이라고 하였다. 이 뜻을 나타내기 위하여 세 가지 비유를 말하니 예를 들면 대경에서 말하였다.

비유하자면 장부가 조금만 먹은 금강이 끝내 소화되지 않고 몸에서 나와 금강륜金剛輪에 이르러서야 머무는 것과 같으니, 왜냐하면 금강은 녹일 수 없기 때문이다. 그와 같이 불자들이여, 여래에 대하여 조금이라도 선근을 심으면 일체 유위의 번뇌를 무너뜨릴 수 있고 구경에는 여래 열반의 지혜에 이르러야 머무니, 왜냐하면 여래에 대하여 심은 모든 선근은 없어질 수 없기 때문이다.

불자여, 비유하자면 수미산과 같은 크기의 건초 더미에 어떤 사람이 겨자씨만 한 불을 가지고도 다 태울 수 있는 것과 같으니, 왜냐하면 불의 성질은 태우는 것이기 때문이다. 여래에 대하여 심은 조그마한 선근도 그와 같아서 일체 번뇌를 남김없이 모조리 태워 없애고 구경의 열반일 것이니, 왜냐하면 여래에 대하여 심은 모든 선근의 성질은 구경이기 때문이다.

불자여, 비유하자면 설산에 선현善現이라는 대약왕大藥王이 있어서 보는 이는 눈이 청정해지고, 듣는 이는 귀가 청정해지며, 향기를 맡는 이는 코가 청정해지고, 맛보는 이는 혀가 청정해지며, 닿는 이는 몸이 청정해지고, 심어진 땅의 흙을 가지면 한량없는 온갖 병이 없어지고 안온하고 쾌락해지는 것과 같다. 여래·정각·무상의 약왕도 그와 같아서 항상 일체 방편행으로 중생들을 이롭게 하니 여래의 색신을 보는 이는 눈이 청정해지고, 여래의 명호를 듣는 이는 귀가 청정해지며, 여래의 계향을 맡는 이는 코가 청정해지고, 여래의 법미法味를 맛보는 이는 혀가 청정해져서 금강의 넓고 길고 청정한 혀로 일체의 언어와 음성으로 법을 설할 수 있으며, 여래의 광명에 닿는 이는 청정한 색신을 얻어 구경에는 위없는 법신을 얻고, 여래를 생각하는 이는 염불삼매를 얻어 바른 생각이 산란해지지 않으며, 경행지經行地나 여래의 탑묘에 예배하고 공양하면 그 중생들은 선근을 모두 갖추어 번뇌의 근심을 없애고 현성賢聖의 즐거움을 얻는다.

불자여, 심지어는 신심이 없고 그릇된 견해를 가진 중생이라도 부처님을 보거나 그 명호를 들으면 보고 듣는 동안에 심은 선근으로 과보가 헛되지 않아 구경에는 열반을 얻어 일체의 악을 끊고 선근을 모두 갖춘다.[166]

그리고 자세하게 설명하였다. 이것을 여래의 일승공덕이라고 한다.

次一乘者。謂於佛所種善根者。皆無異趣。莫不同到大涅槃果。故說佛德名爲一乘。爲顯是義。而說三喩。如大經言。譬如丈夫食少金剛。終竟不消。要從身過至金剛輪然後乃住。所以者何。以彼金剛不可消故。如是佛子。於如來所少殖善根。能壞一切有爲煩惱。乃至究竟如來涅槃智慧。然後乃住。所以者何。於如來所種諸善根不可盡故。佛子譬如須彌山等大乾草聚。若有人持如芥子火悉能燒盡。何以故。火性悉能燒故。於如來所種少善根亦復如是。悉能燒滅一切煩惱無有遺餘。究竟涅槃。何以故。於如來所種諸善根性究竟故。佛子譬如雪山有大藥王。名曰善現。若有見者眼得淸淨。若有聞者耳得淸淨。若聞香者鼻得淸淨。若嘗味者舌得淸淨。若有觸者身得淸淨。若取彼地土。悉能除滅無量衆病。安隱快樂。如來正覺

---

166 『大方廣佛華嚴經』권36 「寶王如來性起品」(T9, 629bc).

無上藥王亦復如是。常以一切諸方便行饒益衆生。若有得見如來色身。眼
得清淨。若有得聞如來名號。耳得清淨。若有得聞如來戒香。鼻得清淨。若
有得味如來法味。舌得清淨。得金剛廣長清淨舌根。悉能演說一切言音。
若有得觸如來光者。彼人卽得清淨色身。究竟逮得無上法身。若有念如來
者。得念佛三昧正念不亂。若有得經卷¹⁾地如來塔廟禮拜供養。彼衆生等
具足善根。滅煩惱患。得賢聖果。²⁾ 佛子乃至不信邪見衆生。見聞佛者。於
見聞中所種善根。果報不虛。乃至究竟涅槃。斷一切惡。具足善根。乃至廣
說。是名如來一乘功德也。

1) ㉓ '卷'은 『本業經疏』가 인용하고 있는 『大方廣佛華嚴經』에서 다른 판본에는 '行'
으로 되어 있다고 하였다. 2) ㉓ '果'는 『本業經疏』가 인용하고 있는 『大方廣佛華嚴
經』에는 '樂'으로 되어 있다.

⑨ 88종의 덕을 개별적으로 밝힘 9 : 금강보장

다음에 "금강보장金剛寶藏"이라고 한 것은, 부처님에게는 열 가지 견고
한 법보가 있으며, 그것이 모인 것을 장藏이라고 하기 때문이다. 예를 들
면 대경에서 말하였다.

모든 부처님에게는 열 가지 견고한 보살의 법이 있다. 무엇이 열 가
지인가? 첫째, 모든 서원이 견고하여 막거나 깨뜨릴 수 없고 설한 대로
수행하여 말과 행동이 상응하고, 둘째, 미래겁이 다하도록 보살행을 닦
고 그 공덕으로 장엄하여 두려워한 적이 없으며, 셋째, 일체중생을 교화
하려 하기 때문에 불가설불가설의 모든 세계에 나아가서 중생을 교화하
면서도 어려움이 없고, 넷째, 믿거나 믿지 않는 중생에 대해 대비大悲로
평등하게 보아 차별이 없으며, 다섯째, 처음 발심하여 정각을 이룰 때까
지 중간에 보리심에서 물러나 잃어버린 적이 없고, 여섯째, 모든 공덕을
닦아서 모두 일체종지에 회향하여 세상에서 행해지기를 구하지 않으며,

일곱째, 모든 부처님에게 신구의身口意의 업을 따르며 닦고 배워서 영원히 성문과 독각의 마음에서 벗어나고, 여덟째, 한량없고 끝없는 모든 부처님의 바른 법과 청정한 보살의 마음을 평등하게 두루 비추어 구경에는 일체종지를 모두 갖추며, 아홉째, 일체 세간을 버릴 줄 알아 모든 중생의 괴로움을 없애 주고 적멸하고 평등한 즐거움을 얻게 하고, 열째, 일체중생을 위하여 한량없는 고통을 받으면서도 모든 부처의 종성種姓을 건립하여 (중생들이) 생사를 뛰어넘어 십력의 지위를 얻게 하려고 한다. 이것이 모든 부처님의 열 가지 견고한 보살의 법이다.[167]

이와 같은 것을 금강보장이라고 한다.

次金剛寶藏者。佛有十種堅固法寶。積集名藏。如大經言。一切諸佛有十種堅固士法。何等爲十。一諸願堅固不可沮壞。如說脩行言行相應。二盡未來劫脩菩薩行功德莊嚴未曾恐怖。三爲化一切衆生故。悉詣不可說不可說世界。敎化衆生無有留難。四於信不信衆生。大悲等觀而無有異。五從初發心乃至正覺。於其中間。未曾退失菩提之心。六脩諸功德。皆悉廻向一切種智。不求世行。七於諸佛隨順脩學身口意業。永離聲聞獨覺之心。八平等普照無量無邊諸佛正法。淨得[1]菩薩心。究竟具足一切種智。九悉能捨離一切世間。令諸衆生悉滅諸苦。逮得寂滅平等快樂。十爲諸衆生受無量苦。皆欲建立諸佛種姓。超出生死。得十力地。是爲一切諸佛十種堅固士法。如是名爲金剛寶藏也。

1) ㉢ '得'은 『本業經疏』가 인용하고 있는 『大方廣佛華嚴經』에는 없다.

---

167 『大方廣佛華嚴經』 권30 「佛不思議法品」(T9, 592c~593a).

⑩ 88종의 덕을 개별적으로 밝힘 10 : 법신장·자성청정묘장

다음으로 "법신장法身藏"이라고 한 것은 응화한 법신의 많은 덕이 모인 것을 법신장이라고 하였다. 또는 다음으로 법신장이라고 한 것은 오상五相과 오덕五德이 모인 것을 장이라고 한다고도 하였다. 예를 들면 『무상의경』에서 말하였다.

(보리가 행해지는 곳은 세 가지 도리로 세 가지 몸을 나타내는데) 제일신第一身은 다섯 가지 상과 다섯 가지 공덕과 상응한다. 무엇이 다섯 가지 상인가? 첫째는 무위이고, 둘째는 서로 떨어지지 않음이며, 셋째는 두 극단을 벗어남이고, 넷째는 일체의 장애를 벗어남이며, 다섯째는 자성이 청정함이다. 무엇이 다섯 가지 공덕인가? 첫째는 헤아릴 수 없음이고, 둘째는 셀 수 없음이며, 셋째는 생각하기 어려움이고, 넷째는 함께하지 않음이며, 다섯째는 구경의 청정함이다.[168]

이와 같이 열 가지 법이 상응하며 벗어나지 않기 때문에 법신장이라고 한다.

다음에 "자성청정묘장自性淸淨妙藏"이라고 한 것은 모든 여래의 가없는 공덕은 통하지 않음이 없음을 말하니 더러움과 깨끗함에 통하기 때문에 미혹한 자리에 있으면서도 물들지 않음을 '청淸'이라고 하고, 청정한 자리에 있으면서도 청정하지 않음을 '묘妙'라고 한다. 그러므로 자성이 청묘한 장이라고 하였다. 예를 들면 『무상의경』에서 "무엇을 여래의 공덕이 불가사의하다고 하는가? 일체 여래는 항하사겁의 가없는 공덕으로 미혹한 자리와 청정한 자리에 있으면서도 서로 받아들이고 상응하여 더러움도 없

---

168 『佛說無上依經』 권상 「菩提品」(T16, 473a).

고 청정함도 없이 불가사의하다."¹⁶⁹라고 하였다.

次法身藏者。應化法身衆德積集名法身藏。一云次法身藏者。五相五德積集名藏。如無上依經言。第一身者。與五種相五種功德相應。何者五種相。一者無爲。二者不相離。三者離二邊。四者脫一切障。五者自性淸淨。何者五種功德。一者不可量。二者不可數。三者難思。四者不共。五者究竟淸淨。如是十法相應不離。故名法身藏也。次自性淸淨¹⁾妙藏者。謂諸如來無邊功德無所不通。通於染淨。在於惑地不染曰淸。在於淨地不淨曰妙。故名自性妙之藏。如無上依經言。云何如來爲功德不可思議。一切如來恒河沙劫無邊功德。在於惑地及於淨地。相攝相應。未曾相離。無垢無淨。不可思議故。

1) ㉮ '淨'은 어떤 판본에는 없다.

⑪ 88종의 덕을 개별적으로 밝힘 11 : 삼달·삼무위·일제·일도

다음에 "삼달三達"이라고 한 것은 시작도 없는 과거에 남김없이 통달하고 끝도 없는 미래에 남김없이 통달하며 현재의 가없는 시방법계에 구경토록 통달함을 말한다. 그러므로 '삼달'이라고 한 것이다. 또는 염법念法 하나하나가 세 가지 삼세를 갖추고 있지 않음이 없기 때문에 '삼달'이라고 한다고 하였다. 예를 들면 대경大經(『화엄경』)의 구세九世 설명과 같다.

다음으로 "삼무위三無爲"라고 한 것은, 『인왕경』에서 "제일의제가 둘이 아님에 대하여 법성인 무위이고, 이치에 반연하여 일체의 모양을 멸하므로 지혜를 반연하여 모양을 없애는 무위이며, 초인初忍에 머물 때에는 미래에 한량없는 생사가 지혜를 반연하지 않고 없어지기 때문에 지혜를 반연하지 않고 모양을 없애는 무위이다."¹⁷⁰라고 하였다. 생각해 보면 저

---

169 『佛說無上依經』 권하 「如來功德品」(T16, 475c).
170 『佛說仁王般若波羅蜜經』 권하 「受持品」 제7(T8, 831bc).

『(인왕)경』에서는 초지에 근거하여 설명하기 때문에 부분적인 삼무위三無爲의 덕이지만 이 『(본업)경』에서는 불덕佛德에 대해서 설명하기 때문에 원만한 삼무위이다.

다음에 "삼명三明"이라고 한 것은 『열반경』에서 "보살의 명明은 모든 반야바라밀이고, 모든 부처님의 명은 불안佛眼이며, 무명의 명은 필경공을 말한다."[171]라고 하였다. 자리의 구별을 논하여 생각해 보면, 처음 (보살의) 명은 원인의 자리에 있고, 둘째(인 부처님의 명)은 결과의 자리에 있으며, 세 번째 (무명의) 명은 원인과 결과에 통한다. (자리를) 통합하여 보면 (세 가지) 모두 부처의 자리에 있다. 왜냐하면 대원경지로 온 법계의 불성의 문을 비추는 것을 불안이라 하니 이것이 모든 부처님의 명이고, 묘관찰지로 두루 완전하고 평등하게 비추니 이것이 보살의 명이며, 통달한 공의 이치는 밝음도 없고 어두움도 없으니 이것이 무명의 명이다. 이와 같은 것을 여래의 삼명이라고 한다.

다음에 "일제一諦"와 "일도一道"라고 한 것은 무작사제문無作四諦門의 도제道諦이다. (등각인) 금강심金剛心일 때는 고제와 집제가 함께 있기 때문에 삼제三諦가 있지만 지금은 불지에 이르러 둘을 벗어나 오직 하나이다. (이러한) 하나를 "일도"라고 하였다. 이와 같이 일제가 크게 통하여 막힘이 없고 모든 부처님의 도가 같기 때문에 "일도"라고 하였다. 예를 들면 『(화엄)경』의 게송에서 "문수의 법은 항상하고 법왕은 한 가지 법뿐이다. 일체에 걸림이 없는 사람은 일도로 생사에서 벗어난다."[172]라고 하였다.

> 次三達者。謂無始過去通達無餘。無邊未來通達無餘。現在無邊十方法界究竟通達。故名三達。又復通達一一念法。無不具有三種三世。故名三達。

---

171 『大般涅槃經』 권18 「梵行品」(T12, 468c).
172 『大方廣佛華嚴經』 권5 「菩薩明難品」(T9, 429b).

如大經中九世中說也。次三無爲者。仁王經言。於第一義諦而不二。爲法
性無爲。緣理而滅一切相故。爲智緣滅無相無爲。住初忍時。未來無量生
死。不由智緣而滅故。非智緣滅無相無爲。案云彼經約初地。說卽是少分
三無爲德。今此經中。說於佛德。卽是圓滿三無爲也。次三明者。如涅槃經
言。菩薩明者諸般若波羅蜜。諸佛明者所謂佛眼。無明明者謂畢竟空。案云
若論位別。初明在因地。第二在果地。第三明者通於因果。就其通門。皆在
佛地。何者。大圓鏡智。照一法界佛性之門。名爲佛眼。是諸佛明。妙觀察
智。照遍滿等。是菩薩明。所達空理無明無闇。是無明明。如是名爲如來三
明也。次一諦一道者。無作四諦門中道諦。金剛心時。與苦集俱。故有三諦。
今至佛地離二唯。一一謂一道。如是一諦通泰無閡。諸佛道同故名一道。如
經頌言。文殊法常爾。法王唯一法。一切無礙人。一道出生死也。

⑫ 88종의 덕을 개별적으로 밝힘 12 : 독법

다음에 "독법獨法"이라고 한 것은 대아大我의 덕은 둘과 함께함이 없기 때문이다. '대정大淨의 덕'을 말하는 것은 의미가 비슷함을 따른 것뿐이니 앞에서 '정덕淨德'을 말한 것은 '멸제'와 '정淨'의 의미가 비슷하기 때문이다. 지금 "일도一道"를 따라 "독법"이라고 말한 것은 '일一'과 '독獨'의 의미가 비슷하기 때문이니 네 가지 장애를 없애고 이 네 가지 덕을 드러낸 것이다. 예를 들면 『무상의경』에서 말하였다.

일체의 아라한과 벽지불과 대지大地의 보살은 네 가지 장애 때문에 여래 법신의 네 가지 덕을 얻지 못한다.[173] 무엇을 넷이라 하는가? 하

---

[173] 성인의 의생신意生身이 네 가지 장애가 있어서 여래의 네 가지 공덕을 갖추지 못함을 설명하는 『佛說無上依經』의 내용은 『勝鬘經』·『寶性論』·『佛性論』에도 보인다. 다른 경론에서는 '아라한과 벽지불과 대력보살'을 성인으로 들고 있다.

나는 생겨나는 연에 미혹함이고, 둘은 생겨나는 인에 미혹함이며, 셋은 (남아 있는) 삶이 있음이고, 넷은 (남아 있는) 삶이 없음이다.[174] 무엇이 생겨나는 연에 미혹함인가 하면 무명주지가 일체의 행을 낳게 하는 것이니 (십이연기에서 중생의) 무명이 업을 생기게 하는 경우와 같다. 무엇이 생겨나는 인에 미혹함인가 하면 무명주지가 생기게 한 모든 행이니 비유하자면 (십이연기에서 중생의) 무명이 생기게 한 모든 업과 같다. 무엇이 삶이 있음인가 하면 무명주지를 연으로 하고 무명주지가 생기게 한 무루의 행을 인으로 한 (아라한과 벽지불과 대지보살의) 세 가지 의생신이니 비유하자면 (십이연기에서 중생이) 네 가지 취取를 연으로 하고 세 가지 유루有漏의 업을 인으로 하여 세 가지 유有를 일으킴과 같다. 무엇이 삶이 없음인가 하면 세 가지 의생신을 연으로 하여 지각할 수 없이 미세함을 따라 멸함이니 비유하자면 (십이연기에서 중생이) 세 가지 유를 연으로 하여 생각마다 노사老死를 생기게 하는 것과 같다.

무명주지는 일체 번뇌가 의지하는 곳인데, 아직 끊어 없애지 못했기 때문에 모든 아라한과 벽지불과 자재보살은 대정바라밀大淨波羅蜜을 보는 데에 이르지 못한다. 무명주지가 생기게 한 가벼운 모습의 (미세한) 미혹을 인으로 한 허망한 행을 아직 없애지 못했기 때문에 대아바라밀大我波羅蜜을 보는 데에 이르지 못한다. 무명주지를 연으로 하고 미세한 허망이 생기게 한 무루의 업을 인으로 한 의생意生의 모든 몸(陰)을 아직 완전히 없애지 못했기 때문에 대락바라밀大樂波羅蜜을 보는 데에 이르지 못한다. 만약 일체 번뇌와 업으로 태어나는 어려움을 남김없이 완전히 없애지 못하여 변역 생사의 한없는 흐름을 없앤 모든 여래의 감로 세계를 얻지 못하면 절대로 변이變異가 없는 대상바라밀大常波羅蜜을 보는

---

[174] 『寶性論』권3「一切衆生有如來藏品」(T31, 830b)에서는 연상緣相·인상因相·생상生相·괴상壞相의 네 가지를 들고, 『佛性論』권2「顯果品」(T31, 799a)에서는 방편생사方便生死·인연생사因緣生死·유유생사有有生死·무유생사無有生死의 네 가지를 든다.

데에 이르지 못한다.[175]

그리고는 자세하게 설명하였다.
이제 따지는 것은 그만두고 다시 본문을 해석한다.
(과에 대한 개별적인 대답의 두 번째인) 의義의 과를 해석함의 세 가지 구분 중에서 두 번째인 개별적으로 해석함은 여기에서 마쳤다.
"모든 (성인의)" 이하는 세 번째인 총결이다. 여기에 두 구절이 있으니 먼저는 의義의 과를 거론하였고 나중에는 도가 같음으로 결론지었다.

次獨法者。是大我德無與二故。言大淨德。但從義類。前說淨德。滅諦淨類義相近故。今從一道方說獨法。一之與獨義相類故。滅除四障。顯此四德。如無上依經言。一切阿羅漢辟支佛大地菩薩。爲四種障。不得如來法身四德。何者爲四。一者生緣惑。二者生因惑。三者有有。四者無有。何者生緣惑。卽是無明住地。生一切行。如無明生業。何者生因惑。是無明住地所生諸行。譬如無明所生諸業。何者有有。緣無明住地。因無明住地所起無漏行。三種意生身。譬如四取爲緣三有漏業爲因。起三種有。何者無有。緣三種意生身。不可覺知微細隨滅眠。[1] 譬如緣三有中。生念念老死。無明住地。一切煩惱是其依處未斷除故。諸阿羅漢及辟支佛自在菩薩。不得至見大淨波羅蜜。因無明住地起輕相惑。有虛妄行未滅除故。不得至見大我波羅蜜。緣無明住地。因微細虛妄起無漏業。意生諸陰未除盡故。不得至見大樂波羅蜜。若未能得一切煩惱諸業生難永盡無餘。是諸如來爲甘露界。卽變易死斷流滅無量。不得不[2]至見極無變異大常波羅蜜。乃至廣說故。且止乘論。還釋本文。釋義果內有三分中。第二別釋竟在於前。一切以下第三總

---

175 『佛說無上依經』 권상 「菩提品」(T16, 472ab), 『寶性論』 권3 「一切衆生有如來藏品」(T31, 830ab)과 『佛性論』 권2 「顯果品」(T31, 799ab)에서도 표현과 용어는 다르지만 같은 내용을 볼 수 있다.

結。於中二句。先擧義果。後結道同。

1) ㉔ '眠'은 어떤 판본에는 없다. ㉕ '眠'은 『本業經疏』가 인용하고 있는 『佛說無上依經』에는 없다.   2) ㉖ '不'은 『本業經疏』가 인용하고 있는 『佛說無上依經』에는 없다.

(5) 과과에 대한 개별적인 대답 3 : 체體와 의義의 두 과를 거듭 밝힘

[경] "불자여, 과과의 체體는 원만하여 덕을 갖추지 않음이 없고 이치가 두루하지 않음이 없으며, 중도제일의제의 청정 국토에 머물러 다함이 없고 이름도 없고 형상도 없느니라. 일체법은 얻을 수 있는 것이 아니니 체가 있는 것도 아니고 체가 없는 것도 아니어서 그것이 일조상一照相·일합상一合相·일체상一體相·일각상一覺相이며 밝음과 청정에는 둘이 없느니라.

불자여, 이 과는 독법獨法이고 완전하게 밝으며 항상 머무니 하나의 과의 체상에 헤아릴 수 없는 의미가 있고, 그 의미에 헤아릴 수 없는 덕德이 있으며, 그 덕에 헤아릴 수 없는 이름이 있느니라. 의의 과는 말하자면 멸제의 상락아정과 열여덟 가지 함께하지 않는 일체 공덕을 모두 의의 과라고 하기 때문에 과과果果라 하기도 하느니라.

불자여, 의미와 덕과 이름의 세 가지는 모두 교화를 위한 것이기 때문에 이와 같이 세 가지 구절의 뜻이 있느니라. 만약 현인과 일체중생이 이 세 구절을 이해하면 이 사람은 이미 삼세의 제불에게 부처님의 직위를 받은 것이니라.

불자여, 그 과는 말할 수도 없고 알 수도 없으나 이름과 형상의 법 안에서 이름과 형상의 법으로 설한 것이니라. 그러므로 하나의 과를 체라고 하고 의를 과과라고 하느니라. 이 의의 과가 원과圓果를 나오게 하므로 과과라 하느니라.

불자여, 내가 이러한 인과를 백천 겁 동안 설한다 하더라도 다할 수 없으니 너희들 모든 대중은 스스로 잘 수지하여야 하느니라."[176]

---

176 『菩薩瓔珞本業經』 권하 「因果品」(T24, 1020ab).

佛子。果體圓滿。無德不備理無不周。居中道第一義諦淸淨國土。無極無名無相。非一切法可得。非有體非無體。其一照相一合相一體相一覺相。淨明無二。佛子。是果獨法圓滿¹⁾常住。一果體相有無量義。義有無量德。德有無量名。義果者。所謂滅諦常樂我淨十八不共一切功德。皆名義果。故名果果。佛子。義德名是三。皆敎化故。有如是三句之義。若賢人一切衆生有解是三句者。是人已爲三世諸佛受佛職位。佛子。其果不可說不可知。而就名相法中說名相法。是故一果名體。義名果果。是義果者。出圓果故。名果果。佛子。吾說此因果。百千劫說不可盡。汝諸大衆。善自受持。

1) ㉥ '滿'은 어떤 판본에는 '明'으로 되어 있다.

소 개별적으로 과를 해석하는 세 부분 중에서 처음에 체의 과를 해석함과 다음으로 의의 과를 해석함의 두 부분은 앞에서 마쳤다.

"과果의 체體는" 이하는 세 번째로 체와 의의 두 과를 거듭 나타냄이다. 여기에 둘이 있으니 개별적으로 나타냄과 총결이다.

처음 개별적으로 나타냄에서 먼저 체의 과를 밝혔는데, 여기에 열 가지 구절이 있다. 앞의 다섯은 곧바로 밝힘이고 뒤의 다섯은 마무리 지음이다.

처음 (곧바로 밝힘에서) "과果의 체體는 원만하여 덕을 갖추지 않음이 없고 이치가 두루하지 않음이 없으며"라고 한 것은 과의 궁극인 법신法身의 문을 거론한 것이고, 두 번째 구절에서 "중도제일의제의 청정 국토에 머물러"라고 한 것은 자수용토自受用土의 문을 거론한 것이다. 세 번째 구절에서 "다함이 없고 이름도 없고 형상도 없느니라."라고 한 것은, 법신 정토는 유일한 법계여서 서로 융통하여 끝과 한계가 없기 때문에 '다함이 없고'라고 하였고, 언어의 길이 끊어졌기 때문에 '이름도 없고'라고 하였으며, 마음이 움직이는 자리가 없어졌기 때문에 '형상도 없느니라'라고 하였다. 네 번째 구절에서 "일체법은 얻을 수 있는 것이 아니니"라고 한 것은 일체 공덕을 갖추지 않은 것이 없지만 그 모든 공덕을 얻을 수는 없기 때문이다. 다섯 번째 구절에 "체가 있는 것도 아니고 체가 없는 것도 아니어서"라고 한 것은, 비록 하나의 과체果體가 있는 것은 아니지만 하나의 과체가 없는 것도 아니기 때문이며 그 (일)법계가 있음과 없음의 성품에서 벗어나 일체 공덕이 서로 들어맞기 때문이다. 예를 들면『무상의경』에서 "일체의 불토에는 걸림이 없고 일체의 여래는 과거에 만든 경계에 수순하고 평등하여 분별하는 모습이 없으니 허공처럼 분별이 없어 법계와 서로 들어맞기 때문이다."[177]라고 하였다.

"그것이 일" 이하는 두 번째인 앞을 마무리 지음이다. 여기의 다섯 구절을 세 가지로 마무리 지었으니 처음의 두 구절은 앞의 두 구절을 그대로 마무리 지은 것이고, 다음의 두 구절은 뒤의 두 구절을 반대로 마무리 지은 것이며, 세 번째인 한 구절은 중간 구절을 마무리 지은 것이다. "일조상一照相"이라고 한 것은 "덕을 갖추지 않음이 없고 이치가 두루하지 않음이 없으며"라고 한 구절을 마무리 지은 것이니 하나의 공덕이 일조一照하지 않음이 없고 이치도 지혜와 합하여 일조가 되기 때문이다. "일합상一合相"이라고 한 것은 "중도제일(의)제의 청정 국토에 머물러"라고 한 구절을 마무리 지은 것이니 부처와 정토는 서로 회통하여 둘이 아니므로 중도 국토에 머문다고 하기 때문이다. "일체상一體相"이라고 한 것은 다섯 번째 구절인 "체가 있는 것도 아니고 체가 없는 것도 아니어서"를 마무리 지은 것이니 체가 없는 것이 아니라고 해서 당연히 체가 있는 것이 아닌 이유가 바로 '일체상'이기 때문이다. "일각상一覺相이며"라고 한 것은 네 번째 구절(인 "일체법은 얻을 수 있는 것이 아니니")를 마무리 지은 것이니 일체법은 동일하여 얻을 것이 없음을 깨닫는 것이 '일각상'이기 때문이다. "밝음과 청정에는 둘이 없느니라."라고 한 것은 중간의 "다함이 없고 이름도 없고 형상도 없느니라."라고 한 구절을 마무리 지은 것이니 정토

177『佛說無上依經』권하「如來事品」(T16, 476b).

와 부처의 밝음은 동일하여 다함이 없고 이름과 형상을 벗어났기 때문에 둘이 없는 것이다.

"이 과는" 이하는 (처음 개별적으로 나타냄에서 먼저 체의 과를 밝히고) 다음으로 의의 과를 드러낸 것이다. 여기에 넷이 있으니 첫째, 체과體果를 거론하여 의과義果를 드러내고, 둘째, 의과에 대하여 그 차별을 드러내며, 셋째, 의과를 건립한 의도를 밝히고, 넷째, 의과를 이해하는 이로움을 보인다.

처음 (체과를 거론하여 의과를 드러내면서) "이 과는 독법獨法이고 완전하게 밝으며 항상 머무니"라고 한 것은 거듭 과체果體를 거론한 것이고, "하나의 과의 체상에 헤아릴 수 없는 의미가 있고"라고 한 것은 체에 의거하여 의미를 세운 것이며, "의미에 헤아릴 수 없는 덕德이 있으며 덕에 헤아릴 수 없는 이름이 있느니라."라고 한 것은 낱낱의 의미 안에 헤아릴 수 없는 덕이 있고 덕 안에도 헤아릴 수 없는 이름이 있다는 것이다.

"의義의 과는" 이하는 두 번째인 (의과의) 차별을 드러낸 것이다. "멸제"라고 한 것은 정덕淨德을 거론한 것이고, "낙樂"이라고 한 것은 대락大樂이며, "상常"이라고 한 것은 무위이고, "아법我法"이라고 한 것은 앞의 독법이다. 이것은 (앞의) 88종(의 덕)에서 거론한 것이다. 마지막에 "열여덟 가지 함께하지 않는 일체 공덕을"이라고 한 것은 앞에서 말한 (88종의 덕 가운데 상락아정의 넷을 제외한) 84문을 통틀어서 거론한 것이다. "과과果果"라고 한 것은 체과를 따라 의과가 나오기 때문이다.

"의미와 덕과 이름의" 이하는 세 번째인 (의과를) 건립한 의도이다. "모두 교화를 위한 것이기 때문에 (이와 같이 세 가지 구절의 뜻이) 있느니라."라고 한 것은 이것이 모두 응신·화신·법신의 의미에 근거하여 중생을 교화하는 문이기 때문에 이와 같이 의미와 덕과 이름을 건립한 것이다.

"만약 현인과" 이하는 네 번째인 수승한 이로움을 보인 것이다. '현인'이라고 한 것은 모든 삼현三賢이고 "일체중생"이라고 한 것은 (초)주 이전의 범부이다. 이 세 구절의 의도인 교화문의 설명이 말이 있는 것과 같지 않음을 이해한 사람은 이미 성불의 첫 싹이 되는 조짐을 얻었기 때문에 삼세의 모든 부처님이 수기한다고 하였다.

거듭 (체와 의의) 두 과를 나타냄에서 두 가지 구분 중에 첫 번째인 개별적으로 나타냄은 앞에서 마쳤다. "그 과는" 이하는 두 번째인 총결이다. "그 과는 말할 수도 없고 알 수도 없으나"라고 한 것은 체과와 의과 모두 이름과 말이 끊어졌기 때문에 말할 수 없는 것이고 말을 따르는 지혜도 알 수 없는 것이다. 다만 중생의 이름과 형상의 법을 따라서 말에 의지하여 체와 의의 모습을 임시로 설하였기 때문에 "이름과 형상의 법 안에서 이름과 형상의 법으로 설한 것이니라."라고 하였다. 그 아래는 임시로 설한 두 과의 차별을 드러내었다.

(「인과품」 전체의) 부처님 대답의 두 가지 구분에서 첫 번째인 인과의 의미를 개별적으로 답합을 마쳤다. "내가 (이러한 인과를 백천 겁 동안) 설한다" 이하는 두 번째인 대답을 결론 맺음이다.

別釋果內有三分中。初釋體果。次釋義果。如是二分竟在於前。果體以下第三重顯體義二果。於中有二。別顯總結。初別顯中。先明體果。此中十句。先五正明。後五結成。初中言果體圓滿無德不脩理無不周者。是擧果極法身之門。第二句言居中道第一義諦淸淨國土者。是擧自受用土之門。第三句言無極無名無相者。法身淨土唯一法界。互相融通。無有邊際。故言無極。言語路絶。故言無名。心行處滅。故言無相。第四句言非一切功可得者。一切功德無所不備。而諸功德皆不可得故。第五句言非有體非無體者。雖非有一果體。而非無一果體故。其[1]法界離有無性。一切功德皆相稱故。如無上依經言。一切佛土更[2]無所礙。一切如來隨順平等。過作[3]竟[4]境無分別相。猶如虛空無有分別。與法界相稱故。其一以下第三[5]結前。於中五句。作三分結。初二順結前之二句。次二逆結後之二句。第三一句結中間句。一照相者。是結無無不備理無不周之句。以一功德無不一照。理與智冥。亦爲一照故。一合相者。結居中道第一諦淸淨國土之句。佛與淨土相會無二。乃名爲居中道國土故。一體相者。結第五句。以非有體不墮無體。其非無體不當有體。所以直是一體相故。一覺相者。結第四句。覺一切法同無所得。是一覺相故。淨明無二者。是結中間無極無名無相之句。淨土佛明同一無極。又離名相爲無二故。是果以下次顯義果。於中有四。一擧體果以標義果。二就義果顯其差別。三明建立義果之意。四示能解義果之利。初中言是果獨法圓明常住者。重擧體果也。一果體相有無量義者。依體立義也。義有無量德。德有無量名者。一一義中有無量德。德中亦有無量名也。義果者以下第二顯差別。滅諦者是擧淨德。樂者大樂。常者無爲。我法者前獨法。是擧八十八中。最後十八不共一切功德。通擧前說八十四門。言果果者。以從體果出義果故。義德名以下第三建立意。皆敎化故有者。皆約應化法身之義敎化衆生門。以立如是義德名也。若賢人下第四示勝利。賢人者諸三賢也。一切衆生者。住前凡夫也。若能解是三句之意。敎化門說。非如言有者。已得成佛之初萌兆故。爲三世諸佛所記也。重顯二果有二分中。第一別顯竟在於前。其果以下第二總結。其果不可說不可知者。體果義果皆絶名言。故不可說。隨言之智亦不能知。但隨衆生名相之法。寄言假說體義之相。故言而就名相法中說名相法。下顯假說二果差別。佛答之內有二分。第一別答因果義竟。吾說以下第二結答。

---

1) ㉮ '其' 다음에 어떤 판본에는 '一'이 있다. 2) ㉯ '更'은 『本業經疏』가 인용하고 있는 『佛說無上依經』에는 '處'로 되어 있다. 3) ㉯ '作'은 『本業經疏』가 인용하고 있는 『佛說無上依經』에는 '於'로 되어 있고, 어떤 판본에는 '作'으로 되어 있다고 하였다. 4) ㉯ '竟'은 『本業經疏』가 인용하고 있는 『佛說無上依經』에는 '意'로 되어 있다. 5) ㉯ '三'은 내용상 '二'의 오기로 보인다.

7. 대중수학품大衆受學品

소 정설분正說分의 두 가지 부분 중에 첫 번째인 여래께서 (중생을) 위해 설하신 부분은 마쳤고, 지금부터는 두 번째인 대중이 받아 배우는 부분이다. '수受'는 계를 받는 것이고 '학學'은 배워서 행한다는 것이니 한자리에서 일어나지 않고 십계十戒를 받고 이어서 육입을 배워 처음부터 끝까지 이른다. 여기에서 이런 의미를 나타내기 때문에 "수학품"이라고 하였다.

> 正說分內有二分中。第一如來爲說分竟。此下第二大衆受學。受者受戒。學者學行。不起一坐而受十戒。仍學六入從始至終。此中顯是義。故言受學品。

1) 질문

경 이때 경수보살이 모든 부처님께 예경하고 대중의 가르침을 받들어 7회會에서 설법하신 핵심 의미를 간략하게 물어서, 삼보장三寶藏을 믿고 따라 법과 법이 끊어지지 않게 하고 세간의 명리名利가 되지 않아 법이 오래도록 머물게 하고자 부처님께 아뢰었다.

"세존이시여, 부처님께서는 위에서 이미 인因·과果·현賢·성聖의 일체 공덕장을 말씀하셨습니다. 지금 이 대중에 14나유타의 사람이 있으니, 누가 이 자리에서 일어나지 않고서도 받아 배우고 수도하여 처음부터 끝까지 하나하나 모두 실천하여 차례로 보살위에 들어가는 이입니까?"[178]

---

[178] 『菩薩瓔珞本業經』 권하 「大衆受學品」(T24, 1020b).

爾時敬首菩薩敬禮於諸佛。奉承大衆敎。略問於要義七會之所說。信順三寶藏。爲法法不絶。不爲世名利。願令法久住。白佛言。世尊。佛上已說若因若果若賢若聖一切功德藏。今此大衆有十四那由他人。誰能不起此坐受學修道。從始至終一一具行次第入菩薩位者。

소 문장에 둘이 있으니 먼저는 물음이고 나중은 대답이다. 물음에도 둘이 있으니 먼저 의례의 의도를 서술하고 다음으로 곧장 질문을 하였다. 질문에서는 앞의 내용을 받아들이고 뒤의 내용을 물었다.

在文有二。先問後答。問中亦二。先序儀意。次正發問。發問之中。領前問後。

2) 대답

경 그때에 석가모니불께서는 정수리의 육계에서 일체 부처님의 광명과 일체 보살의 광명을 놓으시고, 다시 시방으로 각각 백억 불국토에 계신 부처님과 보살들을 모으셨다. 모두 다 모이고 나자 이 대중 속에 있는 문수사리보살·보현보살·법혜法慧보살·공덕림功德林보살·금강당金剛幢보살·금강장金剛藏보살·선재동자 보살에게 말씀하셨다.

"그대들은 이 대중의 경수보살이 삼관三觀과 법계의 모든 부처님의 자성청정도自性淸淨道와 일체 보살이 닦는 명관법문明觀法門을 묻는 것을 보았느냐? 그대들 일곱 보살은 각각 백만의 대중을 거느리고 이와 같은 법문을 받아서 관찰하고 배워야 하느니라. 불자여, 내가 이제 다시 이와 같은 명관법을 거듭 설하니 말하자면 육입 차제의 도이니라. 자세히 듣고 잘 생각하여 모든 도를 닦으며 대중에게 경계하고 타일러서 수용하게 하고 조복하여 행하게 하여야 할 것이다."[179]

時釋迦牟尼佛頂髻放一切佛光。一切菩薩光。復集十方各百億佛土其中佛及菩薩。一切皆集已。卽於是衆中告文殊師利菩薩。普賢菩薩。法慧菩薩。功德林菩薩。金剛幢菩薩。金剛藏菩薩。善才童子菩薩言。汝見是大衆中敬首菩薩。能問三觀法界諸佛自性淸淨道。一切菩薩所修明觀法門。汝等七菩薩。各領百萬大衆。應受觀學如是法門。佛子。我今更重說如是明觀法。所謂六入次第道。諦聽善思。修諸智慧。戒勅於衆。受用伏行。

소 대답에 넷이 있다. 첫째는 광명을 놓아서 대중을 모은 것이니 한자리에 앉아서 받아 배우는 것을 증명하기 위한 것이고, 둘째는 물음을 찬탄하고 배우기를 권한 것이다.

여기에서 일곱 보살에게 말씀하신 것은 『화엄경』의 일곱 법회의 주인이기 때문이다.[180] "삼관三觀을 물었다"고 한 것은 (경수보살의) 물음에서 "받아 배우고 수도하여"라고 한 것을 보인 것이니 '수도'라는 말은 삼관을 닦음을 나타내기 때문이다. 다음에 "법계의 모든 부처님의 자성청정도自性淸淨道와"라고 한 것은 물음에서 "처음부터 끝까지 하나하나 모두 실천

---

179 『菩薩瓔珞本業經』 권하 「大衆受學品」(T24, 1020b).
180 60권본 『華嚴經』은 칠처팔회七處八會 34품으로 구성되어 있다고 설명한다. '처處'는 경을 설한 장소를 말하고, '회會'는 경을 설한 모임을 말한다. 경을 설한 곳은 지상에 적멸도량寂滅道場·보광당普光堂·급고독원給孤獨園의 세 곳이고, 천상에 도리천忉利天·야마천夜摩天·도솔천兜率天·타화자재천他化自在天의 네 곳이다. 보광당에서 두 번 설하기 때문에 칠처팔회이다. 제1회 적멸도량회寂滅道場會 2품의 설주說主는 보현보살, 제2회 보광당회普光堂會 6품의 설주는 문수보살, 제3회 도리천궁회忉利天宮會 6품의 설주는 법혜보살, 제4회 야마천궁회夜摩天宮會 4품의 설주는 공덕림보살, 제5회 도솔천궁회兜率天宮會 3품의 설주는 금강당보살, 제6회 타화자재천궁회他化自在天宮會 11품의 설주는 금강장보살, 제7회 보광법당중회普光法堂重會 1품의 설주는 보현보살, 제8회 급고독원회級孤獨園會 1품은 선재동자가 주인공이므로 『本業經』에서 "문수사리文殊師利보살·보현普賢보살·법혜法慧보살·공덕림功德林보살·금강당金剛幢보살·금강장金剛藏보살·선재동자善才童子 보살에게 말씀하셨다."라고 하였고, 『本業經疏』는 "일곱 보살에게 말씀하신 것은 『화엄경』의 일곱 법회의 주인이기 때문이다."라고 하였다.

하여"라는 구절을 보인 것이다. 다음에 "일체 보살이 닦는 명관법문明觀法門"이라고 한 것은 "차례로 보살위에 들어가는 이"를 묻는 구절을 보인 것이다.

또 이 3구는 처음은 총괄이고 뒤는 개별이다. '처음은 총괄'이라고 한 것은 삼관을 말하니 "받아 배우고 수도하여"라는 말을 총괄적으로 거론한 것이고, '뒤는 개별'이라고 한 것은 제2구에서 "도道"라는 말을 개별적으로 나타내고, 제3구에서 "수修"라는 말을 개별적으로 나타낸 것이다.

"그대들" 이하는 (대답의 둘째인) 배움을 권한 것임을 알 수 있다.

"불자여, 내가 이제 다시 (이와 같은 명관법을) 거듭 설하니" 이하는 (대답의) 셋째인 설하기로 약속함이다.

答中有四。一者放光集衆。爲欲證明一坐受學故。二者歎問勸學。此中告七菩薩者。華嚴會中七會主故。能問三觀者。是示問中言受學脩道。脩道之言顯三觀修故。次言法界諸佛自性淸淨道者。是示問中從始至終一一具行之句。次言一切菩薩所脩明觀法門者。是示問次第入菩薩位者之句。又此三句。初總後別。言初總者。所謂三觀。總擧受學脩道之言。言後別者。等二句別顯道言。第三句別顯脩言。汝等以下勸學可知。佛子我今更¹⁾重說以下第三許說。

1) ㉠ '更'은 『菩薩瓔珞本業經』에는 '便'으로 되어 있다. ㉡『菩薩瓔珞本業經』에는 '更'으로 되어 있으며, 어떤 판본에는 '便'으로 되어 있다고 하였다.

(1) 받음에 대하여 답함

경 "불자여, 만약 일체중생이 처음으로 삼보의 바다로 들어가는 데에는 믿음이 근본이고, 부처님 가문에 머물러 사는 데에는 계가 근본이니라. 불자여, 처음 수행하는 보살은 믿음이 있는 남자와 믿음이 있는 여자 중에 모든 근이 갖추어지지 않은 황문黃門·음남婬男·음녀婬女·노비奴婢·변화變化의 사람이라도 계를 받게 해야 하니 모두 마음이 있어서 진리의 길로 향할 수 있기 때문이니라. 처음으로 발심 출가하여 보살의 자리를 잇기를 원하는 이는 먼저 정법계正法戒를 받아야 하느니라. 계는 일체 행의 공덕장의 근본이며 곧장 불과의 길로 향하는 일체 행의 근본이니라. 이 계는 모든 대악大惡, 말하자면 일곱 가지 (잘못된) 견해[181]와 여섯 가지 집착[182]을 없애서 정법을 밝히는 거울이니라.

불자여, 이제 모든 보살을 위하여 모든 계의 근본에 대해 결론을 내리자면 삼수문三受門이니 섭선법계는 팔만사천법문이고, 섭중생계는 자비희사의 교화가 일체중생에게 미치어 모두 안락을 얻게 하는 것이며, 섭률의계는 십바라이十波羅夷니라.

불자여, 수계에는 세 가지 받음이 있느니라. 첫째, 모든 불보살이 현재하는 앞에서 받음이니 진실한 상품의 계를 얻느니라. 둘째, 모든 불보살이 멸도한 후에 천 리 안에 먼저 수계한 보살이 있으면 법사가 되어 나에게 계를 교수해 주시기를 청하고서 먼저 발에 절을 하고 '청하오니 대존자께서는 스승이 되시어 저에게 계를 내리소서.'라고 하면 그 제자는 정법계를 얻으니 이것이 중품의 계이니라. 셋째, 부처님이 멸도한 후에 천 리 안에 법사가 없을 때에는 모든 불보살의 형상 앞에서 무릎을 꿇고 합장하여 스스로 서원하며 수계해야 하니 이렇게 말해야 하느니라. '저 아무개는 시방의 부처

---

181 일곱 가지 잘못된 견해 : ① 선악이나 인과 등의 도리를 무시하는 사견邪見, ② 상일常一·주재主宰하는 아我가 있다고 고집하는 아견我見, ③ 자기 몸과 물건들이 변하여 없어지는 것을 믿지 않는 상견常見, ④ 다시 태어나는 것을 믿지 않고 아주 없어진다고 생각하는 단견斷見, ⑤ 그릇된 계를 올바른 계라고 믿고 닦는 계도견戒盜見, ⑥ 바른 인과를 알지 못하여 불선不善이나 고행을 바른 수행법이라 생각하여 작은 결과를 얻고는 가장 큰 과보로 잘못 아는 과도견果盜見, ⑦ 아我와 무아無我·상常과 무상無常 등의 도리를 그대로 받아들이지 못하고 의심하는 의견疑見 등을 말한다.
182 여섯 가지 집착 : 탐착貪著·애착愛著·진착瞋著·치착癡著·욕착欲著·만착慢著을 일컫는다.

님과 대지보살들께 아룁니다. 저는 일체 보살의 계를 배우겠습니다.' 이것이 하품의 계이니라. 두 번 세 번 이와 같이 설하느니라.

불자여, 이 세 가지는 세 종류의 수계를 섭수하니 과거불이 이미 설하셨고 미래불이 앞으로 설할 것이며 현재불이 지금 설하시며, 과거 모든 보살이 이미 배웠고 미래의 모든 보살이 앞으로 배울 것이며 현재의 모든 보살이 지금 배우느니라. 이것이 모든 부처님의 정법계이니라. 만약 모든 부처님과 모든 보살이 이 법계의 문에 들어가지 않고 무상의 도과道果인 허공처럼 평등한 경지를 얻는 이치는 없느니라."

부처님께서 말씀하셨다.

"불자여, 이제 곧바로 정계正戒를 설하느니라. 선남자와 선여인이 수계를 하려고 할 때는 먼저 과거세의 과거제가 다할 때까지의 모든 부처님께 예경하고, 미래세와 미래제가 다할 때까지의 모든 부처님께 예경하며, 현재세와 현재제가 다할 때까지의 모든 부처님께 예경하느니라. 이와 같이 세 번 예경하고 나서 법과 승에도 마찬가지로 하느니라.

불자여, 다시 네 가지 무너지지 않는 믿음을 공경하여 받으니 '사의법四依法에 의지하여 지금부터 미래제가 다할 때까지 이 몸으로 부처님께 귀의하고 법에 귀의하며 현성승賢聖僧에 귀의하고 법계에 귀의합니다.'라고 세 번 말하느니라.

불자여, 다음은 삼세의 죄에 대해 잘못을 참회함을 가르치느니라. '현재의 신구의身口意의 십악죄라면 끝끝내 미래제가 다하도록 일으키지 않기를 바라오며, 미래의 신구의의 십악죄라면 끝끝내 미래제가 다하도록 일으키지 않기를 바라오며, 과거의 신구의의 십악죄라면 끝끝내 미래제가 다하도록 일으키지 않기를 바라옵니다.'라고 하느니라."[183]

---

[183] 『菩薩瓔珞本業經』 권하 「大衆受學品」(T24, 1020bc).

佛子。若一切衆生初入三寶海以信爲本。住在佛家以戒爲本。佛子。始行菩薩若信男若信女中。諸根不具黃門。婬男婬女。奴婢。變化人受得戒。皆有心向故。初發心出家欲紹菩薩位者。當先受正法戒。戒者是一切行功德藏根本。正向佛果道[1]一切行本。是戒能除一切大惡。所謂七見六著。正法明鏡。佛子。今[2]爲諸菩薩結一切戒根本。所謂三受門。攝善法戒。所謂八萬四千法門。攝衆生戒。所謂慈悲喜捨化及一切衆生皆得安樂。攝律儀戒。所謂十波羅夷。佛子。受戒有三種受。一者諸佛菩薩現在前受。得眞實上品戒。二者諸佛菩薩滅度後。千里內有先受戒菩薩者。請爲法師敎授我戒。我先禮足。應如是語。請大尊者爲師。授與我戒。其弟子得正法戒。是中品戒。三佛滅度後千里內無法師之時。應在諸佛菩薩形像前。胡跪合掌自誓受戒。應如是言。我某甲白十方佛及大地菩薩等。我學一切菩薩戒者[3]是下品戒。第二第三亦如是說。佛子。是三攝受三種受戒。過去佛已說。未來佛當說。現在佛今說。過去諸菩薩已學。未來諸菩薩當學。現在諸菩薩今學。是諸佛正法戒。若一切佛一切菩薩不入此法[4]戒門。得無上道果虛空平等地者。無有是處。佛告諸佛子。今正說正戒。善男子善女人當受戒時。先禮過去世盡過去際一切佛。禮未來世盡未來際一切佛。禮現在世盡現在際一切佛。如是三禮已。法僧亦然。佛子。復敬受四不壞信。依止四依法。從今時盡未來際身。歸依佛。歸依法。歸依賢聖僧。歸依法[5]戒。如是三說已。佛子。次當敎悔過三世罪。若現在身口意十惡罪。願畢竟不起盡未來際。若未來身口意十惡罪。願畢竟不起盡未來際。若過去身口意十惡罪。願畢竟不起盡未來際。

1) ㉯ '果道'는 어떤 판본에는 '道果'로 되어 있다. 2) ㉯ '今' 앞에 어떤 판본에는 '吾'가 있다. 3) ㉯ '者'는 어떤 판본에는 '法'으로 되어 있다. 4) ㉯ '法' 앞에 어떤 판본에는 '正'이 있다. 5) ㉯ '法' 앞에 어떤 판본에는 '正'이 있다.

소 "만약 일체중생이" 이하는 (대답의) 네 번째인 곧바로 답함이다. 여기에 둘이 있으니 개별적으로 답함과 총괄적으로 답함이다. 처음 (개별적으로 답함)에도 둘이니 먼저는 받음이고 뒤에는 배움이다. 받음에 셋이 있으니 표방·해석·마무리이다. 표방은 믿음을 거론하여 계를 표방한 것이니 먼저 믿음을 일으켜야 수계를 받기 때문이다.

"처음 수행하는" 이하는 두 번째인 자세하게 해석함이다. 여기에 넷이 있다. 첫째는 수계법의 쓰임이고, 둘째는 "부처님께서 말씀하셨다." 이하의 수계의 방편이다. 여기에 셋이 있으니 먼저는 삼보에 세 번 예경하는 것이고, 다음은 사의四依를 공경하여 받는 것이며, 뒤는 잘못을 참회하는 것이다. 소승의 수계갈마에 준한다면 여기에서 사귀四歸를 공경하여 받으면 바르게 계를 준 것이어야 한다. 하지만 이 경문의 형세를 살펴보면 이 '공경하여 받는' 문장은 바르게 계를 준 것이 아니니, 먼저 수계하고 나중에 참회하는 것이 이치에 맞지 않기 때문이다. 그러므로 이 문장을 방편이라고 판단하였다.

若一切衆生以下第四正答。此中有二。別答總答。初中亦二。先受後學。受中有三。謂標釋結。標者擧信標戒。要先起信方受戒故。始行以下第二廣釋。於中有四。一者受戒法用。二者佛告以下受戒方便。此中有三。先三禮三寶。次敬受四依。後卽悔過。若准小乘受戒羯磨。此中敬受四歸。應是正爲授戒。但尋此中。經文之勢。此敬受文。非正授戒。以先受後悔不應理故。故判此文爲方便也。

경 "이와 같이 참회하여 삼업이 청정하기가 깨끗한 유리의 안팎이 밝게 비치듯 하면 십무진계十無盡戒를 주니 그대들은 잘 들어야 하느니라."

부처님께서 말씀하셨다.

"'불자여, 지금의 몸으로부터 부처의 몸이 될 때까지 미래제가 다하도록 그 중간에 고의로 살생해서는 안 되느니라. 만약 범하면 보살행이 아니며 42현성법賢聖法을 잃어버리니 범하지 않고 지킬 수 있겠는가?' 하면, 수계자는 '지키겠습니다.' 하고 답하느니라.

'불자여, 지금의 이 몸으로부터 부처의 몸이 될 때까지 미래제가 다하도록 그 중간에 고의로 거짓말을 해서는 안 되느니라. 만약 범하면 보살행이 아니며 42현성법을 잃어버리니 범하지 않고 지킬 수 있겠는가?' 하면, 수계자는 '지키겠습니다.' 하고 답하느니라.

'불자여, 지금의 이 몸으로부터 부처의 몸이 될 때까지 미래제가 다하도록 그 중간에 고의로 음행을 해서는 안 되느니라. 만약 범하면 보살행이 아니며 42현성법을 잃어버리니 범하지 않고 지킬 수 있겠는가?' 하면, 수계자는 '지키겠습니다.' 하고 답하느니라.

'불자여, 지금의 이 몸으로부터 부처의 몸이 될 때까지 미래제가 다하도록 그 중간에 고의로 훔쳐서는 안 되느니라. 만약 범하면 보살행이 아니며 42현성법을 잃어버리니 범하지 않고 지킬 수 있겠는가?' 하면, 수계자는 '지키겠습니다.' 하고 답하느니라.

'불자여, 지금의 이 몸으로부터 부처의 몸이 될 때까지 미래제가 다하도록 그 중간에 고의로 술을 팔아서는 안 되느니라. 만약 범하면 보살행이 아니며 42현성법을 잃어버리니 범하지 않고 지킬 수 있겠는가?' 하면, 수계자는 '지키겠습니다.' 하고 답하느니라.

'불자여, 지금의 이 몸으로부터 부처의 몸이 될 때까지 미래제가 다하도록 그 중간에 고의로 재가와 출가의 보살의 잘못을 말해서는 안 되느니라. 만약 범하면 보살행이 아니며 42현성법을 잃어버리니 범하지 않고 지킬 수 있겠는가?' 하면, 수계자는 '지키겠습니다.' 하고 답하느니라.

'불자여, 지금의 이 몸으로부터 부처의 몸이 될 때까지 미래제가 다하도록 그 중간에 고의로 인색해서는 안 되느니라. 만약 범하면 보살행이 아니며 42현성법을 잃어버리니 범하지 않고 지킬 수 있겠는가?' 하면, 수계자는 '지키겠습니다.' 하고 답하느니라.

'불자여, 지금의 이 몸으로부터 부처의 몸이 될 때까지 미래제가 다하도록 그 중간에 고의로 화를 내어서는 안 되느니라. 만약 범하면 보살행이 아니며 42현성법을 잃어버리니 범하지 않고 지킬 수 있겠는가?' 하면, 수계자는 '지키겠습니다.' 하고 답하느니라.

'불자여, 지금의 이 몸으로부터 부처의 몸이 될 때까지 미래제가 다하도록 그 중간에 고의로 자기를 칭찬하면서 남을 헐뜯어서는 안 되느니라. 만약 범하면 보살행이 아니며 42현성법을 잃어버리니 범하지 않고 지킬 수 있겠는가?' 하면, 수계자는 '지키겠습니다.' 하고 답하느니라.

'불자여, 지금의 이 몸으로부터 부처의 몸이 될 때까지 미래제가 다하도록 그 중간에 고의로 삼보장三寶藏을 비방해서는 안 되느니라. 만약 범하면 보살행이 아니며 42현성법을 잃어버리니 범하지 않고 지킬 수 있겠는가?' 하면, 수계자는 '지키겠습니다.' 하고 답하느니라.

불자여, 십무진계十無盡戒를 받고 나면 그 수계자는 네 가지 마군을 통과하여 건너고 삼계의 고통을 뛰어넘으니 세세생생 이 계를 잃지 않으면 항상 수행하는 사람을 따라서 성불에 이르느니라."[184]

如是悔過已。三業清淨如淨琉璃內外明照。卽與授十無盡戒。汝等善聽。佛告。佛子。從今身至佛身。盡未來際。於其中間不得故殺生。若有犯。非菩薩行。失四十二賢聖法。不得犯。能持不。其受者答言能。佛子。從今身至佛身。盡未來際。於其中間不得故妄語。若有犯。非菩薩行。失四十二賢聖法。不得犯。能持不。其受者答言能。佛子。從今身至佛身。盡未來際。於其中間不得故婬。若有犯。非菩薩行。失四十二賢聖法。不得犯。能持不。其受者答言能。佛子。從今身至佛身。盡未來際。於其中間不得故盜。若有犯。非菩薩行。失四十二賢聖法。不得犯。能持不。其受者答言能。佛子。從今身至佛身。盡未來際。於其中間不得¹⁾沽酒。若有犯。非菩薩行。失四十二

---

184 『菩薩瓔珞本業經』 권하 「大衆受學品」(T24, 1020c~1021b).

賢聖法。不得犯。能持不。其受者答言能。佛子。從今身至佛身。盡未來際。於其中間不得故說在家出家菩薩罪過。若有犯。非菩薩行。失四十二賢聖法。不得犯。能持不。其受者答言能。佛子。從今身至佛身。盡未來際。於其中間不得故慳。若有犯。非菩薩行。失四十二賢聖法。不得犯。能持不。其受者答言能。佛子。從今身至佛身。盡未來際。於其中間不得故瞋。若有犯。非菩薩行。失四十二賢聖法。不得犯。能持不。其受者答言能。佛子。從今身至佛身。盡未來際。於其中間不得故自讚毀他。若有犯。非菩薩行。失四十二賢聖法。不得犯。能持不。其受者答言能。佛子。從今身至佛身。盡未來際。於其中間不得故謗三寶藏。若有犯。非菩薩行。失四十二賢聖法。不得犯。能持不。其受者答言能。佛子。受十無盡戒已。其受者過度四魔。越三界苦。從生至生不失此戒。常隨行人乃至成佛。

1) ㉑ '得' 다음에 어떤 판본에는 '故'가 있다.

소 "이와 같이" 이하는 (자세하게 해석함의) 세 번째인 곧바로 수계를 밝힘이니 여기에 셋이 있다. 첫째는 앞의 잘못을 참회함을 드러내어 곧바로 주고받음을 표방함이고, 둘째는 곧바로 십계를 줌이며, 셋째는 계의 덕을 마무리 지어 찬탄함이다. 이 셋을 합하여 세 번째인 곧바로 수계를 밝힘을 마친다.

如是以下第三明正授戒。於中有三。一者牒前悔過標正與受。二者正授十戒。三者結歎戒德。此三合爲第三明正授戒文意。¹⁾

1) ㉑ '意'는 어떤 판본에는 '竟'으로 되어 있다.

경 "불자여, 과거·미래·현재의 일체중생이 이 보살계를 받지 않으면 유정의 마음이라고 하지 않으며, 축생과 다를 바가 없으니 사람이라고 하지 않으며, 삼보의 바다에서 늘 벗어나니 보살·남자·여자·귀신 등의 사람이 아닌 존재가 아니라 축생이라고 하고 사견邪見이라고 하며 외도라고 하니 인정人情에 가깝지 않기 때문이니라. 그러므로 보살계에는 받는 법(受法)은 있으나 버리는 법(捨法)은 없으니 범하더라도 미래제가 다하도록 없어지지는 않음을 알아야 하느니라.

어떤 사람이 받고자 하면 보살 법사는 먼저 그를 위하여 해설하고 독송해 주어 그 사람의 마음이 열리고 생각으로 이해하여 즐거워하는 마음을 내게 한 후에 받게 하느니라. 또 법사가 일체 국토에서 한 사람을 교화하고 출가시켜 보살계를 받게 할 수 있으면 이 법사의 복은 팔만 사천의 탑을 만드는 것보다 뛰어나느니라. 더욱이 두 사람이나 세 사람 나아가 백천에 이르면 복의 과보는 헤아릴 수 없느니라.

(법)사는 부부나 육친六親(부·모·형·제·처·자)이 서로 (법)사가 되어 (계를) 줄 수 있고, 수계자는 모든 부처님 세계의 보살의 수數 안에 들어가 삼겁의 생사 고통을 뛰어넘으니 그러므로 마땅히 받아야 하느니라. 있으면서 범하는 것이 없으면서 범하지 않는 것보다 나으니 범함이 있으면 보살이라 하고 범함이 없으면 외도라 하느니라. 그러므로 1할이라도 계를 받은 것이 있으면 1할의 보살이라 하고, 2할·3할·4할에 이어져 완전히 받으면 구족한 수계라고 하느니라. 그러므로 보살계에는 십중과 팔만의 위의계威儀戒가 있느니라. 십중은 범하면 참회할 수가 없으나 거듭 계를 받게 할 수는 있느니라. 팔만의 위의계는 모두 경계輕戒라고 하고 범하면 상좌 스님에게 잘못을 참회하여 잘못을 소멸시킬 수 있느니라.

모든 보살의 범성계凡聖戒는 모두 마음을 체로 하느니라. 그러므로 마음이 다하면 계도 다하고 마음이 다하지 않으면 계도 다하는 일이 없으므로 육도 중생이 얻은 계를 받을 수 있으며 다만 말을 알아듣기만 하면 얻은 계를 잃지 않느니라.

불자여, 삼세의 겁 동안 모든 부처님께서는 항상 '내가 이제 이 나무 아래에서 14억 사람을 위하여 (십)주 이전의 신상보살이 처음 수계하는 법을 설하느니라. 불자여, 신상보살은 십천 겁 동안 십계법十戒法을 행하여 앞으로 십주심十住心에 들어갈 예정이니라'라고 말씀하셨다.
 불자여, 먼저 모든 대중을 위하여 보살계를 받게 한 후에 『영락경』을 설하여 함께 보고 함께 실천하게 해야 하느니라."
 이때 대중에 있던 백억 사람이 곧 자리에서 일어나 부처님 계율을 받아 지녔다.[185]

佛子。若過去未來現在一切衆生。不受是菩薩戒者。不名有情識者。畜生無異。不名爲人。常離三寶海。非菩薩非男非女非鬼非人。名爲畜生。名爲邪見。名爲外道不近人情。故知菩薩戒有受法而無捨法。有犯不失。盡未來際。若有人欲來受者。菩薩法師先爲解說讀誦。使其人心開意解生樂著心。然後爲受。又復法師能於一切國土中。教化一人出家受菩薩戒者。是法師其福勝造八萬四千塔。況復二人三人乃至百千。福果不可稱量。其師者。夫婦六親得互爲師授。其受戒者。入諸佛界菩薩數中。超過三劫生死之苦。是故應受。有而犯者。勝無不犯。有犯名菩薩。無犯名外道。以是故。有受一分戒名一分菩薩。乃至二分三分四分。十分名具足受戒。是故菩薩十重。八萬[1])威儀戒。十重有犯無悔。得使重受戒。八萬[2])威儀戒盡名輕。有犯得使悔過對首[3])悔滅。一切菩薩凡聖戒盡心爲體。是故心亦盡戒亦盡。心無盡故戒亦無盡。六道衆生受得戒。但解語。得戒不失。佛子。三世劫中一切佛[4])常作是說。我今在此樹下爲十四億人說。住前信想菩薩初受戒法。佛子。是信想菩薩。於十千劫行十戒法。當入十住心。佛子。當先爲諸大衆受菩薩戒。然後爲說瓔珞經。同見同行。爾時衆中有百億人。即從坐起受持佛戒。

1) ㉭ '八萬'은 어떤 판본에는 '有八萬四千'으로 되어 있다. 2) ㉭ '萬' 다음에 어떤 판본에는 '四千'이 있다. 3) ㉭ '首'는 어떤 판본에는 '手'로 되어 있다. 4) ㉭ '佛' 앞에 어떤 판본에는 '諸'가 있다.

---

185 『菩薩瓔珞本業經』 권하 「大衆受學品」(T24, 1021b).

소 "과거·미래" 이하는 (자세하게 해석함의) 네 번째인 모든 방면의 분별이다. "받는 법(受法)은 있으나 버리는 법(捨法)은 없으니 범하더라도 미래제가 다하도록 없어지지는 않음"이라고 한 것은, 예를 들어 (『유가사지론』의) 보살지의 결택분決擇分에서 이렇게 설하였다.

만약 이와 같은 율의律儀를 버리지 않는 것이 있으면 다른 생으로 윤회하더라도 (율의를) 버리지 않은 줄 알 것이다. 또 버리는 인연에 간략히 네 가지가 있다. 첫째는 받겠다는 마음과 동분同分이 아닌 마음을 결정코 일으키는 것이고, 둘째는 (율의를) 식별하는 대장부 앞에서 고의로 버리겠다는 말을 하는 것이며, 셋째는 전체적으로나 개별적으로 네 가지 뛰어난 법(他所勝法:바라이)[186]을 범하는 것이며, 넷째는 더욱 늘어나는 번뇌 때문에 전체적으로나 개별적으로 네 가지 뛰어난 법에 따르는 것들을 범하는 것이다. 이런 인연으로 보살의 율의를 버리는 줄 알아야 한다. 만약 받으려는 맑고 깨끗한 마음이 다시 생기면 후에 도로 받아야 한다.[187]

이와 같이 논서의 문장과 이 경의 차이를 어떻게 회통하여야 할까? 해석하자면, 논서는 삼승교의 의도에서 서술한 것이기 때문에 버리는 법이 있고 계를 범하면 없어진다. 삼승교에 의지하여 발심한 보살의 마음은 완전하지 않고 견고하지 않기 때문이다. 지금 이 경은 일승교이기 때문에 버리는 법이 없고 범하여도 없어지지 않으니 이에 의지하여 발심하면 앞에 주어도 도리어 가진다.

이제 따지는 것은 그만두고 다시 본문을 해석한다.

---

186 뛰어난 법(他所勝法) : 일반적으로 바라이波羅夷로 음사하는 ⓢ pārājika의 의역어이다. 『一切經音義』 권47(T54, 620c)에는 '바라자이카波羅闍已迦'에 대해 "중국어로 타승他勝으로 번역한다. 파계하면 번뇌가 선법善法보다 수승해진다는 뜻이다."라고 하였다.
187 『瑜伽師地論』 권75 「攝決擇分中菩薩地」(T30, 711c).

"이때 대중에" 이하는 (개별적으로 답함의 첫째인 받음에 대한 대답의) 세 번째인 수계를 총체적으로 마무리함이다. "곧 자리에서 일어나 부처님 계율을 받아 지녔다."라고 한 것은 곧 이곳 한자리에서 비로소 일어나 수계함을 말하니 이 자리에서 일어나지 않고도 육입六入에 들어가기 때문이다.

若過去未來以下第四諸門分別。言有受法而無捨法有犯不失盡未來際者。如菩薩地決擇中言。若有不捨如是律儀。當知餘生亦得隨轉。非彼捨者。又捨因緣略有四種。一者決定發起受心。不同分心。二者若於有識別大丈夫前。故意發起棄捨語言。三者總別毀犯四種他所勝法。四者若以增上品纏。總別毀犯。隨順四種他所勝法。由此因緣。當知棄捨菩薩律儀。若有還得清淨受心。後[1]應還受。如是論文與此經違。如何和會。解云彼論述於三乘敎意。故有捨法犯戒有失。依三乘敎發心菩薩。心不全故。不堅固故。今此經者是一乘敎。故無捨法犯而不失。依是發心與前返持。且止乘論。還釋本文。爾時衆中以下。第三總結受戒。卽從坐起受持佛戒者。此[2]一坐始起受戒。不起此坐入六入故。

1) ㉠ '後'는 『本業經疏』가 인용하고 있는 『瑜伽師地論』에는 '復'로 되어 있다. 2) ㉡ '此' 앞에 어떤 판본에는 '謂卽於'가 있다.

(2) 배움에 대하여 답함

경 그 이름은 범타수왕梵陀首王이며 무수한 천자와 함께 수행하여 십계를 만족滿足하고 초주위初住位에 들어갔다.

"불자여, 다시 이 주住에서 백법관문百法觀門을 수행하니 말하자면 십신·십진·십발취·십승·십금강·십수희·십계·십원·십호·십회향이니라. 이 백법관으로 삼계는 공하고 거짓 이름일 뿐이니 모두가 공하기에 일체법은 나와 남이 없고 받음이 없고 인이 없어서 모두 정해진 성품이 없음을 통달하면 곧 열세 가지 결박을 소멸시키니 말하자면 일곱 가지 (잘못된) 견해와 여섯 가지 집착이니라. 여실상如實相으로 초행위初行位에 들어가느니라.

불자여, 다시 이 행행行에서 천법명문千法明門을 관찰하여 닦으니 말하자면 십신부터 십향까지 점차로 발전하여 법에 들어가느니라. 법은 무아여서 법의 집集·법의 기起·법의 도道·법의 멸滅에 대해서 모두 법을 받는 사람이란 없으니 법은 허공과 같고 환幻과 같으며 건달바성乾達婆城과 같고 불꽃과 같아서 일체법이 형상이 없어 백천의 생멸이 모두 있을 수 없으므로 초회향위初廻向位에 들어가느니라.

불자여, 다시 이 (회)향에서 밝음이 밝베 점점 비추고 (그) 비추는 지혜로 모습이 비슷한 평등관을 배우느니라. 이름(과 모양)을 관찰하여도 얻을 수 없으니 얻을 수 없음은 거짓으로 얻음이니라. 비유하자면 심지에 불을 붙이는 것은 처음의 불꽃이 아니니 처음의 불꽃이 있다는 상황 안에 탄다는 사실이 있는 것이 아니(기 때문이)고, (심지에 불을 붙이는 것은) 처음의 불꽃을 벗어난 것도 아니니 처음의 불꽃이 없다는 상황 안에 탄다는 사실이 있는 것이 아니(기 때문이)니라. (이어지는) 다음 (불꽃)도 (처음의 불꽃과) 마찬가지이니라. 바로 유위의 모든 법은 이제二諦가 변화한 것이므로 거짓으로 탄다고 이름을 붙이느니라. 그러므로 알아야 하니 시작하는 불꽃은 지금이 아니고 지금 타는 것이 시작이 아니니라. 지금 타는 것이 시작이 아니기 때문에 지금에서야 있는 것이고 시작하는 불꽃이 지금이 아니기 때문에 지금 타는 것은 없느니라. 지금 타는 것이 없으니 지금 타는 것은 거짓으로 타는 것이니라.

평등관을 얻음도 이와 같으니 초심이 있다는 상황 안에 얻음이 있는 것이 아니고 초심이 없다는 상황 안에 얻음이 있는 것도 아니니라. (이어지는) 다음 마음도 마찬가지이니라. 그러므로 시작하는 마음은 지금의 마음이 아니고 지금 일어남은 시작하는 일어남이 아니니라. 지금 일어남은 시작하는 일어남이 아니기 때문에 지금에서야 있는 것이고 시작하는 마음이 지금의 마음이 아니기 때문에 지금 얻을 것이 없느니라. 지금 얻을 것이 없으므로 지금 얻는다는 것은 거짓으로 얻는 것이니라.
중도제일의제의 마음은 생각마다 적멸하여 만법명문萬法明門에 들어가느니라. 십신부터 십향까지 자연스럽게 평등의 도에 흘러들지만 한 가지 모습도 얻을 것이 없어 진실하게 일조상一照相을 관찰하고 초지初地의 도에 들어가느니라."[188]

其名梵陀首王。共無數天子修十戒滿足。入初住位。佛子。復從是住。修行百法觀門。所謂十信十進十發趣十乘十金剛十隨喜十戒十願十護十迴向。以是百法觀達三界空。假名皆空。一切法無我無人無受無因。皆無定性。卽滅十三縛。所謂七見六著。如實相入初行位。佛子。復從是行觀修千法明門。所謂十信乃至十向。轉轉入法。法無我。法集法起法道法滅。皆無人受法。法如虛空如幻如城[1]如焰。一切法無相。百千生滅皆不可得。入初迴向位。佛子。復從是向明明轉照。照智學相似平等觀。觀名無得。無得假得。喻如然燈有炷。非初焰者。非初焰有時中有燒。非離初焰者。非初焰無時中有燒。後亦如之。直以有爲諸法二諦皆迭遷。假號故燒。故知始焰非今今燋非始。今燋非始故。於今方有。始焰非今故。於今無燒。無燒於今。今燒假燒。得平等觀亦復如是。非初心有中有得。亦非初心無中有得。後心亦然。是故始心非今心。今起非始起。今起非始起故。於今方有。始心非今心故。於今無得。無得於今。今得假得。中道第一義諦心。念念寂滅入萬法明門。從十信乃至十向。自然流入平等道。無得一相眞實觀。一照相入初地道。

1) ㉠ '城' 앞에 어떤 판본에는 '乾'이 있다.

소 "그 이름은" 이하는 (개별적으로 답함의) 두 번째인 배움을 밝힘이

---

188 『菩薩瓔珞本業經』 권하 「大衆受學品」(T24, 1021bc).

다. 여기에 둘이 있으니 개별적으로 밝힘과 총괄적으로 밝힘이다. 개별적으로 밝힘은 곧 육입을 밝힌 것이다. 육입(을 밝힌) 문장에 모두 두 구절이 있으니 먼저는 들어가는 자리를 밝히고 나중은 배우는 수행을 드러내었다.

먼저 "수행하여 십계를 만족滿足하고 초주위初住位에 들어갔다."라고 한 것이 들어가는 자리를 밝힘이고, "다시 (이 주住)에서" 이하의 다음으로 (배우는) 수행을 드러냄이다. "십신"이라고 한 것은 예를 들면 대경大經(『화엄경』)에서, "보살에게는 열 가지 파괴되지 않은 믿음이 있으니 무엇이 열인가. 일체 부처님에 대한 파괴되지 않는 믿음이고, 일체 불법에 대한 파괴되지 않는 믿음이며, 일체 성승聖僧에 대한 파괴되지 않는 믿음이고, 일체 보살에 대한 파괴되지 않는 믿음이며, 일체 선지식에 대한 파괴되지 않는 믿음이고, 일체중생에 대한 파괴되지 않는 믿음이며, 일체 보살의 대원大願에 대한 파괴되지 않는 믿음이고, 일체 보살행에 대한 파괴되지 않는 믿음이며, 일체 모든 부처님을 공경하고 공양함에 대한 파괴되지 않는 믿음이고, 일체중생을 교화하여 성취시키는 보살의 교묘한 방편에 대한 파괴되지 않는 믿음이다. 이것이 열 가지이다."[189]라고 하였다.

"십진"이라고 한 것은, 보살에게는 열 가지 정진이 있다. 신업身業의 정진이니 모든 부처님을 공경하고 공양하며 물러서지 않기 때문이고, 구업口業의 정진이니 들은 법을 남에게 널리 설명하며 고달파하지 않기 때문이며, 의업意業의 정진이니 오묘한 방편으로 자비희사·선정·해탈·삼매에 들어가 계속하며 물러서지 않기 때문이고, 곧은 마음의 정진이니 아첨과 왜곡에서 멀리 벗어나 정직한 일체 방편에서 끝내 물러서지 않기 때문이며, 깊은 마음의 정진이니 항상 훌륭한 세계에 나아가 위없는 지혜와 흰 법을 쌓아 모으기 때문이고, 행이 허망하지 않은 정진이니 보시·지

---

[189] 『大方廣佛華嚴經』 권39 「離世間品」(T9, 646bc).

계·인욕·다문多聞 등과 방일하지 않음을 거두어 지니고 도량에 이를 때까지 중도에 쉬지 않기 때문이며, 모든 악마와 원수를 항복 받는 정진이니 삼독 번뇌와 사견과 모든 얽맴과 장애를 완전히 없앨 수 있기 때문이고, 지혜 광명을 완성한 정진이니 보시한 일이 모두 선한 생각이어서 마음에 후회가 없이 온갖 일을 구경까지 하기 때문이며, 물들어 집착함이 없는 정진이니 마음의 경계와 신구의의 모양과 모양 아님을 벗어난 매우 깊은 법문이기 때문이고, 법명法明을 원만히 성취한 정진이니 차례로 모든 지위에 들어가 천수天壽를 버리고 세간에 내려와서는 집을 떠나 도를 이루어 법륜을 굴리다가 열반에 들어감을 보여 주기까지 하기 때문이다. 이것이 열 가지이다.[190]

"십발취"라고 한 것은 십념十念[191]을 말하니 불법 등을 생각하여 저쪽으로 나아가기 때문이고, "십승"이라고 한 것은 십혜十慧[192]를 말하니 장

---

[190] 『大方廣佛華嚴經』 권41 「離世間品」(T9, 660ab).
[191] 십념十念 : 『大方廣佛華嚴經』 권23 「十地品」(T9, 544c~545a)에는 '환희지歡喜地'에 머무는 보살은 십념이 있기 때문에 환희심을 낸다고 하면서 모든 부처를 생각함(念諸佛), 모든 불법을 생각함(念諸佛法), 모든 보살마하살을 생각함(念諸菩薩摩訶薩), 모든 보살이 행한 것을 생각함(念諸菩薩所行), 모든 바라밀의 청정한 모습을 생각함(念諸波羅蜜淸淨相), 모든 보살이 온갖 수승함을 주심을 생각함(念諸菩薩與衆殊勝), 모든 보살의 힘을 파괴할 수 없음을 생각함(念諸菩薩力不可壞), 모든 여래의 교화법을 생각함(念諸如來敎化法), 중생을 이롭게 할 수 있음을 생각함(念能爲利益衆生), 모든 부처와 보살의 들어간 지혜방편문을 생각함(念一切佛一切菩薩所入智慧方便門)의 열 가지를 든다.
[192] 십혜十慧 : 『大方廣佛華嚴經』 권41 「離世間品」(T9, 660c)에는 보살의 열 가지 지혜로, 인을 아는 지혜(知因慧), 모든 연을 이해하는 지혜(解一切緣慧), 일체법이 항상하지도 않고 단멸하지도 않음을 이해하는 지혜(解一切法不常不斷慧), 일체 사견을 뽑아내는 지혜(拔出一切邪見慧), 일체중생의 마음과 마음 작용의 움직임을 이해하는 지혜(解一切衆生心心所行慧), 모든 뛰어난 지혜를 분별하는 지혜(諸辯勝智慧), 온갖 마군과 외도를 항복시키고 성문과 연각을 뛰어넘는 지혜(降伏衆魔及諸外道出過聲聞緣覺慧), 모든 부처의 청정법신을 보고(見一切佛淸淨法身) 일체중생이 모두 청정함을 보며(見一切衆生皆悉淸淨) 일체법이 모두 적멸함을 보고(見一切法皆悉寂滅) 일체 세계가 모두 허공임을 보는 지혜(見一切世界皆悉虛空淨慧), 일체 다라니를 모두 받아들여(攝取一切陀羅尼) 모든 바라밀과 오묘한 방편을 분별하는 지혜(辯諸波羅蜜巧方便淨慧), 일

애를 제거하고 움직여 나아가는 데에는 지혜가 뛰어나기 때문이며, "십금강"이라고 한 것은 십선十禪[193]을 말하니 경계의 적정寂定함을 지켜 파괴됨이 없기 때문이고, "십수희"라고 한 것은 십시十施[194]를 말하니 받는 자와 함께 기뻐하며 이익을 얻기 때문이며, "십호"라고 한 것은 마업魔業을 버리는 열 가지[195]이니 마업을 버림으로써 불법을 수호하기 때문이다.

이 (십신·십진·십발취·십승·십금강·십수희·십계·십원·십호·십회향의) 열 가지에서 (십발취로 설명한) 십념과 십원十願[196]은 「십지품十地

념에 금강지와 상응하여(一念相應金剛智) 일체법이 평등함을 깨닫는 지혜(覺一切法平等淨慧)를 든다.

193 십선十禪:『大方廣佛華嚴經』 권41「離世間品」(T9, 660bc)에는 보살의 열 가지 선정으로, 상락출가선常樂出家禪, 친근선지식선親近善知識禪, 낙아련야처선樂阿練若處禪, 이언희궤요처선離言戲慣閙處禪, 심유연선心柔軟禪, 지혜적정선智慧寂靜禪, 칠각팔도선七覺八道禪, 이미선등제번뇌구선味禪等諸煩惱垢禪, 제통명내선諸通明內禪, 이소방편현전유희신통선以少方便現前遊戲神通禪을 든다.

194 십시十施:『大方廣佛華嚴經』 권41「離世間品」(T9, 659c~660a)에는 보살의 열 가지 보시로, 평등심시平等心施, 수의시隨意施, 무난심시無亂心施, 수응공시隨應供施, 불선택시不選擇施, 일향시一向施, 내외일체시內外一切施, 회향보리시迴向菩提施, 교화성숙중생시敎化成熟衆生施, 삼종원만청정시三種圓滿淸淨施를 든다.

195 마업魔業을 버리는 열 가지:『大方廣佛華嚴經』 권41「離世間品」(T9, 663b)에는 선지식을 가까이하여 마업을 버리고(親近善知識捨離魔業), 스스로 잘난 체하지 않고 스스로 찬탄하지 않아 마업을 버리며(不自尊擧不自讚歎捨離魔業), 부처와 깊은 불법을 믿어 비방하지 않아서 마업을 버리고(信佛深法不生誹謗捨離魔業), 일체지의 마음을 잃지 않아 마업을 버리며(未曾忘失一切智心捨離魔業), 방종하지 않는 데에 편히 머물면서 깊은 법을 닦아 익혀 마업을 버리고(安住不放逸修習甚深法捨離魔業), 보살장에 편히 머무르면서 곧장 모든 법을 구해 마업을 버리며(安住菩薩藏正求一切法捨離魔業), 항상 법을 청하고 싶어하고 깊은 의미를 기쁘게 들어 마음에 피로함이 없어 마업을 버리고(常欲聽法樂聞深義心無疲倦捨離魔業), 시방의 일체 부처님께 귀의하여 마업을 버리며(歸依十方一切諸佛捨離魔業), 믿는 마음으로 일체 부처님의 보리수를 곧장 생각해 마업을 버리고(信心正念一切諸佛菩提樹捨離魔業), 일체 보살이 둘이 아닌 모든 선근을 내어 마업을 버린다(一切菩薩出生善根皆悉不二捨離魔業)고 하였다.

196 십원十願:『大方廣佛華嚴經』 권23「十地品」(T9, 545b~546a)에서 모든 부처님께 공양함, 부처님의 법을 받들고 수호함, 부처님이 현세에 몸을 나투시는 순간마다 공양하고 법을 지님, 광대한 보살행으로 중생을 교화하는 마음을 왕성하게 함, 모든 중생을 불법에 머물게 함, 모든 세계에 들어갈 지혜를 갖춤, 모든 불국토에 들어가 중생들 마음에 나타나게 함, 보살과 똑같은 경계를 얻어 보살행을 완전히 갖춤, 물러나지 않

品」에 나오고 나머지 여덟은「이세간품離世間品」에 나오니[197] 행을 갖추려는 이는 찾아보면 이와 같은 차례로 (십)행에 들어가고 (십회)향에 들어가며 (십)지에 들어감을 알 수 있을 것이다.

其名以下第二明學。於中有二。別明總明。別明之中卽明六入。六入文中皆有二句。先明入位。後顯學行。初中言脩十戒滿足入初住位者。是明入位。復從以下次顯脩行。言十信者。如大經言。菩薩有十種不壞信。何等爲十。所謂於一切佛不壞信。於一切佛法不壞信。於一切聖僧不壞信。於一切菩薩不壞信。於一切善知識不壞信。於一切衆生不壞信。於一切菩薩大願不壞信。於一切菩薩行不壞信。於恭敬供養一切諸佛不壞信。於敎化一切衆生成就菩薩巧妙方便不壞信。是爲十種。言十進者。菩薩有十種精進。所謂淨身業精進。恭敬供養諸佛不退轉故。口業精進。隨所聞法廣爲人說無疲倦故。意業精進。巧方便入慈悲喜捨禪定解脫三昧。相續無退轉故。直心精進。遠離諂曲正直一切方便。究竟無退轉故。深心精進。常趣勝趣積集無上智慧白法故。行不虛妄精進。攝取施戒忍多聞等及不放逸。乃至道場。不中息故。除伏一切魔怨精進。悉能除滅三毒煩邪見諸纒障蓋故。滿足慧光精進。有所施作悉善思惟。心不中悔。究竟衆事故。無所染著精進。離心境界

는 법의 수레를 타고 보살도를 행함, 일체 세계에서 아뇩다라삼먁삼보리를 얻어 지혜와 신통으로 변화를 내어 법계에 가득 차게 함의 열 가지 발원을 거론한다.

197 『本業經疏』가 설명을 하지 않고 있는 나머지 두 가지는 십계十戒와 십회향十迴向이다. 십계는『大方廣佛華嚴經』권41「離世間品」(T9, 660a)에서 신계身戒, 구계口戒, 심계心戒, 구일체계具一切戒, 수호보리심계守護菩提心戒, 수호여래소설계守護如來所說戒, 미밀계微密戒, 부작일체악계不作一切惡戒, 원리일체유견계遠離一切有見戒, 수호일체중생계守護一切衆生戒를 든다. 십회향은『大方廣佛華嚴經』권39「離世間品」(T9, 646c)에서 회향동선지식원迴向同善知識願, 회향동선지식정직심迴向同善知識正直心, 회향동선지식행迴向同善知識行, 회향동선지식선근迴向同善知識善根, 회향수순선지식선근迴向隨順善知識善根, 회향동선지식정념迴向同善知識正念, 회향동선지식청정迴向同善知識淸淨, 회향동선지식주迴向同善知識住, 회향동선지식입성만평등迴向同善知識入成滿平等, 회향동선지식불괴심심迴向同善知識不壞深心을 든다.

身口意相非相甚深法門故。具足成就法明精進。次第進入一切諸地。乃至
現捨天壽。降神世間。出家成道。轉法輪。入涅槃故。是爲十種。十發趣者
所謂十念。念佛法等進趣彼故。言十乘者所謂十慧。除障運出。慧爲勝故。
十金剛者所謂十禪。守境寂定不有壞故。十隨喜者所謂十施。隨喜受者得
利益故。言十護者。所謂十種捨離魔業。以離魔業爲護佛法故。此十十中。
十念十願出十地品。餘八門出離世間品。欲具行者。於彼尋之。如是次第入
行入向入地可知。

경 "불자여, 다시 이 (초)지에서 바르게 일조지一照智를 관하며 백만 아
승기의 공덕문에 들어가 일상관一相觀을 일시에 행하여 제10지에 이르고
온갖 마음이 적멸하여 자연히 무구지로 흘러 들어가느니라.

불자여, 다시 이 (무구)지에서 일조지로써 일체의 업인과 업과를 완전히
알아 관찰하지 않는 법계가 하나도 없느니라. (이것은) 지혜로써 일체중생
의 식識이 처음 일상一相을 일으켜 연緣에 머무는 것을 아는 것이니 제일의
제를 따라서 일어남을 선善이라 하고 제일의제를 등지고 일어남을 번뇌라
고 하느니라. 이 두 가지를 가지고 주지住地로 삼기 때문에 태어나면서 얻
은 선이라고 하고 태어나면서 얻은 번뇌라고 하며, 이 두 가지 선과 번뇌를
근본으로 하여 이후의 일체 선악을 일으키느니라. 일체법의 연에 따라서
선과 번뇌라는 이름이 생기고, 행위함으로써 선을 얻고 행위함으로써 번
뇌를 얻지만 마음은 선도 아니고 번뇌도 아니니라. 이 두 가지를 따라 이름
을 얻기 때문에 선과 번뇌의 두 가지 마음이 있느니라. 욕계의 번뇌를 일으
키는 것을 욕계주지라고 하고, 색계의 번뇌를 일으키는 것을 색계주지라고
하며, 마음의 번뇌를 일으키므로 무색계주지라고 하느니라. 이 네 가지 주
지가 일체 번뇌를 일으키므로 처음 일어나는 사주지四住地라고 하고 이 사
주지 앞에 다시 일어나는 법이 없기 때문에 무시無始의 무명주지라고 하느
니라. 금강지金剛智는 처음으로 일어나는 이 일상一相에 끝이 있음을 알지

만 그 최초의 앞에 법이 있는지 없는지는 알지 못하느니라. 어떻게 태어나면서 얻은 한 가지 주지와 행위함으로써 얻은 세 가지 주지를 알 수 있겠는가? 오직 부처님만이 시작을 알고 끝을 알 수 있느니라. 무구(지의) 보살은 일체지로써 자신의 지위를 모두 알고 항상 제일의제에 머물면서 자연히 묘각해지妙覺海地로 흘러 들어가느니라.

불자여, 묘각지에 머물러야 응화應化를 나타낸다고 할 수 있으니 헤아릴 수 없는 의미가 있고 헤아릴 수 없는 이름이 있지만 그것은 하나의 체에서 나오느니라. 말하자면 묘과妙果는 항상 청정함에 머무르기 때문에 허공과 같아서 생각할 수 없고 말할 수 없으며 이름으로 헤아릴 수 없고 이름으로 들어갈 수 없으며 한계 지을 수도 없는 데에까지 이르느니라."[198]

佛子。復從是地正觀一照智中。入百萬阿僧祇功德門。於一相觀中一時行。乃至第十地。心心寂滅自然流入無垢地。佛子。復從是地以一照智。了一切業因業果法界無不一觀。以智知一切衆生識始起一相住於緣。順第一義諦起名善。背第一義諦起名惑。以此二爲住地故。名生得善生得惑。因此二善惑爲本。起後一切善惑。從一切法緣生善惑名。作以得善作以得惑。而心非善惑。從二得名。故善惑二心。起欲界惑。名欲界住地。起色界惑。名色界住地。起心惑故。名無色界住地。以此四住地。起一切煩惱故。爲始起四住地。其四住地前更無法起故。故名無始無明住地。金剛智知此始起一相有終。而不知其始前有法無法。云何而得知生得一住地作得三住地。唯佛知始知終。是無垢菩薩一切智齊知自地。常住第一義諦中。自然流入妙覺海地。佛子。住是妙覺地中。唯現化可名。有無量義。有無量名。其出一體。所謂妙果。常住淸淨至若虛空。不可思議。不可說。不可名數。不可名入。界分可得。

---

198 『菩薩瓔珞本業經』 권하 「大衆受學品」(T24, 1021c~1022a).

[소] 무구지에서 "일체중생의 식識이 처음 일상一相을 일으켜 연緣에 머무는 것"이라고 한 것은 거친 모습으로 말한 것이다. 식에 세 종류가 있다. 가장 거친 끄트머리는 육식六識이라고 하고 중간은 말나末那라고 하며 미세한 종류의 식은 본식本識이니 모든 식의 으뜸이기 때문에 처음 일어난다고 한다. 처음 (일어나는) 식에 세 가지 미세한 모습이 있으니 말하자면 업상業相·전상轉相·현상現相이다. 이 세 가지 모습은 『기신론』에 나온다.[199] "처음 일상一相을 일으켜"라고 한 것이 바로 업상이다. 본성이 청정한 마음이 무명의 바람을 원인으로 움직이니 이것이 처음의 업상이기 때문에 "일상一相"이라고 하였고, 일상이 이미 움직였으면 반드시 인연을 의지하기 때문에 "연緣에 머무는 것"이라고 하였다.

이 일상에는 두 가지 작용이 있다. 첫째는 청정한 이해의 작용이고, 둘째는 어두운 미혹의 작용이다. 바닷물에 물결이 일어날 때에 (물결이) 청정한 성질을 잃지 않는 것은 본래의 (바닷물의) 청정함을 따르는 것처럼 식에 있는 이해의 작용도 마찬가지임을 알아야 하니 (식이) 움직일 때에 본각의 성품을 잃지 않는 것이 바로 본각의 의미를 따라 물든 것이다. 예를 들면 『(본업)경』에서 "제일의제를 따라서 일어남을 선善이라 하고"라고 하였다. 또 (바닷)물이 움직일 때에 혼탁한 작용이 있으니 식에 있는 미혹의 작용도 마찬가지임을 알아야 한다. 예를 들면 『(본업)경』에서 "제일의제를 등지고 일어남을 번뇌라고 하느니라."라고 하였다. 이 두 가지가 근본이 되기 때문에 '태어나면서 얻음(生得)'이라고 하였고, 여기에서 일어나는 것이 모두 태어나면서 얻음에 의지한 '행위함으로써 얻음(作得)'이다.

혹 (욕계·색계·무색계의) 삼유三有의 마음을 일으켜 '태어나면서 얻음'

---

199 '세 가지 모습'이란 『大乘起信論』(T32, 577a)에서 일심진여一心眞如의 불각不覺의 측면으로 세상이 펼쳐지는 모습을 설명하는 과정에서 등장하는 세 가지 미세한 마음 작용을 말한다. 『本業經疏』에서는 업상業相·전상轉相·현상現相이라고 표현하는데 『起信論』에서는 무명업상無明業相·능견상能見相·경계상境界相이라고 하였다.

위에 다시 미혹의 작용이 있어서 일어난 삼유의 마음이 공함을 깨닫지 못하여 이 세 가지 (삼유의) 미혹의 작용이 마치 본식本識에 있는 것 같기 때문에 이것을 '행위함으로써 얻은 주지'라고 한다. 앞에서 말한 '태어나면서 얻은 (주지)' 하나와 지금 이야기한 '행위함으로써 얻은 (주지)' 셋의 네 가지가 근본이 되어 모든 번뇌를 일으키니『(본업)경』에서 "이 네 가지 주지가 일체 번뇌를 일으키므로 처음 일어나는 사주지四住地"라고 하였다. 이 네 가지 주지가 (미혹의) 작용이 됨을 깨닫지 못하면 거칠고 미세한 행상의 차별이 없으므로 총괄적으로 '무시無始의 무명주지'라고 하니 『(본업)경』에서 "이 사주지 앞에 다시 일어나는 법이 없기 때문에 무시無始의 무명주지라고 하느니라."라고 하였다.

이 네 가지 주지는 일심을 근본으로 삼고 이종二種의 생사를 지말로 삼았으니 금강심일 때에 그 지말의 끝은 알지만 그 근본인 일심의 도리는 깨닫지 못한다. 그러므로 "처음으로 일어나는 이 일상一相에 끝이 있음을 알지만 그 최초의 앞에 법이 있는지 없는지는 알지 못하느니라.……오직 부처님만이 시작을 알고 끝을 알 수 있느니라."라고 하였다. 나머지 문장은 이것에 준하면 알 수 있을 것이다.

無垢地中。言一切衆生識始起一相住於緣者。麤相而言。識有三品。最麤末者所謂六識。其中品者名爲末那。細品識者是¹⁾本識。爲諸識元故名始起。始識內有三細相。所謂業相轉相現相。是三種相出起信論。今言始起一相者。正是業相。以性淸淨心。因無明風動。是初業相。故言一相。一相旣動。必依因緣。爲²⁾之故言住於緣也。此一相³⁾卽有二用。一淸解之用。二昏迷之用。如大海水起波之時不失淸性。是順本淸。識中解用當知亦爾。動時不失本覺之性。卽是隨染本覺之義。如經順第一義諦起名善故。又水動時有渾濁用。識中迷用當知亦爾。如經背第一義諦起名惑故。此二爲本故名生得。其所起者。皆作得依生得。或起三有心。於生得上更有迷用。不了所起三有心空。此三迷用猶在本識。故說此爲作得住地。彼生得一。此作得三。是四爲本起諸煩惱。如經以此四住地起一切煩惱故。爲始起四住地。此四住地。不了爲用。而無麤細行相差別。總名無始無明住地。如經其四住[4)]前。使[5)]無法起。故名無始無明住地故。此四住地一心爲本。二種生死以爲其末。金剛心時。知其末終。末達其本一心道理。故言知此始起。一相有終。而不知其始。前有法無法。乃至唯佛知始終故。此餘諸文准之可得。

1) ㉩ '是' 다음에 어떤 판본에는 '爲'가 있다. 2) ㉩ '爲'는 어떤 판본에는 '以'로 되어 있다. 3) ㉩ '相' 다음에 어떤 판본에는 '中'이 있다. 4) ㉩ '住'는 『本業經』에는 '地'로 되어 있다. ㉭ '住'는 『本業經』에는 '地'로 되어 있는 것이 아니라 '住' 다음에 '地'가 있다. 5) ㉩ '使'는 어떤 판본에는 '更'으로 되어 있다. ㉭ '使'는 『本業經』에는 '更'으로 되어 있다.

경 "불자여, 나는 보살의 차제인 육입법문六入法門의 무량한 공덕을 설하였노라. 이와 같은 육입법문에는 일체 보살이라면 들어가지 않는 이가 없으니 내가 있는 이 자리에 십사억의 사람이 있지만 모두 본래의 자리를 벗어나지 않고 이 육입법문에 들어갔느니라.

불자여, 내가 본래 처음으로 득도하고 이 나무 사이에서 십세계해十世界海의 법문을 설할 때에 있던 구십억의 사람도 이 육입명문六入明門에 들어갔느니라. 다시 보광당普光堂에 이르러 십·불국토를 설할 때에 있던 백만억의 사람이 이 육입명문에 들어갔느니라. 다시 제석당帝釋堂에 이르러 십주를 설할 때에 있던 오백만의 사람이 이 육입명문에 들어갔느니라. 다시 염보당焰寶堂에 이르러 십행을 설할 때에 있던 천만의 사람이 이 육입명문에 들어갔느니라. 다시 제사천법광당第四天法光堂에 이르러 십회향을 설할 때에 있던 십 항하사의 사람이 이 육입명문에 들어갔느니라. 다시 제육마니당第六摩尼堂에 이르러 십지를 설할 때에 있던 백만 항하사의 사람이 이 육입명문에 들어갔느니라. 다시 기원림祇洹林에 이르러 입법계품入法界品을 설할 때에 있던 십이 항하사의 사람이 이 육입명문에 들어갔느니라. 이제 다시 이

• 239

제팔회第八會의 자리에 이르러 시방의 끝없는 대중과 경수보살의 모든 대중을 위하여 육입명문을 설하였는데 모든 대중이 받아 지니는 것이 하나이어서 둘도 없고 다름도 없듯이 하느니라."²⁰⁰

　　佛子。我說菩薩次第六入法門無量功德。如是六入法門。一切菩薩無不入者。我今此座有十四億人。不離本座入此六入法門。佛子。我本初得道時。在此樹間說十世界海法門。有九十億人亦入此六入明門。復至普光堂說十佛國土。有百萬億人入此六入明門。復至帝釋堂說十住。有五百萬人入此六入明門。復至焰寶堂說十行。有千萬人入此六入明。門復至第四天法光堂說十迴向。有十河沙人入此六入明門。復至第六摩尼堂說十地。有百萬河沙人入此六入明門。復至祇洹林說入法界品。有十二河沙人入此六入明門。今復至此第八會座。爲十方無極大衆敬首菩薩一切衆說六入明門。一切大衆受持若一無二無別。

　🔲 "불자여, 나는 (보살의 차제인 육입법문六入法門의 무량한 공덕을) 설하였노라." 이하는 (개별적으로 답함의 두 번째인 배움을 밝힘의) 두 번째인 육입을 총결함이다. 여기에 넷이 있으니 첫째는 육입에 들어가지 않는 이가 없음을 총결하였고, 둘째는 이 자리에서 일어나지 않고 들어감을 개별적으로 결론지었다. "내가 본래" 이하는 셋째인 화엄의 칠처七處로 들어감을 총결한 것이고, "이제 다시" 이하는 넷째인 이 (『본업경』) 법회에 들어감을 거듭 결론지은 것이다.

　한 부의 경전을 셋으로 구분할 때에 두 번째인 정설은 이제 앞에서 마쳤다.

---

200 『菩薩瓔珞本業經』 권하 「大衆受學品」(T24, 1022ab).

佛子我說以下第二總結六入。於中有四。一者總結六入無不入者。二者別結不起此坐入者。我本以下第三總結華嚴七處入者。今復以下第四還結此會入者。一部之經有三分內。第二正說竟在於前。

8. 집산품集散品

소 이 아래는 (경전의 세 가지 구분의) 세 번째인 유통분流通分이다.

此下第三流通分。

1) 수지受持와 유통流通을 권함

경 부처님께서 경수보살과 이 법회의 십사억 나유타 대중들에게 말씀하셨다.

"그대들은 위에서 42현성賢聖의 인과명관법문因果明觀法門을 들었으니 일체 대중이 모두 아뇩다라삼먁삼보리심을 일으켜야 하느니라. 이와 같이 세 번 말하니 불자여, 받아야 하고 지녀야 하며 발심해야 하느니라."

그때에 모든 대중 가운데 백천의 천자가 있었는데 이 법문을 듣고 초주심初住心을 일으켜 범부의 법을 버리고 (삼현보살의) 복인伏忍을 수행하여 십주명관十住明觀의 법에 들어갈 수 있었다. 다시 십천의 신남신녀가 있었는데 청정십행법문淸淨十行法門에 들어갔다. 다시 팔만의 대범천왕이 있었는데 초지명관初地明觀의 법을 얻었다. 다시 팔부八部의 아수륜왕阿須輪王이 있었는데 각각 본래의 모습을 버리고 십신심十信心에 들어가 십선행十善行을 행하였다. 다시 팔만의 제10지의 사람이 있었는데 그 자리에서 정각을 이루었다.

이때 시방의 무극의 불국토에 있는 일체 대중이 부처님께서 설하시는 『영락(경)』의 육입六入 법문, 즉 십주·십행·십(회)향·십지·무구지·묘각지를 듣고 각각 무상보리심을 일으키고 본래의 국토로 돌아갔다. 다시 색계와 무색계의 (사람이) 있었는데 각각 다시 신통을 닦으며 본래 머물던 곳으로 돌아가 보살영락법문을 펼치며 천인을 교화하였다. 다시 육욕천의 사람이 있었는데 본래 하늘로 돌아가 널리 모든 천인을 위하여 본행本行의 무량함을 설하였다. 그때에 모든 대중들도 각각 수지하고 독송하며 그 의미를 이해하여 본래의 국토로 돌아가 보살의 본행을 설하고 모든 부처의 본업佛本業을 완전히 수지하였다.

이때에 부처님께서 문수사리·혜해慧海·금강장金剛藏·도화道華 등 팔천 보살에게 말씀하셨는데, 이들은 모든 시방세계의 여러 불국토에서 으뜸가는 제자였다.

"그대들은 시방의 무명 중생을 위하여 수지하고 독송하며 그 의미를 이해하여 과거·미래·현재의 모든 중생을 위하여 공혜도空慧道와 입법명문入法明門을 열어야 하느니라."

이때 오십만의 대보살이 있었는데 모두 일생보처一生補處였다. 이들이 함께 자리에서 일어나 부처님의 말씀을 수지하여 겁이 지나도록 소멸되지 않았다. 다시 만萬의 범천왕이 있었는데 역시 자리에서 일어나 부처님의 말씀을 수지하였다. 다시 헤아릴 수 없는 천녀가 있었는데 자리에서 일어나 부처님의 말씀을 수지하였다. 이때 타방의 무극의 불국토에 있는 보살과 이 국토의 보살들이 신통 변화로 여환삼매如幻三昧에 들어가 허공에서 뛰어오르는 환희가 헤아릴 수 없었으니 영락공덕경瓔珞功德經을 듣고 수지하여 마음으로 받아 수행하여 성불하고 온갖 현성문賢聖門을 버리지 않았다.

그때에 부처님께서 다시 백만의 신통 변화와 한량없는 광명과 한량없는 청정신淸淨身을 나타내시며 거듭 이 금강장해金剛藏海의 『영락경瓔珞經』을 부촉하셨다.

"그대들 모든 대중은 이 경의 법을 수지해야 하느니라. 이 경은 과거 한량없는 백천의 부처님께서 마음으로 행하신 법이므로 그대들은 수지하고 공양해야 하느니라."

그때에 일체 대중이 한꺼번에 자리에서 천 가지 광명을 놓아 삼천대천세계를 비추고 보살의 불가사의한 『영락경』을 환희하며 수지하고 이마로 받들어 공양하며 부처님께 예경하고 물러갔다. 다시 육욕천자와 십천十千의 국왕이 있었는데 부처님의 법좌가 해산했음을 듣고 한꺼번에 눈물을 흘리며 큰소리로 슬피 우니 그 소리가 삼천세계에 가득 찼으며 자리에서 일어나 울면서 가지 않는 이가 없었다. 다시 팔십억의 대보살이 있었는데 모두 사무량심四無量心으로 유와 무가 동일하게 평등하며 무위無爲이고 무상無相이라는 부처님의 말씀을 수지하고 각각 무진법화삼매無盡法化三昧에 들어가 환희하며 물러갔다. 다시 십천의 시행현자始行賢者가 있었는데 모두 구관정九觀定의 사선四禪·사공정四空定·멸진정滅盡定과, 칠정七淨의 십계·십입정心入定·견도·도의度疑·정도·행지견行知見·행단지견行斷知見에 들어가 법에 들어갈 수 있었기 때문에 부처님께 예경하고 물러갔다.[201]

> 佛告敬首菩薩及此會十四億那由他人大衆。汝聞上四十二賢聖因果明觀法門。一切大衆皆應發三菩提心。如是三告。佛子。應受應持應發心。時諸大衆中有百千天子。聞是法門發初住心。捨凡夫法修行伏忍。得入十住明觀法。復有十千信男信女。入淸淨十行法門。復有八萬大梵天王。得初地明觀法。復有八部阿須輪王。各捨本形。入十信心行十善行。復有八萬第十地人現成正覺。佛子。爾時十方無極佛刹一切大衆。聞佛說瓔珞中六入法門。所謂十住十行十向十地無垢地妙覺地。各各發無上菩提心還歸本國。復有色界無色界。各各還修神通。歸本所住處。轉宣菩薩瓔珞法門化授天人。復有六欲天人。還歸本天。廣爲諸天人說本行無量。時諸大衆各各受持讀誦解其義味。還本土說菩薩之本行諸佛之本業。受持已竟。爾時佛告文殊師利慧海金剛藏道華等八千菩薩。皆爲十方諸佛國中第一弟子。汝應爲十方無明衆生。受持讀誦解其義味。爲過去未來現在一切衆生。開空慧道入法

---

[201] 『菩薩瓔珞本業經』 권하 「集散品」(T24, 1022bc).

明門。爾時有五十萬大菩薩。皆一生補處。從座而起。受持佛語經劫不滅。
復有萬梵天王。亦卽從座起。受持佛語。復有無量天女。從座而起。受持佛
語。爾時他方無極刹菩薩此國菩薩。已¹⁾變化神通入如幻三昧。踊在虛空歡
喜無量。得聞受持瓔珞功德經。心心受行成佛不捨衆賢聖門。時佛復現百
萬變化神通無量光無量淸淨身。重囑此金剛藏海瓔珞經。汝諸大衆。受持
受此經法。是經是過去無量百千佛心中所行法。汝等受持供養。是時一切
大衆。一時從座放千光明。照三千大千世界。歡喜受持菩薩不可思議瓔珞
經。頂受供養禮佛而退。復有六欲天子十千國王。聞佛法座離散。一時號泣
涕出流慟聲滿三千。無不悲泣從座而去。復有八十億大菩薩。皆以四無量
心有無一等無爲無相受持佛語。各入無盡法化三昧。歡喜而退。復有十千
始行賢者。入九觀定。四禪四空定盡滅定。²⁾ 七淨十戒心入定見道度疑。正
道行知見行。斷知見。得入法故。禮佛而退。

1) ㉠ '己'는 어떤 판본에는 '以'로 되어 있다. 2) ㉠ '盡滅定'은 어떤 판본에는 '滅盡
定'으로 되어 있다.

소 문장에 둘이 있다. 먼저 수지와 유통을 권하고 뒤에 유통의 방법을
보였다. 처음에도 둘이니 첫째는 가르침을 수지하고 유통하기를 권함이
고, 둘째는 광명을 나타내어 거듭 유통을 권함이다.

두 번째에서 "시행현자始行賢者가……모두 구관정九觀定……에 들어가"
라고 한 것은 제3과(인 불환과)와 무학(인 아라한) 이래로 비로소 대(승)
에 들어가기 때문이다.

"칠정七淨"이라고 한 것은 『유가론瑜伽論』에서 말한, "무엇을 일곱 가지
청정함이라고 하는가? 첫째는 계가 청정함이고, 둘째는 마음(이 청정함)
이며, 셋째는 견(이 청정함)이고, 넷째는 도의度疑(가 청정함)이며, 다섯째
는 도와 비도非道의 지견(이 청정함)이고, 여섯째는 행의 지견(이 청정함)
이며, 일곱째는 행단行斷의 지견(이 청정함)이다."[202]라고 한 것이다. 여기

• 245

에서 '도와 비도非道'라고 한 것은, 정견은 앞으로 행할 도이고 사견은 앞으로 행하지 않아야 하는 도이다. '행과 행단行斷을 여실하게 깨쳐 안다'는 것은 네 가지 행적을 여실하게 깨쳐 아는 것이니 "무엇이 넷인가 하면, 첫째는 고통에 천천히 통하는 행적이고, 둘째는 고통에 빨리 통하는 행적이며, 셋째는 즐거움에 천천히 통하는 행적이고, 넷째는 즐거움에 빨리 통하는 행적이다. 여기에서 첫 번째의 (고통에 천천히 통하는) 행적을 깨쳐 알면 일체를 끊게 될 것이니 초월한다는 뜻이기 때문이고 번뇌를 말미암지 않을 것이니 얽매임을 벗어난다는 뜻이기 때문이다. 여실하게 깨쳐 알면 두 번째(인 고통에 빨리 통하는 행적)과 세 번째(인 즐거움에 천천히 통하는 행적)의 일부분을 끊게 될 것이고, 이와 같이 깨쳐 알면 첫 번째의 전부와 두 번째의 일부분을 완전히 끊어 버리고 (네 번째인) 즐거움에 빨리 통하는 행적에 의지하여 바르고 부지런히 닦아 모아서 이로부터 간단없이 모든 번뇌를 영원히 없애는 것"[203]이기 때문이다.

지금 이 (경)문에서 "십계"라고 한 것은 (『유가사지론』의) 첫 번째(인 계가) 청정함이고, "심입정心入定"이라고 한 것은 두 번째(인 마음이) 청정함이며, "견도"라고 한 것은 세 번째(인 견이) 청정함이고, "도의度疑"라고 한 것은 네 번째(인 도의가) 청정함이며, "정도"라고 한 것은 다섯 번째(인 도와 비도의 지견이) 청정함이고, "행지견行知見"이라고 한 것은 여섯 번째(인 행의 지견이) 청정함이며, "행단지견行斷知見"이라고 한 것은 일곱 번째(인 행단의 지견이) 청정함이다. 이 일곱 가지 청정으로 대승에 들어갈 수 있기 때문에 "법에 들어갈 수 있었다"고 하였다.

在文有二。先明勸持流通。後示流通方法。初中亦二。一者勸持受教流通。

---

202 『瑜伽師地論』 권94(T30, 838a).
203 『瑜伽師地論』 권94(T30, 838b).

二者現光重勸流通. 第二中言始行賢者入九觀定者. 從第三果及無學來. 始入大故. 言七淨者. 瑜伽論云. 云何名爲七種淸淨. 一戒淸淨. 二心. 三見. 四度疑. 五道非道知[1]見. 六行知[2]見. 七行斷知[3]見. 此中道非道者. 正見前行之道. 邪見前行非道. 如實了知行及行斷者. 四種行迹如實了知. 何等爲四. 一苦遲通行. 二若[4]速通行. 三樂遲通行. 四樂速通行. 於此了知最初中迹. 一切應斷超越義故. 非由煩惱離繫義故. 如實了知. 第二第三一分應斷. 如是了知. 初全及二一分. 應當斷已. 依樂速通. 正勤脩集. 從此無間永盡諸漏故. 今此文言十戒者是第一淨也. 心入定者第二淨也. 見道者第三淨也. 度疑者第四淨也. 正道者第五淨也. 行知見者第六淨也. 行斷知見者第七淨也. 以此七淨得入大乘. 故言得入法也.

1) ㉮ '知'는 『本業經疏』가 인용하고 있는 『瑜伽師地論』에는 '智'로 되어 있다. 2) ㉮ '知'는 『本業經疏』가 인용하고 있는 『瑜伽師地論』에는 '智'로 되어 있다. 3) ㉮ '知'는 『本業經疏』가 인용하고 있는 『瑜伽師地論』에는 '智'로 되어 있다. 4) ㉮ '若'은 '苦'인 듯하다. ㉯ '若'은 『本業經疏』가 인용하고 있는 『瑜伽師地論』에는 '苦'로 되어 있다.

2) 유통의 방법

경 이때 자리에 있던 팔천 보살이 각각 자리에서 일어났다. 한 금강화金剛華 보살이 부처님께 아뢰었다.

"세존이시여, 미래세에 경을 설하는 보살의 법륜 아래에서 그 법을 듣는 이가 교화를 받아 받들어 행하게 하려면 법용法用을 다시 어떻게 해야 합니까?"

부처님께서 말씀하셨다.

"불자여, 잘 물었다. 불자여, 먼저 법을 듣는 자를 위하여 보살의 법계를 수여하고 그런 후에 보살의 본행인 육입법문을 설해야 하느니라. 불자여, 차례로 사귀법四歸法을 수여하여, 부처님께 귀의하고 법에 귀의하며 승에 귀의하고 계에 귀의하는 네 가지 파괴할 수 없는 신심을 얻게 해야 하느니

라. 그러고 나서 십계를 주어, 살생하지 않고 도둑질하지 않으며 거짓말하지 않고 음행하지 않으며 술을 팔지 않고 재가와 출가 보살의 허물을 말하지 않으며 인색하지 않고 화내지 않으며 자기를 칭찬하고 남을 헐뜯지 않으며 삼보를 비방하지 않게 해야 하느니라. 이것이 십바라이로서 참회할 수 없는 법이니라.

불자여, 십계를 받고 나면 다시 법을 듣는 이를 위하여 법사를 공양함을 가르치느니라. 항상 천상의 헤아릴 수 없는 꽃과 향과 백천 가지 등불과 백천 가지 하늘 옷과 영락, 그리고 백천 가지의 기악과 백 가지 맛의 음식·집·경서經書와 모든 필수품으로 다 공양해야 할 것을 가르쳐야 하느니라. 널리 통달한 법사는, 부처님을 공경하듯이, 부모를 모시듯이, 불을 섬기는 바라문법에서 하듯이, 제석을 모시듯이, 스승과 스님에게 날마다 세 번 예경하고 법을 위하여 몸을 버리고 목숨을 다하여야 하느니라. 이에 불자여, 이와 같이 법을 구하는 사람이라야 보살의 본행本行과 백천만 부처님께서 대대로 주신 영락법문을 설해야 하느니라."

그때 십억 대중이 찬탄하여 말하였다.

"미래세에는 법이 없고 삼보가 없고 현인이 없을 때여서 겁이 악세惡世를 따라서 일어나므로 법을 설하거나 법을 듣는 것이 매우 어려울 것입니다."

그리고 다시 자리에서 일어나 각각 슬피 울고 통곡하니 땅이 바다와 파도로 변했고 삼천세계가 뒤집히고 엎어졌으며 스물여덟 가지 별자리와 해와 달이 나타나지 않았다. 이때에 대중이 다시 신통력으로 장엄하고 공경하여 "수지하고 독송하며 문구의 의미를 해설하면 십 겁에도 소멸하지 않고 무궁무진하리라." 하니 각각 기뻐하고 받들어 행하며 예를 올리고 물러났다.[204]

---

[204] 『菩薩瓔珞本業經』 권하 「集散品」(T24, 1022c~1023a).

爾時座中有八千菩薩各從座起。一金剛華菩薩白佛言。世尊。未來世中說經菩薩法輪下。其聽法者受化奉行法用。復當云何。佛言。佛子。快發斯問。佛子。先當爲聽法者與授菩薩法戒。然後爲說菩薩之本行六入法門。佛子。次第爲授四歸法。歸佛歸法歸僧歸戒。得四不壞信心故。然後爲授十戒。不殺。不盜。不妄語。不婬。不沽酒。不說在家出家菩薩罪過。不慳。不瞋。不自讚毀他。不謗三寶。是十波羅夷不可悔法。佛子。受十戒已。復爲聽者教供養法師。常以天上無量華香。百千燈明。百千天衣瓔珞。百千妓樂。百味飲食屋宅經書。一切所須之物皆悉給與。弘通法師當如敬佛。如事父母。如事火婆羅門法。佛子如事帝釋父母。[1] 師僧日日三時禮敬。爲法捨身沒命。乃是佛子。如是求法之人。乃可爲說菩薩之本行。百千萬佛轉授瓔珞法門。時十億大衆歎言。未來世中無法無三寶無賢人。時劫從惡世起故。其說法者。其聽法者。甚難甚難。復從坐起各各悲泣。號聲大慟。地轉海波。三千倒覆。二十八宿日月不現。是時大衆還攝神力斂[2] 然而敬。受持讀誦解說義句。十劫不滅無窮無盡。各各歡喜奉行。作禮而退。

1) ㉞ '佛子如事帝釋父母'는 어떤 판본에는 '如事帝釋'으로 되어 있다. 2) ㉞ '斂'은 어떤 판본에는 '嚴'으로 되어 있다.

소 "이때" 이하는 두 번째인 유통의 방법이다. 여기에 넷이 있으니 첫째는 질문이고, 둘째는 대답이며, 셋째는 슬픔으로 한탄함이고, 넷째는 선善을 받듦이다. 문장의 모습은 알 수 있을 것이다.

爾時以下第二流通方法。於中有四。一問。二答。三者歎悲。四者奉行。文相可知。

『본업경소』권하
本業經疏 卷下

『보살영락본업경』 2권.

남장南藏에는 '직職' 자 함函에 있고,[205] 북장北藏에는 '독篤' 자 함에 있으며,[206] 송장宋藏에는 '극剋' 자 함에 있다.[207]

菩薩瓔珞本業經二卷。南職。北篤。宋剋。

요진 양주의 사문 축불념 번역.

姚秦凉州沙門竺佛念譯。

『집중품集衆品』【제1】에서는 부처님께서 다시 유행하시던 도량의 (보리)수 아래에서 마흔두 가지 빛을 놓아 열 분의 '수首' 자가 붙은 보살이 열 가지 '숲의 국토'에 열 분의 '정진' 부처님이 계시는 곳에서 모이고 모든 하늘 세계의 대중이 모였다.

集衆品【第一】。佛重遊道場樹下。放四十二光集十首菩薩。從十林刹十精進

---

205 남장南藏은 보통 명나라 홍무洪武 때(1372~1398) 678함에 1600부를 판각한 홍무남장을 말한다. 1408년에 목판은 소실되었다. 명나라 때 편찬된 『大明重刊三藏聖教目錄』 권3(『中華大藏經』 106, 778a)에 『菩薩瓔珞本業經』이 '직職' 자 함에 있음을 밝혔다. 그런데 이 『大明三藏聖教目錄』은 일반적으로 북장北藏의 목록으로 알려져 있다. 명나라 영락永樂 연간(1403~1424)에 칙명으로 남경과 북경에서 각각 대장경을 조성하게 하였는데, 이것을 영락남장과 영락북장이라고 한다. 『大明三藏聖教目錄』은 영락북장의 목록이다.
206 북장北藏은 보통 명나라 영락永樂 황제 때(1421~1440) 693함에 1662부를 판각한 영락북장을 말한다. 『藏經值劃一目錄』에 『菩薩瓔珞本業經』이 '독篤' 자 함에 있음을 밝혔다. 이 목록은 "遵依北藏字號編次劃一"이라고 하여 북장을 따르고 있음을 밝혔다.
207 송장宋藏은 보통 북송 말(1127~1132)에 548함에 1435부를 판각한 사계장思溪藏을 말한다. 북송의 왕고王古가 1105년에 편찬한 『大藏聖教法寶標目』 권5(『乾隆大藏經』 143, 611b)에는 『菩薩瓔珞本業經』이 '극剋' 자 함에 있음을 밝혔다.

佛所來。及集一切諸天衆等。

『현성명자품賢聖名字品』【제2】에서는 십주·십행·십회향·십지·등각·묘각의 이름을 설하였는데 모두 중국어와 범어를 함께 거론하였다. 또 (십)주 전에 십심十心을 설하였는데, 신信·염念·정진精進·정定·혜慧·계戒·회향迴向·호법護法·사捨·원願이다. 또 스물네 가지 원에 대한 게송을 설하였고, 참회할 수 없는 (바라이)계도 설하였다.

賢聖名字品【第二】。說十住十行十迴向十地等覺妙覺名字。皆華梵雙擧。又說住前十心信念精進定慧戒迴向護法捨願。又說二十四願偈。亦說十不可悔戒。

『현성학관품賢聖學觀品』【제3】에서는 십주를 습종성習種性이라고 하고, 십행을 성종성性種性이라고 하며, 십향을 도종성道種性이라고 하고, 십지를 성종성聖種性이라고 하며, 다음으로 (등각은) 등각성等覺性이라고 하고, 다음으로 (묘각은) 묘각성妙覺性이라고 한다. 또 (이 여섯 가지를) 육견六堅·육인六忍·육혜六慧·육정六定·육관六觀으로도 설명하고, 육보영락六寶瓔珞으로도 설명하니 첫째는 동보銅寶, 둘째는 은보銀寶, 셋째는 금보金寶, 넷째는 유리보瑠璃寶, 다섯째는 마니보摩尼寶, 여섯째는 수정보水精寶이다. 그리고 여섯 계위에서 닦아야 할 수행을 설하였다.【이상은 『영락경』 상권이다.】

賢聖學觀品【第三】。謂十住名習種性。十行名性種性。十向名道種性。十地名聖種性。次等覺性。次妙覺性。又名六堅。又名六忍。又名六慧。又名六定。又名六觀。又名六寶瓔珞。一銅寶。二銀寶。三金寶。四瑠璃寶。五摩尼寶。六水精寶。幷說六位所修諸行。【已上經上。】

『석의품釋義品』【제4】에서는 앞의 십신과 마흔두 가지 계위의 의미를 거듭 풀이하였다.

釋義品【第四】。仍釋前十信及四十二位之義。

『불모품佛母品』【제5】에서는 경수보살이 질문한 이제二諦의 의미를 답하였다. 그리고 소겁과 중겁과 대겁의 차별을 설하였다.

佛母品【第五】。答敬首菩薩問二諦義。幷說小中大劫差別。

『인과품因果品』【제6】에서는 십바라밀 각각에 세 가지 연이 있음을 밝히고, 칠재七財·사섭四攝·사변四辯·사의四依 등이 인이고 두 가지 법신이 과임을 설하였다.

因果品【第六】。明十波羅密各有三緣。及說七財四攝四辨四依等爲因。二種法身爲果。

『대중수학품大衆受學品』【제7】에서는 부처님께서 다시 빛을 놓아 대중을 모으고 문수와 선재 등 일곱 대보살에게 부촉하여 각각 대중들이 받아 배우게 하였다. 세 가지 수계와 수계의식을 분별한 데에 따라 수계를 하였기 때문에 차례로 십주·십행·십회향·십지·등각·묘각으로 들어갔다.

大衆受學品【第七】。佛復放光集衆。囑文殊及善財等七大菩薩。各領大衆受學。因分別三種受戒。及受戒儀式。由受戒故。次弟入於住行向地等妙覺中。

『집산품集散品』[제8]에서는 대중에게 보리심을 내도록 세 번 권하고 보살계를 받아야 이 대법문을 설할 수 있다고 거듭 부촉하였다.

集散品【第八】。三勸大衆發菩提心。乃至再囑須受菩薩戒已。方可爲說此大法門。

위의 내용은 『열장지진閱藏知津』 권32[208]의 「대승율장」 부분에 나온다. (『보살영락본업경』의) 앞에는 『범망경梵網經』 2권이 있는데 (『열장지진』을 지은) 소화素華 선사는 "이 『(범망)경』은 본래 화엄과 같은 부류인데 지금은 (『보살심지계품菩薩心地戒品』) 한 품만 유행하였기 때문에 남장과 북장에서 모두 율장에 귀속시켰다."[209]라고 평가하였다.【이 『(본업)경』 다음에는 이렇게 말하였다.】 "이 경도 마찬가지로 화엄부에 포함되어야 할 듯하다. 지자대사께서는 이 경을 별교別敎로 판단하시고 계위 차례를 생각하셨는데, 지금은 처음부터 끝까지 십중계법만 밝혔다고 말하기 때문에 남북이 모두 율장에 귀속시켰다."[210]

右出于閱藏知津卷弟三十二。大乘律藏部內。上有佛說梵網經二卷。素華[1)]禪師評曰。此經本與華嚴同部。今性[2)]品單行故。南北二藏皆歸於律。【此經下曰。】此亦仍似華嚴部攝。智者大師依此判別圖位次。今因始終申明

---

208 『閱藏知津』 권32(『嘉興大藏經』 제32, 132a). "송장宋藏에는 '극剋' 자 함에 있다."는 내용은 없다. 『閱藏知津』(44권)은 명나라의 4대 고승의 한 명으로 칭송받는 지욱智旭(1596~1655)이 편찬하였다. 대장경 전체를 경經·율律·논論·잡雜의 네 부문으로 구분하여, 경은 천태의 오시교판에 따라 구별하고, 율은 대승과 소승으로 나누며, 논은 대승과 소승으로 나누어 다시 석경론釋經論·종경론宗經論·제론석제론釋으로 구별하고, 잡은 서토西土 찬술과 차토此土 찬술로 나누어 권수와 역저자의 이름과 내용을 해설하였다.
209 『閱藏知津』 권32(『嘉興大藏經』 제32, 132a).
210 『閱藏知津』 권32(『嘉興大藏經』 제32, 132a).

十重戒法故。南北皆歸律藏。

---

1) ㉑ '革'은 '華'의 오기로 보인다. 『閱藏知津』을 지은 지욱智旭의 호가 '소화素華'이기 때문이다. 2) ㉑ '性'은 『閱藏知津』에는 '惟'로 되어 있다.

찾아보기

계도견戒盜見 / 67
고고苦苦 / 148
고수苦受 / 148
과도견果盜見 / 67
관정주灌頂住 / 90
광인光忍 / 62
괴고壞苦 / 148
금강보장金剛寶藏 / 200
『기신론起信論』 / 67, 237

낙수樂受 / 148
난승難勝 / 110
『능가경楞伽經』 / 137

대락바라밀大樂波羅蜜 / 206
『대비경大悲經』 / 146
대상바라밀大常波羅蜜 / 206
대아바라밀大我波羅蜜 / 206
대정바라밀大淨波羅蜜 / 206
독법獨法 / 205
동륜왕銅輪王 / 57
동보영락銅寶瓔珞 / 57
동진주童眞住 / 89

등각等覺 / 153

만보영락萬寶瓔珞 / 57
멸제滅諦 / 195
명인明忍 / 62
명지明地 / 106
묘각인妙覺忍 / 64
묘각지妙覺地 / 44, 121
묘혜지妙慧地 / 115
무구인無垢忍 / 63
무구지無垢地 / 40, 118, 120, 237
무명주지無明住地 / 141, 206, 238
『무상의경無上依經』 / 45, 191, 202, 205, 210
무생인無生忍 / 62
무죄삼업無罪三業 / 193
무진한행無瞋恨行 / 93
무진행無盡行 / 93
무착행無著行 / 93

발심주發心住 / 82
『방광경方廣經』 / 195
방편구족주方便具足住 / 89
법성신法性身 / 49
법신장法身藏 / 202

찾아보기 • 255

법왕자주法王子住 / 90
법운지法雲地 / 37, 117
『본업경本業經』 / 26
부동인不動忍 / 62
부동지不動地 / 114
『불성론佛性論』 / 181
불퇴전不退轉보살 / 58
불퇴주不退住 / 89

사무량四無量 / 192
사무애지四無礙智 / 33
사무외四無畏 / 192
사변四辯 / 164
사섭四攝 / 162
사수捨受 / 148
사의四依 / 164
사제四諦 / 168
삼고三苦 / 148
삼관三觀 / 27
삼달三達 / 203
삼명三明 / 204
삼무위三無爲 / 203
삼보三寶 / 194
삼수三受 / 148
삼제三諦 / 27
삼현三賢 / 153
삼현위三賢位 / 72, 100
생귀주生貴住 / 89
선법행善法行 / 93
선현행善現行 / 93
섭률의계攝律儀戒 / 83
섭선법계攝善法戒 / 83

수행주修行住 / 89
승인勝忍 / 62
십금강十金剛 / 233
십도十度 / 158, 161
십력十力 / 189
십발취十發趣 / 232
십수희十隨喜 / 233
십승十乘 / 232
십신十信 / 231
십이연十二緣 / 168
『십주단결경十住斷結經』 / 57
십지十智 / 160
『십지경十地經』 / 108
『십지경론十地經論』 / 109, 112
『십지론十地論』 / 33
십지신十地身 / 42
십진十進 / 231
십팔불공법十八不共法 / 185
십호十號 / 181, 233
『십호경十號經』 / 181

아유안阿維顔보살(일생보처보살) / 58
『앙굴마라경央掘魔羅經』 / 89
여래지如來地 / 49
여량지如量智 / 127
여리지如理智 / 127
『열반경涅槃經』 / 181, 182, 204
염인焰忍 / 62
염지焰地 / 107
영지靈智 / 196
오주五住 / 26
요익행饒益行 / 93

용복정勇伏定 / 40
원행遠行 / 112
『유가론瑜伽論』 / 162, 181, 183, 184, 188, 245
육성六性 / 27
육위六位 / 79, 155
육인六忍 / 27
육입六入 / 26, 77, 161, 228, 231, 240
의견疑見 / 67
이구지離垢地 / 105
이신二身 / 27
이인離忍 / 61
이제二諦 / 168
이제중도二諦中道 / 123
이치란행離癡亂行 / 93
이토二土 / 27
『인왕경仁王經』 / 46, 70, 84, 113, 116, 129, 133, 138, 203
일각상一覺相 / 210
일과一果 / 27
일도一道 / 27, 204, 205
『일도장一道章』 / 70
일법계一法界 / 174
일승一乘 / 198
일제一諦 / 204
일조상一照相 / 210
일체상一體相 / 210
일합상一合相 / 129, 138, 139, 210

자성청정묘장自性淸淨妙藏 / 202
적멸심寂滅心 / 44
적멸인寂滅忍 / 63

정심주正心住 / 89
존중행尊重行 / 93
중도제일의제中道第一義諦 / 128
진실행眞實行 / 93

천보영락千寶瓔珞 / 57
초주初住 / 86
치지주治地住 / 88, 89
칠만七慢 / 26

팔불八不 / 26, 131
평등관平等觀 / 95

행고行苦 / 148
『현겁경賢劫經』 / 88
『현양론顯揚論』 / 164
현인現忍 / 62
현전지現前地 / 111
『화엄경華嚴經』 / 38, 42, 47, 57, 158, 193, 195, 196, 203, 216, 231
환희지歡喜地 / 57, 104
희인喜忍 / 60

6중의 영락瓔珞 / 28

보살계본지범요기
| 菩薩戒本持犯要記* |

신라국 사문 원효 지음 新羅國 沙門 元曉 述
이정희 옮김

* ㉠ 저본底本은 승응承應 3년(1654)에 간행된 『新修大藏經』(宗敎大學藏本) 제45권이고, 갑본甲本은 『續藏經』(제1편, 61투套, 제3책) 판본이다.

보살계본지범요기 菩薩戒本持犯要記 해제

이 정 희
전 동국대학교 불교문화연구원 교수

1. 개요

『보살계본지범요기』는 원효의 보살계관을 가장 잘 보여 주는 문헌으로 '보살계본菩薩戒本'에 대한 주요 내용을 간추려 밝힌 저술이다. 그러나 『보살계본지범요기』는 단순한 주석을 넘어 보살계에 대한 독창적 해석의 입장을 보이고 있다. '보살계본'이란 대승보살계를 설한 경전을 가리킨다. 보살계는 소승률과 대비되는 개념으로, 소승률이 교단의 질서 유지를 위한 방비지악防非止惡이라는 금제적 형식주의에 치우쳐 있다면, 대승보살계는 행위의 동기에 주목, 즉 자발적인 의지에 따른 적극적인 선의 실천을 중시하였다. 보살계 사상은 원효 이전에 이미 신라에 전해진 것으로 보인다. 『고승전高僧傳』에는 세속오계를 설한 원광圓光의 보살계를 언급하였고, 원광을 계승한 신라 계율종의 개조인 자장慈藏도 보살계를 강설했다는 기록이 보인다. 그러나 이들 두 대덕이 '보살계본'을 주석했다는 기록은 보이지 않는다. 오히려 소승률로 분류되는 『사분율갈마사기四分律羯磨私記』, 『십송률목차기十誦律木叉記』 등의 저술이 있다는 것은 매우 흥미로운 일이다. 이것은 당시 대승계가 보급되기는 했으나, 연구는 주로 소승률을 중심으로 이루어지고 있었다는 것을 보여 주는 기록이라 하겠다.

대승계를 본격적으로 연구한 것은 원효에 이르러서이다. 원효는 현재 전해지고 있는 본 『보살계본지범요기』와 『범망경보살계본사기梵網經菩薩戒本私記』를 비롯하여 일실된 5권의 '보살계본' 관련 문헌을 찬술하였다. 대승계에 대한 이러한 관심과 연구는 교학을 실천과 일치시키려는 그의 사상적 단면을 보여 주는 것이다. 특히 대승계에 연구가 집중된 것은, 그동안 소승률의 형식에 집착하는 편협함을 지양하고 대승 정신에 입각하여 시대 상황에 맞도록 좀 더 유연하게 계율을 해석하려는 노력의 결과로 보인다. 그러므로 『보살계본지범요기』는 한 경전에 대한 단순한 주석이 아니라 대승계인 범망계, 유가계 및 소승률까지도 종합적으로 참조한 적극적인 계율 해석 문헌이라 하겠다.

『보살계본지범요기』는 '보살계본'이 설한 대승계의 근본정신을 기반으로 어떻게 행동하는 것이 정계正戒에 부합하는 행위인가를 설명한다. 이러한 대승 정신을 담은 대승계가 바로 유가계로 분류되는 삼취정계三聚淨戒이다. 이는 규제가 아니라 대승의 능동적 선의 실천으로서 자리이타自利利他라는 보살 정신의 구현이다. 원효가 추구하는 수행의 요체는 일심一心의 근원으로 돌아가는 데 있다. 보살계를 실천하는 궁극적인 목표도 본래의 일심을 회복하는 것으로, 그 출발점이 정계를 잘 지키는 것이라고 선언한다. 따라서 『보살계본지범요기』는 일심을 중심으로 한 본성계本性戒를 강조함으로써 계의 형식보다는 계의 정신이 중시되어야 한다는 자리이타의 보살 사상을 잘 드러내고 있다. 즉 철저하게 계를 지킨다고 해도 계의 정신에 어긋나면 계를 범하는 것이 되고, 계를 범했더라도 그것이 대승의 정신, 곧 중생을 이롭게 하는 것이라면 계를 지키는 것과 다르지 않다는 것이 원효의 해석이다.

『보살계본지범요기』가 갖는 중요 의미는 소승률로부터 대승계는 물론

공空과 유有라는 교리적 논쟁을 지계持戒와 연관시켜 해석함으로써 계율에 대한 종합적인 이해 체계를 완성한 데 있다고 하겠다. 아울러 당시의 교학에 대한 그릇된 관점과 이해를 대승계의 시각으로 분석하고 비판하여 수행자가 지향해야 할 방향을 제시하고 있어 오늘날까지도 우리에게 시사하는 바가 적지 않다.

2. 저자

원효(617~686)는 7세기 동아시아 불교가 당면한 사상사적 과제를 해결하고자 했던 탁월한 사상가이며 실천가였다. 그는 다수의 경론 주석과 저술을 통해 교학에 대한 여러 이설과 쟁론을 화회和會하고 종합하는 한편, 현실 속에 뛰어들어 중생을 구제하는 자비행을 실천하였다. 이러한 보살행과 화회의 정신은 시공을 넘어 오늘날까지도 그 생명력을 줄기차게 이어가고 있다.

그는 여러 분야의 교학에 정통하였으며 그것을 바탕으로 많은 우수한 저술들을 남겼다. 현재 남아 있는 저서는 23종 30권으로 파악되지만 목록상으로 확인되는 것만 86부 181권에 달한다. 이들 저술의 대부분은 경론經論 등에 대한 소疏와 기記들이지만 주제에 따라 견해를 밝힌 『십문화쟁론十門和諍論』, 『판비량론判比量論』, 『이장의二障義』 등 일반 논문들도 현재까지 전해지고 있어 그의 사상적 깊이를 가늠하게 해 준다. 원효의 저술 가운데 소와 기는 비록 경론의 주석이지만 정연한 체계와 뚜렷한 논지를 담아 뛰어난 문헌으로 인정받고 있다. 특히 『금강삼매경론金剛三昧經論』은 후대의 학자들에 의해 논으로 평가 받을 정도로 그 우수성이 알려진 저술이고 『대승기신론소大乘起信論疏』, 『대승기신론별기大乘起信論別記』 또한 많은 주석가들이 즐겨 인용하는 고전적 주석서이다. 이와 같이 원효의 저술은 질적인 면에서 그 우수성이 인정될 뿐만 아니라 양적으로도 전 불교학 분야를 포괄한다. 곧 중관·유식·화엄·법화·반야뿐만 아니라 계율에 이르기까지 다양한 분야의 깊이 있는 경론 주석이 이를 말해 주고 있다. 그는 이러한 풍부한 교리 이해를 기반으로 여러 분야의 교학적 논쟁을 화회하고 종합하여 세계와 진리에 대한 바른 관점을 제시한다. 오랫동안 이어져 온 공空과 유有의 논쟁을 화회하고, 유식唯識과 기신起信의 다른 견해들을 소통하여 일심一心의 바다에서 일미一味가 되게 하고 있다. 이는 동아시아 불교사상사에서 대단히 유의미한 사건이 아닐 수 없다.

원효는 또 걸인의 행색으로 누항陋巷을 누비며 대중과 교감하고 그들을 바른길로 이끌어 간 실천인이었다. 이러한 보살정신과 통합 사상은 오늘날까지도 우리에게 요구되는 변함없는 덕목이다.

3. 서지 사항 및 다른 계율 관련 저술

『한국불교전서』 소재 『보살계본지범요기』는 『신수대장경』과 『속장경』에 실려 있다. 이 저술은 다른 목록집에는 그 명목이 보이지 않는다. 발문에 의하면 일본 관영 16년(1638)에 동대사東大寺에서 베낀 문헌을 저본으로 한 것임을 알 수 있을 뿐이다.

'보살계본'에는 후진의 구마라집鳩摩羅什이 번역한 『범망경』 하권의 십중대계와 사십팔경계를 따로 뽑아 만든 계본이 있고, 당의 현장玄奘이 번역한 『유가사지론瑜伽師地論』 「본지분本地分」의 보살지에서 뽑은 것이 있으며, 담무참曇無讖이 번역한 『보살계본경』이 있다. 담무참의 『보살계본경』은 현장 역본을 달리 번역한 것이다. 원효는 『보살계본지범요기』에서 이러한 대승보살계본인 『범망경』과 『유가사지론』의 계본에 의거하여 지계持戒와 범계犯戒의 경중輕重과 심천深淺 등을 자세히 논하고, 궁극적으로 계의 근본정신이 무엇인가를 밝히고 있다.

그는 보살계에 깊은 관심을 가지고 『보살계본지범요기』이외에 『범망경보살계본사기』, 『보살영락본업경소菩薩瓔珞本業經疏』를 비롯한 10여 권의 계율 관련 주소를 찬술하였다. 원효의 계율 관련 저술에는 대승보살계가 주를 이루고 있으나 소승률로 분류되는 『사분율갈마기』도 이례적으로 포함되어 있다. 그러나 이러한 현상이 그렇게 특별한 것은 아니다. 신라 통일 이전에는 소승률인 『사분율』에 연구가 집중되었으나 통일 이후부터는 주로 대승계인 『범망경』을 연구했던(최원식, 1992) 당시의 경향 때문일 것으로 추정된다. 실제로 그의 저술 『범망경보살계본사기』에는 사분율·십송률·승기율 등 소승 계율이 적지 않게 인용되고 있다. 이와 같이 원효는 소승과 대승의 계율에 대한 깊은 이해로 본 문헌의 보살계를 보다 심도 있게 분석하고 유연하게 해석한 것으로 판단된다.

4. 내용과 성격

『보살계본지범요기』는 계를 지키고 범하는 데 있어서의 요지를 ① 경중輕重을 밝힘, ② 심천深淺을 밝힘, ③ 궁극적으로 지범持犯의 의미를 밝힘의 세 부분으로 나누어 설명하고 있다.

'경중을 밝힘'에서는 『범망경』십중금계十重禁戒 중 제7계이고 유가계의 제1계인 자찬훼타계自讚毁他戒에 대한 계상戒相의 무겁고 가벼움을 분석하고, '심천을 밝힘'에서는 자찬훼타계를 4구로 나누어 계상의 깊고 얕음을 분별하며, '궁극적으로 지범의 의미를 밝힘'에서는 계상의 유무有無에 걸리지 않는 올바른 계의 이해를 강조한다.

원효는 모든 계율을 달마계본(『유가론』의 유가계)의 44계, 다라계본(수다라 즉 『범망경』의 범망계)의 사십팔경계, 별해탈계경(소승비구계)의 246계 등 세 부류로 나누고, 유가계와 범망계를 중심으로 '보살계본'의 지범을 해석한다. 이 두 계본에 의거하여 대승계에는 소승률과 공통되는 계와 공통되지 않는 계가 있고, 또한 성상性相의 차별이 있다는 것을 설명한다.

원효는 계의 성상 차별을 유가계에 의해 분별한다. 경구죄를 범했을 때, 그것이 과연 위범이냐 아니냐는 그 결과가 명백한 경우도 있지만 주관에 따라 판단이 다를 수도 있다. 이럴 때 원효는 삼연三緣과 사인四因으로 판단의 기준을 삼는다. 사인이란 습인習因·보인補因·상자인相資因·상사인相似因의 네 가지로서 명백히 과果를 생生하는 인因이고, 삼연은 광란이 증장되는 것, 무거운 고통으로 핍박당하는 것, 정계 율의를 받지 않은 것 등의 세 가지이다. 범함이 되는 것은 사인에 의한 것이고, 범함이 되지 않는 것은 삼연에 의한 행위라는 것이다.

정신적으로 질환이 있거나 고통을 받을 때, 혹은 계를 받지 않은 사람은 계율을 지키지 않아도 범계가 되지 않는다는 규정은 형식에 매이지 않고 합리적으로 유연하게 계를 운용해야 한다는 것을 보여 주는 예이다. 사인에 의한 범계에서도 죄의 경중을 구분한다. 번뇌가 치성하고 교만한 마음으로 범하는 죄는 염오성染汚性이고, 무지하거나 게으름으로 범하는 죄는 염오성이 아니라는 것이다. 같은 죄를 범하여도 그 죄를 범하게 된 동기나 정황에 따라 죄가 되는 정도가 달라진다. 소승률은 죄의 결과에 의해 벌이 과해지지만 대승계는 이와 달리 죄의 동기까지도 폭넓게 고려하여 죄를 정한다는 것이 원효의 해석이다. 원효는 이와 같이 계를 지키고 범하는 데에 있어서 하나하나의 계목에 집착하지 않고 지계持戒나 실계失戒의 동기를 중시하여 지혜롭게 사계邪戒와 정계正戒를 구별할 것을 강조한다.

1) 경중을 밝힘

『보살계본지범요기』는 먼저 자찬훼타계를 중심으로 이러한 지계와 범계의 경중을 분별하고 그 심천을 밝힌다. 자찬훼타계의 경중과 심천에 관한 해석은 『유가사지론』에 의거한 것이지만 원효는 이 자찬훼타계를 계의 정신에 입각하여 당시의 현실에 맞게 포괄적으로 재해석하고 있다. 먼저 자찬훼타계의 지범을 그 동기나 의도에 따라 네 가지로 구분한다.

① 다른 사람에게 신심을 일으키게 하기 위해 자찬훼타하는 경우 : 범계가 아니라 복이 된다.
② 방일과 무기심無記心으로 자찬훼타하는 경우 : 범계가 되지만 염오성은 아니다.
③ 타인에 대한 미움과 사랑으로 인해 자찬훼타하는 경우 : 염오성이지만 중계를 범한 것은 아니다.
④ 자신의 이익을 탐하고 구하기 위해 자찬훼타하는 경우 : 중계를 범한 것이 된다.

남을 폄훼하고 자신을 칭찬하는 것은 십중금계에 해당되는 중죄重罪이지만 범계나 지계의 의도나 동기에 따라 이와 같이 다른 결과로 나타나는 것이다. 비록 자찬훼타라고 하지만 정당한 목표를 실현하기 위한 방편으로 계를 범할 때는 그것이 죄가 아니라 복이라는 것이 원효의 해석이다. 그러나 자신의 이익을 위해 남을 폄훼하는 경우, 가장 큰 중죄로 규정한다. 이와 같이 계율은 규제적인 성격이 강하지만, 원효는 계율의 근본정신을 자율과 자비에 두고 있다는 것을 알 수 있다. 타인이나 공동체의 이익을 위해 다른 사람의 잘못을 비난하고 자신의 입장을 옹호하는 것은 정당한 일이지만 자신의 이익과 명예를 위해 남을 비난하고 자신을 자랑하는 것은 중죄로 치부하였다.

원효는 중계를 범하는 데도 두 가지 기준을 적용하여 그 경중을 구별한다. 하나는 번뇌라는 관점으로 지범을 보는 것이고, 다른 하나는 대상이 누구냐로 지범을 판단하는 것이다. 자찬훼타의 번뇌성은 지나치게 미세한 번뇌가 아니기 때문에 참괴심慚愧心을 일으키는 정도에 따라 그 번뇌의 경중이 나뉜다. 자신의 이익을 위해 자찬훼타계를 범한 경우, 범계의 경중은 다음과 같다.

① 부끄러운 생각을 내면 : 연품軟品
② 부끄러운 마음이 없더라도 그것을 공덕이라 보지 않으면 : 중품中品
③ 부끄러운 마음이 없고 깊이 애락을 내어 그것을 공덕이라고 보면 : 상품上品

비록 자신의 이익을 위한 죄라 하더라도 그것을 부끄러워하는가 부끄러움을 모르는가에 따라 죄의 경중을 나누고 있다. 참괴심은 일체 장애를 소멸하는 데 있어서 첫걸음이 되는 선법에 속하는 마음이다. 죄업이 본래 자성이 있는 것이 아니니 그것을 부끄러워할 때 이미 선의 문턱에 이르러 있는 것이다.

다음으로 원효는 그 비난하는 대상에 따라 범계의 경중을 구별하기도 한다.

① 개인을 비난하면 : 연품
② 집단을 비난하면 : 중품
③ 다중多衆을 비난하면 : 상품

원효는 개인에 대한 비난보다 다중에 대한 비난을 더 무거운 죄로 규정하였다. 공동체의 질서나 상호 공유하는 가치가 무엇보다 귀중하다는 것이 원효의 인식이다.

또 자찬훼타에 대한 상품의 중죄를 다시 세 부분으로 나누어 해석하고 있다. 그것은 계戒·정定(정定을 심心으로 대체함)·혜慧, 즉 삼학三學에 따른 범계이다. 불법을 훼손하는 것은 외부의 적이 아니라 내면의 부패에 의한 것이라는 게 원효의 진단이다. 당시의 교단에도 불교의 기반을 염려할 정도로 크고 작은 부패와 명리를 좇아 타인을 비난하고 기만하는 반윤리적 행위들이 만연했을 것으로 추정된다. 원효는 이러한 현상이 교리나 계율의 잘못된 해석과 그릇된 수행 풍토에서 비롯된 것으로 판단하여 매우 우려했던 것으로 보인다. 삼학(계·정·혜 삼학 중 정학을 심학으로 대체하였다.)에 따른 범계의 지적은 이러한 점을 잘 보여 주고 있다.

① 심학心學에 의한 불법의 훼손 : 불법을 훼손하는 가장 큰 장애는 탐욕과 교만이다.
  ⓐ 탐욕에 의한 불법의 훼손
    ⊙ 홀로 고요한 곳에서 수행하는 사람들 — 지견이 있는 것처럼 행동하지만 사邪와 정正을 구별하지 못한다.
    ⊙ 자신의 명리와 공경을 위해 세상 사람을 현혹하여 성인으로 의심받게 하는 사람 — 사이비 성인 행세를 하고 다른 승려들을 억눌러 귀의처를 없게 한다.
  ⓑ 교만에 의한 불법의 훼손
    ⊙ 심산深山에 거주하면서 소득심所得心을 가지고 적정업寂靜業을 닦는다. — 교만심으로 승려들을 억누른다.
② 계학戒學에 의한 불법의 훼손 : 계학에 의한 훼손에는 사계邪戒를 지키는 데 따른 범계犯戒와 정계正戒를 지키는 데 따른 범계의 두 종류가 있다.
  ⓐ 사계에 의한 불법의 훼손 : 정직하지 않아 사계를 지키거나 삿된 생각을 한다. — 자신의 이양利養과 공경을 위해 교만심으로 모든 어리석은 무리들을 속인다. 이적을 나타내지 못하는 사람들을 억

누르고 안으로 진리를 손상하고 밖으로 다른 사람들을 혼란에 빠뜨린다.

ⓑ 정계에 의한 불법의 훼손 : 낡은 위의만을 고집하여 자신을 높이고 타인을 능멸한다. — 대중이 계행을 잘 지키지 않는다고 교만한 마음으로 폄훼한다.

③ 혜학慧學에 의한 불법의 훼손 : 혜학에 의한 자찬훼타의 범계에도 두 가지가 있다. 하나는 증익增益과 관련된 사람들이고, 또 하나는 손감損減과 관련된 사람들이다.

ⓐ 증익자增益者 : 비뚤어진 총명을 가진 자 — 매우 우수하여 경론에 정통하지만 언어에 집착하여 명리를 얻고자 자찬훼타하는 사람들로서 여기에 네 부류가 있다.

⊙ 그릇된 집착으로 무엇을 얻는다는 견해를 가지고 있다. 그러나 불타의 뜻에 맞는다고 생각하는 사람.

⊙ 불타의 법은 무소득이니 자기와 동일하다는 허망한 견해를 끌어들이는 사람.

⊙ 이상의 두 가지 전도된 견해를 고양하여 사부대중에게 전하는 사람.

⊙ 중도의 바른 견해를 가진 사람을 억눌러 자기의 편향된 집착 아래 두는 사람.

ⓑ 손감자損減者 : 품성이 좁고 하열하여 선우를 가까이하지 않고 학문을 광범위하게 배우지 않으며 한 분야의 경론에만 집착하는 어리석은 사람.

원효는 계율 자체에 대한 지범보다는 수도자의 편벽된 견해나 교리의 잘못된 해석에서 비롯되는 오류를 더 크게 우려하고 있다. 심학·계학·혜학으로부터의 오해가 불법을 황폐화시킨다는 것은 바로 이를 두고 하는 말이다. 이러한 삼학에 의한 범계의 구체적인 사례는 당시 교단의 폐해를 반영하는 것으로 보인다. 원효는 자기의 명리를 위해 자신을 칭찬하고 타인을 폄훼하는 범계를 가장 심각한 중범重犯 가운데 상품으로 간주함으로써 올바르지 못한 수행자들에게 바른 길을 제시하고 있다.

신라 계율 변천사의 측면에서 보면 원효가 활동한 시기는 소승 계율 연구 시대에서 대승계 연구 시대로 전환되는 과도기였을 것으로 추정된다. 그것은 원효 이전 선덕왕 시대의 자장慈藏과 원승圓勝, 원효와 동시대에 산 것으로 보이는 지인智仁 등이 모두『사분율』을 주석한 것으로 보아 그 당시에는 소승률 연구가 집중적으로 이루어졌음을 알 수 있다. 뿐만 아니라 원효 자신도『범망경보살계본사기』에서 소승 계율을 자주 인용하고 있는 데서도 이런 사실이 확인된다. 원효는 이와 같이 소승률과 대승계가 혼재된 시기에 대승계를 연구한 선구적 학자라는 추정이 가능하다.

『보살계본지범요기』에도 소승적 지계를 비판하는 내용이 발견된다. 심학에 있어서의 범계인 탐욕과 교만에 의한 범계를, 한정처閑靜處에서 정려하는 청정한 수도자가 지견知見이 있는 것처럼 보이지만 명리와 공경을 얻기 위하여 타인을 현혹하고 성인처럼 보이게 하는 행위로 비판하는 것은 바로 소승계에 의거한 수행, 즉 소승 수행자를 지칭하는 것으로 볼 수 있다.

계율에 의한 불법의 훼손을 설명하는 내용도 마찬가지이다. 삿된 계를 지키면서 좋은 옷과 좋은 음식을 먹지는 않지만 이양과 공경을 탐하여 자찬훼타하고 다른 사람들을 억누르며 진리를 손상시키고 상대방을 혼란에 빠뜨리는 사람들은 의심할 나위 없는 소승인이다. 정계를 지키지만 지나치게 완고한 태도로 시대의 변화에 적응하지 못하고 고식적인 위의에 치중하여 외곬으로 계행을 지키는 사람들 또한 소승인을 닮았다.

혜학에 의한 범계인, 비뚤어진 총명을 가진 증익자와 하열하고 어리석은 손감자도 소승의 잘못된 계율에 경도된 자로 비판한다. 아래의 글에 이러한 비판의 대상이 소승이라는 것을 직접적으로 밝히고 있다.

홀로 깨끗하다고 하여 세상 사람들에게 "다른 모든 승려들은 복전福田이 아니다."라고 말하게 함으로써 이양과 존중이 자기에게로만 돌아오게 한다면, 단지 자기만을 제도하는 성문聲聞의 심계心戒를 따르는 것일 뿐, 보살의 광대한 심계에는 역행하는 것이다. 그것은 마치 성문의 무상관無常觀 등과 같다고 하겠다.

앞에서 지적한 행동을 하는 사람들은 성문 즉 소승의 계율을 따르는 것으로 대승보살계와는 현저히 다르다는 것을 보여 준다.

또 마지막으로 혜학에 따른 두 가지 범계인 증익과 손감은 소승인은 아니지만 교리에 대한 잘못된 집착으로 인한 것으로, 증익은 '유'에 집착하는 것이고, 손감은 '무'에 집착하는 것이다. 교학자들은 이러한 증익과 손감의 견해 때문에 여러 형태의 중죄를 범하게 된다. 그렇지만 원효는 이 가운데 손감견에 따른 범계가 훨씬 더 크다고 말한다. 즉 유견有見이 물론 집착이지만 공견空見이 더 끊기 어려운 집착이라는 것이다. 공이라는 교리를 듣고 전적으로 존재란 없다고 하는 것은 허무론자의 악취공惡取空으로 가장 경계해야 할 오류이지만, 유에도 무에도 떨어지지 말라는 교설을 잘못 알아 유뿐만 아니라 무까지도 부정하는 것은 더 큰 어리석음이라는 설명이다. 이들은 연기 즉 공의 올바른 의미를 알지 못하고 연기 자체까지도 무화無化시키는 매우 위험한 사람들이라는 것을 심각하게 지적하고 있다.

2) 심천을 밝힘

동일하게 자찬훼타의 계를 범했더라도 의도나 동기에 따라 정죄가 다르다는 것이 원효의 주장이다. 원효는 다음 4구로 같은 자찬훼타계라도 죄와 복이 달라짐을 보여 준다.

① 자신을 폄훼하고 타인을 칭찬하는 것이 복이 되고, 자신을 칭찬하고 타인을 폄훼하는 것이 죄가 되는 경우.
② 자신을 폄훼하고 타인을 칭찬하면 죄가 되고, 자신을 칭찬하고 타인을 폄훼하면 복이 되는 경우.
③ 폄훼하고 칭찬하기도 하고 칭찬하고 폄훼하기도 하며 혹 죄이기도 하고 혹 복이기도 한 경우.
④ 폄훼하거나 칭찬하지도 않고 칭찬하거나 폄훼하지도 않으며 혹 복이기도 하고 혹 죄이기도 한 경우.

여기에서는 계를 지키는 것이 죄가 되고 계를 범하는 것이 복이 되는 경우를 적시하여 계의 조항이 중요한 것이 아니라 계의 정신이 중요하다는 것을 말하고 있다. 자신을 훼손하고 타인을 칭찬하면 반드시 복이 되고, 자신을 칭찬하고 타인을 폄훼하면 죄가 된다는 계상을 믿고 이를 맹목적으로 지키는 사람은, 복을 닦지만 오히려 복행福行은 적어지고 죄업은 많아진다는 것이다.

계행을 철저히 행한다 해도 계율의 조항에 집착하여 계의 정신을 잃는다면 그것은 진정한 지계가 아니라는 것이 원효의 계율관이다. 자찬훼타계를 지켜 형식적으로는 어긋남이 없는 것 같지만 실제로는 자신과 타인을 속여 지계와 다른 방향으로 갈 경우, 이것을 어떻게 계율을 청정하게 지킨 사람이라고 할 수 있겠는가. 원효는 당시 이러한 폐단을 구체적인 예를 들어 제시하고 그것이 왜 죄가 되고 복이 되는가를 밝히고 있다. 대승 정신에 입각하여 보살계의 지범을 유연하고 자유롭게 해석한 원효의 계율관은 신라 대승계의 연구에 지대한 영향을 미쳤을 것으로 판단된다.

3) 궁극적으로 지범의 의미를 밝힘

그러면 지계의 궁극적 의미는 무엇일까? 원효는 이러한 의미를 교학과의 관련성에서 찾고 있다. 부처를 이루는 것은 계戒라는 원인에 의해 성취되기 때문에 계상戒相은 원인이라고 할 수 있다. 이와 다른 관점에서 보면 계상은 결과이다. 계의 요체要諦는 보리심이라는 원인에 의거하므로 계는 보리심의 결과로 볼 수 있기 때문이다. 그러므로 계는 보리심으로 성취하는 성불이라는 결과이며 동시에 원인이라고 할 수 있다. 그렇다면 계를 있다고 해야 하는가, 없다고 해야 하는가. 만일 계상이 있다고 한다면 비록 계를 지킨다 하더라도 그것은 계가 아니며, 반대로 계가 전혀 없다고 한다면 계를 범하지 않더라도 계를 영원히 잃게 된다는 것이다. 계에는 자성이 없어서 다른 연緣을 빌려야 하기 때문에 그것은 연성緣性이니, 있다고 하지만 연으로 있는 것이지 실제로 있는 것이 아니다. 따라서 계는 마음도 형상도 아니기 때문에 영구히 취할 수 없으며, 취할 수 없지만 계가 없는 것도 아니라는 설명이다. 지계자持戒者가 이러한 중도적 관점에 선다면 계를 잃어버리지 않고 그 실상에 계합할 것이라고 원효는 해석한다. 계행이란 실천 규범이며 동시에 교리의 완성이다. 결국 일심의 근원으로 돌아가는 것이 원효가 보는 진정한 계의 의미인 것이다.

5. 가치

앞에서 살펴본 것처럼 원효의 계율 연구는 대승계경인 『범망경』에 집중되어 있고, 그에 대한 주석이 주를 이루고 있다. 그 가운데 『보살계본지범요기』는 '보살계본'에 대한 요점을 정리한 것이지만 체계가 뚜렷하고 논지가 분명하여 사실상 보살계의 지범持犯 문제를 다룬 독자적인 논문이라

할 수 있다. 따라서 지범을 하나의 계본에 의거하여 논하는 것이 아니라 유가계나 범망계 등의 대승계 정신을 동시에 반영하여 종합적으로 지범의 경중과 심천을 판단한다. 또 이 문헌은 이론을 넘어 당시 불교계의 폐단을 분석하고 그에 따른 계율의 현실적 적용이라는 측면에서 교단의 실태를 파악하는 데 도움이 될 것이다. 동시에 공동체의 잘못을 바로잡으려는 실천가로서의 원효 모습을 또 다른 각도에서 조명해 볼 수 있는 매우 귀중한 자료이다.

6. 참고 문헌

이기영, 「원효의 보살계관」, 『불교학보』 5, 동국대학교 불교문화연구원, 1967.
채인환, 「원효대사의 계율사상」, 『원효연구논총』, 국토통일원, 1967.
최원식, 「신라 보살계사상 연구」, 동국대학교 대학원 박사학위논문, 1992.
신성현, 「원효의 보살계 이해」, 『한국불교학』 제31집, 2002.

차례

보살계본지범요기菩薩戒本持犯要記 해제 / 261

일러두기 / 277

제1장 경중문輕重門 : 계를 지키고 범함의 경중을 밝힘 ········ 279

제2장 천심문淺深門 : 계를 지키고 범하는 심천을 밝힘 ········ 300

제3장 구경지범문究竟持犯門 : 궁극적으로 계를 지키고 범함을 밝힘 ········ 305

발문 / 310

찾아보기 / 311

일러두기

1 '한글본 한국불교전서'는 문화체육관광부의 지원을 받아 동국대학교 불교학술원에서 수행하고 있는 '불교기록문화유산아카이브(ABC)사업'의 결과물을 출간한 것이다.
2 이 책은 『한국불교전서』(동국대학교출판부 간행) 제1책에 수록된 『보살계본지범요기菩薩戒本持犯要記』를 저본으로 번역하였다.
3 번역문에 이어 원문을 병기하고 간단한 표점 부호를 삽입하였다.
4 원문의 교감 사항은 번역문의 각주와 별도로 원문 아래 부분에 제시하였다.
　㉑은 『한국불교전서』 편찬자가 교감한 내용이다.
　㉓은 번역자가 교감한 내용이다.
5 약물은 다음과 같다.
　『　』 : 서명
　「　」 : 편명, 산문 작품
　T : 『대정신수대장경』
　H : 『한국불교전서』

보살계란 번뇌의 흐름을 돌이켜 일심一心의 근원으로 돌아가는 큰 나루터이고, 삿된 것을 버리고 바른 데로 나아가는 긴요한 문門이다. 그러나 삿된 것과 바른 것은 넘치기 쉬우며, 죄와 복의 성질은 분간하기 어렵다. 왜 그러한가. 내면은 실제로 삿되지만 밖으로 드러난 행위는 바른 것 같으며, 반대로 드러난 행위는 물든 것 같으나 내면의 마음은 순수하고 깨끗할 수 있기 때문이다. 또 작은 복업福業을 지었는데도 큰 환난을 만나기도 하고, 마음 작용이 깊고 먼 것을 따르지만 얕고 가까운 것에는 어긋나기도 한다. 그러므로 혼탁에 물든 도인과 사사로움만 따르는 사문은 오래도록 유사한 흔적만을 좇아 참되고 올바름을 잃고 깊은 계를 훼손하며 얕은 행만을 구하게 된다. 이제 얕은 것을 버리고 온전히 깊은 것만을 취하며 유사한 자취를 버리고 진실을 따르고자 하여, 스스로 쉽게 잊지 않도록 하기 위해 기記[1]의 요점을 별도로 취하였다. 다행히 뜻을 같이하는 사람이라면 자세히 살펴 잘 판단하기 바란다.

지범持犯의 요점에는 세 부문이 있으니, 그것은 첫째, 경중문輕重門, 둘째, 천심문淺深門, 셋째, 구경지범문究竟持犯門이다.

菩薩戒者。返流歸源之大津。去邪就正之要門也。然邪正之相易濫。罪福之性難分。何則。或內意實邪。而外迹似正。或表業同染。而中心淳淨。或有作業合少福。而致大患。或有心行順深遠。而違淺近。是以專穢道人。剋私沙門。長專似迹。以亡眞正。每剋深戒。而求淺行。今將遣淺事。而全深。去似迹而逐實。爲自忽忘。 撮要記別。幸同趣者。詳而取決矣。持犯之要有[1] 三門。一輕重門。二淺深門。三明究竟持犯門也。

1) ㉿ 갑본에는 '有' 앞에 '略'이 있다.

---

1 여기에서 말하는 '기記'는 원효의 『梵網經菩薩戒本私記』(H1, 586~604)로 추정된다. 『韓國佛敎全書』 1책에는 상권만이 실려 있다. 하권은 결락되었다.

제1장 경중문輕重門 : 계를 지키고 범함의 경중을 밝힘

첫 번째 문(경중문)을 다시 둘로 나누니, 첫째, 총괄적으로 지범持犯의 경중을 파악하고, 둘째, 별도로 차이점을 드러낸다.

먼저 총괄적으로 (지범의 경중을) 파악하여 본다. 가볍고 무거운 죄 가운데 그 가닥을 자세히 구분하면 그 수가 팔만 사천이나 되지만 개략적으로 중요한 것만을 들어 세 종류로 나눌 수 있다. 첫째, 달마계본達磨戒本[2]이 설한 44계, 둘째, 수다라계본修多羅戒本[3]의 사십팔경계四十八輕戒, 셋째, 별해탈계경別解脫戒經[4]에서 세운 246경계 등이다. 두 번째의 사십팔경계에는 (소승과) 공통되는 것과 공통되지 않는 것이 있으니, 공통되는 것과 공통되지 않는 것의 형태(相)는 경문에 의거해 알 수 있다.

중계重戒[5] 가운데는 모두 열 가지(계상)가 있지만 부류별로는 역시 세 종

---

2 달마계본達磨戒本 : 여기에서 달마란 아비달마를 줄여서 부르는 말로 곧 불타가 설법한 경을 조직적으로 설명한 논서를 가리킨다. 달마계본이란 '논論'이 설하는 계본이라는 의미로서, 대승보살계를 설하는 세 종류의 계본 중 유가계를 설한 『瑜伽師地論』의 계품을 지칭하는 말이다.
3 수다라계본修多羅戒本 : 수다라란 계경契經을 말한다. 따라서 수다라계본이란 '경經'이 설하는 계본 즉 『梵網經』보살계본을 가리킨다.
4 별해탈계경別解脫戒經 : 별해탈이란 바라제목차波羅提木叉의 의역으로, 원뜻은 각각의 해탈이며 신身·구口에 따른 각각의 죄를 따로따로 해탈시키기 때문에 별해탈계라 한다. 방비지악防非止惡의 의미가 있다. 별해탈계경은 『四分律』·『五分律』·『十誦律』등 소승 율장을 가리키는데, 대개 비구 250계를 시설하고 있지만 계본에 따라 다소의 차이가 있다. 원효는 246경계를 취하고 있다.
5 중계重戒 : 십중금계十重禁戒를 줄여서 부르는 말로 곧 대승 계율이 정한 열 가지 중대한 금계를 말한다. 살생하지 말라(不殺戒), 도둑질하지 말라(不盜戒), 사음하지 말라(不婬戒), 거짓말하지 말라(不妄語戒), 술 팔지 말라(不酤酒戒), 사중의 허물을 말하지 말라

류가 있다. 먼저 소승과 공통되는 중계는 앞의 네 가지이고, (소승과) 공통되지 않는 중계는 뒤의 네 가지이며, 또 재가 보살의 육중六重은 십중十重 가운데 앞의 여섯 가지이다. 여기에는 (대승과 소승의) 공통적인 계와 공통적이지 않은 계가 합쳐져 있다. 총괄적으로 판단한 경중의 유형은 이와 같다.

다음은 차이점에 대해 살펴보자. 이제 달마계본에 의해 (지범의) 성상性相의 차별을 가리고자 한다. 논(『유가사지론』)은 "어기고 범함(違犯)에는 염오染汚와 염오가 아닌 것, 그리고 연품軟品·중품中品·상품上品이 있다는 것을 알아야 한다."[6]라고 설한다. 욕欲과 비悲[7]는 비록 짓는 업은 같지만, '범함(犯)'과 '범함이 없음(無犯)'은 다르다. '범함이 있다(有犯)'는 것은 네 가지 원인(四因)에 의하여 범하는 모든 것을 말하고, '어기고 범함이 없다(無違犯)'는 것은 세 가지 조건(三緣)에 의하여 짓게 되는 모든 것을 말한다.

그렇다면 세 가지 조건이란 무엇인가. 마음에 광란이 증장되는 것, 무거운 고통으로 핍박당하는 것, 일찍이 정계율의淨戒律儀[8]를 받지 않은 것으로, 이 세 가지 '범함 없음(無犯)'은 일체 계에 통한다. 별도의 '범함 없음'에 대해서는 논(『유가사지론』)에서 자세히 설명하고 있다.

'범함 있음(有犯)' 중에는 두 가지 종류가 있다. 첫째, 중계 가운데는 연품·중품·상품의 세 가지 품류가 있고, 둘째, 경계 가운데는 염오와 염오가 아닌 것이 있다는 것을 알아야 한다. 통하여 말하면, 네 가지 원인 중

(不說四衆過戒), 자신을 칭찬하고 남을 비방하지 말라(不自讚毀他戒), 자기 것을 아끼려고 비방하지 말라(不慳惜加毀戒), 성내지 말고 참회하라(不瞋心不受悔戒), 삼보를 비방하지 말라(不謗三寶戒). 이상 십중금계는 『범망경梵網經』의 말이다.

6 『유가사지론瑜伽師地論』 권41, 「계품戒品」(T30, 516a).
7 욕欲과 비悲 : 욕欲은 욕락이라고도 한다. 무엇인가를 성취하려고 하는 정신 작용이고, 비悲란 타인의 괴로움을 불쌍하게 여겨 구제하려는 마음가짐이다. 중생과 함께 무량한 즐거움을 누리려 하는 것을 대비大悲라고 한다.
8 정계율의淨戒律儀 : 불타가 제정한 청정한 계법 또는 청정하게 계를 지키는 것을 가리킨다.

에 무지와 방일로 인해 범하는 여러 가지 죄는 염오가 아니지만 번뇌가 치성하거나 경만輕慢으로 범하는 여러 가지 죄는 염오라 할 수 있다. 별도로 염오(번뇌로 물듦)와 염오가 아닌 것에 대해 논한 것은 본문에 의거하여 알 수 있을 것이다. 일반적으로 말하면 그렇지만 한두 가지 논한 것 가운데 초계初戒[9]로써 그 계상을 보이고자 한다.

初門之內。有其二句。先卽總判輕重。後以別顯差別。言總判者。輕重[1]垢罪中。細論支別。頭類[2]乃有八萬四千。括擧其要。別有三類。或四十四。如達摩戒本所說。或四十八。如多羅戒本所判。或有二百四十六輕。如別解脫戒經所立。此第二中。有共不共。共不共相。依文可解。重戒之中。總說有十。論其類別。亦有三種。或有共小之重。謂前四也。或有不共之重。謂後四也。或立在家菩薩六重。謂十重內在前六也。此中合。有共與不共。總判輕重義類如是。若明差別者。今依達摩戒本。辨其性相差別。文言。於有違犯。是染非染。耎中上品。應當了知。欲悲雖所作業同。而犯無犯異。言有犯者。謂由四因所犯諸事。無違犯者。謂由三緣所作諸事。三緣是何。謂若彼心增上誑[3]亂。若重苦受之所逼切。若未曾受淨戒律儀。此三無犯。通一切戒。別論無犯。如文廣說。於有犯中。有其二聚。重內應知耎中上品。輕中當識是染非染。通而論之。四因[4]中。若由無知。及由放逸。所犯衆罪。是不染污。若煩惱盛。及由輕慢。所犯衆罪。是其染污。別論染不染者。亦依本文可知。凡說雖然。一二論者。且就初戒。以示其相。

1) ㉯ 갑본에는 '重'이 없다. 2) ㉯ '類'가 갑본에는 '數'로 되어 있다. ㉠ 갑본을 따랐다. 3) ㉯ '誑'이 갑본에는 '狂'으로 되어 있다. ㉠ 갑본을 따랐다. 4) ㉯ 갑본에는 '因' 다음에 '之'가 있다.

첫 번째 계인 자찬훼타自讚毀他[10]에도 네 가지 차별이 있다. 먼저 다른

---

9 초계初戒: 달마계, 곧 유가계에서의 첫 번째 계율인 자찬훼타계를 뜻한다.

• 281

사람에게 신심을 일으키게 하기 위한 자찬훼타는 계를 범한 것이 되지 않고 복이 된다. 다음 방일과 무기심無記心으로 자찬훼타하면 계를 범한 것이 되지만 염오는 아니다. 또 다른 사람에 대해 사랑하고 미워하는 마음이 있어서 자찬훼타하면 염오이지만 중계를 범하는 것은 아니다. 마지막으로 자신의 이익과 공경을 탐하고 구하기 위해 자찬훼타하는 것은 경계輕戒가 아닌 중계重戒를 범한 것이 된다. 네 번째의 경우에는 삼품이 있으며, 삼품이 성립되는 이유에 또 두 가지 갈래가 있으니 '사실(事)'로 인한 것과 '얽어맴의 번뇌(纏)'로 인한 것이다.

먼저 '얽어맴의 번뇌'로 인한 것이란 무엇인가. '얽어맴의 번뇌'가 현행하는 것은 지나치게 거칠거나 날카롭지 않아서 부끄러운 생각(慚愧)[11]을 내면 연품이 된다. 극도로 거칠어 부끄러워하는 마음이 없더라도 그것을 공덕이 된다고 보지 않으면 중품이 되고, 도무지 부끄러운 마음이 없고 깊이 애락을 내어 그것을 공덕이라고 보면 상품이 된다.

다음 사실(事)로 인한 것에 대해 살펴보자. 만일 개개인을 폄훼하면 연품에 속하고, 한 집단을 폄훼하면 중품에 속하며, 다중多衆을 모두 폄훼하면 상품에 속한다.

상품 가운데도 그 죄가 한 가지만 있는 것이 아니어서 이를 따라 분별하기 어려우나 간략히 세 쌍으로 나타낼 수 있다. 이는 불법佛法 안의 사람들이 삼학三學[12]에 의지하여 (공부하다가) 불도佛道와 유사한 마사魔事

---

10 자찬훼타自讚毁他 : 자찬훼타계自讚毁他戒. 십중금계 중의 하나로 자신의 공을 드러내어 자랑하고 타인의 단점을 끄집어내어 비방하는 것을 말한다. 이 자찬훼타계는 범망계와 유가계에 공통되는 계목으로 『범망경梵網經』에서는 십중계 중 제7계에, 『유가사지론瑜伽師地論』에서는 사중계 중 제1계에 해당한다.
11 부끄러운 생각(慚愧) : 참괴는 부끄러운 것을 말한다. 자세히 말하면, 참慚이란 자기 마음 가운데 수치심을 느끼는 것이고, 괴愧란 자기의 죄가 타인에게 노출되어 그에 대해 수치심을 느끼는 것이다.
12 삼학三學 : 계율戒律 · 선정禪定 · 지혜智慧의 약칭이다.

를 일으키는 것을 말한다. 마치 사자 몸속의 벌레는 사자의 (죽은) 몸을 갉아 먹지만, 그 나머지(사자를 무서워하는 다른 짐승들)는 감히 갉아 먹지 못하는 것과 같다.[13]

於一讚毀。有四差別。若爲令彼赴[1)]信心故。自讚毀他。是福非犯。若由放逸無記心故。自讚毀他。是犯非染。若於他人有愛恚心。自讚毀他。是染非重。若爲貪求利養恭敬。自讚毀他。是重非輕。第四之中。有其三品。成三之由。亦有二途。謂由事故。及由纏故。由纏故者。若纏現行。非極猛利。或發慚愧。是爲㐫品。雖極猛利。無慚無愧。未見爲德。猶在中品。都無慚愧。深生愛樂。見是功德。是名上品。由事故者。若毀別人。是爲㐫品。若毀一衆。卽是中品。普毀衆多。乃爲上品。上品之內。罪非一端。隨其難別。略示三雙。佛法內人。多依三學。起似佛道之魔事故。猶如師子身內之虫。乃食師子。餘無能故。

1) ㉘ '赴'가 갑본에는 '起'로 되어 있다. ㉙ 갑본을 따랐다.

첫 번째 쌍은 심학心學에 의한 것으로서 두 종류의 벌레가 불법을 먹어 없애는 것이다. 그 첫째는 탐심이고, 둘째는 교만이다.

먼저 탐심에 대해 살펴보자. 한 무리의 사람들이 한가히 정려하여 모든 산란을 떠나 선문禪門으로 마음을 다스리면 마음이 깨끗해져서 마치 지견이 있는 것 같게 된다. 혹은 사신邪神이 그 힘으로 알게 하면 (많이 듣는 것을 막아) 듣는 것이 적으니 사邪와 정正을 구별하지 못하기도 한다. 또 명리와 공경을 억지로 끌어오고자 하여 (자신이) 보는 데 따라 안 것을 다른 사람들도 듣고 알게 함으로써 모든 세상 사람들을 현혹하여 모두가

---

13 모든 짐승들은 사자가 죽어도 그 위엄을 두려워하여 감히 먹을 생각조차 못하지만 사자 몸속에 생긴 벌레(獅子身虫)는 사자의 시체를 먹는다. 이것은 불법이 외도에 의해 파괴되는 것이 아니라 나쁜 비구에 의해 파괴된다는 것을 비유하는 말이다.

(자신을) 성인으로 의심하도록 만든다. 이것은 사이비 성인의 행적을 홀로 떨치며 모든 승려들을 억누르고 귀의할 곳이 없도록 하여 불법을 파괴하기 때문에 중죄를 짓는 것이다. 이런 사람들을 모든 승려의 큰 도적이라 한다.

다음은 교만에 대해 살펴보자. 한 무리의 사람들이 오래도록 심산深山에 머물면서 소득심所得心을 가지고 적정업寂靜業을 닦으면 마군이 그 사람의 마음을 알고 그를 움직여 무너뜨리기 위해 공중에서 소리를 내어 그의 수행을 칭찬한다. 이로써 그는 스스로 높다는 만심慢心을 내어 모든 승려들을 두루 억압하면서 "인간 세상에 머무는 자여, 누가 너희들이 행하는 것을 칭찬하겠는가."[14]라고 한다. 이 사람의 죄과는 전자보다 더 무거우니, 이를 보살전다라菩薩旃陀羅[15]라고 부른다.

第一雙者。依於心學。有二類虫。食滅佛法。一由貪故。二由慢故。由貪故者。如有一類。閑居靜慮。[1] 離諸散亂。攝心禪門。由心澄靜。髣髴有見。或由邪神加力令識。于時由自少聞不別邪正。又欲引致名利恭敬。隨所見識。令他聞知。耀諸世人。咸疑是聖。此由獨揚似聖之迹。普抑諸僧。爲無可歸。以破佛法。故得重罪。是謂諸僧之大賊也。由慢故者。如有一類。長住深山。有所得心。修寂靜業。魔知彼心。可以動壞。發空中聲。讚其所行。其人由是。起自高心。普抑諸僧。住人間者。誰當稱美爾等所行。此人罪過重於前者。是謂菩薩旃陀羅也。

---

14 이는 『大般若經』 권18(T8, 353b)의 "非人念我。來稱讚我。我所行者是眞遠離。住城傍者。誰當稱美汝。" 가운데 밑줄 친 부분과 맥락이 유사하다. 『大智度論』 권76(T25, 596c)에도 나오는데, 『大智度論』에서는 이 문구를 근거로 "이러한 인연 때문에 나머지 보살마하살을 경시한다.(以是因緣故。輕餘菩薩摩訶薩。)"라고 설명하였다.
15 보살전다라菩薩旃陀羅: 전다라는 주로 전타라라고 쓴다. [S] caṇḍāla의 음역으로, 인도의 사성四姓 계급 외에 수렵, 도살 등을 업으로 하는 천민을 가리키며 도자屠者, 살자殺者 등으로 한역한다. 보살전다라란 보살 가운데 가장 천한 보살이라는 의미이다.

1) ㉠ '慮'가 고본古本에는 '處'로 되어 있다.

두 번째 쌍은 계학戒學에 의한 것으로서 두 종류의 벌레가 불법을 먹어 없애는 것이다. 그것은 첫째, 삿된 계를 지키는 것이고, 둘째, 바른 계를 지키는 것을 말한다.

먼저 삿된 계를 지키는 사람들에 대해 살펴보자. 한 무리의 사람들은 순수하고 정직하지 않아, 삿된 계를 받들거나 삿된 생각을 하면서도 (고행자로 보이기 위해) 무명옷이나 삼베옷조차 입지 않고 오곡도 먹지 않는다. 그러면서 도리어 자신의 이익과 공경을 탐하여 자신을 칭찬함이 비할 데가 없다. 또 모든 어리석은 무리들을 속여 그들이 모두 자신의 덕을 추앙하기를 바라면서 널리 이적異迹을 나타내지 못하는 사람들을 억누른다. 이로써 안으로는 진리를 훼손하고 밖으로는 사람들을 혼란에 빠뜨리니, 훼손과 혼란의 죄가 이보다 더 큰 것은 없을 것이다.

다음은 바른 계를 지키는 사람들에 대해 살펴보자. 한 무리의 사람들은 성품이 깊지 않아 세상의 추세가 흐트러지고 느슨해졌을 때, 홀로 그 몸을 바로 하여 위의만을 갖추고 스스로를 높이고 타인을 능멸하는 마음을 일으킨다. 이 사람은 불도로 가는 길(乘)이 급한데 계가 느슨한 대중들을 오만한 마음으로 폄훼한 사람이니, 작은 선은 잘 지켰으나 큰 금계禁戒를 어긴 것이다. 복이 변하여 화가 되는 것이 이보다 더 심한 것은 없다고 하겠다.

第二雙者。依於戒學。有二類虫。食滅佛法。一坐邪戒。二坐正戒。坐邪戒者。如有一類。性非質直或承邪戒。或自邪念。不衣絲麻。不食五穀。變[1]欲貪求利養恭敬。自揚無比。誑諸癡類。希望群愚咸仰己德。普抑一切無異迹者。由是內以傷眞。外以亂人。傷亂之罪。莫是爲先也。坐正戒者。如有一類。性是淺近。於世大運。多慢[2]緩時。獨正其身。威儀無缺。便起自高洿

池$^{3)}$之心。慢毁乘急戒緩之衆。此人全其不$^{4)}$善。以毁大禁。轉福爲禍莫斯
爲甚也。

1) ㉮ '變'이 갑본에는 '反'으로 되어 있다. ㉭ 갑본을 따랐다. 2) ㉮ '慢'이 갑본에는 '漫'으로 되어 있다. 3) ㉮ '漳池'가 갑본에는 '陵他'로 되어 있다. ㉭ 갑본을 따랐다.
4) ㉮ '不'이 갑본에는 '小'로 되어 있다. ㉭ 갑본을 따랐다.

問 '삿된 계'의 죄는 그와 같다 하더라도, '바른 계'를 지키는 것이 왜 죄가 되는가. 이러한 질문을 제기하는 이유는, 만일 한 무리의 사람들이 안으로 모든 얽어맴(번뇌)이 없고, 다른 사람들이 업을 짓는지 어떤지를 보지 않으며, 오직 자신의 마음만을 관찰하여 홀로 바른 계를 지킨다면, 이러한 보살을 무슨 이유로 계를 범했다고 할 수 있겠는가.

答 만일 물든 마음이 없다면 앞의 설명에 해당되지 않는다. 그러나 이 사람(정계를 지키는 사람)에 대해 좀 더 구분해서 살펴보자. 홀로 깨끗하다고 하여 세상 사람들에게 "다른 모든 승려들은 복전이 아니다."라고 말하게 함으로써 이양과 존중이 자신에게로만 돌아오게 한다면, 단지 자기만을 제도하는 성문聲聞의 심계心戒를 따르는 것일 뿐, 보살의 광대한 심계에는 역행逆行하는 것이다. 그것은 마치 성문의 무상관無常觀 등과 같다고 하겠다. 비록 얕은 가르침에 있어서는 전도顚倒가 아니지만 법신에 대해서는 전도가 된다. 순행順行과 역행도 이와 마찬가지이다. 만약 홀로 청정하다고 하더라도, 믿지 않는 사람을 믿게 하고, 믿는 사람을 더욱 증장시키며, 모든 승려들이 평등하게 공양하도록 한다면, 단지 범함이 없을(無犯) 뿐만 아니라 많은 복을 짓게 되는 것이다. 그러나 홀로 청정하니 물든 세간에 머물러도 물든 중생들을 억누르지 않을 수 있다고 기대하고, 또 다른 사람으로 하여금 똑같은 공경심을 내도록 하고자 한다면, 마치 해와 달을 머리에 이고 다니면서 어둠을 물리치지 않으려는 사람과 같다고 하겠다. 근기를 아는 대성大聖이 아니라면 그렇게 하는 것이 어려울 것이다. 이 때문에 옛날 현인이 그 아들을 가르치면서 "삼가 선을 행하지 말라."라고 하

니, 그 아들이 "그러면 악을 행할까요?"라고 대답했다. 이에 아버지가 "선도 행하지 않아야 하거늘 악을 행할까 보냐."라고 말했다 한다.[16]

問。邪戒之罪。應如所說。持正戒者。何必是罪。所以然者。如有一類。內無諸纏。不觀餘人作與不作。唯察自心。獨持正戒。如是菩薩何由成犯。答。若無染心。不在前說。而於此人。亦當分別。若由獨淨。令諸世人普於諸僧。謂非福田。利養尊重偏歸於己者。雖順聲聞自度心戒。而逆菩薩廣大心戒。如似聲聞無常等觀。雖於淺事是無顚倒。而於法身。卽是顚倒。當知此中順逆亦爾。若由獨淨。令諸世間未信者。[1] 信者增長。普於諸僧。平等供養者。非直無犯。乃生多福。然由獨淨。居雜染間。以此望得不抑染衆。又欲令他生等敬心者。猶如頭戴日月。而行而欲不却其暗者矣。自非知機大聖。孰能得其然也。以是之故。古之大賢。誡其子云。愼莫爲善。其子對曰。當爲惡乎。親言善尚莫爲。況爲惡乎。

1) ㉑ 갑본에는 '者' 다음에 '信'이 있다. ㉘ 갑본을 따랐다.

세 번째 쌍은 혜학慧學에 의한 것으로, 여기에도 두 부류의 자찬훼타하는 사람들이 있다. 첫째는 증익增益과 관련된 사람들이고, 둘째는 손감損減과 관련된 사람들이다.

먼저 증익자增益者에 대해 살펴보자. 한 무리의 사람들은 성품이 바르지 않지만 총명하기 때문에 다른 사람을 능가하려고 모든 논서를 널리 익힌다. 제법이 언설을 떠난 것임을 알지 못하고 말을 따라 자성 차별이 있다는 데 집착하여 자신의 명리를 얻기 위해 "나는 삼세제불이 설하시는 말씀을 잘 알고 있다. 만일 내가 아는 것과 다르다면 모두 다 허황된 말이다."라고 떠든다.

---

16 이상은 『淮南子』에 나오는 말이다. 『淮南子』는 전국시대 제가의 학설을 집성한 책으로 전한 대에 편찬되었다. 도가의 계열에 속하는 고전이다.

이 사람은 하나의 자찬훼타계에 네 가지 잘못을 범하여 불법을 혼란에 빠뜨리기 때문에 중죄를 짓는 것이다. 곧 그릇된 집착으로 얻을 것이 있다는 견해를 말하는 것은 불타의 본의와 하늘과 땅처럼 멀지만 "나는 불타의 뜻에 가깝다."라고 말하니, 이것이 첫 번째 전도이다. 불타의 뜻은 매우 깊어 모든 희론이 끊어졌고 일체법에는 아무것도 얻을 것이 없어서 자기와 동일하다는 허망한 견해를 끌어들이니, 이것이 두 번째 전도이다. 이와 같은 두 가지 전도된 견해를 전파하여 사부대중에게 말하는 것이 세 번째 전도이다. 양극단을 모두 떠나야 한다고 설하는 사람들을 억눌러 자신의 편향된 집착 아래 두는 것이 네 번째 전도이다.

第三雙者。依於慧學。亦有二輩自讚毁他。一由增益。二由損減。由增益者。如有一類。性是斜聽[1] 爲勝他故。廣習諸論。不解諸法皆離言說。執有如言自性差別。爲得名利。作如是言。我得三世諸佛意說。若異此者。皆是漫說。此人於一讚毁。具四顚倒。以亂佛法。故成重罪。謂其妄執有所得見。去佛意遠。如天與地。而謂我近佛意。是一倒也。佛意甚深。絶諸戲論。於一切法。都無所得。而引同己妄見。是二倒也。揚此二倒之見。加於四部之上。是三倒也。抑諸離邊說者。置其偏執之下。是四倒也。

1) ㉮ '斜聽'이 갑본에는 '邪聰'으로 되어 있고, 고본에는 '斜聽'으로 되어 있다. ㉯ 갑본을 따랐다.

다음은 손감자損減者[17]에 대해 살펴보자. 한 무리의 사람들은 품성이 편협하고 열등하여 선우善友를 가까이하지 않으며 학문을 널리 익히지 않는다. 한 분야의 깊은 경론만을 치우치게 공부하여 그 깊고 내밀한 뜻을

---

17 손감자損減者 : 손감損減이란 감소라는 의미이다. 손감자란 법을 완전히 부정하거나 감소시키는 사람을 말한다. 예를 들면, 유와 무에 대한 견해가 다를 경우, 유를 주장하는 것을 증익增益이라 하고 무를 주장하는 것을 손감이라고 한다.

이해하지 못하고 말에 따라 뜻을 취하여 제법의 의타도리依他道理를 비방하고 부정한다. 이와 같은 견해를 가지고 있기 때문에 다음과 같이 말한다. "'삼성三性'[18]과 '삼제三諦'[19]는 단지 교학의 분야로서 무소유 가운데 가명으로 시설한 것이다. 이렇게 해석하는 것은 진실이지만 이와 다른 것은 모두 희론이다." 이 때문에 홀로 자신의 견해만을 믿고 다른 사람의 말은 수용하지 않는다. 만일 근기가 우둔하고 견문이 짧은 사람을 만나 그가 비판하는 데 빠져들어 그 말을 따르면 "이 사람은 정신이 밝고 정직하다."라고 말한다. 한편 총명하여 글의 의미를 잘 파악하는 사람을 만나면 교묘하게 자신의 주장을 세우지만 그 (억지) 논리에 빠져들지 않을 때는 "탈락하여 오류에 빠졌다."라고 비난한다. "마음이 미혹하여 자신의 이해가 어둡고 우둔하다는 것을 알지 못하므로 내가 비판하는 뜻을 따르지 못한다."라고 하고, 또는 "그 사람의 마음이 부정하여 나의 뜻에 미치지 못한다."라고 폄훼하기도 한다. 이것은 마치 집에서 기르는 개가 토끼를 쫓아가지만 멀리 달아나 잡을 수 없게 되자 '이미 도망쳐 버렸다.'라고 하고 멈춰 서서 멍하니 돌아보는 것과 같다고 하겠다.

由損減者。如有一類。稟性狹劣。不近善友。不廣學問。偏習一分甚深經論。不解密意。如言取義。誹撥諸法依他道理。起如是見。作如是言。三性三諦。但是教門。無所有中。施設假名。如是解者。乃爲眞實。異此說者。皆是戲論。由是獨特[1]自見。不受他言。設遇鈍根少聞之人。墮其所破。從其所言

---

18 삼성三性 : 법상종에서는 일체법을 세 종류로 나눈다. 그것은 변계소집성·의타기성·원성실성이다. 변계소집성은 의식의 잘못된 판단으로 실재가 아닌 허망한 대상이 실재라고 잘못 집착하여 갖가지 생각을 일으키는 것이고, 의타기성은 일체법이 독립해서 존재하는 것이 아니고 상호 의존하여 이루어지는 것임을 가리키며, 원성실성은 잘못된 집착인 변계소집성이 사라진 원만하고 진실한 자성 곧 진여를 말한다.
19 삼제三諦 : 천태종에서 주장하는 세 가지 진리로 공제空諦·가제假諦·중제中諦를 가리킨다. 이 세 가지 진리는 서로 분리되어 있는 것이 아니라 상즉의 관계라고 한다.

者。卽云此人神明正直。若値聰明解文義者。巧能立義不墮其破者。便言脫
失。謂是心惑。未識自解昧鈍。不能逐破意。謂彼心不正未及我意。此猶家
狗逐麁。²⁾ 望不能及。便謂已超。止而顧見。

1) ㉔ '特'이 갑본에는 '特'로 되어 있다. 이하 동일하다. ㉠ 갑본을 따랐다. 2) ㉔ '麁'
가 갑본에는 '兎'으로 되어 있다. ㉠ 갑본을 따랐다.

이러한 손감자는 두 가지 어리석음으로 인해 불법을 폄훼하기 때문에 중죄가 성립된다. 그것은 첫째, 낮은 것을 가지고 높다고 하는 어리석음이고, 둘째, 적은 것을 믿고 많은 것을 비방하는 어리석음이다.

먼저 첫 번째 어리석음에 대해 살펴보자. 이 손감의 견해는 모든 집착 중에 가장 저급하여 외도의 아견我見만도 못하다. 무슨 까닭인가. 이러한 사람은 가장 강한 약을 복용하지만 도리어 그로 인해 중병을 얻게 되는 경우와 같다. 중병의 증상은 마치 병이 없는 것처럼 보이기 때문에 의술로는 이 병을 고칠 수 없을 뿐만 아니라 병을 스스로 감지하기도 어렵다. 이것은 근본무명이 극도로 어둡지만 반야의 밝음과 그 상태가 매우 유사한 것과 같으니, 둘 다 주체도 대상도 없기 때문이다. 무명의 그러한 속성으로 인해 그것을 멸하는 것이 가장 어려운 것처럼, 이 병을 고치는 것도 이와 같이 어렵다는 것을 알아야 한다. 게송은 다음과 같다.

> 있다는 집착을 제거하기 위해
> 여래는 공을 설한다.
> 다시 공에 집착하는 사람은
> 모든 부처도 교화하지 못할 것이다.[20]

---

[20] 『中論』(T30, 18c). 문장이 꼭 일치하는 것은 아니다.

此損減人。略由二愚。失壞佛法。故成重罪。一擧下爲高愚。二特小誹多愚。
第一愚者。此損減見。於諸見中。最在底下。亦復不如外道我見。其故何耶。
此人服最深藥。變¹⁾成重病。重病之狀。極似無病。是故更無醫術能治此病。
亦尠有人自覺是患。猶如根本無明極闇。與般若明。其狀極似同。無能所
故。俱無能所故。故彼無明最難可滅。此病難治當知亦爾。如偈說云。

爲除有執故　如來說其空

若人復執空　諸佛所不化

1) ㉭ '變'이 갑본에는 '反'으로 되어 있다. ㉮ 갑본을 따랐다.

또 이 견해는 (진리에 대한) 이해가 어두운 데 따른 것으로서 맹목적으로 신심信心을 일으키게 한다. 만일 이 견해에 의해 마음을 닦고 지혜를 밝힌다면 반드시 신심을 잃고 대사견大邪見에 떨어져 무수겁 동안 끝없는 고통을 받을 것이다. 이에 보살은 나머지 다른 사람들이 저 사람(사견인邪見人)을 따르는 것을 가엾게 여겨 다음과 같이 경계했다. "일체 지혜 있고 범행을 같이 실천하는 사람들은 그(사견인)와 함께 교류하지 말아야 한다."²¹ 모든 외도가 일으키는 아견도 이치에는 어긋나지만 이러한 폐단은 없을 것이다. 게송은 다음과 같다.

차라리 수미산 같은
아견을 일으킬지언정
털끝만큼의 공견도
일으키지 말지니라.

又復此見由其解昧。漫起信心。若依此見。修心明利。必撥信心。墮大邪見。

---

21 『瑜伽師地論』(T36, 488c).

於無數劫。受無間苦。是故菩薩。深悲餘人有隨彼。故預誡之言。一切有智 同梵行者。不應共住。一切外道所起我見。雖有乖理。而無是患。如偈說云。

寧起我見　如須彌山

不起空見　如毫釐許

이 두 가지 연緣[22]이 가장 저급하지만 그것을 깨닫지 못하기 때문에 증상만을 일으키니, 마치 가장 낮은 사미沙彌가 화상和上의 위에 있다고 말하는 것과 같다. 이것이 가장 낮은 것을 가지고 가장 높은 것으로 삼는 어리석음이라 하겠다.

다음 두 번째 어리석음에 대해 살펴보자. 불도는 너르고 탕탕하여 방향도 없고 걸림도 없으며 영구히 의거할 곳도 없으므로 해당되지 않는 것이 없다. 그러므로 "일체 다른 견해도 모두 부처의 뜻이다."라고 하였으니, 백가百家의 설이 옳지 않은 것이 없고 팔만八萬의 법문이 모두 이치에 계합된다. 그러나 견문이 적은 사람은 좁은 소견에 치우쳐, 그와 견해를 같이하는 사람은 (진리를) 얻었다고 하지만, 뜻을 달리하는 사람은 일탈했다고 한다. 마치 어떤 사람이 갈대 대롱으로 하늘을 보면서 그 대롱이 아니면 푸른 하늘을 볼 수 없다고 하는 것과 같다고 하겠다. 이것을 가리켜 '적은 것을 믿고 많은 것을 비방하는 어리석음'이라 한다.

由此二緣。最在底下。而其不了。起增上慢。如似最下沙彌。謂居和上之上。是謂擧下爲高愚也。第二愚者。然佛道廣蕩。無礙無方。永無所據。而無不當。故曰。一切他義。咸是佛義。百家之說。無所不是。八萬法門。皆可入理。而彼自少聞。專其樣[1)]狹見。同其見者。乃爲是得。異其見者。咸謂脫失。猶

22　두 가지 연緣 : 앞에서 말한 가장 낮은 것을 가지고 가장 높다고 하는 어리석음과 적은 것을 믿고 많은 것을 비방하는 어리석음의 두 어리석음을 가리킨다.

如有人葦管窺天。謂諸不窺其管內者。皆是不見蒼天者矣。是謂恃少誹多
愚也。

1) ㉠ 갑본에는 '樣'이 없다. ㉡ 갑본을 따랐다.

問 경에서 "가난하여 걸식하는 아이가 밤낮 다른 사람이 가지고 있는 보배만을 헤아린다."[23]라고 설한 것처럼 불타의 말씀에 따라 행하지 않으면서 많이 듣는 것도 이와 같다고 하겠다. 또 "어떤 사람이 음욕(婬)·성냄(怒)·어리석음(癡)과 도道를 분별한다면, 이 사람은 하늘과 땅처럼 불도佛道에서 멀어질 것이다."[24]라고 하였다. '많이 들어야 소득이 있다'는 견해는 '걸식하는 아이'와 가까울 뿐, 불도와는 대단히 멀다는 것을 알아야 한다. 비록 '뜻을 얻었다'고 하는 것이 망언이 아니라 하더라도 그릇되게 명리를 구하는 것이 속인보다 심하니, 이는 치우친 집착에 떨어진 것으로 일이 매우 심각하다 하겠다. 나에게 배우는 사람들은 저들과 달리 명리를 따르지 않고 세속의 일을 버리며, 깊이 불법을 믿어 적정만을 구한다. 오직 분수에 따라 마음을 닦고 청정하게 행하는 것을 즐기니, 이해한 것이 삿되지 않고 바른 것임을 이러한 증거를 통해 알 수 있을 것이다. 또 유有에 집착하는 것을 증익이라 하고, 무無를 취하는 것을 손감이라 한다. 내가 지향하는 종지는 유와 무를 모두 버려서 비고 고요하여 기댈 데가 없으니, 이것으로 관觀의 대상을 삼는다. 관의 행상이 그와 같으니, 무엇을 잘못이라 할 수 있는가.

答 명리名利를 따르는 사람들은 불법을 등지고 세속으로 돌아가니, 도리를 상실한들 무엇이 애석하겠는가. 세속의 그물을 끊고 도를 향하여 왔지만 약을 먹은 것이 도리어 병이 되었으니 심히 안타까운 일이다.

한편 자신의 혼미함을 깨달은 사람은 심각하게 혼미한 사람이 아니요,

---

23 『華嚴經』 권5,「菩薩明難品」(T9, 428c).
24 『大智度論』 권6(T25, 107c).

자신이 우매하다는 것을 아는 사람은 극도로 우매한 사람이 아니다. 만일 그대의 마음 씀이 법상法相에 어긋나지 않고 실제로 의타依他의 도리를 비방하여 없애지 않기 때문에 유에 집착하지도 않고 무에 떨어지지도 않는다고 한다면, 그대는 스스로 양 극단을 떠나 깊이 중도에 계합하여 저들 무리에 들지 않는데, 어째서 홀연히 (그곳으로부터) 벗어나려 하는가. 비록 그렇다 하더라도 그 가운데에 자신은 옳고 다른 사람은 그르다고 한다면 변집邊執에 떨어진 것이니, 오히려 청정한 지혜가 아니라고 하겠다. 게송은 다음과 같다.

> 다른 법을 기꺼이 받아들이지 않는 사람을
> 어리석은 사람이라 부른다.
> 희론이 있는 자는
> 더 어리석은 사람이다.
> 자신이 옳다는 견해에 의해
> 모든 희론이 일어나나니
> 그것을 청정한 지혜라고 한다면
> 청정한 지혜 아닌 것이 없을 것이다.[25]

問。如經言。譬如貧乞兒。日夜數他寶。不能如說行。多聞亦如是。又言。若有人。分別婬[1]癡及道。是人去佛遠。猶如天與地。是知。多聞有所得見。與乞兒近。去佛道遠。雖曰得意。而不忘[2]言。橫求名利。甚於俗人。其墮偏執。事在灼然。今我學徒。與彼一殊。不殉名利。捐棄俗事。深信佛法。專求寂靜。唯樂隨分修心潔行。驗知。所解非邪是正。且復執有日增。取無日損。我所趣宗。有無俱遣。蕭然無據。以爲所觀。觀狀如是。何得爲患。答。逐名

---

[25] 『大智度論』권1(T25, 60c).

利者。背道向俗。其爲失理。何足可惜。堪絶世綱³⁾將趣道方。服藥成疾。甚爲可傷。且覺自迷者。非大迷矣。知自闇者。非極闇矣。設使子之心行。不違法相。實不誹撥依他道理故。不執有。而不墮無者。子自離邊。玄會中道。不在彼類。那忽跳赴。⁴⁾雖然自是於中。而非於他者。還墮邊執。猶非淨智。如經偈云。不肯受他法。是名愚癡人。諸有戲論者。皆是大愚人。若依自是見。而生諸戲論。設此爲淨智。無非淨智者。

1) ㉮ 갑본에는 '婬' 다음에 '怒'가 있다. 2) ㉯ '忘'은 '妄'의 오자인 것 같다. 3) ㉰ '綱'이 갑본에는 '網'으로 되어 있다. ㉱ 갑본을 따랐다. 4) ㉲ '赴'가 갑본에는 '起'로 되어 있다.

만일 그대의 견해가 악취공惡取空에 떨어져 연緣이 있다는 것을 부정함은 물론 그것이 없다는 것도 부정하는 것은 극도의 손감견損減見에 빠지는 것이다. 그러나 그것을 깨닫지 못한다면, 그대는 도에서 가장 멀기 때문에 오히려 '거지 아이'와 가장 가깝다고 하겠다. 거지 아이가 "보배가 많은 사람은 부유하고 재산이 적은 사람은 가난하다. 나에게는 많은 보배도 없고 적은 재산도 없다. 한가하게 의지할 곳도 없으니 나는 가난하지 않다."라고 말한다면 지금 그대가 말하는 것과 저 거지 아이가 말하는 것이 무엇이 다르겠는가. 많은 것도 없고 적은 것도 없다는 것이 가장 빈궁한 것이며, 유도 무도 모두 부정해 버리는 것이 가장 심각한 손감이라는 것을 알아야 한다.

그러나 지고至高의 도는 모호하여 옳고 그름을 구분하기 힘들고, 마음의 움직임은 은밀하여 얻고 잃는 것을 가려내기 어렵다. 오직 숙세에 선근을 심은 사람이라야 성품이 소박하고 정직하며 깊이 아만我慢을 정복하고 선지식을 가까이한다. 이로써 우러러 성전을 의지하고 그것으로 마음의 거울을 삼아 스스로 내면을 자세히 관하고 마음의 움직임을 깊이 살펴야 한다. 이러한 사람이라야 다행히 악취공의 병을 치유할 수 있는 것이다.

앞서 "모든 부처도 교화하지 못한다."라고 말한 것은 그들이 내면으로 경각심을 일으켜 이러한 병을 고치도록 하기 위함이다. 결과적으로 이들도 모든 부처의 교화를 입게 되지만, "교화하지 못한다."라고 말한 것은 스스로 교화하도록 하기 위한 것이다.

設使子之見解。墮惡取空。誹撥緣有。亦撥其無。最極損減。而不自覺者。唯子最遠於道。乃還近於乞兒。如乞兒云。多寶者富。少財者貧。我無多寶。亦無少財。蕭然無據故。我非貧。今子所言與彼同焉。是知。無多無少者。最極貧窮也。撥有撥無者。最極損減也。然至道昏昏。是非莫分。心行蜜蜜。[1] 得失難別。唯有宿殖善根。稟性質直。深伏我慢。近善知識者。仰依聖典。以爲心鏡。自內審觀。熟微心行。若能如是之人。幸治惡取空病。向說諸佛所不化者。爲欲令彼自內驚改。是故還爲諸佛所化。以不化言。使自化故。

1) ㉯ '蜜蜜'이 갑본에는 '密密'로 되어 있다. ㉰ 갑본을 따랐다.

㊂ 만일 스스로 이러한 마음의 병을 살피려 한다면 어떤 성전에 의지하는 것이 가장 귀감이 되는가.
㊄ 『해심밀경』에서는 다음과 같이 설한다.

만일 모든 유정의 본성이 순수하고 올바르지 않다면, 그러한 사람들은 비록 능력이 있어서 버리고 세우는 것을 결택할 수 있다고 하더라도 자신의 견해를 취하여 안주하게 된다. 매우 깊은 밀의설密義說을 들으면 진실 그대로 파악할 수 있는 능력이 없어서 이러한 법에 대하여 믿음과 이해를 가지고 있다 하더라도 그 의미에 대해서는 언어를 따라 집착한다. "일체법은 결코 자성이 없으며 불생불멸이고 본래 적정하여 자성열반이다."라고 말한다. 이와 같은 생각 때문에 일체법에 대해 무견無見

이고 무상無相이라는 견해를 갖게 된다. 일체의 대상을 모두 무상이라고 부정하는 것은 일체법의 삼종성상三種性相도 부정하는 것이다. 왜냐하면 의타기상依他起相과 원성실상圓成實相이 있어야 변계소집상遍計所執相을 시설할 수 있기 때문이다. 만약 이 두 상에 대해 무상이라는 견해를 갖는다면, 그 사람은 변계소집상도 부정하는 것이 된다. 그러므로 삼상三相도 모두 부정하는 사람이라고 말하는 것이다. 그 사람은 법에 대해 믿음과 이해를 일으켰기 때문에 복덕을 증장시키기는 하지만 올바른 의미가 아닌 데 집착하기 때문에 지혜를 잃게 되고, 지혜를 잃기 때문에 광대하고 무량한 선법을 잃게 되는 것이다.[26]

問。若欲於此自察心病。依何等典。最爲明鏡。答。如深蜜[1]經言。若諸有情性。非質直。非質直類。雖有力能思擇廢立。而復安住自見取中。聽聞甚深密意之說。而無力能如實解了。於如是法。雖生信解。而於其義。隨言執著。謂一切法。決定皆無自性。決定不生不滅。本來寂靜。自性涅槃。由此因緣。於一切法。獲得無見及無相見。由是見故。撥一切相。皆爲無相。誹撥諸法三種性相。何以故。由有依他起相及圓成實相故。故遍計所執相。方可施設。若於二相。見爲無相。彼亦誹撥遍計所執相。是故。說彼誹撥三相。彼雖於法起信解故。福德增長。然於非義。起執著故。退失智慧。智慧退故。退失廣大無量善法。

1) ㉭ '蜜'이 갑본에는 '密'로 되어 있다. ㉯ 갑본을 따랐다.

또 『유가론』에서는 다음과 같이 설한다.

한 무리의 사람들은 난해한 공성空性과 상응相應하는, 비밀한 의취를

---

26 『解深密經』 권2, 「無自性相品」 (T16, 695b).

다 드러내지 않은 깊은 경전의 말씀을 듣고 그 설한 의미를 진실 그대로 알 수 없으므로 이치에 어긋나는 허망분별을 일으킨다. 그들은 지혜로운 방편이 결여되었기 때문에 경전을 이끌어 와서 자세히 살피고 관찰하여 이와 같은 견해를 일으키고 이와 같은 논지를 세운다. 즉, "일체는 오직 가유假有인 것, 이것이 진실이기 때문에 이렇게 관하는 것이 올바른 관이다."라고 주장한다. 그들은 거짓되고 가시설假施設된 것이 의지하는 곳에 오직 사실(事)만은 실제로 있지만, 그것조차도 부정하여 존재하지 않는다고 하니, 이것은 일체가 허망하고 거짓되어 아무것도 없다는 것이다. 일체가 오직 거짓인 것이 진실이라는 일이 어떻게 있을 수 있겠는가. 이러한 주장에 따르면, 그는 진실과 거짓에 대하여 두 가지 오류를 범한 것이다. 전적으로 존재가 없다고 하는 것은 가장 극단적인 허무론자의 주장임을 알아야 한다. 지혜 있고 범행梵行을 닦는 사람들이라면 이와 같은 허무론자와 함께 머무는 일이 없어야 함은 물론이다. 세존은 이 밀의설에 의거하여 "차라리 한 무리의 아견我見을 일으키는 사람들과 같이할지언정 악취공자와 같이하지 않을 것이다."라고 말씀하셨다. 그러면 어떤 사람을 악취공에 떨어진 자라고 하는가. 어떤 사문이나 바라문은 저것 때문에 공空이라고 하여도 믿지 않고, 이것이 공이라고 하여도 믿지 않는다. 이와 같은 사람들을 악취공자라고 한다. 왜냐하면 저것 때문에 공이면 저것은 실제로 무無이지만 이것이 공이면 이것은 실제로 유有이어야 한다.[27] 이러한 도리에 의거하여 공이라 말할 수 있는 것이다. 만일 일체가 전적으로 있는 것이 없다고 한다면 어느 곳의 무엇을 어떻게 공이라고 부르겠는가. 또 '저것 때문에 이것이'라는 말이 곧 공을 설한 것이라고 할 수는 없을 것이다. 그렇기 때문에 이것을 악

---

[27] 이것과 저것은 서로 대응되는 것으로, 저것을 근거로 한 공인데 저것이 실제로 없는 것이라면, 이것을 근거로 한 공이니 이것은 실제로 있어야 한다는 말이다.

취공에 떨어진 자라고 말한다.²⁸

이어서 (논은 여기에 대해) 자세히 설하고 있다.
이제 지엽적인 논의를 멈추고 다시 본종을 끝맺는다. 계를 지키고 범하는 것과 계상戒相의 경중輕重은 앞에서 간략히 설한 것과 같다.

瑜伽論云。如有一類。聞說難解空性相應。未極顯了密意趣義。甚深經典。不能如實解所說義趣。¹⁾ 起不如理虛妄分別。由不巧便。所引尋思。起如是見。立如是論。一切唯假。是爲眞實。若作是觀。名爲正觀。彼於虛假所依所處。實有唯事。撥爲非有。是則一切虛假皆無。何當得有一切唯假。是爲眞實。由此道理。彼於眞實。及與虛假。二種俱謗。都無所有。當知。是名最極無者。如是無者。一切有智同梵行者。不應共住。世尊依此密意。說言。寧如一類起我見者。不如一類惡取空者。云何名爲惡取空者。謂有沙門或婆羅門。由彼故空。亦不信受。於此而空。亦不信受。如是名爲惡取空者。何以故。由彼故空。彼實是無。於此而空。此實是有。由此道理。可說爲空。若說一切都無所有。何處何者。何故名空。亦不應言由此²⁾於此卽說爲空。是故名爲惡取空者。乃至廣說。且止傍論。還結本宗。持犯輕重略相如前。

1) ㉯ 갑본에는 '趣'가 없다. 2) ㉯ '此'는 '彼'의 오자인 것 같다.

---

28 『瑜伽師地論』 권36(T30, 488a).

제2장 천심문淺深門 : 계를 지키고 범하는 심천을 밝힘

앞서 설명한 자찬훼타의 계에 따라 지니고 범하는 계상戒相의 심천深淺을 밝혀 보고자 한다. 수다라계본에 말하기를 "(보살은) 항상 중생을 대신하여 타인으로부터 심한 폄훼와 굴욕을 당하게 된다. 나쁜 것은 스스로 자신에게 돌아오게 하고 좋은 일은 타인에게 돌려준다. 만약 스스로 자신의 덕을 칭찬하여 드러내고 타인의 좋은 점은 감추어 다른 사람을 폄훼하고 굴욕을 준다면 이것은 바라이죄가 된다."[29]라고 하였다. 이 하나의 글에 얕은 해석과 깊은 해석이 있다. 왜 그러한가?

하사下士(하근기의 사람)는 그것을 듣고 말 그대로 믿고 해석하여, 자신을 폄훼하고 타인을 칭찬하는 것은 반드시 복이 되고, 자신을 칭찬하고 타인을 폄훼하면 반드시 죄가 된다고 알고 있다. 이처럼 한결같이 말만 따라 행동하기 때문에 복(업)을 닦지만 (오히려) 복행은 적어지고 죄업은 많아진다. 그 죄를 버리고자 하여 한 가지 죄를 없애지만 도리어 세 가지의 복이 사라진다. 이것을 식견이 얕은 유정有情이 계를 지니고 범하는 데 있어서의 과오라고 한다.

상사上士(상근기의 사람)는 그것을 들으면 의취를 잡아서 파악하기 때문에, 한 모서리를 들어서 세 곳을 변화시키고 한 문장을 4구句로 판별한다. 이로써 자세히 살펴 변별해도 지나친 일이 없기 때문에 복을 지어도 남는 것이 없고 죄를 지어도 분별할 것이 없다. 이것을 가리켜 계戒를 지키고

---

29 『梵網經』(T24, 1004c).

범하는 행위를 깊이 이해하였다고 말하는 것이다.

그러면 이것을 4구로 판단해 보자. 첫째, 자신을 폄훼하고 타인을 칭찬하면 복이 되고 자신을 칭찬하고 타인을 폄훼하면 죄가 되는 경우, 둘째, 자신을 폄훼하고 타인을 칭찬하면 죄가 되고 자신을 칭찬하고 타인을 폄훼하면 복이 되는 경우, 셋째, 폄훼하고 칭찬하기도 하고 칭찬하고 폄훼하기도 하며 혹 죄가 되기도 하고 혹 복이 되기도 하는 경우, 넷째, 폄훼하거나 칭찬하지도 않고 칭찬하거나 폄훼하지도 않으며 혹은 복이 되고 혹은 죄가 되는 경우의 네 가지이다.

次第二明持犯淺深者。乘前所說讚毀之戒。以顯持犯淺深之相。如多羅戒本云。常代衆生。受加毀辱。惡事自向己。好事與他人。若自讚揚己德。隱他人好事。令他受毀辱者。是爲波羅夷罪。依此一文。淺深[1]解。何者。下土聞之。齊言取解。自毀讚他。必是福業。自讚毀他。定爲犯罪。如是一向隨言取故。將修其福。福行少而罪業多。欲捨其罪。却罪一而除福三。是謂淺識持犯過也。上土聞之掬[2]解意趣。擧一隅。便以三隅。而變[3]就一文。每用四句而判。由是審別無所濫故。無福而遺[4] 無罪而辨。是謂深解持犯德也。言四句而判者。或有自毀讚他。是福自讚毀他是罪。或有自毀讚他是罪。自讚毀他是福。或有若毀讚若讚毀。或罪或福。或有非毀讚非讚毀。或福或罪。

---

1) ㉯ 갑본에는 '深' 다음에 '異'가 있다. 2) ㉯ '掬'이 갑본에는 '探'으로 되어 있다. ㉡ 갑본을 따랐다. 3) ㉯ '變'이 갑본에는 '反'으로 되어 있다. ㉡ 갑본을 따랐다. 4) ㉯ '遺'가 갑본에는 '遣'으로 되어 있다. ㉡ 갑본을 따랐다.

제1구의 경우 : 어떤 사람이 굴욕을 당하는 중생을 불쌍하게 생각하여 다른 사람이 받는 굴욕을 자신에게 돌리고자 자신이 받을 영예를 다른 사람에게 밀어 주려는 의도로 자신을 칭찬하고 다른 사람을 폄훼하는 것은 복에 해당된다. 그러나 자신이 그 영예를 차지하고 다른 사람에게 굴욕을 당하게 한다면, 이 경우 자신을 칭찬하고 다른 사람을 폄훼하는 것은 죄가 되는 것이다.

제2구의 경우 : 세간의 풍습을 많이 익히면, 자신을 칭찬하고 타인을 폄훼하는 사람을 미워하고, 자신을 겸양하고 타인을 높이는 사람들을 공경한다는 것을 알게 된다. 또 다른 사람을 폄훼하면 그 사람이 반드시 나를 욕하고 내가 타인을 칭찬하면 타인도 나를 좋게 평가한다는 것도 알기 때문에, 교묘히 자신이 높아지는 것을 추구하여 자신을 폄훼하고 타인을 칭찬하는 것은 중죄에 해당된다. 만일 타인이 집착하는 것이 진리가 아니면 알아서 버리고, 자신의 내면에서 깨달은 것이 바른 도리이면 응당 수행해야 한다는 것을 알아서 불법佛法을 건립하고 유정을 요익饒益게 하고자 한다면, 자신을 칭찬하고 타인을 폄훼하여도 (도리어) 커다란 복이 된다.

제3구의 경우 : 한 무리의 사람들은 성격이 변덕스럽고 거짓되어 세간 사람들을 혼란으로 속이고자 다른 사람의 장점을 무시하고 자신의 단점을 덮어서 거짓말로 교란시킨다. 자기의 조그만 장점을 폄훼하여 과오라 하고 다른 사람의 단점을 칭찬하여 공功이라 하며, 자신의 많은 단점을 드러내어 덕이라 하고 다른 사람의 장점을 억눌러 잘못이라 한다.

또 한 무리의 사람들은 품성이 정직하고 곧아서 세간의 모든 사람들을 개도開導하기 위하여 선을 알고 악을 구별하며 죄를 버리고 복을 닦는다. 이런 뜻이 있기 때문에 말이 올바르고 한쪽으로 치우침이 없다. 자신의 잘못을 보면 반드시 뉘우치고 다른 사람의 선을 들으면 곧바로 칭찬한다. 자신의 장점을 깨달으면 장려하고 다른 사람의 죄를 알면 즉시 나무란다. 앞사람의 경우, 폄훼하고 칭찬하며 선양하고 억누르는 것은 결국 속이고 아첨하는 죄가 되지만, 뒷사람의 경우, 나무라고 칭찬하며 장려하고 폄하하는 것은 모두 믿음직한 복이 된다.

제4구의 경우 : 뜻이 고매한 한 무리의 사람들은 성품이 크고 훌륭하며 신심이 자유롭고 진실하여 그 처음과 끝을 알기 어렵다. 화와 복을 합하여 하나로 돌아가게 하고 나와 남을 잊어 둘이 아니게 한다. 그 마음이 항상 안락하며 편안하게 소요하기 때문에 자신을 폄훼하고 타인을 칭찬하지도 않고 자신을 찬양하고 타인을 억누르지도 않는다. 또 한 무리의 열등하고 어리석은 사람들은 성품은 순박하지만 시비를 모르며 콩과 보리조차도 구별하지 못하는 자들이다. 선이 왜 선이 되는가를 알지 못하고 악이 왜 악이 되는지도 모른다. 그의 생각은 항상 혼미하여 미워하고 좋아하는 것도 잊고, 자기를 겸양하고 타인을 칭찬할 줄도 모르며 자신의 장점을 장려하고 타인의 단점을 폄하하는 일도 없다. 이것은 가장 어리석은 사람의 혼돈스러운 죄가 되고 앞의 경우는 가장 지혜로운 사람의 순박한 복이 되는 것이다.

이것이 4구로써 죄와 복을 판단하는 내용이다. 앞의 두 구는 복업이 변해서 무거운 죄가 되고, 죄를 짓는 행위가 다시 큰 선이 되는 경우이고, 뒤의 두 구는 속이는 말과 믿을 수 있는 말은 구분하기 어렵고, 가장 지혜로운 사람과 가장 어리석은 사람의 행적이 다르지 않은 경우이다. 행자가 계를 지니고 범하는 가장 핵심은 자신의 득실得失을 자세히 살피는 것이지 다른 사람의 좋은 점과 나쁜 점을 판단하는 데 있는 것이 아니라는 것을 알아야 한다. 계를 지니고 범하는 심천의 의미가 이와 같다.

第一句者。如人深愍衆生受辱。欲引他所受辱向己。推自所應受榮與他。此意自毀讚他。是福。若欲自受其榮。令他受辱。此意自讚毀他。是罪。第二句者。如知時世風俗所習多。憎自讚毀他之人。每敬自謙揚他之士。又知毀彼彼必告我。我若讚他他還美我。由此知故。巧求自高。自毀讚他。是爲重罪。若知他人所執非理。可捨。自內所解是道。應修直欲建立佛法。饒益有情。自讚毀他。是爲大福。第三句者。如有一類性。多訑僞。爲欲訑惑世間諸人。凌[1]他所長。覆自所短。由此意故。作矯亂言。毀己小長爲過。讚他所短爲功。揚己多短爲德。抑他所長爲失。又有一類。稟性質直。爲欲開導世間諸人. 識善別惡. 捨罪修福. 由斯志故. 直言無僻.[2] 見自惡. 而必呰. 聞他善. 而卽歎. 覺己德. 而還襃. 知彼罪而直貶. 前人毀讚揚抑. 直是訐諂之罪. 後士呰歎襃貶. 並爲忠直之福也. 第四句者. 如有高士性. 是弘懿放神苞[3]朴. 不知端兒.[4] 混禍福. 而歸一. 忘彼我. 爲無二. 其神常樂. 遊是處故. 亦不自毁讚他. 亦不自揚抑彼. 又有下愚稟性鈍朴. 莫知是非. 難別菽麥. 不識善之爲善. 不了惡之爲惡. 其意常昏. 忘憎愛故. 亦無自謙美他. 復無自襃貶他. 此爲下愚渾鈍[5]之罪. 彼是上智純朴之福也. 是謂四句以. 判罪福. 依前兩句. 則福業變[6]作重患. 罪行更爲大善. 尋後二句. 則訐語. 與忠談無隔. 上智. 共下愚同迹. 是知. 行者持犯之要. 只應微察自之得失. 不可輒判他之德患. 持犯淺深意趣然矣.

---

1) ㉤ '凌'이 갑본에는 '陵'으로 되어 있다. ㉡ 갑본을 따랐다. 2) ㉤ '僻'이 갑본에는 '避'으로 되어 있다. 3) ㉤ '苞'가 갑본에는 '抱'로 되어 있다. 4) ㉤ '兒'가 갑본에는 '倪'로 되어 있다. ㉡ 갑본을 따랐다. 5) ㉤ '鈍'이 갑본에는 '沌'으로 되어 있다. ㉡ 갑본을 따랐다. 6) ㉤ '變'이 갑본에는 '反'으로 되어 있다. ㉡ 갑본을 따랐다.

제3장 구경지범문究竟持犯門 : 궁극적으로 계를 지키고 범함을 밝힘

비록 앞에서 설한 법문에 의거하여 (계에 대한) 경중輕重의 성격과 심천深淺의 상태를 알았다고 하더라도, 계상戒相을 올바로 이해하지 못하고 죄와 죄 아닌 것에 대한 두 극단의 집착을 떠나지 않은 사람은 끝까지 계를 지켜 범함이 없도록 할 수 없으며 청정한 계바라밀로 나아갈 수도 없다. 그것은 무엇 때문인가. 계는 스스로 생生한 것이 아니라 많은 연緣(조건)에 의한 것이기 때문에 결코 계에는 자상自相이 없다. 그러므로 연에 합하여도 계가 아니고(연에는 자성이 없다.) 연을 떠나서도 계는 없는 것이다. 연에 합한 것도 제외하고 연에서 떠난 것도 제외하지만 그 중간도 아니다. 이와 같이 계를 찾아도 영구히 계는 있지 않으니, 그것은 (계의) 자성이라고 할 수 있는 것이 성립되지 않는데 그 원인이 있다. 비록 여러 연에 의거한다고 하지만 계가 없는 것도 아니다. 토끼의 뿔처럼 아무 원인(因)도 없고 연도 없는 것과는 같지 않기 때문이다.[30]

계상을 설한 것처럼 죄상罪相도 그러하다. 계상이나 죄상은 물론 인상人相도 마찬가지이다. 만일 여기에서 (계가) 있는 것이 아니라는 데 의거하여 전혀 아무것도 없다고 본다면, 비록 범함이 없다고 하더라도 영구히 계를 잃어버리니, 그것은 계가 오직 사실(事)이 나타낸 형상이라는 것을 비방하여 부정하기 때문이다. 또 여기에서 계상이 없지 않다는 데 의거하

---

[30] 토끼 뿔은 가상일 뿐, 존재 자체가 없는 것이다.

여 계라는 것이 있다고 생각한다면 비록 (계를) 지킨다고 하더라도 지키는 것이 곧 범하는 것이 되니, 그것은 여실한 계상을 어기는 것이기 때문이다.

보살이 계행을 닦는 것은 이와 같지 않다. 만일 계를 지키는 주체와 그 대상이 있다고 구별하지 않는다면 계가 오직 사실(事)이 나타낸 형상이라는 것을 비방하고 부정하지는 않는다. 그렇기 때문에 결과적으로 계를 잃어버리는 큰 과오를 범하는 일은 없다. (이러한 보살은) 비록 죄와 죄 아닌 것이 없다고 보지 않더라도 계의 실상에는 위배되지 않는다. 그러므로 계를 범하는 작은 죄로부터도 영구히 떠나며, 총명하고 깊은 지혜의 방편으로 삼륜三輪[31]을 다 잊고 양 극단에 떨어지지 않으며 마침내 완전한 계바라밀을 성취하게 된다. 경은 "죄도 죄 아닌 것도 얻을 수 없어야 계바라밀을 완성할 수 있다."[32]라고 말씀하셨다. 계본은 "계의 광채는 입으로부터 나온다. 연이 있으니 원인이 없는 것도 아니지만, 색色도 아니고 심心도 아니며 유有도 아니고 무無도 아니며 인과법도 아니다. (이것은) 모든 부처의 본원이며 보살의 근본이다."[33]라고 설한다. 이 가운데 계의 광채라고 하는 것은, 계와 광채가 둘이 아니고 구별이 없으며 청정과 잡염雜染이 동일한 맛이라는 것을 밝히기 위한 말이다. 그러므로 계의 광채를 연으로 하여 계의 실상을 드러내는 것이니, 계에는 자성이 없으므로 다른 연을 빌려야 하기 때문에 연이 있다고 하는 것이다. 연이 있다고 하는 말은 실제로 있다는 데에 의거하여 그렇다는 것이 아니고 그에 따르는 인因이 없지 않다는 것을 곧바로 드러내는 말이다. 그러므로 (계는) 인이 없는 것이 아니며 인이 없는 계성戒性이 아니니 질애質碍도 아니고 사려思慮도 아니기 때문에 색色도 아니고 심心도 아니라고 말한다. (계는) 단지 색과 심

---

[31] 삼륜三輪 : 보시하는 사람, 보시 받는 사람, 보시하는 물품의 세 가지를 말한다. 이 세 가지가 청정해야 참된 보시가 성립된다는 것이다.
[32] 『大品般若經』(T8, 218c).
[33] 『梵網經』(T24, 1004a).

이 아니니 색과 심을 떠나 영구히 얻을 수 없으며 얻을 수 없지만 계가 없는 것은 아니다. 그렇기 때문에 유도 아니고 무도 아니라고 말하는 것이다. 비록 계가 없는 것이 아니지만 과果로부터 떠났으니 인이 없는 것이고, 인으로부터 떠났으니 과도 없기 때문에 인과법이 아니라고 설명하고 있다. 그렇다 하더라도 계는 인의 성질이기 때문에 인이 되는 자성은 비록 얻을 수 없지만 불과佛果가 계라는 인에 의거하기 때문에, 모든 부처의 본원이라고 말한다. 또 계는 과의 성질이기 때문에 과가 되는 자성은 비록 얻을 수 없지만, 계의 핵심은 보리심이라는 인에 의거하므로 계를 보살의 근본이라고 하는 것이다.

第三明究竟持犯者。雖依如前所說法門。能識輕重之性。兼知淺深之狀。而於戒相。不如實解。於罪非罪。未離二邊者。不能究竟持而無犯。不趣清淨戒波羅蜜。其故何耶。然戒不自生。必託衆緣。[1] 故決無自相。卽緣非戒。離緣無戒。除卽除離。不得中間。如是求戒。永不是有。可言自性。不成就故。而託衆緣。亦不無戒。非如兔角。無因緣故。如說戒相。罪相亦爾。如戒罪相。人相亦然。若於此中。依不是有。見都無者。雖謂無犯。而永失戒。誹撥戒之唯事相故。又於此中。依其不無。計是有者。雖曰能持。持卽是犯。違逆戒之如實相故。菩薩修戒。則不如是。雖不計有能持所持。而不誹撥戒之唯事。是故終無失戒巨過。雖不見無罪與非罪。而不違逆戒之實相。是故永離犯戒細罪。由是巧便深智方便。永忘三輪。不墮二邊。方趣具足戒波羅蜜。如經言。罪非罪不可得故。應具足戒波羅蜜。戒本云。戒光從口出。有緣非無因。非色非心。非有非無。非因果法。諸佛之本原。菩薩之根本。此中言戒光者。爲顯戒之與光。無二無別。明[2] 淨雜染同一味故。故緣戒光。顯戒實相。戒無自性。必藉他緣故。曰有緣。有緣之言。非據是有。直顯不無其所從因。故曰非無因。非無因戒性。非質礙。亦非緣慮。故曰非色非心。雖非色心。而離色心。永不可得。雖不可得。而非無戒。故曰非有非無。雖非無戒。而離果無因。離因無果。故曰非因果法。戒爲因性。雖不可得。而諸佛果。必藉戒因。故言諸佛之本原也。戒爲果性。雖不可得。而戒要藉菩提心因。故言菩薩之根本也。

1) ㉲ 고본에는 '緣' 다음에 '託衆緣'이 있다. 2) ㉲ 갑본에는 '明' 다음에 '淸'이 있다. ㉱ 갑본을 따랐다.

問 계상은 이와 같이 깊고 깊어서 이해하기가 매우 어렵다. 그것을 아는 것도 이렇게 어려운데 더구나 수행에는 얼마나 더한 어려움이 따르겠는가. 그러므로 앞에서 설명한 행상은 대지보살大地菩薩이 수행할 수 있는 것이지 처음 발심한 보살들의 실천행과는 관련이 없는 것 아닌가.

答 경 가운데 답한 것이 그대가 질문한 것과 같다. "보살은 초발의初發意 이래 항상 무소득법無所得法을 실천하였으며, 무소득법에 의해 보시와 지계를 닦고 (내지) 무소득법에 의해 지혜를 닦는다."라고 말씀하셨다. 이 대답의 의도는, 만일 그 행을 일찍이 닦은 적이 없어서 행하는 것이 어렵기 때문에 지금 닦지 않는다면, 지금 닦지 않기 때문에 후에도 또한 닦지 못한다는 말이다. 이렇게 오랜 시간이 지날수록 점점 더 어려워지는 것은 자명한 일이다. 따라서 처음부터 그 어려운 행을 (조금씩) 익히게 하여 수행이 점점 증가하면 어려움은 차차 쉽게 될 것이다. 이것이 새로 수행할 마음을 낸 보살이 지향해야 할 대의大意이다. 궁극적으로 (계를) 지니고 범함을 간략히 밝힌 것이 이와 같다.

問。戒相如是。甚深難解。解之尙難。況乎修行。故知。如前所說行相。唯是大地菩薩所修。不關諸新發意所行。答。經中。正答如汝問。言菩薩從初發意已來。常行無所得法。因無所得法。故修布施持戒。乃至因無所得法。故修智慧。此答意者。若使彼行。由未曾修。難可行故。今不修者。今不習故。後亦不修。如是久久。彌在其難。故令從初仰習其難。習行漸增。轉成其易。是謂新行發趣大意。究竟持犯。略明如是。

성전의 요의문了義文에 의거하여
계율장戒律藏[34]을 짓고 요문要門을 여옵니다.
널리 법계 위해 한 등불 태우오니
그 등불 시방에 두루 전해지길 기원하옵니다.
사구四句로 삼취정계三聚淨戒[35] 원만하게 성취하니
육의六意[36]와 오수五修[37]가 갖추어지옵니다.
양 극단 멀리 떠나 모든 죄를 멸하고
평등하게 일미 맛보며 방외[38]에 노닙니다.

仰依聖典了義文　粗述戒藏開要門
普爲法界燃一燈　願用傳燈周十方
四句三聚戒圓滿　六意五修爲成辨[1)]
遠離二邊滅諸罪　等湌一味遊方外

1) ㉛ '辨'이 갑본에는 '辦'으로 되어 있다. ㉠ 갑본을 따랐다.

『지범요기』 1권
持犯要記一卷

---

34 계율장戒律藏 : 삼장三藏 중 율장의 갖춘 명칭이다.
35 삼취정계三聚淨戒 : 대승보살의 계법을 가리킨다. 줄여서 삼취계라고도 한다. 섭률의계攝律儀戒·섭선법계攝善法戒·섭중생계攝衆生戒의 세 가지 계를 말한다. 여기에는 대·소승 모든 계가 다 포함되어 있다. 섭률의계란 일체 보살계로서 모든 악을 다 끊고 계율의 나쁜 행동을 그치는 것을 포함한다. 섭선법계란 일체 보리도계를 포섭하여 지니는 것이다. 다시 말하면 일체 선법을 닦아 익히는 것을 말한다. 섭중생계란 자심慈心으로 일체중생을 이롭게 하는 것이다.
36 육의六意 : 대승의 수도修道 육위六位를 가리키는 것으로 보인다. 육위는 십신·십주·십행·십회향·십지·불지 등 여섯 단계의 지위를 가리킨다.
37 오수五修 : 오력五力을 말하는 것 같다. 실천의 기초 덕목으로 신력信力·정진력精進力·염력念力·혜력慧力·정력定力 등 다섯 가지이다.
38 방외 : 세상의 바깥이라는 말이다. 즉 세속을 초월한 출세간을 가리킨다.

관원寬元 2년(1244) 갑진 11월 24일 판각을 마침.

시주를 권한 사람 : 대안사大安寺 승僧 신인信忍, 반야사般若寺 전법륜장轉法輪藏

관영寬永 16년(1638)에 남경 유학 시 동대사東大寺 상생원上生院 고본古本을 베껴 계율의 등불이 무궁하게 전해지도록 한다.

우천용寓泉涌 소비구小比丘 씀.

寬元二甲辰十一月二十四日摸功畢。

勸進。大安寺僧信忍。般若寺轉法輪藏。

寬永十六之天南京遊學之時。以東大寺上生院古本書寫旃翼。令律灯傳諸無窮矣。

寓泉涌小比丘記焉。[1]

1) ㉭ 갑본에는 "般若寺…寓泉比小丘記焉。"의 48자가 없다.

찾아보기

가시설假施設 / 298
가유假有 / 298
계바라밀戒波羅蜜 / 305, 306
계상戒相 / 299, 300, 305, 306, 308
계성戒性 / 306
계율장戒律藏 / 309
계학戒學 / 285
공견空見 / 291
공성空性 / 297
근본무명根本無明 / 290
금계禁戒 / 285

달마계본達磨戒本 / 279, 280
대지보살大地菩薩 / 308

마사魔事 / 282
무견無見 / 296
무기심無記心 / 282
무명無明 / 290
무상無相 / 297
무상관無常觀 / 286
무소득법無所得法 / 308
무소유無所有 / 289

밀의설密義說 / 296, 298

바라이죄波羅夷罪 / 300
반야般若 / 290
방일放逸 / 282
백가百家 / 292
범행梵行 / 291, 298
법상法相 / 294
법신法身 / 286
변계소집상遍計所執相 / 297
변집邊執 / 294
별해탈계경別解脫戒經 / 279
보리심菩提心 / 307
보살계菩薩戒 / 278
보살전다라菩薩旃陀羅 / 284
보시布施 / 308
복업福業 / 278
복전福田 / 286
불과佛果 / 307
불도佛道 / 293
불법佛法 / 293, 302
비悲 / 280

사미沙彌 / 292
사신邪神 / 283

사십팔경계四十八輕戒 / 279
삼륜三輪 / 306
삼상三相 / 297
삼성三性 / 289
삼제三諦 / 289
삼종성상三種性相 / 297
삼취정계三聚淨戒 / 309
삼학三學 / 282
선문禪門 / 283
성문聲聞 / 286
성상性相 / 280
손감損減 / 287, 290, 293, 295
손감견損減見 / 295
손감자損減者 / 288, 290
수다라계본修多羅戒本 / 279, 300
심계心戒 / 286
심학心學 / 283

일심一心 / 278

자상自相 / 305
자성自性 / 305
자성열반自性涅槃 / 296
자찬훼타自讚毀他 / 281, 282, 300
자찬훼타계自讚毀他戒 / 288
적정업寂靜業 / 284
정계율의淨戒律儀 / 280
죄상罪相 / 305
증익增益 / 287
증익자增益者 / 287
지계持戒 / 308
지범持犯 / 278, 279

아견我見 / 290, 291, 298
악취공惡取空 / 295, 298
악취공자惡取空者 / 298
오수五修 / 309
요의문了義文 / 309
욕欲 / 280
원성실상圓成實相 / 297
『유가사지론瑜伽師地論』 / 280, 297
육의六意 / 309
의타依他 / 294
의타기상依他起相 / 297
의타도리依他道理 / 289
인과법因果法 / 307
인상人相 / 305

초계初戒 / 281
초발의初發意 / 308

『해심밀경解深密經』 / 296
혜학慧學 / 287
화상和上 / 292
희론戲論 / 294

4구 / 303
44계 / 279
246경계 / 279

발심수행장
| 發心修行章* |

분황사 사문 원효 지음 芬皇寺 沙門 元曉 述**
이정희 옮김

---

* ㉮ 저본底本은 해인사海印寺 사간장본寺刊藏本이고, 갑본甲本은 숭정崇禎 8년(1635) 운주雲住 용장사龍藏寺의 판본이다.
** ㉯ 저본에는 "芬皇寺 沙門 元曉 述" 아래 다음과 같은 글이 있다. "해동 초조이며, 모든 산을 밟은 화엄강사 원효 화상은 경주인이다. 수나라 때 종남산 우두종 지현智賢 스님이 황룡사를 창건하였다. (원효 대사의 시호는) 대성화정원효국사이다.(海東初祖。遊歷諸山。華嚴講師元曉和尙。慶州人也。隋時終南山牛頭宗智賢師。刱黃龍寺。大聖和靖元曉國師。)" 내용을 보면 문맥이 이어지지 않고 역사적 사실과도 전혀 다르다. 숭정 연간(1628~1644) 본인 갑본에는 이러한 글이 없었으나 광서 9년(1883)에 간행한 해인사 사간장 목판본에 이 글이 실려 있다. 사간장 판목을 새기면서 이 이야기를 아무런 고증 없이 그대로 판각한 것으로 보인다. 그 때문에 본문에 편입시키지 않고 여기에 번역하여 붙인다.

발심수행장發心修行章 해제

이 정 희
전 동국대학교 불교문화연구원 교수

1. 개요

『발심수행장』은 고려 후기에 지눌知訥이 찬술한 『계초심학인문誡初心學人文』과 함께 초학자들을 위한 교과 과정의 교재로 사용되어 온 문헌이다. 고려 말 야운野雲이 『자경문自警文』을 찬술한 이후에 『자경문』도 앞의 두 문헌과 함께 교과목으로 편입됨에 따라, 이후 이들 세 자료는 대부분 『초발심자경문初發心自警文』이라는 명칭으로 합간 유통되었던 것이다. 해인사 사간장 판본과 동국대학교 소장 판본들도 모두 『초발심자경문』이라는 명칭으로 간행된 문헌들이다. 『발심수행장』은 조선 시대 가장 많이 간행된 자료 가운데 하나로서 얼마나 많은 사람들에 의해 독송된 글인가를 알 수 있다. 지금도 이 문헌에 대한 번역문, 해설서 및 연구 논문 등을 합하면 모두 30여 종이 넘는다.

『발심수행장』은 706자에 불과한 짧은 글이지만 4·4조의 외형률을 갖춘 운문으로, 간결하고 담박한 문학적 표현으로 초심자가 걸어야 할 구도의 길을 남김없이 제시하고 인욕정진忍辱精進할 것을 간절하게 호소하고 있다.

　이러한 문체와 내용 때문에 일부 학자들은 과연 이 자료가 원효의 저술이 확실한가 하는 의문을 제기하기도 한다. 그러나 현재의 자료만으로는 원효의 찬술이라는 점을 부정할 수 없으며, 집필 시기를 추정하는 것도 어려운 일이다. 다만 『발심수행장』이라는 제목이 시사하는 것처럼, 초심자들을 발심시키기 위해 지은 교훈적 저술이라는 것은 의심의 여지가 없다고 하겠다.

2. 저자

　원효(617~686)는 7세기 동아시아 불교가 당면한 사상사적 과제를 해결하고자 했던 탁월한 사상가이며 실천가였다. 그는 다수의 경론 주석과 저술을 통해 교학에 대한 여러 이설과 쟁론을 화회和會하고 종합하는 한편, 현실 속에 뛰어들어 중생을 구제하는 자비행을 실천하였다. 이러한 보살행과 화회의 정신은 시공을 넘어 오늘날까지도 그 생명력을 줄기차게 이어가고 있다.

　그는 여러 분야의 교학에 정통하였으며 그것을 바탕으로 많은 우수한 저술들을 남겼다. 현재 남아 있는 저서는 23종 30권으로 파악되지만 목록상으로 확인되는 것만 86부 181권에 달한다. 이들 저술의 대부분은 경론經論 등에 대한 소疏와 기記들이지만 주제에 따라 견해를 밝힌 『십문화쟁론十門和諍論』, 『판비량론判比量論』, 『이장의二障義』 등 일반 논문들도 현재까지 전해지고 있어 그의 사상적 깊이를 가늠하게 해 준다. 원효의 저술 가운데 소와 기는 비록 경론의 주석이지만 정연한 체계와 뚜렷한 논지를 담아 뛰어난 문헌으로 인정받고 있다. 특히 『금강삼매경론金剛三昧經論』은 후대의 학자들에 의해 논으로 평가 받을 정도로 그 우수성이 알려진 저술이고 『대승기신론소大乘起信論疏』, 『대승기신론별기大乘起信論別記』 또한 많은 주석가들이 즐겨 인용하는 고전적 주석서이다. 이와 같이 원효의 저술은 질적인 면에서 그 우수성이 인정될 뿐만 아니라 양적으로도 전 불교학 분야를 포괄한다. 곧 중관·유식·화엄·법화·반야뿐만 아니라 계율에 이르기까지 다양한 분야의 깊이 있는 경론 주석이 이를 말해 주고 있다. 그는 이러한 풍부한 교리 이해를 기반으로 여러 분야의 교학적 논쟁을 화회하고 종합하여 세계와 진리에 대한 바른 관점을 제시한다. 오랫동안 이어져 온 공空과 유有의 논쟁을 화회하고, 유식唯識과 기신起信의 다른 견해들을 소통하여 일심一心의 바다에서 일미一味가 되게 하고 있다. 이는 동아시아 불교사상사에서 대단히 유의미한 사건이 아닐 수 없다.

원효는 또 걸인의 행색으로 누항陋巷을 누비며 대중과 교감하고 그들을 바른길로 이끌어 간 실천인이었다. 이러한 보살정신과 통합 사상은 오늘날까지도 우리에게 요구되는 변함없는 덕목이다.

3. 서지 사항

『발심수행장』은 『한국불교전서』 한 쪽에도 못 미치는 단편이지만, 평이하고 간결한 문체와 현실적이고 교훈적인 내용으로 인해 불교를 배우는 초학자들의 교재로 오랫동안 애송되어 온 문헌이다. 따라서 『발심수행장』은 수차례 목판으로 간행되고 필사되어 전해졌을 것으로 추정된다.

『한국불교전서』가 저본으로 삼은 것은 해인사 사간장본으로, 조선 후기(1883년)에 판각하여 보존 상태가 매우 좋은 판본이다. 이 외에 가정 45년(1566) 보현사본, 융경 4년(1570) 무위사본, 만력 36년(1608) 송광사본, 숭정 8년(1635)에 간행된 운주 용장사 간본 등 여러 판본이 있다. 이들 문헌은 모두 동국대학교 중앙도서관에 소장된 자료로서 판각 상태가 좋고 오자도 거의 없는 선본에 속한다. 그 밖에 특히 유의해야 할 판본으로는 명종 19년(1564)의 동국대학교 소장 창굴암본과 만력 연간(1573~1620)에 간행된 서울대학교 소장 송광사본(1577) 그리고 영남대학교의 서봉사본(1583)이 그것이다. 이들 판본은 모두 언해본으로 고문서로서의 가치는 물론 국어학 자료로서도 그 의미가 작지 않다고 하겠다.

4. 내용과 성격

1)『발심수행장』에 포함된 육바라밀 정신

앞에서 언급한 것처럼 『발심수행장』은 초학자들을 위해 쓴 글이기 때문에 평이하고 교훈적인 글이라고 할 수 있다. 제행은 무상하여 잠깐 사이 죽음에 이르니 때를 맞추어 욕망을 버리고 수도 정진하라는 것이 이 글의 요지이다. 비록 단순하고 교훈적인 글이지만 그 근저에는 육바라밀이라는 대승보살정신이 자리하고 있다. 물론 전체 내용이 보시·지계·인욕·정진·선정·지혜라는 육바라밀의 순서에 따라 이루어진 것은 아니다. 때로는 육바라밀의 각 항목이 한두 항씩 동시에 설명되기도 하고, 따로따로 설명되기도 하며, 반복 설명되기도 한다. 비록 육바라밀을 체계적으로 해설하고 있지는 않지만 이러한 대승 정신이 헛된 욕망을 버리고 수도에 매진하라는 권면의 말씀과 함께 통일되고 정연하게 드러나 있다.

먼저 『발심수행장』의 도입 부분은 욕망을 부처와 중생을 가르는 가장 중요한 요인으로 제시하고 있다. 욕망을 버린 사람은 부처이고 욕망에 이끌려 집착하는 사람은 중생이라는 것이다. 그러므로 욕망을 버리고 인욕 정진하라는 것이 본문의 내용이다. 결어結語에서는 "이 몸이 끝난 후에 다음 생을 어찌할까. 급하지 아니한가, 급하지 아니한가."라고 하여 때를 놓

치지 말고 수도에 열중하라는 간절한 자비심으로 끝맺고 있다. 따라서 본문은 육바라밀을 통한 실천 수행의 당위성을 강조하는 것을 주요 내용으로 한다. 그러면 이러한 본문의 내용을 살펴보자.

"쾌락을 저버리면 성인처럼 존경 받고, 난행을 실천하면 부처처럼 존중 받네. 재물 아껴 탐착함은 마군의 권속이요, 자비로 보시함은 정법의 왕자이네." 이 문장에서는 인욕忍辱과 보시布施가 강조되고 있다. 인욕이란 고난을 참고 견디는 것을 말하고, 보시란 남에게 베풀어 주는 것을 가리킨다. 원효는 '쾌락을 버리고 난행을 실천하는 것'을 성행聖行이라 설명한다. 이것이 바로 인욕인 것이다. 수도란 인욕의 실천이다. 『발심수행장』이 가장 강조하는 실천적인 면이 바로 인욕이라고 할 수 있다. 욕심을 끊고 산속에 조용히 앉아 '목마르면 흐르는 물로 갈증을 식히고, 배고프면 나무 열매로 주린 창자를 달래는 것'이 진정한 수도자의 나아갈 길임을 역설한다. "꿇은 무릎 차가워도 불 생각 하지 말고, 주린 창자 끊어져도 밥 생각 하지 말라."는 말씀은 인욕 수행의 극치를 보여 주고 있는 것이다. 욕망의 극복은 이러한 인욕 고행을 통해서만 가능하다는 것이다. 본체라는 입장에서 해석한다면, 번뇌와 보리가 둘이 아니지만 초심자를 위한 경책에서는 어려움을 극복하고 수도에 정진하는 불퇴전의 정신이 당연히 첫째가는 덕목일 것이다.

보시는 본문에서 직접 언급하고 있는 말이다. 보시에는 재시財施・법시法施・무외시無畏施의 세 가지 있다. 『대승기신론』은 "만일 일체 구걸하는 사람을 보거든 자신이 가지고 있는 재물을 힘에 따라 베풀어 주되 스스로 간탐을 버려 그 사람으로 하여금 기쁘도록 해야 한다. 만일 사람들이 액난이나 공포, 위험에 처한 것을 보거든 자기가 감당할 수 있는 능력에 따라 두려움에서 떠나도록 해야 하며, 법을 구하러 오는 중생이 있거든 자신이 알 수 있는 능력에 따라 방편으로 설해야 하는 것이다. 명리나 공경을 탐해서는 안 된다."라고 삼시三施를 해석하고 있다. 보시란 어떤 목표나 대가를 바라고 베푸는 것이 아니라 어디에도 집착하지 않고 베푸는 무주상 보시여야만 된다는 것을 말하고 있는 것이다. 『발심수행장』에서는 이러한 참된 보시를 '자비 보시'라는 말로 나타내고 있다. 따라서 수행자가 단월로부터 보시를 받을 때는 그 의미를 분명히 알아 부끄러움이 없게 하라고 경책한다.

정진精進은 이 글에서 반복하여 강조하는 말이다. "순식간에 백 년인데 어찌하여 안 배우며, 일생이 얼마라고 닦지 않고 게으른가." 원효는 여기에서 부지런히 노력하여야 함을 감성에 호소하고 있다. "달게 먹여 아껴 봐도 이 몸은 부서지고, 고운 옷에 보호해도 목숨은 끝나나니"라고 제행의 무상을 반복하여 역설함으로써 철저한 자기 반추를 통해 허망한 욕심에 매달리지 말고 수도에 전념할 것을 암묵적으로 가르친다.

원효는 계를 지키는 것이 모든 실천행의 기초가 된다는 것을 여러 문헌에서 밝히고 있다. 그는 대승보살계에 보다 큰 관심을 가지고 있었다. 관련 경전의 주소로는 『보살영락본업경소菩薩瓔珞本業經疏』와 『범망경보살계본사기梵網經菩薩戒本私記』 그리고 『보살계본지범요기菩薩戒本持犯要記』가 있다. 소승률에도 관심을 보여 『사분율갈마기四分律羯磨記』와 『사분율소四分律疏』 등 현재 전해지지는 않지만 두 권의 주소가 있었던 것으로 확인된다.

원효는 "세간 번뇌 멀리하고 천상으로 가는 데는, 계를 지켜 실천함이 더없는 사다리라. 파계한 우치 사문 타인 구제할 수 없고, 날개 꺾인 지친 새는 거북 업고 날 수 없네."라고 설했다. 『발심수행장』에서도 초심자의 수행에 가장 기초가 되는 것이 계행의 실천임을 강조한 것이다. 여기에서 문제되는 것은 계행이 천상天上에 오르는 사다리가 된다는 것이다. 물론 천상을 향상이라는 상징적인 의미로 이해할 수도 있겠으나 여기에서는 생천生天이라는 직접적인 의미로 쓰였다고 생각된다. 그렇다면 원효는 계행을 생천의 복덕으로만 간주하였을까. 원효는 『보살계본지범요기』에서 "보살계란 번뇌의 흐름을 돌이켜 일심의 근원으로 돌아가는 큰 나루터이고, 삿된 것을 버리고 바른 곳으로 나아가는 긴요한 문"이라고 하였다. 계행을 실천하는 것이 진리의 바다에 이르는 요체要諦임을 분명히 하고 있다.

그런데 『발심수행장』에서는 왜 계를 지키는 것이 생천의 복덕을 짓는 행위라고 서술하였는가. 그 대답이 바로 이 글을 쓰는 '대상이 누구인가에 유의하라'는 것이다. 불도의 입문자들에게는 상근기를 위한 요의법문을 설할 수가 없는 것이다. 수기설법隨機說法은 모든 불조사들의 한결같은 중생 제도의 방편이다. 『발심수행장』은 처음부터 끝까지 초심자를 분발시키기 위한 감성에 호소하는 글이다. 생천은 초심자에 대한 훌륭한 방편의 문이기 때문에 도입된 개념이라는 것을 알 수 있다.

세속적인 윤리로 볼 때도 자신에게 허물이 있으면 타인의 사표가 될 수 없는 것이다. 출가자에게 지계持戒만큼 큰 본분은 없다. 따라서 계를 깨뜨리는 것은 출가자에게 있어서 가장 불명예스러운 일이다. "파계한 우치 사문 타인 구제할 수 없고, 날개 꺾인 지친 새는 거북 업고 날 수 없네."라고 한 것은 이러한 배경에서 한 말이다.

"자신의 죄 벗지 않고 어찌 남을 속죄하고, 계행도 없는 몸이 남의 공양 어찌 받나." 계행이 청정하지 않은 사람은 남의 잘못을 용서하거나 공양을 받을 자격도 없다는 것이다. 출가인에게 있어서 지계는 가장 기본적인 덕목이기 때문이다.

그러나 실제로 원효는 지계에 있어서 계상戒相보다 계의 정신을 중요시하였다. 『범망경』은 적극적으로 선의 실천을 권고하지만, 중계를 범했을 경우 죄상을 분명히 구별한다. 그러나 원효는 범계犯戒의 과정과 결과 전체를 관찰하여 죄성罪性을 판단한다. 즉 그는 계율 조목 하나하나에 집착하는 것이 아니라 죄성의 유무有無라는 극단적 양변兩邊을 초월한 중도적 관점에서 계율을 해석하는 것이다. 예를 들어 자신을 칭찬하고 남을 훼손하는 자찬훼타自讚毁他의 계를 범했을 경우, 이를 일률적인 범계로 정죄定罪하지 않는다. 비록 자찬훼타라고 하더라도 복이 되는 경우가 있고, 죄가 되는 경우가 있으며, 복도 되고 죄도 되는 세 가지 경우가 있다는 것이다. 어떤 의도를 가지고 자찬훼타를 하였는가에 따라 죄의 경중이 달라진다. 이와 같이 원효는 지계와 범계를 중도실성中道實性에 바탕을 두고 유연하게 해석하였다. 그러나 초심자를 위한 『발심수행장』에서는 철저한 지계가 수도의 첫 단계가 된다는 것을 천명하고 있다. 이것은 초학자들에게 주는 교훈의 말씀이라는 데 유의해야 할 것이다.

『발심수행장』에는 지혜의 정신이 계속하여 강조되고 있다. 선정에 대한 직접적인 언급은 없지만 '마음에 애착을 떠남', '행자의 마음이 깨끗함' 등은 선정의 상태라 해도 좋을 것이다. "높은 산 험한 바위 지혜인이 살 곳이요, 푸른 산 깊은 계곡 수행자의 안식처네."라는 구절에서 높은 산 푸른 계곡은 염불과 선정의 장소로 보아도 무방하다. 계·정·혜 삼학은 불도를 완성시키는 근본적인 수행법이다. 이 셋은 어느 하나라도 빠뜨릴 수 없다. 『발심수행장』에도 바른 생활을 영위하는 계戒, 번뇌의 마음을 잘 가라앉히는 정定, 진실을 바로 아는 혜慧, 곧 삼학의 정신이 잔잔하게 담겨 있다.

이 가운데 지혜행智慧行은 본문에서 여러 번 강조된다. "부지런히 행하여도 지혜가 없는 사람, 동쪽으로 가려 해도 서쪽으로 가고 있네." 불도는 결코 지혜 없이 성취될 수 없다. 반야바라밀이란 바로 지혜의 완성이다. 즉 부처란 일체 제법의 참되고 바른 깨달음의 지혜를 증득한 사람을 말한다. 이와 같이 지혜를 떠나서 불교는 성립되지 않는다. "지혜롭게 실천하면 쌀로 밥을 지음 같고, 지혜 없이 사는 사람 모래 밥을 지음이라."는 것은 이를 가리키는 것이다. 원효는 이와 같이 지혜 없는 수행이 헛된 노고일 뿐이라는 것을 누차에 걸쳐 일깨운다.

이러한 육바라밀을 배경으로 서술된 『발심수행장』이 마지막 절에 이르면 학인을 수도로 이끄는 절절한 자비심이 극치를 이룬다. "오늘이 끝없으니 매일 악업 늘어나고, 내일 지나 내일 오니 선행 점차 줄어드네. 금년이 멀었으니 번뇌가 끝이 없고, 내년 내년 끝없으니 보리도가 아득하네." 게으름과 안일에 빠진 우리의 일상을 적나라하게 드러내어 경책한다. "시간은 흘러 흘러 순식간에 하루 되고, 하루가 가고 가서 잠깐 사이 그믐이네. 한 달이 지나 지나 어느덧 한 해 가고, 한 해가 가고 가서 죽음에 잠깐 이르나니." 여기에서는 제행무상諸行無常을 절절한 어조로 풀어내고 있다. 그러나 무상無常을 허무주의로 끌어내리지는 않는다. "깨진 수레 못 구르고 세월 가면 못 닦는데."라고 하여 무상을 수도로 향하는 방편으로 삼는다. "사는 날이 얼마라고 낮과 밤을 허송하며, 빈 몸뚱이 헛된 삶에 일생을 닦지 않나." 여기에 이르면 스승의 엄격하고 애정 어린 꾸지람을 듣는 것 같다.

5. 가치

원효의 저술은 80여 부가 넘는 방대한 양이지만 경론의 주석이 대부분이다. 『발심수행장』은 이 가운데 몇 편 되지 않는 일반 저술에 속한다. 『발심수행장』은 비록 단편이지만 대승 사상을 기초로 수행을 권고하는 매우 문학적이고 호소력 있는 글이라고 하겠다. 특히 이 문헌은 초심자를 발심시키기 위한 교훈적인 내용을 담고 있어서 고려의 지눌知訥 이래 지금까지 강원의 사미과 교재로 채택되어 왔으며 학인들에 의해 오래도록 애송되어 오고 있다. 이 때문에 『발심수행장』은 조선 시대 이래 가장 여러 차례 간행된 문헌 중의 하나가 되었다. 또한 창굴암본(1564), 송광사본(1577), 서봉사본(1583) 등의 판본은 모두 언해본이어서 고문서로서의 가치는 물론, 국어학 자료로서도 그 의미가 작지 않다고 하겠다.

6. 참고 문헌

이기영, 「원효의 원융무애사상과 『발심수행장』」, 『수다라』, 해인승가대학, 1989.

채인환, 「발심수행장을 통해 본 원효대사의 계율사상」, 『수다라』, 해인승가대학, 1989.

이명규, 「발심수행장에 대한 비교연구」, 『인문논총』, 한양대학교, 1986.

차례

발심수행장發心修行章 해제 / 315
일러두기 / 326

발심수행장發心修行章 327

찾아보기 / 333

일러두기

1 '한글본 한국불교전서'는 문화체육관광부의 지원을 받아 동국대학교 불교학술원에서 수행하고 있는 '불교기록문화유산아카이브(ABC)사업'의 결과물을 출간한 것이다.
2 이 책은 『한국불교전서』(동국대학교출판부 간행) 제1책에 수록된 「발심수행장發心修行章」을 저본으로 번역하였다.
3 번역문에 이어 원문을 병기하고 간단한 표점 부호를 삽입하였다.
4 원문의 교감 사항은 번역문의 각주와 별도로 원문 아래 부분에 제시하였다.
    ㉮은 『한국불교전서』 편찬자가 교감한 내용이다.
    ㉯은 번역자가 교감한 내용이다.
5 약물은 다음과 같다.
    『　』: 서명
    「　」: 편명, 산문 작품

삼세 모든 부처님들 적멸궁을 장엄함은
무수한 세월 동안 사욕捨欲 고행하심이요,
중생 중생들이 화택문火宅門을 윤회함은
한량없는 오랜 세상 탐욕심에 얽힘이라.
천당에 오르는 길 막는 사람 없지마는
가는 사람 적은 것은 삼독 번뇌 때문이요,
악도에 들어오라 유혹하지 않지마는
가는 사람 많은 것은 사사四蛇와 오욕五欲[1]으로 마음 보배 가림이라.
그 누가 입산수도 원하지 않을까만
벗어날 수 없는 것은 애욕 그물 때문이니,
산속에 들어가서 수도하지 못하여도
자신의 능력 따라 선행을 놓지 말라.
쾌락을 저버리면 성인처럼 존경 받고
난행難行을 실천하면 부처처럼 존중 받네.
재물 아껴 탐착함은 마군의 권속이요,
자비로 보시함은 정법의 왕자이네.
높은 산 험한 바위 지혜인이 살 곳이요,
푸른 산 깊은 계곡 수행자의 안식처네.
배고프면 나무 열매 주린 창자 위로하고,
목마르면 흐르는 물 갈증을 식히리라.
달게 먹여 아껴 봐도 이 몸은 부서지고,
고운 옷에 보호해도 목숨은 끝나나니,

---

1 사사四蛇와 오욕五欲 : 사사四蛇는 지·수·화·풍의 사대이고, 오욕五欲은 안·이·비·설·신이라는 오관의 욕망, 또는 그 대상이 되는 색·성·향·미·촉의 욕망이다. 그러나 『華嚴經』에서는 재욕·색욕·음식욕·명예욕·수면욕의 다섯 가지를 든다. 여기에서는 식욕·색욕을 경계하는 것으로 보아 화엄경설을 가리키는 것으로 보인다.

메아리 바위굴로 염불하는 법당 삼고,
끼룩대는 물새 소리 마음의 벗 하리라.
꿇은 무릎 차가워도 불 생각 하지 말고,
주린 창자 끊어져도 밥 생각 하지 말라.

夫諸佛諸佛 莊嚴寂滅宮 於多劫海捨欲苦行
衆生衆生 輪廻火宅門 於無量世貪欲不捨
無防天堂少往至者 三毒煩惱爲自家財
無誘惡道多往入者 四蛇五欲爲妄心寶
人誰不欲歸山修道 而爲不進愛欲所纏
然而不歸山藪修心 隨自身力不捨善行
自樂能捨信敬如聖 難行能行尊重如佛
慳貪於物是魔眷屬 慈悲布施是法王子
高岳峨巖智人所居 碧松深谷行者所棲[1)]
飢餐[2)]木果慰其飢腸 渴飮流水息其渴情
喫甘愛養此身定壞 著柔守護命必有終
助響巖穴爲念佛堂 哀鳴鴨鳥爲歡心友
拜膝如氷無戀火心 餓腸如切無求食念

1) 젠 '棲'가 갑본에는 '栖'로 되어 있다. 2) 젠 '餐'이 갑본에는 '飡'으로 되어 있다.

순식간에 백 년인데 어찌하여 안 배우며,
일생이 얼마라고 닦지 않고 게으른가.
마음 애착 없는 것을 사문이라 칭송하고,
세속 생각 않는 것을 출가라 부른다네.
세속 그물 걸린 행자 개가 쓴 상피象皮 같고,
도인이 품은 연심戀心 쥐구멍 속 고슴도치.

지혜가 있다 해도 읍내에서 거주하면
모든 부처 걱정하고,
도행이 없다 해도 산속에서 정진하면
성인마다 환희하네.
재주 있고 배웠어도 계행이 없는 사람
보배로 인도해도 보배인 줄 몰라보며,
부지런히 행하여도 지혜가 없는 사람
동쪽으로 가려 해도 서쪽으로 가고 있네.
지혜롭게 실천하면 쌀로 밥을 지음 같고,
지혜 없이 사는 사람 모래 밥을 지음이라.
밥 먹어 주린 배를 채울 줄은 다 알면서,
법 배워 어리석음 고칠 줄 왜 모르나.
행과 지혜 다 갖추면 수레의 두 바퀴요,
자리이타 함께하면 나는 새의 두 날개라.
죽을 얻어 축원해도 그 의미를 모른다면
베풀어 준 단월檀越에게 부끄럽지 아니하며,
밥을 얻어 염불해도 그 이치에 못 미치면
세상 모든 성현에게 부끄럽지 않겠는가.
더러운 작은 벌레, 사람들이 싫어하듯
깨끗하지 못한 사문, 성인들이 미워하네.

忽至百年云何不學　一生幾何不修放逸
離心中愛是名沙門　不戀世俗是名出家
行者羅網狗被象皮　道人戀懷蝟入鼠宮
雖有才智居邑家者　諸佛是人生悲憂心
設無道行住山室者　衆聖是人生歡喜心

雖有才學無戒行者　如寶所導而不起行
雖有勤行無智慧者　欲往東方而向西行
有智人所行蒸米作飯　無智人所行蒸沙作飯
共知喫食而慰飢腸　不知學法而改癡心
行智俱備如車二輪　自利利他如鳥兩翼
得粥祝願不解其意　亦不檀越所羞恥乎
得食唱唄不達其趣　亦不賢聖應漸愧乎
人惡尾蟲不辨淨穢　聖憎沙門不辨淨穢

세간 번뇌 멀리하고 천상으로 가는 데는
계를 지켜 실천함이 더없는 사다리라.
파계한 우치 사문 타인 구제할 수 없고,
날개 꺾인 지친 새는 거북 업고 날 수 없네.
자신의 죄 벗지 않고 어찌 남을 속죄하고,
계행도 없는 몸이 남의 공양 어찌 받나.
실천 없는 헛된 몸은 길러도 소용없고,
덧없는 뜬 목숨은 아껴도 못 지키네.
용상龍象[2] 덕 바라보아 오랜 고통 참아 내며,
사자자리[3] 기약하여 욕망 쾌락 등질지라.
행자 마음 깨끗하면 모든 하늘 찬탄하고,
도인 여색 생각하면 선신善神이 떠나가네.
사대四大가 흩어져서 언젠가는 사라질 몸,
오늘이 저녁인데 벌써 아침 다가오네.

---

2 용상龍象 : 용과 코끼리는 짐승 가운데 가장 지혜롭고 어질기 때문에, 용상은 덕을 갖춘 성현을 비유하는 말이다.
3 사자자리 : 부처님이 앉는 자리를 상징적으로 부르는 말이다.

세상의 즐거움은 훗날의 고통이니 그 무엇을 탐착하며,
한 번 참고 견뎌 내면 오래도록 즐거운데 어찌 수행 아니하랴.
도인의 탐욕심은 수행자의 수치이고,
출가자가 부유하면 군자가 비웃나니,
하지 마라 금하는 말, 수도 없이 많지마는 어찌하여 탐착하며,
다음 말도 끝없는데 애착 어찌 끊지 않나.
이런 일이 한없으니 세상일 놓지 않고,
저런 경우 끝없으니 끊을 마음 내지 않네.

棄世間喧乘空天上　戒爲善梯
是故破戒爲他福田　如折翼鳥負龜翔空
自罪未脫他罪不贖　然豈無戒行受他供給
無行空身養無利益　無常浮命愛惜不保
望龍象德能忍長苦　期獅子座永背欲樂
行者心淨諸天共讚　道人戀色善神捨離
四大忽散不保久住　今日夕矣頗行朝哉
世樂後苦何貪着哉　一忍長樂何不修哉
道人貪是行者羞恥　出家富是君子所笑
遮言不盡貪着不已　第二無盡不斷愛着
此事無限世事不捨　彼謀無際絶心不起

오늘이 끝없으니 매일 악업 늘어나고,
내일 지나 내일 오니 선행 점차 줄어드네.
금년이 멀었으니 번뇌가 끝이 없고,
내년 내년 끝없으니 보리도가 아득하네.
시간은 흘러 흘러 순식간에 하루 되고,

하루가 가고 가서 잠깐 사이 그믐이네.
한 달이 지나 지나 어느덧 한 해 가고
한 해가 가고 가서 죽음에 잠깐 이르나니.
깨진 수레 못 구르고 세월 가면 못 닦는데,
누워서 빈둥대고 앉아서 번민하니,
사는 날이 얼마라고 낮과 밤을 허송하며,
빈 몸뚱이 헛된 삶에 일생을 닦지 않나.
이 몸이 끝난 후에 다음 생을 어찌할까.
급하지 아니한가, 급하지 아니한가.

今日不盡造惡日多 明日無盡作善日少
今年不盡無限煩惱 來年無盡不進菩提
時時移移速經日夜 日日移移速經月晦
月月移移忽來年至 年年移移暫到死門
破車不行老人不修 臥生懈怠坐起亂識
幾生不修虛過日夜 幾活空身一生不修
身必有終後身何乎 莫速急乎 莫速急乎

『발심장』끝
發心章終

찾아보기

계행戒行 / 329
고행苦行 / 327

난행難行 / 327

단월檀越 / 329

마군魔軍 / 327

보시布施 / 327

사대四大 / 330
사문沙門 / 328

사사四蛇 / 327
사욕捨欲 / 327
사자자리 / 330
삼독三毒 / 327
상피象皮 / 328
선신善神 / 330
선행善行 / 331

악업惡業 / 331
연심戀心 / 328
염불念佛 / 328, 329
오욕五欲 / 327
용상龍象 / 330
윤회輪廻 / 327
입산수도入山修道 / 327

적멸궁寂滅宮 / 327
정법正法 / 327

화택문火宅門 / 327

대승육정참회

| 大乘六情懺悔* |

석원효 지음 釋元曉 撰
이정희 옮김

---

* ㉠ 저본底本은 가마쿠라(鎌倉) 시대의 사본으로 추정되는 『大正新脩大藏經』(京都寶菩提院藏本) 권45이다.

대승육정참회 大乘六情懺悔 해제

이 정 희
전 동국대학교 불교문화연구원 교수

1. 개요

『대승육정참회』는 원효의 저술 가운데 몇 안 되는, 주소註疏가 아닌 일반 저술 중의 하나이다. 이 중 『판비량론判比量論』이나 『십문화쟁론十門和諍論』 등은 교학적 쟁점을 다룬 논문에 속하지만 『대승육정참회』는 『발심수행장發心修行章』과 함께 운문 형식을 띤 에세이 성격의 글이다. 『발심수행장』이 초심자를 분발시키기 위한 교훈적인 글이라면 『대승육정참회』는 제목이 보여 주는 것처럼 인생과 신앙을 고백하고 원력을 다지는 참회의 글이다. 이와 성격이 유사한 고승들의 글은 더러 있지만, 직접 참회라는 이름으로 쓴 글은 한두 편에 지나지 않는다. 이와 같이 『대승육정참회』는 문헌적 가치가 인정될 뿐만 아니라 원효의 교학적 성격을 이해하는 데 있어서 매우 중요하고 의미 있는 자료이다.

『대승육정참회』는 사참事懺에 대한 이참理懺의 글이다. 사참이란 신구의 삼업三業을 통해 참회하는 것이고 이참이란 실상의 이치를 관찰하는 것으로, 일체 죄업이 모두 마음으로부터 일어난 것임을 알아 본래 공하다는 것을 깨닫는 것이다. 원효는 업성이란 본래 생함이 없기 때문에 있다고 할 수도 없고 없다고 할 수도 없다는 것이다. 참회 또한 주체도 대상도 없으니 오직 실상만을 관하는 것이 진정한 참회라고 하여 육정참회가 이 참임을 드러내고 있다.

2. 저자

원효(617~686)는 7세기 동아시아 불교가 당면한 사상사적 과제를 해결하고자 했던 탁월한 사상가이며 실천가였다. 그는 다수의 경론 주석과 저술을 통해 교학에 대한 여러 이설과 쟁론을 화회和會하고 종합하는 한편, 현실 속에 뛰어들어 중생을 구제하는 자비행을 실천하였다. 이러한 보살행과 화회의 정신은 시공을 넘어 오늘날까지도 그 생명력을 줄기차게 이어가고 있다.

그는 여러 분야의 교학에 정통하였으며 그것을 바탕으로 많은 우수한 저술들을 남겼다. 현재 남아 있는 저서는 23종 30권으로 파악되지만 목록상으로 확인되는 것만 86부 181권에 달한다. 이들 저술의 대부분은 경론經論 등에 대한 소疏와 기記들이지만 주제에 따라 견해를 밝힌 『십문화쟁론十門和諍論』, 『판비량론判比量論』, 『이장의二障義』 등 일반 논문들도 현재까지 전해지고 있어 그의 사상적 깊이를 가늠하게 해 준다. 원효의 저술 가운데 소와 기는 비록 경론의 주석이지만 정연한 체계와 뚜렷한 논지를 담아 뛰어난 문헌으로 인정받고 있다. 특히 『금강삼매경론金剛三昧經論』은 후대의 학자들에 의해 논으로 평가 받을 정도로 그 우수성이 알려진 저술이고 『대승기신론소大乘起信論疏』, 『대승기신론별기大乘起信論別記』 또한 많은 주석가들이 즐겨 인용하는 고전적 주석서이다. 이와 같이 원효의 저술은 질적인 면에서 그 우수성이 인정될 뿐만 아니라 양적으로도 전 불교학 분야를 포괄한다. 곧 중관·유식·화엄·법화·반야뿐만 아니라 계율에 이르기까지 다양한 분야의 깊이 있는 경론 주석이 이를 말해 주고 있다. 그는 이러한 풍부한 교리 이해를 기반으로 여러 분야의 교학적 논쟁을 화회하고 종합하여 세계와 진리에 대한 바른 관점을 제시한다. 오랫동안 이어져 온 공空과 유有의 논쟁을 화회하고, 유식唯識과 기신起信의 다른 견해들을 소통하여 일심一心의 바다에서 일미一味가 되게 하고 있다. 이는 동아시아 불교사상사에서 대단히 유의미한 사건이 아닐 수 없다.

원효는 또 걸인의 행색으로 누항陋巷을 누비며 대중과 교감하고 그들을 바른길로 이끌어 간 실천인이었다. 이러한 보살정신과 통합 사상은 오늘날까지도 우리에게 요구되는 변함없는 덕목이다.

3. 서지 사항

원효가 찬술한 『한국불교전서』 소재 『대승육정참회』는 일본의 『대정신수대장경』본을 저본으로 하였다. 『대정신수대장경』에 실린 이 문헌은 일본 가마쿠라(鎌倉) 시대(1185~1333) 필사본을 활자화한 것이다. 이 『대승육정참회』는 의천義天의 『신편제종교장총록新編諸宗敎藏總錄』에 그 목록이 빠져 있으나 일본 응연凝然의 『화엄종경론장소목록』과 『고산사성교목록』에는 그 명목이 확인되고 있다.

4. 내용과 성격

참회의 일반적인 의미는 '자기의 잘못에 대하여 깨닫고 깊이 뉘우치는 것'이다. 불교에서의 참회도 여기에서 크게 다르지 않으나 더 광의적이고 깊은 종교적 의미를 지니고 있다. 참懺은 범어의 의역으로 용서를 청하는 것이고, 회悔는 남에게 죄의 용서를 구하는 것이다. 즉 과거의 죄를 뉘우치고 불보살 대중 앞에서 용서를 구하는 것을 참회라고 한다.

이러한 참회는 이미 초기불교기에 잘못에 대한 반성을 넘어, 범한 죄를 멸滅하는 참회법으로 정착된다. 비구가 죄를 범했을 때, 석존은 그 죄를 참회토록 하기 위해 한 달에 두 번씩 기한을 정하여 포살을 행하도록 하였다. 이와 같이 초기불교의 참회는 불교의 중요한 의식으로 구체화되었던 것이다. 대승불교에서도 마찬가지로 참회는 멸죄의 의식으로 제도화된다. 사참에 속하는 미타참법·관음참법·자비도량참법 등 많은 참법들이 멸죄를 목표로 하는 대승의 참법이다.

참회는 대개 다음의 다섯 가지 조건을 갖추어야 한다. ① 시방 불보살을 청함, ② 경이나 주문을 외움, ③ 지은 죄명을 스스로 고백함, ④ 서원을 세움, ⑤ 교리에 대한 명확한 증거를 댐 등이다. 불보살 앞에서 지은 죄를 참회하고 서원을 세워 바른 길로 나아가게 하는 것이다. 즉 참회는 그 목적이 단죄에 있는 것이 아니라 진정한 내면의 성찰을 통해 진실에 이르게 하는 신행의 기초가 된다고 하겠다.

『대승육정참회』는 대승의 참회이다. 참회의 정신은 대승과 소승이 다르지 않지만 그 형식과 의미에 있어서는 같지 않다. 소승의 참회법은 ① 왼쪽 어깨에 가사를 걸치고, ② 오른쪽 무릎을 꿇으며, ③ 합장하고, ④ 죄명을 진술한 후, ⑤ 발에 이마를 대고 예배드리는 순으로 진행된다. 그러나 대승의 참회법은 이와 달리 이참理懺과 사참事懺으로 나누어진다. 먼저 도량을 장엄하고 땅바닥에 향을 섞은 진흙을 바른 다음, 단을 설치하고 각종 의례를 갖추어 삼보나 관음의 명호를 칭한 후, 다시 주呪를 송하고 악업 중죄를 참회하는 참법이 있다. 또 율의 규제에 의거하지 않고 예배, 송경, 관음보살의 상호 등을 외워 참회하기도 한다. 이러한 참회법을 사참이라고 한다. 소승의 참회법이 철저히 율律에 따르는 참법이라면 대승의 참회는 의식이 번잡하기는 하지만 율의 규제에서 자유롭다. 이참이란 실상의 이치를 관觀하여 참회를 행하는 참법으로서 소승의 참회법과는 판이하게 다르다고 할 것이다. 이러한 기준에서 본다면 원효의 『대승육정참회』를 이참으로 규정하는 것은 지극히 타당한 평가라고 하겠다.

육정참회六情懺悔란 '육정六情을 참회하는 것'으로 대승 참회의 일종이다. 육정은 육근, 즉 안이비설신의眼耳鼻舌身意의 여섯 가지 감각 기관을 지칭하기도 하고, 희로애락애오喜怒哀樂愛惡라는 인간의 여섯 가지 기본 감정을 말하기도 한다. 여기에서는 전자인 육근六根을 가리킨다.

본문에 의하면 "안으로 육정을 세워 그것에 의하여 식識을 생하고 밖으로 육진을 만들어 실제로 있는 것이라 집착하였습니다."라고 진술한다. 육근에 의하여 망식이 만든 허망한 대상을 실제라고 집착하여 생겨난 것이 죄업이라는 관점에 따라, 죄업의 원인이 되는 육정을 참회하기 때문에 육정참회라고 한 것이다.

『대승육정참회』는 참회문으로서의 조건, 즉 ① 시방 불보살을 청함, ② 경이나 주문을 외움, ③ 지은 죄명을 스스로 고백함, ④ 서원을 세움, ⑤ 교리에 대한 명확한 증거를 댐 등 다섯 가지 요소를 모두 갖추고 있다고 하겠다. 이 가운데 '② 경이나 주문을 외움'이라는 항목은 여기에서 '진리를 바로 보는 것'으로 바뀌었다. 그것은 앞의 다섯 가지 조건이 사참에 해당되지만 대승의 육정참회는 이참이기 때문이다. 물론 본 참회문이 위의 다섯 가지 조건을 갖추었다 하더라도 형식이나 순서가 일치하는 것은 아니다. 참회의 순차가 바뀌고 관행을 특히 강조하지만 참회문의 틀을 벗어나지는 않는다. 이를 기준으로 하여 『대승육정참회』문을 1) 시방제불에게 귀의함, 2) 죄업의 고백, 3) 죄업의 본성, 4) 죄업의 과보와 진실한 참회, 5) 비유를 보임, 6) 서원을 세워 정진함의 여섯 부분으로 나눌 수 있다. 이와 같은 여섯 가지 주제를 가지고 참회문을 자세히 살펴보고자 한다.

1) 시방제불에게 귀의함

이 부분은 "법계에 의지하여"부터 "대승의 법락을 받아 누리십니다." 까지이다. 여기에는 먼저 참회하는 주체와 참회하는 대상, 그리고 무엇을 위하여 참회하는가 하는 참회의 이유가 나타나 있다. 참회하는 주체에 대해 살펴보자. 초기불교에서는 참회의 주체가 개인, 즉 죄를 범한 당사자였다. 그것은 비윤리적인 행위나 조직의 규율을 어긴 행위에 한정된 것이었기 때문이다. 그러나 대승불교에서는 참회라는 행위 자체가 종교적 실천의 출발점이었기 때문에 죄를 범한 사람에게만 해당되는 것이 아니다. 따라서 참회의 주체는 개인을 포함한 일체중생 모두인 것이다. 『대승육정참회』에서 참회자가 원효 개인이 아닌 '우리들' 또는 '나와 중생'이라 한 것은 이를 가리킨다. 죄업은 개개인에게 국한되는 규범이나 윤리에 반하는 구체적 행위가 아니라 일체중생 모두에게 해당되는 보편적인 업성業性이 된다. 여기에서 참회의 주체인 '나와 중생'은 '법계에 의지하여 유행하는 사람들', 곧 '대승을 지향하는 사람들'이라는 데 유의해야 한다. 대승의 육정참회란 대승에 의한 참회라는 것을 다시 확인할 수 있다.

그러면 누구를 위하여 어떻게 참회해야 하는가. 대승의 참회는 자신을 포함하여 육도에 윤회하는 한없는 중생을 위해 하는 것이다. 참회란 나의 죄장을 소멸하는 소극적 참회가 아니라 윤회 중생을 위한 대승적 참회라는 데 그 의미가 큰 것이다. '실상에 머물고' '중생을 위한다'는 관점에서 본다면 대승의 참회는 오히려 발원發願에 더 가깝다. 발원이란 서원을 발하는 것으로, ① 보리를 구하고, ② 유정을 제도하고자 원을 발하는 두 가지 의미가 있다. 단지 참회는 자신의 성찰로부터 시작한다는 반성적 출발이 발원과의 다른 점이라면 다른 점이라고 하겠다.

다음으로 참회하는 대상은 시방의 무량제불이다. 관음참이나 미타참은 참회하는 대상이 관음과 미타라는 정해진 불보살이지만 육정참회는 무량

불인 것이다. 그렇다면 무량제불은 어떤 불타일까.

> 제불은 서로 다른 부처님이 아니며 또한 한 부처님도 아니십니다. 일一은 일체一切에 즉卽하고, 일체는 일에 즉卽합니다. 비록 머무심이 없으나 머물지 않으심도 없으며, 행하심이 없으나 행하지 않으심도 없습니다. 하나하나의 상호相好와 하나하나의 모공毛孔이 끝없는 세계에 가득하여 미래제未來際가 다하도록 장애도 없고 걸림도 없으며 차별도 사라져, 중생을 교화함에 쉴 사이가 없으십니다.

원효가 청하여 참회하는 불타는 중중무진重重無盡하고 상시상즉相是相卽하는 이불理佛, 곧 화장세계해의 비로자나불이다. 원효는 철저하게 화엄적 세계관에 의해 참회하고 있음을 보여 준다. 여기에서 주목할 것은 화엄교에서는 이러한 세계관 자체가 곧 관행이다. 화엄의 세계관이 그대로 관행에 반영된 것이 진공관眞空觀·이사무애관理事無碍觀·주변함용관周徧含容觀이라는 화엄의 삼관이다. 이 같은 화엄삼관은 일심과 연계되어 실천적 관행으로 나아간다는 것이다. 일심을 기초로 한 화엄적 세계관에 따른 관행, 이것이 원효의 관행에 대한 관점이다. 원효의 실천행은 궁극적으로 일심의 근원으로 돌아가는 것이다.

2) 죄업의 고백

"지금 우리들은 이곳 하나의 실상인 진여와"부터 "제불현성들께서는 증명하여 주십시오."까지는 죄업에 대한 고백이다. 이 글은 다시 ① 미혹함은 실상을 여의지 않으며, ② 업을 짓는 것은 무명의 결과이고, ③ 이에 따라 발생한 무수한 죄업을 고백하며, ④ 제불현성의 증명을 바란다는 네 부분으로 나눌 수 있다.

우리 중생은 무시이래無始以來로 수없는 죄를 지어 왔다. 그것은 무명망상無明妄想으로 허망한 대상을 만들어 아我와 아소我所라고 집착하는 데 원인이 있다. 중생의 본성은 본래 청정하여 실상 그대로이지만 무명 때문에 진실을 바로 보지 못하고 미혹에 빠져 무수한 죄업을 짓게 된 것이다. 여기에서 이러한 현실을 깊이 통찰하고 참회하여 더 이상 죄업을 짓지 않겠다는 서원을 제불에게 다짐한다.

3) 죄업의 본성

중생이 본래 청정한 실성에 근거한다면 죄업이란 도대체 무엇인가. 이에 대한 해석이 바로 "그러나 이와 같은 모든 죄는 진실로 존재하는 것이 아닙니다."부터 "'과보를 얻는 것이다'라고 말씀하셨습니다."까지이다. 이 적리的 측면에서 보면 업성은 본래 없다는 것이다. 죄업이란 실체가 없는 허망한 연기緣起일 뿐이니, 무엇을 있다 없다 하고 생生한다 생하지 않는다고 할 수 있느냐는 말이다. 원효는 여기에서 업성이 본래 무성無性이고 무생無生임을 4구句로 증명하고 있다.

4) 죄업의 과보와 진실한 참회

업성이 본래 없다면 왜 참회하는 것이며, 어떻게 과보가 있다고 할 수 있을까. 원효는 이에 대해 "환幻으로 만든 호랑이가 환술사를 삼키듯"이라는 비유로 피할 수 없는 인과응보의 엄밀함을 은근한 어조로 강조하고 있다. 연기가 비록 공空하지만 원인과 결과가 뚜렷하다는 것이다. 죄업의 실성이 없으니 참회의 실성 또한 없지만 참회의 의미가 여기에 있다고 하겠다.

그러므로 시방의 부처님 앞에 부끄러운 마음을 내고 깊이 참회하옵니다. 이와 같이 참회할 때는 참회한다는 마음으로 참회하지 말고 참회의 실상實相만을 사유해야 할 것입니다. 참회할 죄의 존재가 있는 것이 아니니 어떻게 참회할 주체가 있겠으며, 참회할 주체나 참회할 대상도 있을 수 없으니 어디에 그러한 참회의 법이 있겠습니까.

원효에게 진실한 참회란 바로 실상을 관하는 실상참회實相懺悔이다. 이와 같이 철저한 실상관의 바탕에서 육정을 참회하는 것이 진정한 참회라는 것이다. 원효의 참회가 이참에 근거하고 있다는 것을 명확하게 보여 주는 내용이다.

참회의 주체인 '나와 중생'은 어떠한가. '일체 존재는 본래 생함이 없지만' 망식으로 만든 허상을 실재라고 집착하여 생사가 있다고 분별하고 번뇌를 일으킨다는 것이다. 이에 스스로를 얽어매어 고해에서 벗어날 길을 구하지 않는다고 참회한다.

5) 비유를 보임

원효는 이러한 중생의 현실을 비유로 보여 준다.

정려할 때에도 참으로 괴이합니다. 마치 잠을 잘 때 잠의 번뇌가 마음을 덮어 꿈속에서 거짓으로 자신의 몸이 큰물에 떠내려가는 것을 보는 것과 같다고 하겠습니다. 이것이 꿈속에서 일어나는 일이라는 것을 알지 못하고 실제로 물에 빠졌다고 생각하여 두려움에 떱니다.

중생의 일체 번뇌 망상이 꿈을 꾸는 것과 같지만 중생들은 미혹하여 꿈인 줄 알지 못하고 기뻐하고 즐거워하며 탐내고 성낸다는 것이다. 원효는 꿈의 비유를 통해 중생의 현실과 수행의 점차를 설명하고 있다.

꿈을 깨지 않은 채 다시 다른 꿈을 꾸면서 "내가 보는 것은 꿈이지 실제가 아니다."라고 말합니다. 이 사람은 심성이 총명하여 꿈 가운데서도 꿈이라는 것을 알아 물에 빠진 것을 두려워하지 않습니다. 그러나 아직도 자신의 몸이 침대 위에 누워 있다는 것은 알지 못합니다.

위의 비유는 『대승기신론大乘起信論』의 시각始覺 4단계를 해석하는 비유로 볼 수 있다. 『대승기신론』은 "심체心體가 망념妄念을 떠난 진성眞性, 즉 변만성遍滿性과 평등성 그리고 그것을 대상화시킨 법신法身을 본각本覺이라 하고 관행에 의해 성취한 각성覺性을 시각이라 부른다."라고 한다. 본래 갖추어진 지혜의 각성이 본각이고, 수행에 의해 성취되는 것이 시각이라는 말이다. 그러나 시각과 본각은 둘이 아니다. 시각은 본각에 대응하여 부르는 명칭일 뿐이라는 것이 『대승기신론』의 설이다.

『대승기신론』은 시각을 불각不覺·상사각相似覺·수분각隨分覺·구경각究竟覺의 네 단계로 나눈다. 불각은 범부, 상사각은 이승二乘 및 초발의보살初發議菩薩, 수분각은 법신보살, 구경각은 불지佛地의 단계라고 원효는 해석한다. 꿈의 비유에서, 자신의 몸이 큰물에 떠내려가는 것을 당하여 실제라고 생각하고 두려워하는 것은 범부의 단계라고 할 수 있으며, 꿈을 깨지 않은 채 "내가 보는 것은 꿈이지 실제가 아니다."라고 여기는 단계는 이승과 초발의보살에 해당되는 상사각의 계위라고 할 수 있다. 머리를 움직이고 손을 흔들어 잠에서 깨어나는 단계는 수분각에 비유될 수 있고, 꿈에서 완전히 깨어나 앞에 일어났던 일들은 모두 꿈이고 자신이 침대 위에 누워 있다는 것을 발견하는 단계가 바로 구경각인 불지의 단계라고 할 수 있겠다. 원효는 실제로 근본적인 참회를 '실상을 관하는 관행의 실천'에서 찾고 있으며, 그 구체적인 방법으로는 『대승기신론』의 본시양각本始

兩覺에 기초한 '여몽관如夢觀'의 수행을 제시한다.

그러나 이 비유는 화엄적 세계관의 표현과 매우 유사하다. 의상義湘의 〈법성게法性偈〉는 "법성원융무이상法性圓融無二相"에서 시작하여 "구래부동명위불舊來不動名爲佛"로 끝난다. "본래부터 움직이지 않은 것을 부처라 한다."라는 것이 이 마지막 구의 의미이다. 『법계도기총수록法界圖記叢髓錄』은 "구래舊來는 증분證分 중 제법이 본래 고요한 것이고, 부동不動은 증분 중 제법이 부동한 것이다."라고 해석하고 동시에 꿈의 비유로 이를 설명한다. 어떤 사람이 평상에서 잠이 들었는데 꿈속에서 30역을 돌고 깨어 보니 움직이지 않고 평상에 누워 있다는 것을 알았다는 것이다. 본래 법성法性은 30구句를 경유해도 다시 법성으로 돌아오니 단지 하나도 움직이지 않은 것이라고 말한다. 그러나 이 설은 『대승기신론』의 비유와 다르다는 것이 『법계도기총수록』 찬자의 해석이다. 『대승기신론』은 20몽을 다 없애고 일심으로 돌아가지만 화엄종은 꿈의 생각을 움직이지 않는 것이 법성이라고 하기 때문에 버릴 것도 없고 돌아갈 곳도 없다는 것이다. 그러므로 숙교熟敎(『대승기신론』을 말함)가 비유한 꿈과 화엄의 꿈이 현저히 다르다고 설명한다.

실제로 꿈의 비유는 『대승육정참회』와 『법계도기총수록』이 크게 다르지 않다. 평상에서 꿈을 꾸는 상황 설정이 같고, 한결같이 평상에 누워 있다는 것을 안다는 원효의 비유와 움직이지 않고 평상에 있다는 것을 깨달았다는 『법계도기총수록』의 내용도 같다. 그러나 『법계도기총수록』은 두 꿈의 차이점이 출발점이 다른 데 있다고 본다. 즉 화엄은 구래부동이 증분이고 숙교는 구경의 깨달음을 교분에서 찾는 것이 다른 점이라고 보는 것이다. 이런 관점에서 원효의 교학이 어디에 속하는가 하는 문제와 관련하여 『대승육정참회』 중 꿈의 비유가 시사하는 점이 크다고 하겠다.

6) 서원을 세워 정진함

"안으로 모든 부처님의 부사의不思議한 훈습에 힘입고"부터 마지막 "그래서 이것을 대승육정참회라 하겠습니다."까지가 여기에 속한다. 이 부분에서는 앞의 꿈의 비유를 이어 그것을 결론으로 삼고 있다. 즉 몽관夢觀을 부지런히 닦아 무생인無生印을 얻어 잠에서 깨라는 것이다.

원효는 중생이 육도에 유전流轉하는 것은 단지 일심의 작용 때문이라고 본다. 청정한 본성에는 본래 유전이 없지만 무명의 움직임 때문에 삼세육추三細六麤가 일어나고, 이로 인한 집착으로 업을 생하여 무수한 고통을 받는다는 것이다. 예를 들면, 호수는 본래 고요하고 깨끗하지만 바람에 의해 물결이 일어나는 것과 같다는 것이다. 바람이 잠잠해지면 호수는 본래 모습으로 돌아간다. 윤회의 고통도 이와 다르지 않다. 무명의 작용이 멈추면 청정한 자기의 본래 모습이 드러난다는 것이 『대승기신론』의 설이다. 그렇다면 어떻게 무명을 쉴 수 있을까.

안으로는 모든 부처님의 부사의不思議한 훈습에 힘입고 밖으로는 제불의 대비원력大悲願力에 의지한다면 신해信解의 성취에 가까워질 것입니다.

이것이 초심자들이 해야 할 신해의 첫걸음임을 원효는 강조하고 있다. 『대승기신론』은 진여의 훈습을 둘로 나눈다. 첫째는 자체상훈습自體相薰習이고, 둘째는 용훈습用薰習이다. 자체상훈습은 내면의 훈습인 내훈內薰을 말하고, 용훈습은 외연外緣에 의한 훈습, 즉 외훈外薰을 말한다. 육정참회는 바로 진여로 무명을 정화하는 진여의 훈습으로부터 시작된다. "안으로 모든 부처님의 부사의한 훈습에 힘입는다"는 것은 진여 훈습의 내훈이고, "제불의 대비원력에 의지한다"는 것은 외훈이다. 내면으로는 자신에게 진여법이 있음을 믿고 발심 수행하며, 밖으로는 제불보살의 대비훈습력으로 선근을 증장시키는 것이 진정한 수행이다. 원효의 참회는 철저하게 일심이문一心二門이라는 『대승기신론』적인 세계관의 바탕에서 시작되고 마무리된다.

불보살에게 자신의 죄장을 참회하고 진여법을 믿고 발심 수행하며 불보살의 대자비의 훈습에 의지하여 실상을 바로 보면 여몽삼매如夢三昧에 이른다. 이 삼매의 힘으로 무생법인無生法印을 얻을 때, 비로소 참회가 완성된다는 것이 원효의 참회관이다.

원효는 마지막으로 자신을 비롯한 모든 참회자들에게 일심정진一心精進을 권한다. 꿈에서 벗어나 쉬지 않고 정진한다면 비록 세속의 경계를 만나더라도 거기에 빠지지 않을 것이란 확신을 밝히고 있다.

5. 가치

『대승육정참회』는 원문이 한 쪽에 불과한 단편이지만 여기에는 원효의 불교관과 신행관이 그대로 담겨 있다. 다시 말하면 『대승육정참회』는 일심에 기초한 원효의 세계관이 종교적 실천행으로 구체화되고 있는 매우 귀중한 문헌이라고 하겠다.

6. 참고 문헌

김현준, 「원효의 참회사상」, 『불교연구』 2, 한국불교연구원, 1986.
정순일, 「대승육정참회고」, 『민족불교』, 1992.
김원영, 「원효의 참회사상」, 『한국불교학』, 1991.

차례

대승육정참회大乘六情懺悔 해제 / 337
일러두기 / 351

대승육정참회大乘六情懺悔 353

찾아보기 / 361

일러두기

1 '한글본 한국불교전서'는 문화체육관광부의 지원을 받아 동국대학교 불교학술원에서 수행하고 있는 '불교기록문화유산아카이브(ABC)사업'의 결과물을 출간한 것이다.

2 이 책은 『한국불교전서』(동국대학교출판부 간행) 제1책에 수록된 『대승육정참회大乘六情懺悔』를 저본으로 번역하였다.

3 번역문에 이어 원문을 병기하고 간단한 표점 부호를 삽입하였다.

4 원문의 교감 사항은 번역문의 각주와 별도로 원문 아래 부분에 제시하였다.
   ㉱은 『한국불교전서』 편찬자가 교감한 내용이다.
   ㉭은 번역자가 교감한 내용이다.

5 약물은 다음과 같다.
   『 』: 서명
   「 」: 편명, 산문 작품
   T : 『대정신수대장경』
   H : 『한국불교전서』

법계에 의지하여 처음 유행遊行하는 사람은 사위의四威儀[1]가 하나도 헛됨이 없어야 하고, 제불의 부사의不思議한 성덕을 마음에 새기며 항상 실상實相[2]을 생각하여 업장을 녹여야 합니다.[3] 두루 육도에 윤회하는 한없는 중생을 위하여 시방의 무량제불에게 귀의하는 것이 참회의 시작입니다.

제불은 서로 다른 부처님이 아니며 또한 한 부처님도 아니십니다. 일一은 일체一切에 즉卽하고, 일체는 일에 즉卽합니다. 비록 머무심이 없으나 머물지 않으심도 없으며, 행하심이 없으나 행하지 않으심도 없습니다. 하나하나의 상호相好와 하나하나의 모공毛孔이 끝없는 세계에 가득하여 미래제未來際가 다하도록 장애도 없고 걸림도 없으며 차별도 사라져, 중생을 교화함에 쉴 사이가 없으십니다. 그것은 왜입니까. 시방과 삼세가 한 티끌과 한 찰나이고, 생사와 열반이 둘일 수도 없고 다를 수도 없으며, 대비와 반야는 취할 것도 없고 버릴 것도 없으니, 이는 불공법不共法과 상응하기 때문입니다.

지금 이곳 연화장세계에는 노사나 부처님[4]이 연화대에 앉으시어 무변無邊의 광명을 비추시고 무량 중생을 모아 굴릴 것이 없는 대승의 법바퀴를 굴리시며, 보살 대중은 허공에 가득하여 받을 것이 없는 대승의 법락을 받아 누리십니다.

若依法界始遊行者。於四威儀無一唐遊。念諸佛不思議德。常思實相朽銷

---

1 사위의四威儀 : 인간의 일상적 행위를 네 가지로 분류한 것이다. 가고, 머물며, 앉고, 눕는 인간의 네 가지 행위를 가리키며, 『華嚴經』 권5, 『俱舍論』 권13 등에 나온다.
2 실상實相 : 있는 그대로의 진실한 모습으로 불변의 이법理法을 말하며, 진여·법성·열반 등과 같은 의미로 쓴다.
3 제불의 부사의한 덕이나 실상을 항상 생각한다는 데서 『大乘六情懺悔』가 이참理懺임을 강하게 시사하고 있다.
4 노사나 부처님 : 비로자나불의 줄임말로 화엄종의 본존으로 연화장세계의 교주이다. 천태종에서는 비로자나불은 법신法身이고, 석가모니불은 응신應身, 노사나불은 보신報身이라고 본다.

業障。普爲六進無邊衆生。歸命十方無量諸佛。諸佛不異而亦非一。一卽一切一切卽一。雖無所住而無不住。雖無所爲而無不爲。一一相好一一毛孔。遍無邊界盡未來際。無障無礙無有差別。敎化衆生無有休息。所以者何。十方三世一塵一念。生死涅槃無二無別。大悲般若不取不捨。以得不共法相應故。今於此處蓮花藏界。盧舍那佛坐蓮花臺。放無邊光。集無量衆生。轉無所轉大乘法輪。菩薩大衆遍滿虛空。受無所受大乘法樂。

지금 우리들은 이곳 하나의 실상인 진여와 참된 삼보의 허물없는 곳에 함께 있지만, 보지 못하고 듣지 못하니 귀머거리 같고 장님 같아서 불성佛性조차 없는 것 같습니다. 왜 이런 일이 일어나는 것입니까.

무명으로 인한 전도 망상으로 헛되이 바깥의 대상을 만들고 나(我)와 나의 소유(我所)에 집착하여 온갖 업을 짓고 스스로 불성을 덮었기 때문에 보고 들을 수 없게 되었습니다. 그것은 마치 아귀가 물을 보고 불이라고 하는 것과 같다고 하겠습니다.

그래서 지금 부처님 앞에 깊이 부끄러운 마음으로 보리심을 내어 정성을 다해 참회하옵니다. 저를 비롯한 중생들은 시작도 없는 때로부터 무명의 술에 취해 지은 죄가 헤아릴 수 없이 많사옵니다. 오역五逆과 십악十惡[5]을 가리지 않고 짓지 않은 죄가 없사옵니다. 스스로 지을 뿐만 아니라 타인에게도 짓게 하여 그것을 즐거워하기도 하였습니다. 이와 같은 많은 죄는 그 수를 다 말할 수 없습니다.

---

5 오역五逆과 십악十惡 : 사중죄四重罪와 오역죄五逆罪를 말한다. 사중죄는 네 가지 무거운 죄로 ① 음계, ② 도계, ③ 살생계, ④ 대망어계를 범하는 죄를 말한다. 오역죄는 다섯 가지 중죄로 소승과 대승이 각각 다르다. 소승 오역은 ① 아버지를 해침, ② 어머니를 해침, ③ 성자를 해침, ④ 부처님 몸에 상처를 입혀 출혈케 함, ⑤ 교단의 화합을 깨뜨림 등의 다섯 가지를 말한다. 대승 오역은 ① 탑사나 경상經像 등을 훼손하고 삼보물을 빼앗으며 다른 사람에게도 교사함, ② 삼승인을 비난함, ③ 출가자의 수행을 방해함, ④ 소승 오역 중 한 가지라도 범함, ⑤ 업보를 부정하고 십불선十不善을 행함 등이다.

이미 지은 죄업에 대해서는 깊이 참회하고 짓지 않은 죄업은 다시 짓지 않겠사오니, 제불현성들께서는 증명하여 주십시오.

而今我等同在於此一實三寶無過之處。不見不聞如聾如盲。無有佛性。何爲如是。無明顚倒妄作外塵。執我我所造種種業。自以覆弊不得見聞。猶如餓鬼臨河見火。故今佛前深生慚愧。發菩提心誠心懺悔。我及衆生無始以來無明所醉。作罪無量。五逆十惡無所不造。自作敎他見作隨喜。如是衆罪不可稱數。諸佛賢聖之所證知。已作之罪深生慚愧。所未作者更不敢作。

그러나 이와 같은 모든 죄는 진실로 존재하는 것이 아닙니다. 많은 연緣이 화합하여 가명假名으로 칭한 것이 업業이니, 연에는 업이 없고 연을 떠나서도 업은 없습니다. 안에도 있지 않고, 밖에도 있지 않으며, 중간에도 있지 않습니다. 과거는 이미 사라졌고, 미래는 도래하지 않았으며, 현재는 머물지 않습니다.

그러므로 지은 것은 머무름이 없으며 생生함 또한 없다고 하겠습니다. 먼저 있었다면 생한다 할 수 없고, 먼저 없었다면 무엇이 생했다 하겠습니까? 만일 본래 없는 것과 지금 있는 두 의미가 합한 것이 생함이라 한다면, 본래 없는 시점에는 현재의 존재가 있을 수 없고, 현재 존재하는 시점에는 본래 없다는 것이 있을 수 없을 것입니다. 지나간 시점과 현재의 시점이 서로 연속되지 않으며 유有와 무無가 서로 합치됨이 없으니 어느 곳에 생이 있다고 하겠습니까? 합한다는 의미가 이미 사라졌으니 흩어진다는 의미 또한 성립될 수 없습니다. 합하지도 않고 흩어지지도 않으니 유도 아니고 무도 아닙니다.

무인 시점에는 아무 걸릴 것(有對)[6]도 없으니 무엇을 무라 하겠으며, 유

---

6 유대有對 : 유대의 '대對'는 방해한다는 뜻으로, 장소를 점유하여 물질적으로 지장을 주

인 시점에는 걸릴 것이 없는 것(無對)⁷이 없으니 무엇을 유라 하겠습니까? 선후와 유무가 모두 성립될 수 없음으로 업성業性은 본래 무생無生이라는 것을 알겠습니다. 그러므로 본래부터 생이 있을 수 없는데, 어느 곳에 무생이 있겠습니까. 생함이 있고 생함이 없음을 모두 얻을 수 없으니 얻을 수 없다는 말도 또한 얻을 수 없습니다. 업성이 이와 같으니 제불 또한 그러합니다.

경經에서는 "비유컨대 중생이 모든 업을 지음에 혹은 선하고 혹은 악하기도 하지만 안도 아니고 바깥도 아닌 것과 같다. 이와 같은 업성은 있는 것도 아니고 없는 것도 아니다. 또한 본래 없던 것이 지금 생한 것이 아니며 원인 없이 생한 것도 아니다. 지음도 없고 받음도 없지만 시간에 따른 인연의 화합으로 과보를 얻는 것이다."⁸라고 말씀하셨습니다.

□此諸罪實無所有。衆緣和合假名爲業。卽緣無業離緣亦無。非內非外不在中間。過去已滅。未來未生現在無住。故所作以其無住故亦無生。先有非生先無誰生。若言本無及與今有。二義和合名爲生者。當本無時卽無今有。當今有時非有本無。先後不及有無不合。二義無合。何處有生。合義旣壞散亦不成。不合不散非有非無。無時無有對何爲無。有時無無待¹⁾誰爲有。先後有無皆不得成。當知業性本來無生。從本以來不得有生。當於何處得有無生。有生無生俱不可得。言不可得亦不可得。業性如是諸佛亦爾。如經說言。譬如衆生造作諸業。若善若惡。非內非外。如是業性非有非無。亦復如

는 것이 있음을 말한다.
7 무대無對 : 유대有對의 반대말로 장애하는 것이 없음을 가리킨다.
8 『大般涅槃經』에 있는 말로 원효는 이 부분에서 『大般涅槃經』설을 축약하여 인용하고 있다. 인용문 중 '亦復如是'는 경에 '亦復非是'로, '非無因生'도 '非無因出'로 되어 있다. 본 번역은 의미에 맞도록 『大般涅槃經』권32 「師子吼菩薩品」(T12, 555b)을 따랐다. "善男子。譬如衆生。造作諸業。若善若惡。非內非外。如是業性。非有非無。亦復非是本無今有。非無因出。非此作此受。此作彼受。彼作彼受。無作無受。時節和合而得果報。衆生佛性亦復如是。"

是。本無今有非無因生。無作無受。時節和合故得果報。

1) ㉘ '待'는 '對'의 오자인 것 같다.

    행자가 이와 같은 실상實相을 끊임없이 사유하여 참회한다면 허공이 불에 타지 않는 것처럼 사중오역四重五逆도 어찌할 수 없을 것입니다. 만일 방일하며 부끄러워하지 않고 업의 실상을 사유하지 않는다면 환幻으로 만든 호랑이가 환술사를 삼키듯, 죄성이 비록 없다 하나 지옥에 떨어질 것입니다.

    그러므로 시방의 부처님 앞에 부끄러운 마음을 내고 깊이 참회하옵니다. 이와 같이 참회할 때는 참회한다는 마음으로 참회하지 말고 참회의 실상만을 사유해야 할 것입니다. 참회할 죄의 존재가 있는 것이 아니니 어떻게 참회할 주체가 있겠으며, 참회할 주체나 참회할 대상도 있을 수 없으니 어디에 그러한 참회의 법이 있겠습니까. 모든 업장을 이와 같이 참회하고 나서 다시 육정六情⁹의 방일함을 참회하옵니다.

行者若能數數思惟如是實相而懺悔者。四重五逆無所能爲。猶如虛空不爲火燒。如其放逸無慚無愧。不能思惟業實相者。雖無罪性將入泥梨。猶如幻虎還吞幻師。是故當於十方佛前。深生慚愧而作懺悔。作是悔時莫以爲作。卽應思惟懺悔實相。所悔之罪旣無所有。云何得有能懺悔者。能悔所悔皆不可得。當於何處得有悔法。於諸業障作是悔已。亦應懺悔六情放逸。

    저와 중생들은 시작이 없는 때로부터 "모든 존재는 본래 생함이 없다."라는 것을 알지 못하고 전도된 망상으로 나와 나의 소유라고 생각하여 왔습니다. 안으로 육정을 세워 그것에 의지하여 식識을 생하고 밖으로는 육

---

9 육정六情 : 육근六根, 즉 안眼·이耳·비鼻·설舌·신身·의意의 여섯 가지 감각기관을 말한다.

진六塵[10]을 만들어 실제로 있는 것이라 집착하였습니다. 이것은 모두 자신의 마음이 짓는 것으로 환과 같고 꿈과 같아서 영원히 소유가 없다는 것을 알지 못한 때문입니다. 여기에 남자니 여자니 하는 형상을 구분하여 번뇌를 일으키고 스스로 속박하여 오래도록 고해에 침몰하지만 벗어날 길을 구하지 않았습니다.

정려할 때에도 참으로 괴이합니다. 마치 잠을 잘 때 잠의 번뇌가 마음을 덮어 꿈속에서 거짓으로 자신의 몸이 큰물에 떠내려가는 것을 보는 것과 같다고 하겠습니다. 이것이 꿈속에서 일어나는 일이라는 것을 알지 못하고 실제로 물에 빠졌다고 생각하여 두려움에 떱니다. 꿈을 깨지 않은 채 다시 다른 꿈을 꾸면서 "내가 보는 것은 꿈이지 실제가 아니다."라고 말합니다. 이 사람은 심성이 총명하여 꿈 가운데서도 꿈이라는 것을 알아 물에 빠진 것을 두려워하지 않습니다. 그러나 아직도 자신의 몸이 침대 위에 누워 있다는 것은 알지 못하고, 머리를 움직이고 손을 흔들어 잠에서 깨어나려고 합니다. 완전히 잠에서 깨어났을 때, 앞에서 꾸었던 꿈을 생각해 보면 큰물과 떠내려가던 몸이 실제가 아님을 알게 되고 본래 조용히 침대 위에 누워 있는 자신을 보게 됩니다. 인생의 긴 꿈도 이와 같습니다. 무명이 마음을 덮어 헛되이 육도를 만들어 여덟 가지 괴로움의 바다에 유전하게 되었습니다.

안으로는 모든 부처님의 부사의한 훈습[11]에 힘입고 밖으로는 제불의

---

10 육진六塵 : 육근의 인식 대상이 되는 여섯 가지 경계, 즉 색色·성聲·향香·미味·촉觸·법法을 말한다.
11 부사의한 훈습(不思議熏) : 사려思慮로 미칠 수 없는 훈습을 가리키며, 이것은 『大乘起信論』의 진여훈습을 말한다. 진여훈습에는 자체상훈습自體相薰習과 용훈습用薰習의 두 가지가 있다. 안으로 제불의 부사의훈을 인因한다 함은 진여의 자체상훈습이고, 밖으로 제불의 대비원력에 의한다 함은 진여의 용훈습이다. 『大乘起信論』은 중생이 본래 갖추고 있는 진여의 무루공덕無漏功德과 불보살의 외연력外緣力에 의해 무명을 훈습함으로써 선근이 증장하여 열반으로 나아간다고 설한다. 이 『大乘六情懺悔』문도 이러한 『大乘起信論』의 진여훈습설에 기초하고 있다. 『大乘起信論疏記會本』 권4(H1,

대비원력에 의지한다면 신해信解¹²의 성취에 가까워질 것입니다.

저를 비롯한 중생은 길고 긴 잠에 빠져들어 헛되이 실제라고 생각하고 그릇되게 육진과 남녀라는 차별에 끌리게 되었습니다. 이것은 모두 나라는 헛된 꿈으로 영구히 실다운 것이 아닙니다. 무엇을 기뻐하고 즐거워하며, 무엇을 탐하고 성낼 것이 있겠습니까?

이와 같은 몽관夢觀¹³을 끊임없이 사유하면 점점 여몽삼매如夢三昧¹⁴를 닦아 얻게 됩니다. 다시 이 삼매로 무생인無生忍¹⁵을 얻어 마침내 긴 잠에서 활연히 깨어나면 본래부터 유전이란 없고 다만 그것은 일심의 작용일 뿐, 한결같이 침대 위에 누워 있다는 것을 알게 됩니다. 만일 이와 같이 긴 꿈에서 벗어나 쉬지 않고 부지런히 사유한다면 비록 육진을 연하더라도 그것을 참된 것으로 삼지 않고 번뇌를 부끄러워하여 스스로 방일할 수 없을 것입니다. 그래서 이것을 대승육정참회라 하겠습니다.

我及衆生無始已來。不解諸法本來無生。妄想顚倒計我我所。內立六情依而生識。外作六塵執爲實有。不知皆是自心所作。如幻如夢永無所有。於中橫計男女等相。起諸煩惱自以纏縛。長沒苦海不求出要。靜慮之時甚可怪哉。猶如眠時睡蓋覆心。妄見己身大水所漂。不知但是夢心所作。謂實流溺生大怖懼。未覺之時更作異夢。謂我所見是夢非實。心性聰故夢內知夢。卽於其溺不生其懼。而未能知身臥床上。動頭搖手勤求永覺。永覺之

769bc) 참조.
12 신해信解 : 신해수증信解修證 가운데 전반 두 글자이다. 신해수증은 불도 수행의 첫 단계로 신信은 법을 믿는 것이고, 해解는 그 법을 뚜렷하게 아는 것이다.
13 몽관夢觀 : 현상제법이 모두 꿈이라고 관하는 것을 말한다. 꿈이란 전도顚倒된 망상의 법이고, 관觀이란 지혜로 진실을 깨닫는 법이다. 즉 허망하고 전도된 법을 지혜로 관하여 진실에 이르는 관법觀法을 말한다.
14 여몽삼매如夢三昧 : 몽관을 계속하여 삼매에 이르는 것을 말한다.
15 무생인無生忍 : 무생법인無生法忍을 가리킨다. 생함이 없다는 진리를 확실하게 깨닫고 분명히 알아 안주하는 것을 말한다.

時追緣前夢。水與流身皆無所有。唯見本來靜臥於床。長夢亦爾。無明覆心妄作六道。流轉八苦。內因諸佛不思議熏。外依諸佛大悲願力。髣髴信解。我及衆生。唯寢長夢妄計爲實。違順六塵男女二相。並是我夢。永無實事。何所憂喜何所貪瞋。數數思惟。如是夢觀。漸漸修得如夢三昧。由此三昧得無生忍。從於長夢豁然而覺。卽知本來永無流轉。但是一心臥一如床。若離能如是。數數思惟。雖緣六塵不以爲實。煩惱羞愧不能自逸。是名大乘六情懺悔。

찾아보기

가명假名 / 355

나(我) / 354, 357
나의 소유(我所) / 354, 357
노사나盧舍那 부처님 / 353

대비원력大悲願力 / 359
대승육정참회大乘六情懺悔 / 359

몽관夢觀 / 359
무명無明 / 354, 358
무생無生 / 356
무생인無生忍 / 359

반야般若 / 353
법계法界 / 353

불공법不共法 / 353
불성佛性 / 354

사위의四威儀 / 353
사중오역四重五逆 / 357
삼매三昧 / 359
식識 / 357
신해信解 / 359
실상實相 / 353, 357
십악十惡 / 354

업성業性 / 356
여몽삼매如夢三昧 / 359
연화장세계蓮華藏世界 / 353
열반涅槃 / 353
오역五逆 / 354
육도六道 / 353
육정六情 / 357
육진六塵 / 357, 359
인연因緣 / 356

죄성罪性/ 357
진여眞如 / 354

훈습薰習 / 358

참회懺悔/ 357

한글본 한국불교전서

신 · 라 · 출 · 간 · 본

신라 1 인왕경소
원측 | 백진순 옮김 | 신국판 | 800쪽 | 35,000원

신라 2 범망경술기
승장 | 한명숙 옮김 | 신국판 | 620쪽 | 28,000원

신라 3 대승기신론내의약탐기
태현 | 박인석 옮김 | 신국판 | 248쪽 | 15,000원

신라 4 해심밀경소 제1 서품
원측 | 백진순 옮김 | 신국판 | 448쪽 | 24,000원

신라 5 해심밀경소 제2 승의제상품
원측 | 백진순 옮김 | 신국판 | 508쪽 | 26,000원

신라 6 해심밀경소 제3 심의식상품 제4 일체법상품
원측 | 백진순 옮김 | 신국판 | 332쪽 | 20,000원

신라 12 무량수경연의술문찬
경흥 | 한명숙 옮김 | 신국판 | 800쪽 | 35,000원

신라 13 범망경보살계본사기 상권
원효 | 한명숙 옮김 | 신국판 | 272쪽 | 17,000원

신라 14 화엄일승성불묘의
견등 | 김천학 옮김 | 신국판 | 264쪽 | 15,000원

신라 15 범망경고적기
태현 | 한명숙 옮김 | 신국판 | 612쪽 | 28,000원

신라 16 금강삼매경론
원효 | 김호귀 옮김 | 신국판 | 666쪽 | 32,000원

신라 17 대승기신론소기회본
원효 | 은정희 옮김 | 신국판 | 536쪽 | 27,000원

신라 18 미륵상생경종요 외
원효 | 성재헌 외 옮김 | 신국판 | 420쪽 | 22,000원

신라 19 대혜도경종요 외
원효 | 성재헌 외 옮김 | 신국판 | 256쪽 | 15,000원

신라 20 열반종요
원효 | 이평래 옮김 | 신국판 | 272쪽 | 16,000원

신라 21 이장의
원효 | 안성두 옮김 | 신국판 | 256쪽 | 15,000원

신라 23 중변분별론소 제3권 외
원효 | 박인성 외 옮김 | 신국판 | 288쪽 | 17,000원

신라 24 지범요기조람집
원효·진원 | 한명숙 옮김 | 신국판 | 310쪽 | 19,000원

신라 25 집일 금광명경소
원효 | 한명숙 옮김 | 신국판 | 636쪽 | 31,000원

고 · 려 · 출 · 간 · 본

고려 1 일승법계도원통기
균여 | 최연식 옮김 | 신국판 | 216쪽 | 12,000원

고려 2 원감국사집
충지 | 이상현 옮김 | 신국판 | 480쪽 | 25,000원

고려 3 자비도량참법집해
조구 | 성재헌 옮김 | 신국판 | 696쪽 | 30,000원

고려 4 천태사교의
제관 | 최기표 옮김 | 4X6판 | 168쪽 | 10,000원

고려 5 대각국사집
의천 | 이상현 옮김 | 신국판 | 752쪽 | 32,000원

고려 6 법계도기총수록
저자 미상 | 해주 옮김 | 신국판 | 628쪽 | 30,000원

고려 7 보제존자삼종가
고봉 법장 | 하혜정 옮김 | 4X6판 | 216쪽 | 12,000원

고려 8 석가여래행적송·천태말학운묵화상경책
운묵 무기 | 김성옥·박인석 옮김 | 신국판 | 424쪽 | 24,000원

고려 9 법화영험전
요원 | 오지연 옮김 | 신국판 | 264쪽 | 17,000원

고려 10 남명천화상송증도가사실
□련 | 성재헌 옮김 | 신국판 | 418쪽 | 23,000원

고려 11 백운화상어록
백운 경한 | 조영미 옮김 | 신국판 | 348쪽 | 21,000원

조·선·출·간·본

조선 1 작법귀감
백파 긍선 | 김두재 옮김 | 신국판 | 336쪽 | 18,000원

조선 2 정토보서
백암 성총 | 김종진 옮김 | 4X6판 | 224쪽 | 12,000원

조선 3 백암정토찬
백암 성총 | 김종진 옮김 | 4X6판 | 156쪽 | 9,000원

조선 4 일본표해록
풍계 현정 | 김상현 옮김 | 4X6판 | 180쪽 | 10,000원

조선 5 기암집
기암 법견 | 이상현 옮김 | 신국판 | 320쪽 | 18,000원

조선 6 운봉선사심성론
운봉 대지 | 이종수 옮김 | 4X6판 | 200쪽 | 12,000원

조선 7 추파집·추파수간
추파 홍유 | 하혜정 옮김 | 신국판 | 340쪽 | 20,000원

조선 8 침굉집
침굉 현변 | 이상현 옮김 | 신국판 | 300쪽 | 17,000원

조선 9 염불보권문
명연 | 정우영·김종진 옮김 | 신국판 | 224쪽 | 13,000원

조선 10 천지명양수륙재의범음산보집
해동사문 지환 | 김두재 옮김 | 신국판 | 636쪽 | 28,000원

조선 11 삼봉집
화악 지탁 | 김재희 옮김 | 신국판 | 260쪽 | 15,000원

조선 12 선문수경
백파 긍선 | 신규탁 옮김 | 신국판 | 180쪽 | 12,000원

조선 13 선문사변만어
초의 의순 | 김영욱 옮김 | 4X6판 | 192쪽 | 11,000원

조선 14 부휴당대사집
부휴 선수 | 이상현 옮김 | 신국판 | 376쪽 | 22,000원

조선 15 무경집
무경 자수 | 김재희 옮김 | 신국판 | 516쪽 | 26,000원

조선 16 무경실중어록
무경 자수 | 성재헌 옮김 | 신국판 | 340쪽 | 20,000원

조선 17 불조진심선격초
무경 자수 | 성재헌 옮김 | 신국판 | 168쪽 | 11,000원

조선 18 선학입문
김대현 | 성재헌 옮김 | 신국판 | 240쪽 | 14,000원

조선 19 사명당대사집
사명 유정 | 이상현 옮김 | 신국판 | 508쪽 | 26,000원

조선 20 송운대사분충서난록
신유한 엮음 | 이상현 옮김 | 신국판 | 324쪽 | 20,000원

조선 21 의룡집
의룡 체훈 | 김시군 옮김 | 신국판 | 296쪽 | 17,000원

조선 22 응운공여대사유망록
응운 공여 | 이대형 옮김 | 신국판 | 350쪽 | 20,000원

조선 23 사경지험기
백암 성총 | 성재헌 옮김 | 신국판 | 248쪽 | 15,000원

조선 24 무용당유고
무용 수연 | 이상현 옮김 | 신국판 | 292쪽 | 17,000원

조선 25 설담집
설담 자우 | 윤찬호 옮김 | 신국판 | 200쪽 | 13,000원

조선 26 동사열전
범해 각안 | 김두재 옮김 | 신국판 | 652쪽 | 30,000원

조선 27 청허당집
청허 휴정 | 이상현 옮김 | 신국판 | 964쪽 | 47,000원

조선 28 대각등계집
백곡 처능 | 임재완 옮김 | 신국판 | 408쪽 | 23,000원

조선 29 반야바라밀다심경약소연주기회편
석실 명안 엮음 | 강찬국 옮김 | 신국판 | 296쪽 | 17,000원

조선 30 허정집
허정 법종 | 성재헌 옮김 | 신국판 | 488쪽 | 25,000원

조선 31 호은집
호은 유기 | 김종진 옮김 | 신국판 | 264쪽 | 16,000원

조선 32 월성집
월성 비은 | 이대형 옮김 | 4X6판 | 172쪽 | 11,000원

조선 33 아암유집
아암 혜장 | 김두재 옮김 | 신국판 | 208쪽 | 13,000원

조선 34 경허집
경허 성우 | 이상하 옮김 | 신국판 | 572쪽 | 28,000원

조선 35 송계대선사문집 · 상월대사시집
송계 나식·상월 새봉 | 김종진·박재금 옮김 | 신국판 | 440쪽 | 24,000원

조선 36 선문오종강요 · 환성시집
환성 지안 | 성재헌 옮김 | 신국판 | 296쪽 | 17,000원

조선 37 역산집
영허 선영 | 공근식 옮김 | 신국판 | 368쪽 | 22,000원

조선 38 함허당득통화상어록
득통 기화 | 박해당 옮김 | 신국판 | 300쪽 | 18,000원

조선 39 가산고
월하 계오 | 성재헌 옮김 | 신국판 | 446쪽 | 24,000원

조선 40 선원제전집도서과평
설암 추붕 | 이정희 옮김 | 신국판 | 338쪽 | 20,000원

조선 41 함홍당집
함홍 치능 | 성재헌 옮김 | 신국판 | 348쪽 | 21,000원

조선 42 백암집
백암 성총 | 유호선 옮김 | 신국판 | 544쪽 | 27,000원

조선 43 동계집
동계 경일 | 김승호 옮김 | 신국판 | 380쪽 | 22,000원

조선 44 용암당유고 · 괄허집
용암 체조·괄허 취여 | 김종진 옮김 | 신국판 | 404쪽 | 23,000원

조선 45 운곡집 · 허백집
운곡 충휘·허백 명조 | 김재희·김두재 옮김 | 신국판 | 514쪽 | 26,000원

조선 46 용담집 · 극암집
용담 조관·극암 사성 | 성재헌·이대형 옮김 | 신국판 | 520쪽 | 26,000원

조선 47 경암집
경암 응윤 | 김재희 옮김 | 신국판 | 300쪽 | 18,000원

조선 48 석문상의초 외
벽암 각성 외 | 김두재 옮김 | 신국판 | 338쪽 | 20,000원

조선 49 월파집 · 해붕집
월파 태율·해붕 전령 | 이상현·김두재 옮김 | 신국판 | 562쪽 | 28,000원

조선 50 몽암대사문집
몽암 기영 | 이상현 옮김 | 신국판 | 348쪽 | 21,000원

※ 한글본 한국불교전서는 계속 출간됩니다.

원효元曉
(617~686)

원효는 신라 진평왕 39년에 경상북도 압량군押梁郡에서 태어났고 속성은 설薛씨이다. 대략 15세 전후에 출가한 것으로 전해진다. 특정 스승에게 의탁하지 않고 낭지朗智·혜공惠空·보덕普德 등의 여러 스승에게서 두루 배웠다. 학문적 성향 또한 그러하여, 특정 경론이나 사상에 경도되지 않고 다양한 사상과 경론을 두루 학습하고 연구했다. 34세에 의상義湘과 함께, 현장玄奘에게 유식학을 배우기 위해 당나라로 떠났지만, 상황이 여의치 않아 중간에 되돌아왔다. 45세에 재시도를 감행했으나, 도중에 "마음이 모든 것의 근본이며 마음 밖에 어떤 법도 있지 않다."라는 깨달음을 얻고 되돌아왔다. 이후 저술 활동에 전념하여 80여 부 200여 권의 저술이 있었던 것으로 전해지며, 현재 이 가운데 22부가 전해진다. 원효는 오롯이 출가자로서의 삶에 갇혀 있지 않고, 세간을 두루 돌아다니면서 대중과 하나가 되어 불교를 전파하면서, 그들을 교화하는 데 힘을 기울였다. 그의 삶과 사상은 진속일여眞俗一如·염정무이染淨無二·화쟁和諍 등으로 집약할 수 있다. 신문왕 6년 혈사穴寺에서 입적하였다. 고려 숙종이 화쟁국사和諍國師라는 시호諡號를 내렸다.

| 본업경소 하권 |

옮긴이 최원섭
동국대학교 불교학과를 졸업하고 동 대학원에서 「영상미디어의 불교 주제 구현 연구 : 의상 『일승법계도』에 의거한 인물형을 원용하여」로 박사학위를 받았다. 금강대학교 HK교수를 역임하고, 현재 위덕대학교 연구원이다. 논문으로 「불교 주제 구현을 위한 원효 캐릭터 비판」 등이 있고, 번역서로 『정선精選 원효』(공역), 『화엄경소』가 있다.

증의
박인석(동국대학교 불교학술원 조교수)

| 보살계본지범요기 |

옮긴이 **이정희**

동국대학교 대학원에서 「원효의 실천수행관 연구」로 박사학위를 취득하고, 동국대학교 불교문화연구원의 교수로 재직하였다. 논문으로 「원효의 삼성설三性說을 통한 공유空有 사상 종합」, 「명효의 화엄관 연구」 등이 있고, 번역서로 원효의 『십문화쟁론』, 『선원제전집도서과평』 등이 있다.

증의
한명숙(동국대학교 불교학술원 조교수)

| 발심수행장 | · | 대승육정참회 |

옮긴이 **이정희**

증의
이재수(동국대학교 불교학술원 조교수)